U0414991

会计信息系统应用

叶 武 ■ 主 编
江 然 ■ 副主编

清華大學出版社
北 京

内 容 简 介

本书以国内高校广泛使用的用友 ERP-U8 V10.1 系统为应用平台，采用理实结合的编写体例，阐述了会计信息系统的基本认知、系统管理、基础信息设置、总账系统日常账务处理、应收款管理系统、应付款管理系统、固定资产管理系统、薪资管理系统、总账系统期末处理和 UFO 报表管理系统。本书共 10 个项目，每个项目依据工作和教学实际，突出任务实施的操作步骤及相应图示，同时提供演示视频，便于学生掌握会计信息系统的实践方法，满足信息化时代会计工作的需要。

本书可作为高等职业院校财务会计类专业的教材，也可作为会计从业者的参考书。

本书封面贴有清华大学出版社防伪标签，无标签者不得销售。
版权所有，侵权必究。举报：010-62782989，beiqinquan@tup.tsinghua.edu.cn。

图书在版编目(CIP)数据

会计信息系统应用/叶武主编．—北京：清华大学出版社，2024.3
ISBN 978-7-302-65170-3

Ⅰ. ①会… Ⅱ. ①叶… Ⅲ. ①会计信息－财务管理系统－高等职业教育－教材 Ⅳ. ①F232

中国国家版本馆 CIP 数据核字(2024)第 032615 号

责任编辑：强 溦
封面设计：曹 来
责任校对：袁 芳
责任印制：丛怀宇

出版发行：清华大学出版社
网 址：https：//www.tup.com.cn，https：//www.wqxuetang.com
地 址：北京清华大学学研大厦 A 座 **邮 编**：100084
社 总 机：010-83470000 **邮 购**：010-62786544
投稿与读者服务：010-62776969，c-service@tup.tsinghua.edu.cn
质量反馈：010-62772015，zhiliang@tup.tsinghua.edu.cn
课件下载：https：//www.tup.com.cn，010-83470410
印 装 者：三河市铭诚印务有限公司
经 销：全国新华书店
开 本：185mm×260mm **印 张**：17.5 **字 数**：398 千字
版 次：2024 年 5 月第 1 版 **印 次**：2024 年 5 月第 1 次印刷
定 价：49.00 元

产品编号：104890-01

Foreword 前　言

为了满足会计信息化人才培养的需求，本书以用友 ERP-U8 V10.1 为平台，基于项目导向、任务驱动、工作过程的课程开发方法，强调理实一体化，总结多年来的工作与教学经验，结合会计信息化教学工作的实际需求编写而成。

本书根据高等职业教育人才培养目标，以财务业务一体化管理为主导思想，模拟一个工业企业的经济业务，通过具体工作任务，系统介绍了系统管理、基础信息设置、总账、应收款管理、应付款管理、固定资产管理、薪资管理和报表管理的处理方法和处理流程。这些工作任务既环环相扣，又独立出现，通过模块化的教学，可满足不同层次的需要。

与同类型教材相比，本书具有以下特点。

(1) 以一个完整企业案例贯穿全书。本书以虚拟的合肥腾飞科技有限公司 2023 年 1 月的经济业务为背景，较详细地介绍了企业财务会计信息化工作的内容和方法。

(2) 融入课程思政内容。党的二十大报告指出，要全面贯彻党的教育方针，落实立德树人根本任务。本书通过课程思政引导学生树立正确的人生观、世界观和价值观，助力培养综合素质高、业务能力强的新型会计人才。

(3) 教学做一体化。虚拟的经济业务前后连贯、任务目标清单化、操作步骤图文直观，引导学生积极参与教学过程，有助于学生掌握会计信息系统的实践方法，提升学生的应用技能。

(4) 教学资源丰富。本书配套各任务的初始账套和结果账套、各任务的操作过程视频、电子教案和 PPT 课件等资源，为教学提供全面的支持。

本书由叶武、江然分别担任主编和副主编，具体编写分工如下：项目一由叶武编写，项目二、项目十由年艳艳编写，项目三、项目九由刘晓丹编写，项目四由罗微编写，项目五、项目六由占杨杨编写，项目七、项目八由江然编写。全书由叶武负责统稿整理。

本书适用于高等职业专科院校、中等职业院校、成人高校大数据与会计、会计信息管理、大数据与财务管理、大数据与审计等财务会计类专业及经济管理相关专业的教学，并可作为社会从业人士的参考读物。

由于编者水平有限，书中难免存在疏漏和不妥之处，恳请广大专家和读者批评、指正，以便今后不断完善。

编　者

2024 年 1 月

Contents 目录

项 目 一

会计信息系统的基本认知

知识目标

1. 了解会计电算化的概念。
2. 了解会计信息化的概念。
3. 了解会计信息系统的概念。
4. 了解我国会计信息系统的发展过程。

能力目标

1. 熟悉会计软件的功能模块。
2. 熟悉用友 ERP-U8 财务会计子系统的相关内容。

工作任务

了解会计电算化、会计信息化、会计信息系统、会计软件、ERP 等基本概念，熟悉会计软件功能模块，熟悉用友 ERP-U8 财务会计子系统的相关内容，为后续项目学习奠定基础。

课程思政

结合《会计改革与发展"十四五"规划纲要》，教育引导学生始终秉持专业精神，勤于学习、锐意进取，持续提升会计专业能力，不断适应新形势、新要求，与时俱进、开拓创新，努力推动会计事业高质量发展。

任务一 认识会计信息化

一、数据与信息

数据是反映客观事物的性质、形态、结构和特征的符号，并能对客观事物的属性进行描述。数据可以是具体的数字、字符、文字、图形等形式。

信息是数据加工的结果，它可以用文字、数字、图形等形式，对客观事物的性质、形式、结构和特征等方面进行反映，帮助人们了解客观事物的本质。信息必然是数据，但数据未必是信息，经过加工后，有用的数据才成为信息。

尽管数据和信息存在差别，但在实际工作中，由于数据和信息并无严格的界限，因此二者经常被不加区别地使用。在会计处理过程中，经过加工处理后的会计信息，往往又成为后续处理的数据。

二、系统和信息系统

（一）系统

系统是由具有独立功能且相互联系、相互制约、为共同完成系统总体目标而存在的若干元素构成的有机整体。一个大的系统，往往很复杂，常常可以分解成一系列小的系统。这些小系统称为包含它们的大系统的子系统。

（二）信息系统

信息系统是基于计算机软件技术，各部分密切相关，能够接受输入数据和程序，按程序的规定对数据进行处理产生有用信息，并输出这些信息的完整独立的系统。信息系统的基本功能包括数据输入、数据加工、数据存储和数据输出。

1. 数据输入

数据输入是指将待处理的原始数据集中起来，转换为信息系统所需要的形式，输入系统中。

2. 数据加工

数据加工是指信息系统对进入系统的数据进行加工处理，包括查询、计算、排序、归并等。

3. 数据存储

数据进入信息系统后，经过加工或整理，转换成对用户有用的信息。数据存储是指信息系统把信息按照一定的方法存储、保管起来。

4. 数据输出

数据输出的目的是将信息系统处理的结果以各种形式提供给信息的使用者。

（三）会计信息系统

会计信息系统(accounting information system,AIS)是指利用信息技术对会计数据进行采集、存储和处理,完成会计核算任务,并提供会计管理、分析与决策相关会计信息的系统,其实质是将会计数据转化为会计信息的系统,是企业管理信息系统的一个重要子系统。

根据信息技术的介入程度,会计信息系统可分为手工会计信息系统、传统自动化会计信息系统和现代会计信息系统。根据功能层次和管理层次,会计信息系统可分为会计核算系统、会计管理系统和会计决策支持系统。

三、会计电算化和会计信息化

（一）会计电算化

狭义的会计电算化是指以电子计算机为主体的电子信息技术在会计工作中的应用。广义的会计电算化是指与实现电算化有关的所有工作,包括会计软件的开发应用及会计软件市场的培育、会计电算化人才的培训、会计电算化的宏观规划和管理、会计电算化制度建设等。

（二）会计信息化

会计信息化是指企业利用计算机、网络通信等现代信息技术手段开展会计核算,以及利用上述技术手段将会计核算与其他经营管理活动有机结合的过程。

（三）会计信息化是社会发展的必然

会计电算化是会计信息化的初级阶段,无论会计信息化发展到何种程度,会计电算化解决的是填制会计凭证、登记会计账簿等会计基础工作,都是会计工作和会计信息化的主要内容和重要基础。

会计电算化是利用会计核算软件解决会计核算问题,提高了会计工作的效率和会计信息的质量,但其目标仅仅是替代手工做账,容易形成企业内部的“信息孤岛”,管理层进行生产经营决策时可能会因信息量不足而出现决策偏差。

会计信息化是信息社会对企业财务信息管理的一个新的要求,会计信息系统是网络环境下企业决策层获取信息的主要渠道,利用现代信息技术将会计信息系统与企业管理子系统充分融合,实现购销存、人财物一体化核算,解决了会计电算化存在的“信息孤岛”现象。利用现代信息技术手段,会计人员能够实时便捷地获取、加工、传递、存储和应用会计信息,为企业经营管理、控制决策和经济运行提供充足、实时、全方位的信息。

四、企业资源计划系统

企业资源计划(enterprise resource planning,ERP)是指利用信息技术,一方面将企业内部所有资源整合在一起,对开发设计、采购、生产、成本、库存、分销、运输、财务、人力资源、品质管理进行科学规划；另一方面将企业与其外部的供应商、客户等市场要素有机结合，实现对企业的物质资源（物流）、人力资源（人流）、财务资源（财流）和信息资源（信息流）等资源的一体化管理（即“四流一体化”或“四流合一”），其核心思想是供应链管理，强调对整个供应链的有效管理，提高企业配置和使用资源的效率。

ERP 系统通过利用计算机和网络等现代技术，实现了企业内部甚至企业间的业务集成，在实现高效、实时地共享企业事务处理系统间数据和资源的同时，实现应用间的协同工作，并将一个个孤立的应用集成起来，形成一个协调的企业信息和管理系统。

在功能层次上，ERP 系统除了最核心的财务、分销和生产管理等管理功能以外，还整合了人力资源、质量管理、决策支持等其他企业管理功能。会计信息系统已经成为 ERP 系统的一个子系统。

五、可扩展商业报告语言

1. 可扩展商业报告语言的概念

可扩展商业报告语言（extensible business reporting language，XBRL）是一种基于可扩展标记语言（extensible markup language）的开放性业务报告技术标准。它是以互联网和跨平台操作为基础，专门用于财务报告编制、披露和使用的计算机语言，也是国际上将会计准则与计算机语言相结合的公认标准和技术。

可扩展商业报告语言的主要作用是将财务和商业数据电子化，促进财务和商业信息的显示、分析和传递。可扩展商业报告语言通过定义统一的数据格式标准，规定了企业报告信息的表达方法。

2. 企业应用可扩展商业报告语言的优势

（1）提供更为精确的财务报告与更具可信度和相关性的信息。

（2）降低数据采集成本，提高数据流转及交换效率。

（3）帮助数据使用者更快捷方便地调用、读取和分析数据。

（4）使财务数据具有更广泛的可比性。

（5）增加数据在未来的可读性与可维护性。

（6）适应变化的会计准则制度的要求。

六、RPA

随着科技的不断进步，机器人流程自动化（robotic process automation，RPA）技术在各个行业中得到了广泛的应用，包括财务领域。在财务领域，RPA 应用非常广泛，从采购到付款、销售到收款、票据开具、信用查询、银行对账、发票校验、资金管理、税务申报、费用报销等功能都有非常好的应用场景，提高了财务工作效率，进一步确保了财务数据的准确性，将财务人员从繁杂的数据及表格统计中解放出来，以便处理更复杂的任务和提供更高层次的服务。

七、我国的会计信息系统的发展过程

我国从 20 世纪 70 年代末期引入会计电算化理念。受经济发展、科技进步、管理革命、会计改革等多重因素影响，1998 年后，国家财政部先后出台了《会计核算软件管理的几项规定(运行)》《会计电算化管理办法》《会计电算化工作规范》等多项政策法规，极大地促进了会计电算化的推广与普及，使相关应用软件产品得以快速发展，目前财务软件业已成为应用软件领域中除操作系统以外营销量和客户量最大的产品。

根据信息技术(包括数据库、网络、通信、人工智能、多媒体、感测和识别、光电子技术等)对会计信息系统的影响程度，可将会计信息系统的发展划分为手工会计阶段、会计电算化阶段、会计信息化阶段、会计智能化阶段四个阶段。

1. 手工会计阶段

手工会计信息系统是最初的会计信息系统，是一种以人工处理为主的数据处理系统。其核心是会计恒等式、会计科目和会计循环。其特点是利用手工来进行信息处理，依靠纸质凭证和报表来传递信息。其缺点是效率低下，容易出错，且必须依靠纸质材料。

2. 会计电算化阶段

会计电算化信息系统是利用计算机技术对会计信息进行采集、存储和处理，完成会计核算任务。利用会计核算软件计算机程序代替手工劳动，完成填制凭证、记账、结账、编制报表等工作，降低了会计人员的劳动强度，提高了工作效率，提升了会计信息质量。

3. 会计信息化阶段

会计信息化系统是采用现代信息技术，对传统的会计模型进行重整，并在现代会计基础上，实现信息技术与会计学科高度融合。这种会计信息系统全面运用现代信息技术，使业务处理高度自动化，信息高度共享，能够进行主动和实时报告会计信息，从而为企业的内部及外部决策者提供决策所需的信息服务。信息的自动化处理和数据的快速查询成为现代会计信息系统的显著特点。

4. 会计智能化阶段

智能财务是一种新型的财务管理模式，它基于先进的财务管理理论、工具和方法，借助于智能机器(包括智能软件和智能硬件)，通过人和机器的有机结合，帮助财务人员解决财务实务工作中的问题。在财务领域，人工智能技术在产品、流程、洞察等方面发挥作用。其中产品是将人工智能技术嵌入产品或服务中；流程是通过人工智能技术简化财务工作流程，提高工作效率；洞察是通过组合一系列技术，帮助企业管理层进行智能决策。

任务二 认识会计软件

一、会计软件

会计软件是指专门用于会计核算、财务管理的计算机软件、软件系统或者其功能模块，包括指挥计算机进行会计核算与管理工作的程序、存储数据及有关资料。

凡是具备相对独立完成会计数据输入、处理和输出功能模块的软件，如账务处理软件、固定资产核算软件、工资核算软件等均可视为会计软件。在大型企业使用的 ERP 系统中，用于处理会计核算数据部分的功能模块也属于会计软件的范畴。

二、会计软件的功能模块

完整的会计软件的功能模块包括：账务处理模块、固定资产管理模块、薪资管理模块、应收款管理模块、应付款管理模块、成本管理模块、报表管理模块、存货核算模块、财务分析模块、预算管理模块、项目管理模块和其他管理模块。

（一）会计软件各模块的功能

1. 账务处理模块

账务处理模块是以凭证为数据处理起点，通过凭证输入和处理，完成记账、银行对账、结账、账簿查询及打印输出等工作。账务处理模块是会计软件系统的核心模块，可以与其他功能模块和业务模块无缝对接，实现数据共享。其他功能模块与会计处理相关的数据最终要归集到账务处理模块。目前许多商品化的账务处理模块还包括往来款管理、部门核算、项目核算和管理及现金银行管理等一些辅助核算的功能。

2. 固定资产管理模块

固定资产管理模块主要是以固定资产卡片和固定资产明细账为基础，实现固定资产的会计核算、折旧计提和分配、设备管理等功能，同时提供了固定资产按类别、使用情况、所属部门和价值结构等进行分析、统计和各种条件下的查询、打印功能，以及该模块与其他模块的数据接口管理。

3. 薪资管理模块

薪资管理模块是进行薪资核算和管理的模块，该模块以人力资源管理提供的员工及其工资的基本数据为依据，完成员工工资数据收集、员工工资核算、工资发放、工资费用汇总和分摊、个人所得税计算和按照部门、项目、个人时间等条件进行工资分析、查询和打印输出，以及该模块与其他模块的数据接口管理。

4. 应收款、应付款管理模块

应收款、应付款管理模块以发票、费用单据、其他应收单据、应付单据等原始单据为依据，记录销售、采购业务中形成的往来款项，处理应收、应付款项的收回、支付和转账，进行账龄分析和坏账估计及冲销，并对往来业务中的票据、合同进行管理，同时提供统计分析、打印和查询输出功能，以及与采购管理、销售管理、账务处理等模块进行数据传递的功能。

5. 成本管理模块

成本管理模块主要提供成本核算、成本分析、成本预测功能，以满足会计核算的事前预测、事后核算分析的需要。此外，成本管理模块还具有与生产模块、供应链模块，以及账务处理、薪资管理、固定资产管理和存货核算等模块进行数据传递的功能。

6. 报表管理模块

报表管理模块与其他模块相连，可以根据会计核算的数据生成各种内部报表、外部报表、汇总报表，并根据数据分析报表，生成各种分析图等。在网络环境下，很多报表管理模块同时提供了远程报表的汇总、数据传输、检索查询、分析处理等功能。

7. 存货核算模块

存货核算模块以供应链模块生成的入库单、出库单、采购发票等核算单据为依据，核算存货的出入库和库存金额、余额，确认采购成本，分配采购费用，确认销售收入、成本和费用，并将核算完成的数据，按照需要分别传递到成本管理模块、应付款管理模块和账务处理模块。

8. 财务分析模块

财务分析模块从会计软件的数据库中提取数据，运用各种专门的分析方法，完成对企业财务活动的分析，实现对财务数据的进一步加工，生成分析和评价企业财务状况、经营成果和现金流量的各种信息，为正确决策提供依据。

9. 预算管理模块

预算管理模块将需要进行预算管理的集团公司、子公司、分支机构、部门、产品、费用要素等对象，根据实际需要分别定义为利润中心、成本中心、投资中心等不同类型的责任中心，然后确立各责任中心的预算方案，指定预算审批流程，明确预算编制内容，进行责任预算的编制、审核、审批，以便实现对各个责任中心的控制、分析和绩效考核。利用预算管理模块，既可以编制全面预算，又可以编制非全面预算；既可以编制滚动预算，又可以编制固定预算、零基预算；同一责任中心，既可以设置多种预算方案，编制不同预算，又可以在同一预算方案下选择编制不同预算期的预算。

预算管理模块还可以实现对各子公司预算的汇总、对集团公司及子公司预算的查询，以及根据实际数据和预算数据自动进行预算执行差异分析和预算执行进度分析等。

10. 项目管理模块

项目管理模块主要是对企业的项目进行核算、控制与管理。项目管理主要包括项目立项、计划、跟踪、控制、终止的业务处理，以及项目自身的成本核算等功能。该模块可以及时、准确地提供有关项目的各种资料，包括项目文档、项目合同、项目的执行情况，通过对项目中的各项任务进行资源预算分配，实时掌握项目的进度，及时反映项目执行情况及财务状况，并且与账务处理、应收款管理、应付款管理、固定资产管理、采购管理、库存管理等模块集成，对项目收支进行综合管理，是对项目的物流、信息流、资金流的综合控制。

11. 其他管理模块

根据企业管理的实际需要，其他管理模块一般包括管理人员查询模块、决策支持模块等。管理人员查询模块可以按照管理人员的要求从各模块中提取有用的信息并加以处理，以直观的表格和图形显示，使管理人员通过该模块及时掌握企业信息；决策支持模块利用现代计算机、通信技术和决策分析方法，通过建立数据库和决策模型，实现向企业决策者提供及时、可靠的财务和业务决策辅助信息。

上述各模块既相互联系又相互独立，有着各自的目标和任务，它们共同构成了会计软件，实现了会计软件的总目标。

（二）会计软件各模块的数据传递

会计软件是由各功能模块共同组成的有机整体，为实现相应功能，相关模块相互依赖，互通数据。

(1) 存货核算模块生成的存货入库、存货估价入账、存货出库、盘亏/毁损、存货销售收入、存货期初余额调整等业务的记账凭证，并传递到账务处理模块，以便用户审核登记存货账簿。

(2) 应付款管理模块完成采购单据处理、供应商往来处理、票据新增、付款、退票处理等业务后，生成相应的记账凭证并传递到账务处理模块，以便用户审核登记赊购往来及其相关账簿。

(3) 应收款管理模块完成销售单据处理、客户往来处理、票据处理及坏账处理等业务后，生成相应的记账凭证并传递到账务处理模块，以便用户审核登记赊销往来及其相关账簿。

(4) 固定资产管理模块生成固定资产增加、减少、盘盈、盘亏、固定资产变动、固定资产评估和折旧分配等业务的记账凭证，并传递到账务处理模块，以便用户审核登记相关资产账簿。

(5) 薪资管理模块进行工资核算，生成分配工资费用、应交个人所得税等业务的记账凭证，并传递到账务处理模块，以便用户审核登记应付职工薪酬及相关成本费用账簿；薪资管理模块为成本管理模块提供人工费数据。

(6) 成本管理模块中，如果计入生产成本的间接费用和其他费用定义为源于账务处理模块，则成本管理模块在账务处理模块记账后，从账务处理模块中直接取得间接费用和其他费用的数据；如果不使用工资管理、固定资产管理、存货核算模块，则成本管理模块需要在账务处理模块记账后，自动从账务处理模块中取得材料费用、人工费用和折旧费用等数据；成本管理模块的成本核算完成后，要将结转制造费用、结转辅助生产成本、结转盘点损失和结转工序产品耗用等记账凭证数据传递到账务处理模块。

(7) 存货核算模块为成本管理模块提供材料出库核算的结果；存货核算模块将应计入外购入库成本的运费、装卸费等采购费用和应计入委托加工入库成本的加工费传递到应付款管理模块。

(8) 固定资产管理模块为成本管理模块提供固定资产折旧费数据。

(9) 报表管理和财务分析模块可以从各模块取数据编制相关财务报表，进行财务分析。

(10) 预算管理模块编制的预算经审核批准后，生成各种预算申请单，再传递给账务处理模块、应收款管理模块、应付款管理模块、固定资产管理模块、工资管理模块，进行责任控制。

(11) 项目管理模块中发生和项目业务相关的收款业务时，可以在应收发票、收款单或者退款单上输入相应的信息，生成相应的业务凭证并传递至账务处理模块；发生和项目相关采购活动时，其信息也可以在采购申请单、采购订单、应付款管理模块的采购发票上记录；在固定资产管理模块引入项目数据可以更详细地归集固定资产建设和管理的数据；项目的领料和项目的退料活动等数据可以在存货核算模块进行处理，生成相应凭证并传递到账务处理模块。

此外，各功能模块都可以从账务处理模块获得相关的账簿信息；存货核算、薪资管理、固定资产管理、项目管理等模块均可以从成本管理模块获得有关的成本数据。

三、用友 ERP-U8 系统

目前国内常用的会计软件有用友、金蝶、管家婆、速达、新中大、金算盘、浪潮、SAP 等软件。随着信息技术的不断发展，市面上逐步形成了云财务软件，如柠檬云、金蝶云、用友等。本书主要讲解用友 ERP-U8 系统。

（一）用友 ERP-U8 系统的主要功能

用友 ERP-U8 系统是目前国内用户量较大、应用面较广、行业实践较丰富的 ERP 系统，该系统为企业提供企业门户、财务会计、管理会计、供应链管理、生产制造、分销管理、零售管理、决策支持、人力资源管理、办公自动化、集团应用、企业应用集成等应用方案。

本书基于用友 ERP-U8 系统财务会计子系统阐述，涉及的主要模块包括系统管理、总账管理、应收款管理、应付款管理、薪资管理、固定资产管理、报表管理等。通过这些模块的学习，可以了解财务业务一体化，掌握会计信息系统的基本内容和实践方法。

（二）用友 ERP-U8 系统各模块的数据关系

用友 ERP-U8 系统各模块之间存在着数据传递关系，如图 1-1 所示。正是由于数据的共享，才能实现企业信息资源的整合，提高企业配置和使用资源的效率。

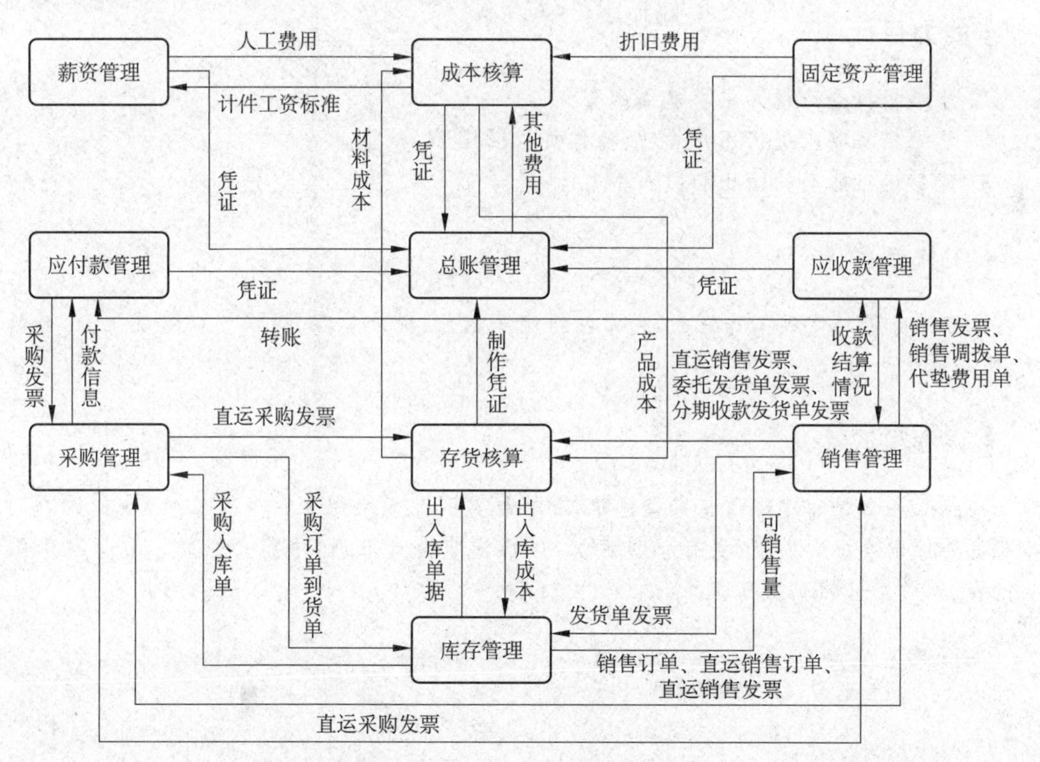

图 1-1　用友 ERP-U8 系统各模块的数据传递关系

项目二

系统管理

知识目标

1. 了解系统管理的主要功能。
2. 了解系统管理的相关概念。
3. 掌握企业建账的工作流程。
4. 掌握系统管理员与账套主管的区别。

能力目标

1. 能够根据企业核算要求建立账套。
2. 能够根据要求进行用户管理、操作员权限设置。
3. 能够进行账套的输出和引入。

工作任务

根据业务资料完成工作任务，主要包括建立账套、用户管理、操作员权限设置、账套修改、账套输出和引入。

课程思政

按照业务资料的建账信息完成建账工作，教育引导学生树立服务企业的意识，知晓财务人员要按制度规定办事，要有原则意识，严格遵守会计准则，培养严谨的工作作风和敬业精神，养成良好的职业习惯。

任务一 认识系统管理

一、系统管理的功能

（一）账套管理

账套是指一组相互关联的数据。通常，用友 ERP-U8 V10.1 系统可以为企业中每一个独立核算的单位建立一个账套，也可以为多个企业分别建账，用友 ERP-U8 V10.1 系统中最多允许建立 999 个账套。账套管理一般包括账套的建立、修改、删除、引入和输出等。

（二）账套库管理

账套和账套库有一定的区别：账套是账套库的上一级，账套由一个或多个账套库组成。一个账套对应一个经营实体或核算单位，账套中的某个账套库对应这个经营实体的某年度区间内的业务数据。例如，某企业 2022 年建立账套“001 账套”后使用，又在 2023 年的期初建立 2023 年账套库后使用，则“001 账套”具有两个账套库，即“001 账套 2022 年”和“001 账套 2023 年”；如果希望连续使用也可以不建新库，直接录入 2023 年数据，则“001 账套”具有一个账套库即“001 账套 2022—2023 年”。

账套库管理一般包括账套库的建立、初始化、引入和输出等。

采用账套和账套库两层结构方式的优点在于：便于企业管理，如进行账套上报，跨年度区间的数据管理、结构调整等；方便数据备份和引入；减少数据的负担，提高应用效率。

（三）操作员角色及其权限管理

为了保证系统及数据的安全性，系统管理平台对操作员角色及其权限实行统一管理。操作员角色管理包括角色的增加、修改、删除等操作。操作员权限管理包括操作员权限的增加、修改、删除等操作。

（四）自动备份和系统任务管理

系统管理平台允许设置自动备份计划，系统根据这些设置定期进行自动备份处理，实现账套的自动备份。

系统任务管理包括查看当前运行任务、清除指定任务、清除单据锁定、清退站点等。

二、系统管理的相关概念

（一）账套的引入与输出

账套的引入与输出即通常所指的数据恢复和备份。用户可使用系统管理中提供的备份（设置备份计划）或输出功能，对账套进行备份。当需要恢复账套或者企业账套数据遭到破坏时，可以将最近输出（备份）的账套数据引入系统中，保持业务数据完好。

（二）用户与角色

用友 ERP-U8 V10.1 中的用户是指有权限登录系统并对系统进行操作的人员，即通常意义上的“操作人员”。每次注册登录系统，都要进行用户身份的合法性检查。只有设置了具体的用户并赋予其相应的权限之后，才能进行相关的业务操作。

用友 ERP-U8 V10.1 中的角色是指在企业管理中拥有某一类职能的组织或个人，设置角色后，可以定义角色的权限，如果用户归属此角色，则其相应地具有该角色的权限。此功能的好处是方便控制操作员权限，可以依据职能进行权限的划分。

（三）系统管理员与账套主管

系统管理平台允许以两种身份注册进入：一种是以系统管理员（admin）的身份；另一种是以账套主管的身份。

系统管理员负责整个系统的总体控制和数据维护工作，可以管理该系统中所有的账套。以系统管理员身份注册进入，可以进行账套的建立、引入和输出，设置角色和用户，指定账套主管，设置和修改用户的密码及其权限等操作。

账套主管具体负责所选账套的维护工作，主要包括对所选账套参数进行修改、对年度账进行管理（包括账套的引入与输出，即通常所指的数据的恢复和备份，年度账的建立、清空、引入、输出和结转上年数据），以及该账套操作员权限的设置。

任务二　新建账套

一、任务目标

根据业务资料新建合肥腾飞科技有限公司账套。

二、准备工作

计算机已安装用友 ERP-U8 V10.1 软件。

三、任务清单

1. 账套信息

账套号：888。

账套名称：合肥腾飞科技有限公司。

启用会计期：2023 年 1 月。

2. 单位信息

单位名称：合肥腾飞科技有限公司。

单位简称：合肥腾飞。

单位地址：安徽省合肥市高新技术开发区望江西路 888 号。

法人代表：杨文。

邮政编码：230088。

联系电话：0551-65379888。

电子邮件：yangwen@126.com。

统一社会信用代码(税号)：91340100746754861N。

3. 核算类型

本币代码：RMB。

本币名称：人民币。

企业类型：工业。

行业性质：2007年新会计制度科目。

账套主管：系统默认。

4. 基础信息

对存货、客户、供应商进行分类，有外币核算业务。

5. 编码方案

科目编码级次：4-2-2-2。

客户和供应商分类编码级次：2-2-2。

存货分类编码级次：2-2-2。

部门编码级次：1-2。

收发类别编码级次：1-2。

结算方式编码级次：1-2。

地区分类编码：1-2。

6. 数据精度

系统默认：2。

四、操作指导

(一) 登录系统管理

新建账套

以系统管理员(admin)身份注册进入系统管理窗口。

(1) 执行“开始”→“程序”→“用友 U8 V10.1”→“系统管理”命令，如图 2-1 所示。

(2) 单击“系统”→“注册”，打开“登录”对话框，如图 2-2 所示。

工作提示

(1) 系统预先设定一个系统管理员(admin)，第一次运行时，系统管理员密码为空。为了保证系统运行的安全性，在企业实际应用中应及时设置密码。

(2) “127.0.0.1”是回送地址，它引用本地计算机。实际工作中，应为用友 U8 V10.1 软件应用服务器的 IP 地址。

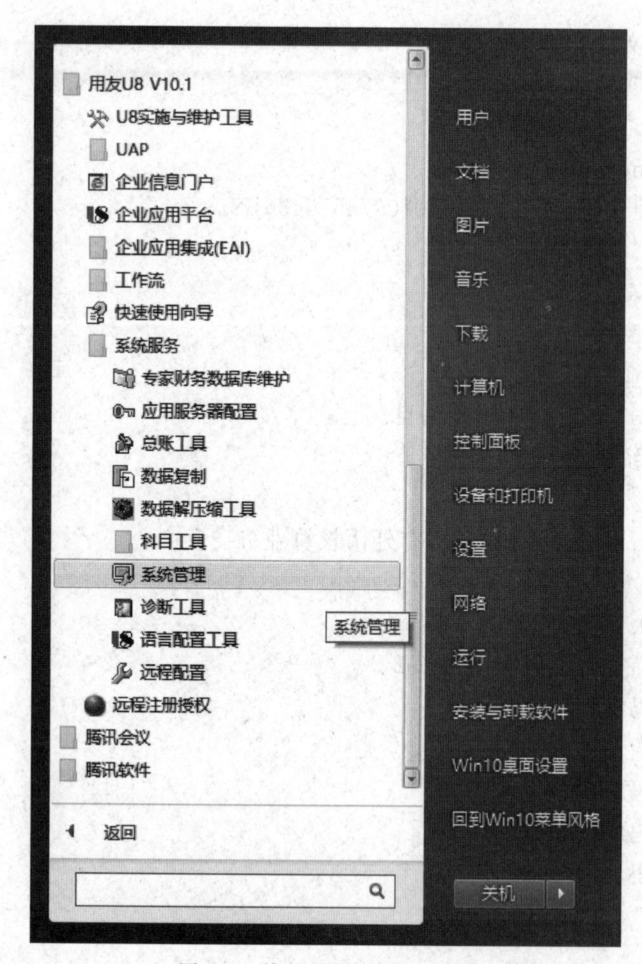

图 2-1　执行“系统管理”命令

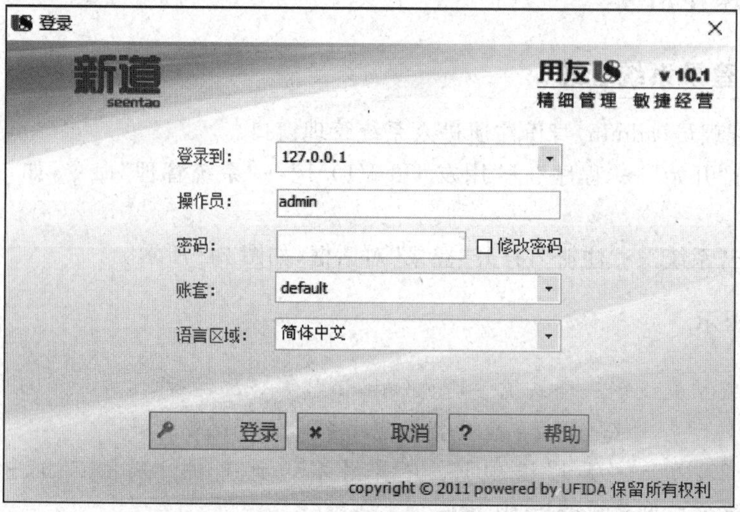

图 2-2　“登录”对话框

（二）新建账套

（1）以系统管理员身份执行建账，选择“账套”→“建立”→“新建空白账套”选项，如图 2-3 和图 2-4 所示。

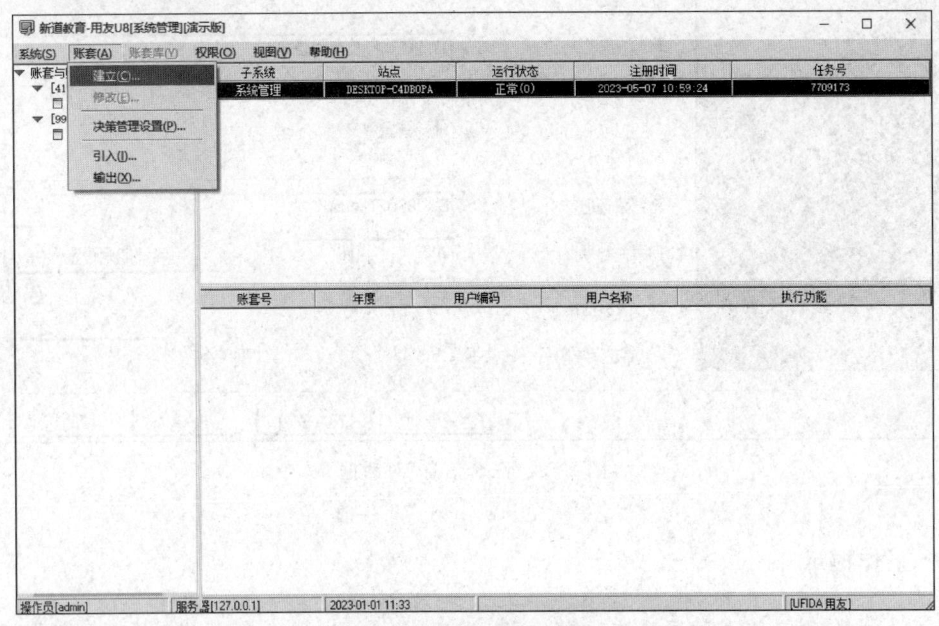

图 2-3 “账套-建立”对话框

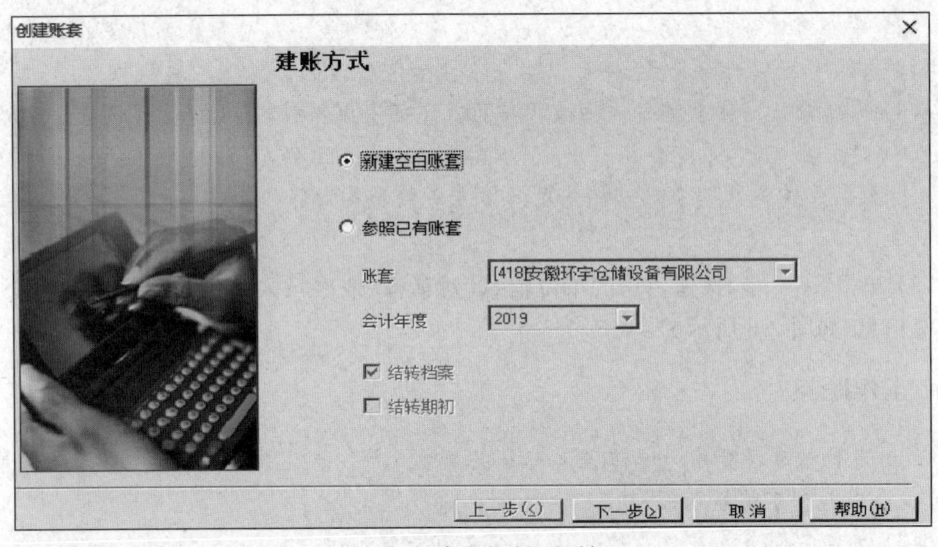

图 2-4 “建账方式”对话框

（2）在“账套信息”对话框中录入账套号“888”、账套名称“合肥腾飞科技有限公司”、启用会计期“2023 年 1 月”，如图 2-5 所示。

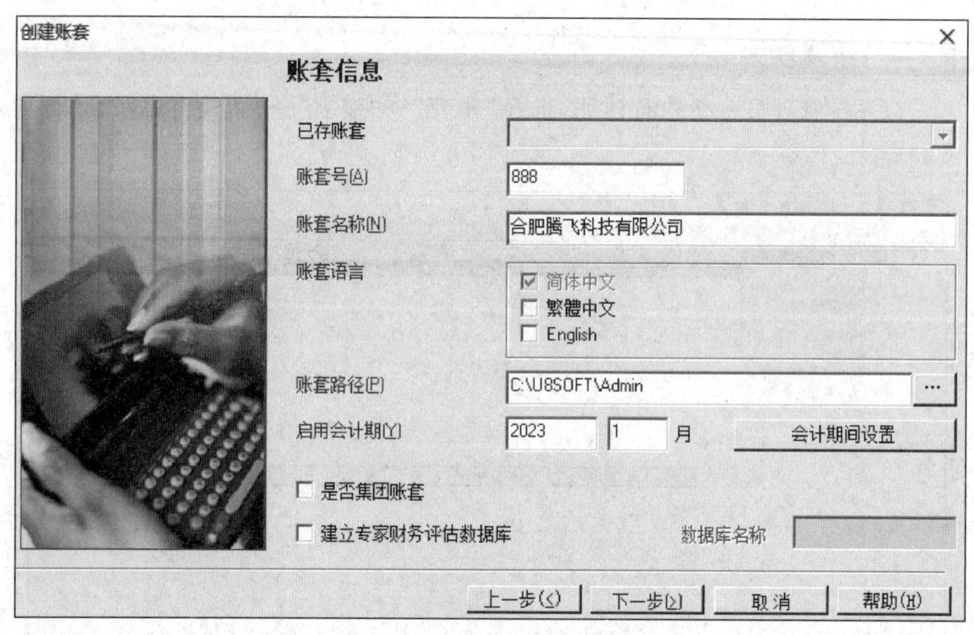

图 2-5 “账套信息”对话框

 **工作提示**

(1) 账套号是区别不同账套的唯一标识,可以自行设置 3 位数字,但不允许与已存账套的账套号重复,账套号设置后不允许修改。

(2) 账套名称是账套的一种标识方法,它将与账套号一起显示在系统正在运行的窗口中,账套名称可以自行设置,并可以由账套主管在修改账套功能中进行修改。

(3) 系统默认的账套路径是用友 U8 V10.1 的安装路径,可以进行修改。

(4) 建立账套时,系统会将启用会计期默认为系统日期,应注意根据所给资料进行修改,否则会影响后续的系统初始化及日常业务处理等内容的操作。

(3) 单击“下一步”按钮,打开“单位信息”对话框,依次录入单位名称、单位简称、单位地址等信息,如图 2-6 所示。

 **工作提示**

(1) 单位信息设置中只有单位名称是必须录入的。在用友 U8 V10.1 中,必须录入的信息会以蓝色字体显示(下同)。

(2) 单位名称应录入企业的全称,以便打印发票时使用。

(4) 单击“下一步”按钮,打开“核算类型”对话框,录入企业类型等信息,如图 2-7 所示。

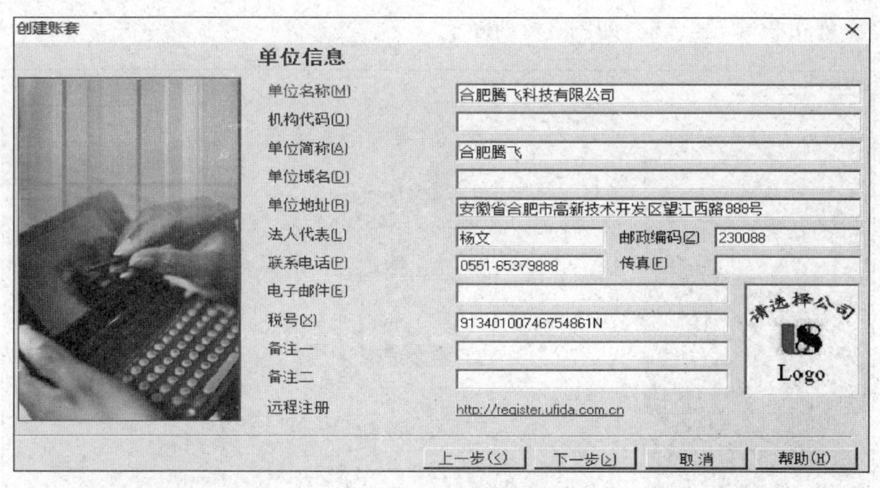

图 2-6 “单位信息”对话框

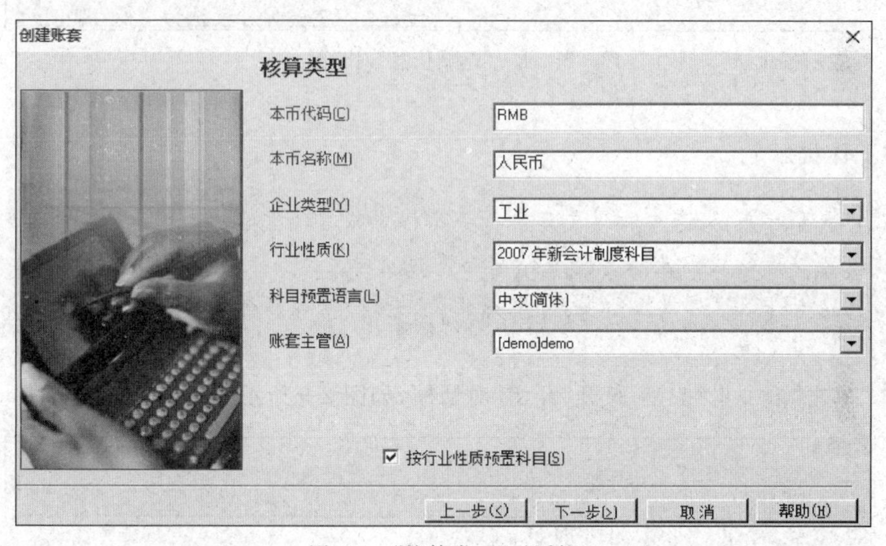

图 2-7 “核算类型”对话框

工作提示

(1) 行业性质决定系统预置科目的内容，必须正确选择。

(2) 如果事先增加了用户，则可以在建账时选择该用户为账套主管。如果建账前未设置用户，建账过程中可以先选择一个操作员作为账套主管，待建账完成后通过权限功能进行账套主管设置。

(3) 如果勾选了“按行业性质预置科目”复选框，系统将根据所选择的行业性质自动设置国家规定的一级科目及部分二级科目。如果不勾选，则由用户自行设置会计科目。

(5) 单击“下一步”按钮，打开“基础信息”对话框，勾选是否对存货、客户、供应商分类，勾选“有无外币核算”复选框，如图 2-8 所示。

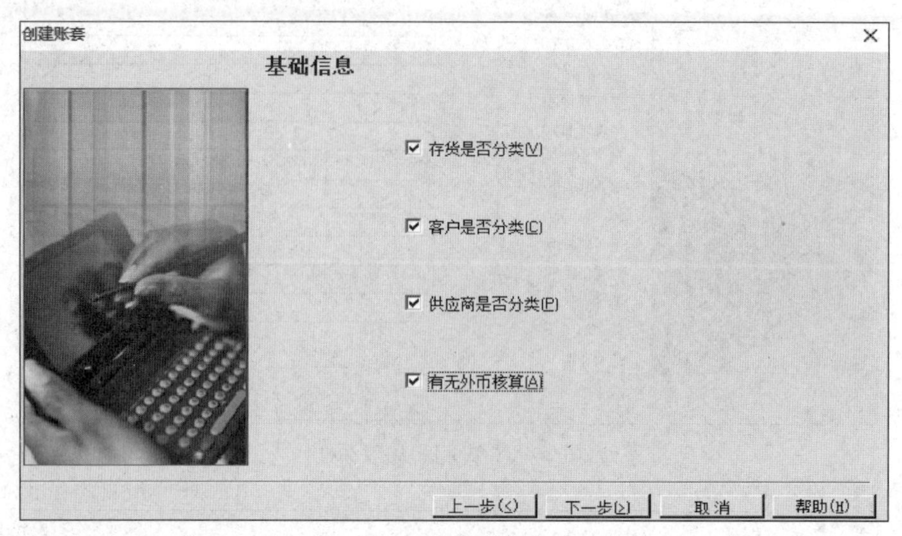

图 2-8 “基础信息”对话框

 工作提示

(1) 是否对存货、客户和供应商进行分类将影响其他档案的设置。有无外币核算也将影响基础信息的设置及日常有无外币业务的处理。

(2) 如果基础信息设置错误，可以由账套主管在修改账套功能中进行修改。

(6) 单击“下一步”按钮，打开“开始”对话框，如图 2-9 所示。

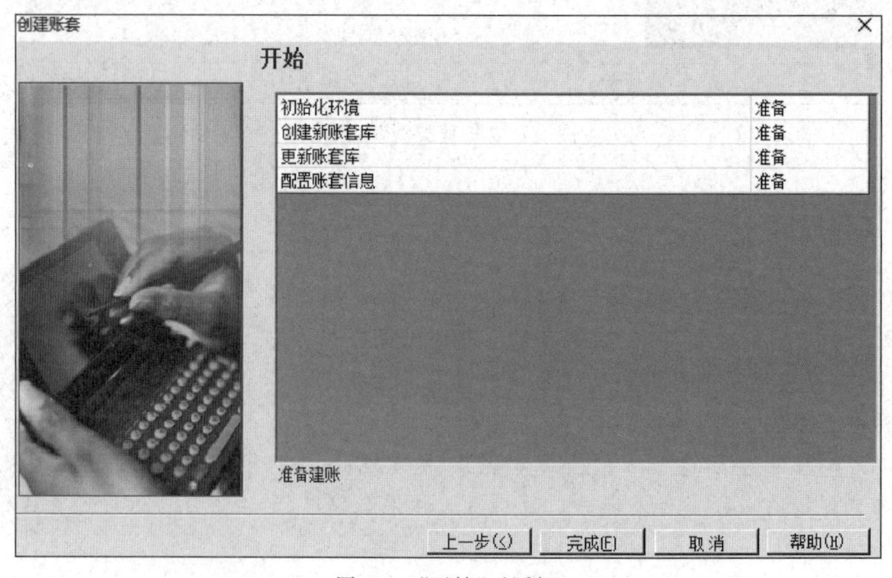

图 2-9 “开始”对话框

(7) 单击“完成”按钮,弹出系统提示“可以创建账套了吗?”,单击“是”按钮,如图 2-10 所示。

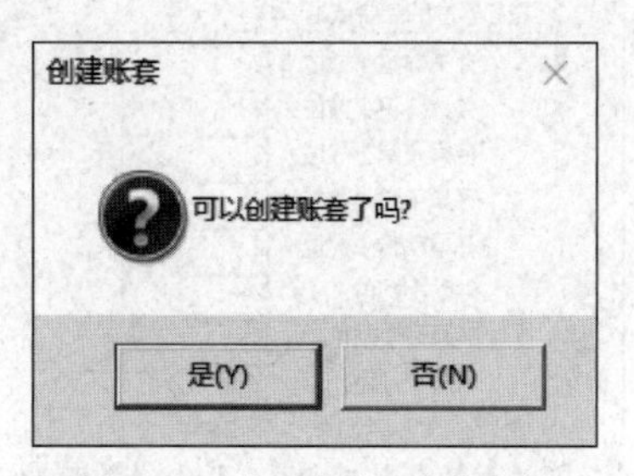

图 2-10 “创建账套”提示框

(8) 系统自动创建账套。稍等片刻,建账完成后,系统自动弹出“编码方案”对话框,如图 2-11 所示。

编码方案

项目	最大级数	最大长度	单级最大长度	第1级	第2级	第3级	第4级	第5级	第6级	第7级	第8级	第9级
科目编码级次	13	40	9	4	2	2	2					
客户分类编码级次	5	12	9	2	2	2						
供应商分类编码级次	5	12	9	2	2	2						
存货分类编码级次	8	12	9	2	2	2						
部门编码级次	9	12	9	1	2	2						
地区分类编码级次	5	12	9	1	2							
费用项目分类	5	12	9	1	2							
结算方式编码级次	2	3	3	1	2							
货位编码级次	8	20	9	2	3	4						
收发类别编码级次	3	5	5	1	2							
项目设备	8	30	9	2	2							
责任中心分类档案	5	30	9	2	2							
项目要素分类档案	6	30	9	2	2							
客户权限组级次	5	12	9	2	3	4						

确定(O) 取消(C) 帮助(F)

图 2-11 “编码方案”对话框

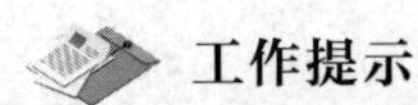

工作提示

(1) 编码方案的设置,将直接影响基础信息设置中相应内容的编码级次及每级编码的位长。

(2) 删除编码级次时,必须从最后一级向前依次删除。

(9) 单击“确定”按钮,再单击“取消”按钮,系统自动弹出“数据精度”对话框,如图 2-12 所示。

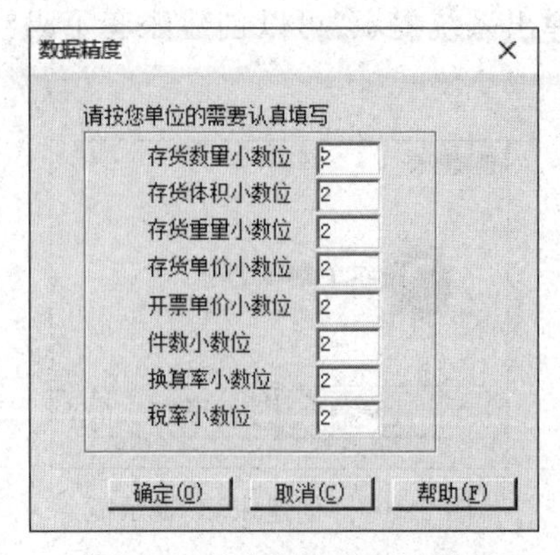

图 2-12 “数据精度”对话框

(10) 默认系统预设的数据精度,单击“确定”按钮,稍等片刻,数据更新完毕,系统自动提示建账成功,并询问“现在进行系统启用的设置?”,如图 2-13 所示。

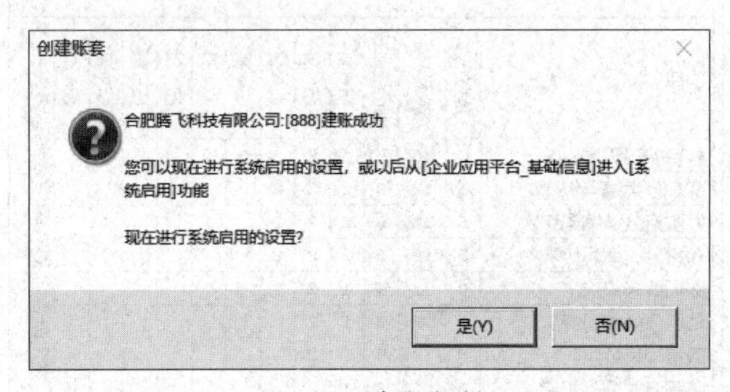

图 2-13 建账成功

(11) 单击“是”按钮,系统自动弹出“系统启用”对话框,依次启用总账、应收款管理、应付款管理、固定资产管理、薪资管理,启用日期均为 2023 年 1 月 1 日,如图 2-14 所示。

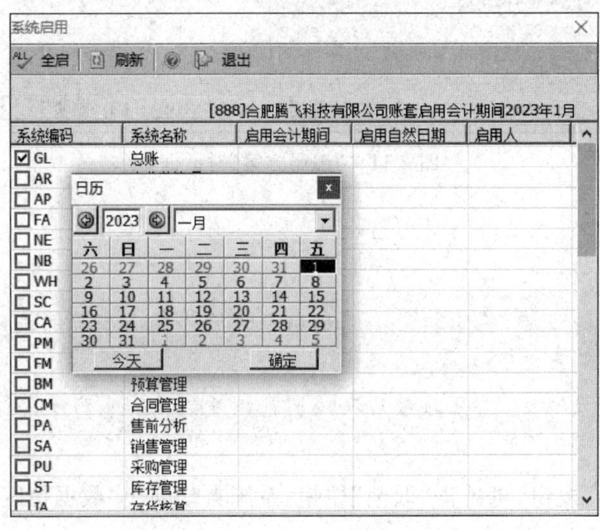

图 2-14 “系统启用”对话框

工作提示

如果选择"是",则可以直接进行系统启用设置;也可以选择"否",先结束启用账套的进程,之后在"企业应用平台"→"基础设置"→"基本信息"→"系统启用"中设置。

(12) 结束建账过程,系统自动弹出"请进入企业应用平台进行业务操作!",如图 2-15 所示,单击"确定"按钮。

图 2-15 "请进入企业应用平台进行业务操作!"提示框

任务三 用户管理及权限管理

一、任务目标

根据业务资料完成账套用户管理及权限设置。

二、准备工作

已新建账套。

三、任务清单

在用户管理及权限设置过程中,操作员及其权限如表 2-1 所示。

表 2-1 操作员及其权限

编号	姓名	部 门	职 务	权 限
W01	王东	财务部	财务经理	账套主管
W02	张伟	财务部	会计	总账(不包括出纳签字和出纳)、应收款管理(不包括收款单据、选择收款)、应付款管理(不包括付款单据、选择付款)、固定资产、薪资管理、UFO 报表
W03	王慧	财务部	出纳	总账中的出纳签字、出纳;应收款管理中的票据管理、收款单据处理、选择收款; 应付款管理中的票据管理、付款单据处理、选择付款

四、操作指导

用户管理及权限管理

（一）增加用户

（1）以系统管理员(admin)身份登录“系统管理”，选择“权限”→“用户”选项，如图 2-16 所示。

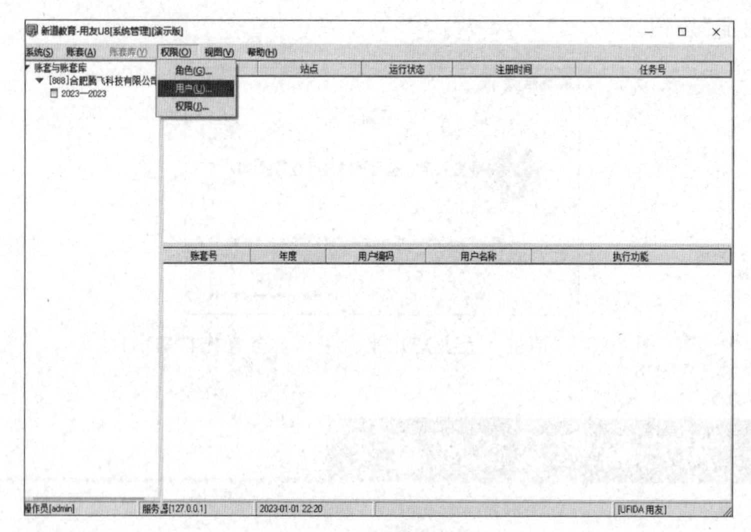

图 2-16 “权限”窗口

（2）单击“增加”按钮，录入编号“W01”、姓名“王东”，勾选角色编码“账套主管”，如图 2-17 所示。

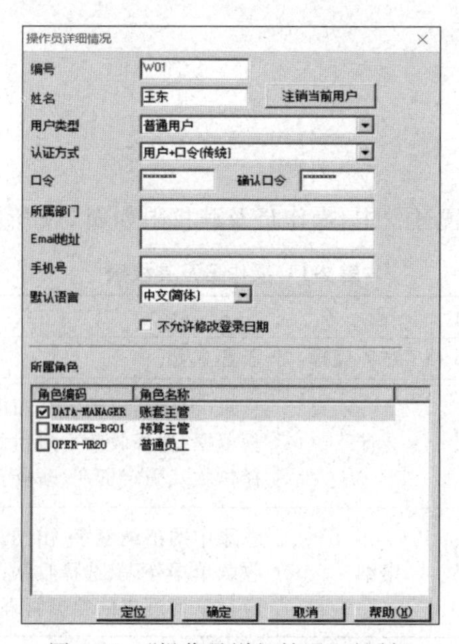

图 2-17 “操作员详细情况”对话框

（3）以此方法分别增加“W02 张伟”“W03 王慧”，操作结果如图 2-18 所示。

用户管理

输出 增加 批量 删除 修改 定位 转授 刷新 退出

是否打印/输出所属角色

用户编码	用户全名	部门	Email地址	手机号	用户类型	认证方式	状态	创建时间	最后登录时间	退出时间
admin	admin				管理员用户	用户+口令(传统)	启用		2023-05-08 22:25:47	2023-05-08 22:25:47
demo	demo				普通用户	用户+口令(传统)	启用			
SYSTEM	SYSTEM				普通用户	用户+口令(传统)	启用			
UFSOFT	UFSOFT				普通用户	用户+口令(传统)	启用			
W01	王东				普通用户	用户+口令(传统)	启用	2023-01-27 19:...		
W02	张伟				普通用户	用户+口令(传统)	启用	2023-01-27 19:...		
W03	王慧				普通用户	用户+口令(传统)	启用	2023-01-27 19:...		

图 2-18 “用户管理”窗口

工作提示

如果设置用户为“账套主管”，则该用户是系统内所有账套的账套主管。如某用户仅为某一账套的账套主管，应在“权限”中设置。

用户启用后将不允许删除，如果用户使用过系统，因岗位调整等原因不能再登录平台，应在“用户管理”窗口选中该用户，单击“修改”按钮，在“操作员详细情况”窗口单击“注销当前用户”。

（二）设置操作员权限

1. 打开“权限”窗口

以系统管理员（admin）身份登录“系统管理”，选择“权限”→“权限”。

2. 设置王东的权限

在左侧选中“W01 王东”，在右侧的下拉列表中选中“[888]合肥腾飞科技有限公司”账套，如图 2-19 所示。

3. 设置张伟的权限

（1）在左侧选中“W02 张伟”，在右侧的下拉列表中选中“[888]合肥腾飞科技有限公司”账套。

（2）单击“修改”按钮。

（3）在右侧窗口中单击，打开“财务会计”，选中“总账”。

（4）打开“总账”，取消勾选“出纳”，再取消勾选“凭证”→“凭证处理”中的“出纳签字”，如图 2-20 所示。

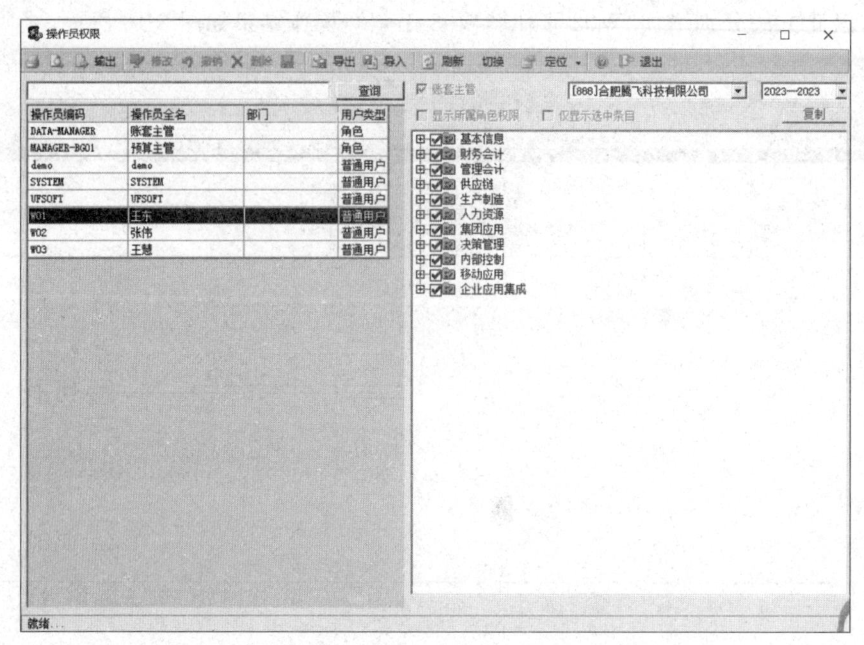

图 2-19 “操作员权限”窗口

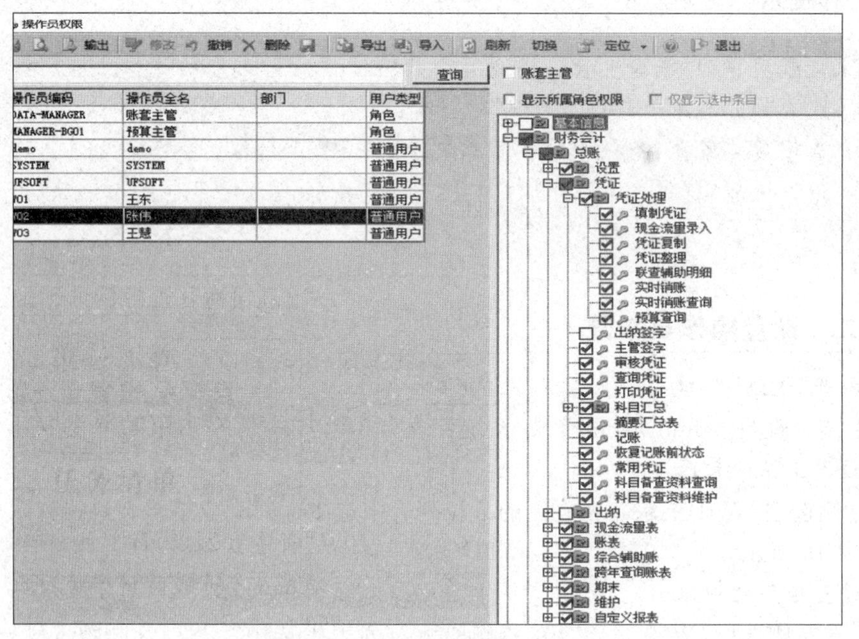

图 2-20 设置张伟的总账权限

（5）勾选“应收款管理”，取消勾选“收款单据处理”中的“卡片编辑”和“卡片查询”，再取消勾选“选择收款”，如图 2-21 所示。

（6）勾选“应付款管理”，取消勾选“付款单据处理”中的“卡片编辑”和“卡片查询”，再取消勾选“选择付款”，如图 2-22 所示。

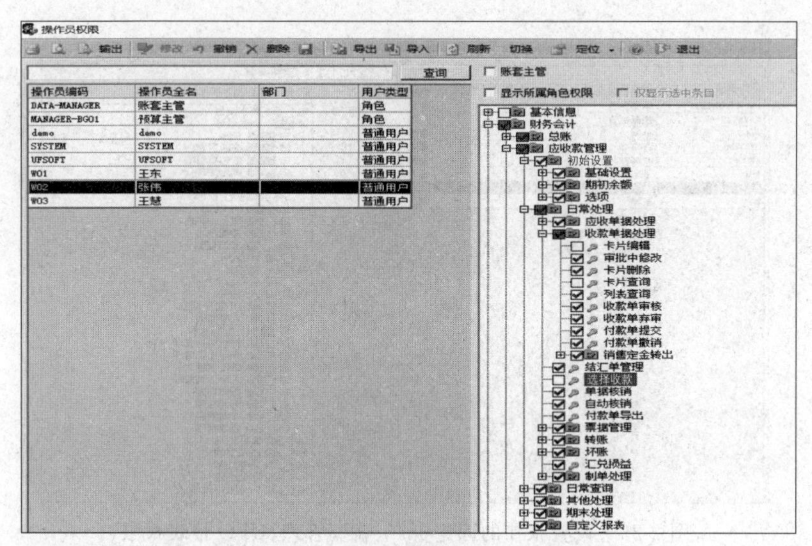

图 2-21　设置张伟的应收款管理权限

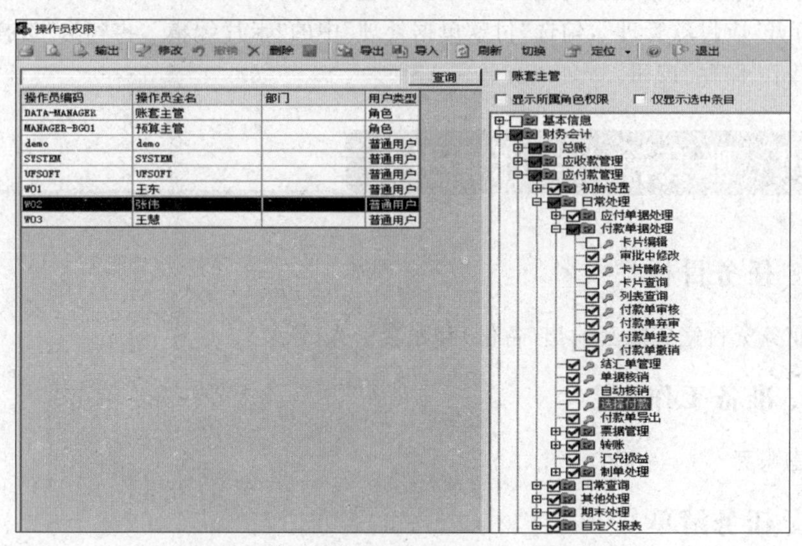

图 2-22　设置张伟的应付款管理权限

(7) 勾选“固定资产”和“UFO 报表”；打开“人力资源”，勾选“薪资管理”。操作结果如图 2-23 所示。

(8) 单击“保存”按钮。

4. 设置王慧的权限

(1) 在左侧选中“W03 王慧”，在右侧的下拉列表中选中“[888]合肥腾飞科技有限公司”账套。

(2) 单击“修改”按钮。

(3) 在右侧窗口中单击，打开“财务会计”，选中“总账”，勾选“出纳”。再打开“凭证”及“凭证处理”，勾选“出纳签字”。

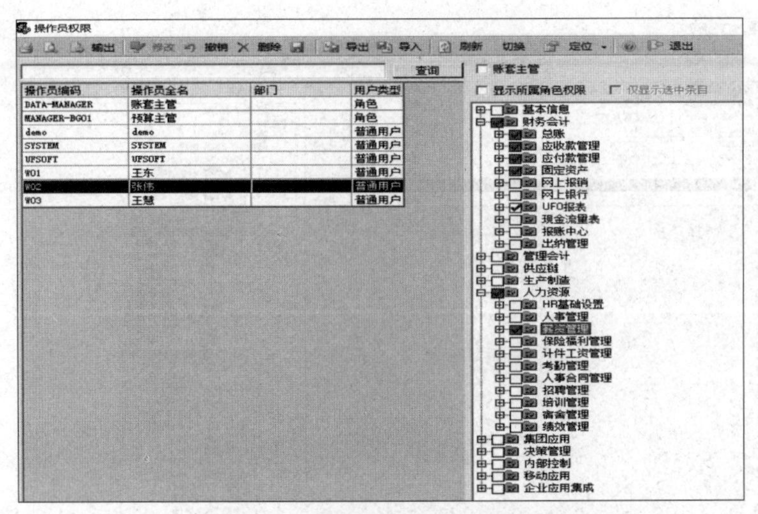

图 2-23　设置张伟的固定资产、薪资管理、UFO 报表权限

(4) 打开“应收款管理”，勾选“收款单据处理”中的“卡片编辑”，再勾选“选择收款”。

(5) 打开“应付款管理”，勾选“付款单据处理”中的“卡片编辑”，再勾选“选择付款”。

(6) 单击“保存”按钮。

任务四　账套输出与账套引入

一、任务目标

根据业务资料完成账套输出(备份)和账套引入(恢复)。

二、准备工作

已新建账套。

三、任务清单

1. 账套输出

将“[888]合肥腾飞科技有限公司”账套输出至“D:\888 账套\2”文件夹中保存。

2. 账套引入

将“[888]合肥腾飞科技有限公司”账套引入“C:\U8SOFT\Admin”文件夹中。

四、操作指导

账套输出与账套引入

(一) 账套输出

(1) 在 D 盘中新建“888 账套\2”文件夹。

(2) 以系统管理员(admin)身份登录“系统管理”。

(3) 选择“账套”→“输出”选项,如图 2-24 所示。

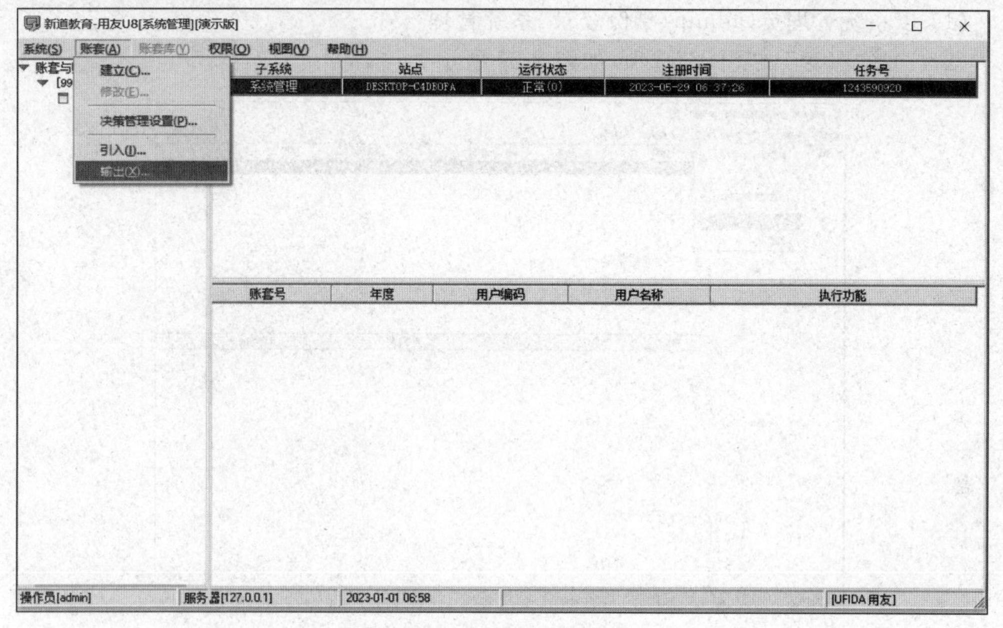

图 2-24 打开“账套-输出”

(4) 在账套号中下拉选择“[888]合肥腾飞科技有限公司”账套,输出文件位置选择“D:\888 账套\2”文件夹,如图 2-25 所示。

(5) 单击“确认”按钮,系统进行账套数据备份输出,完成后,弹出“输出成功”提示框,如图 2-26 所示。

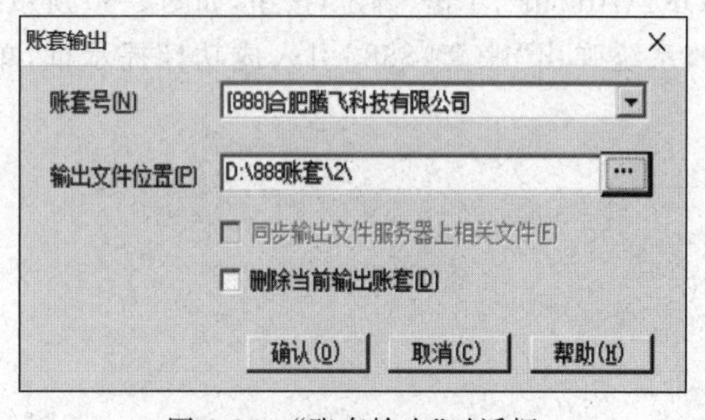

图 2-25 “账套输出”对话框

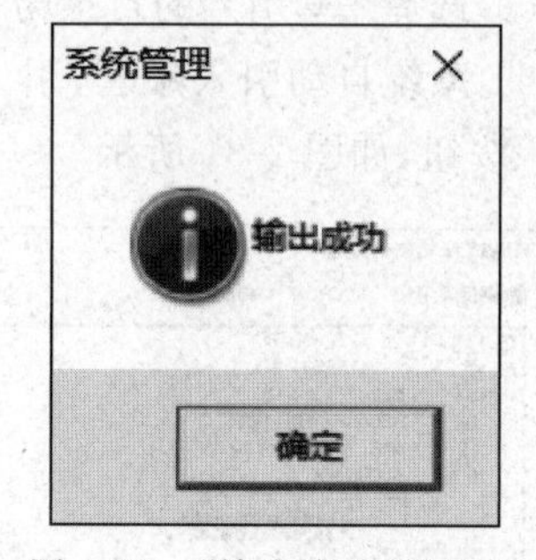

图 2-26 “输出成功”提示框

工作提示

(1) 只有系统管理员才有权进行账套输出。

(2) 正在使用的账套可以进行输出,但不允许进行删除。

(3) 在输出账套的同时勾选“删除当前输出账套”复选框,可以删除相应的账套。

（二）账套引入

（1）以系统管理员(admin)身份登录“系统管理”。

（2）选择“账套”→“引入”选项，如图2-27所示。

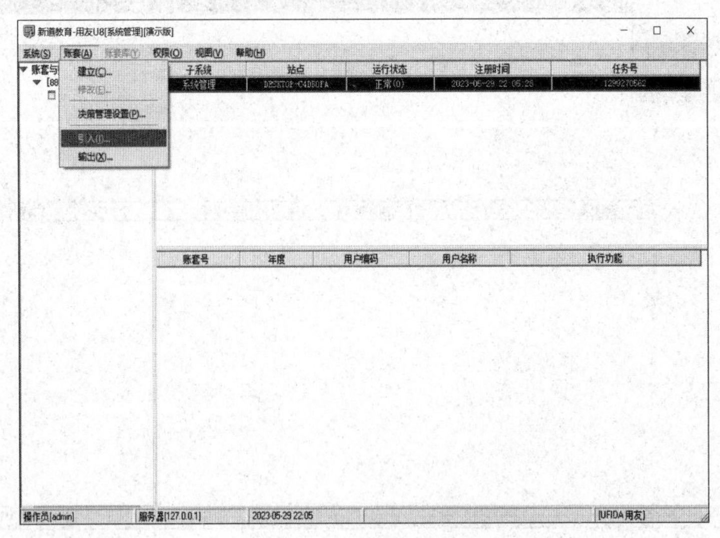

图2-27　打开“账套-引入”

（3）选择账套备份文件，打开“D:\888账套\2”文件夹，选中“UfErpAct.Lst”，单击“确定”按钮，如图2-28所示。

（4）系统提示“请选择账套引入的目录当前默认路径为C:\U8SOFT\”，单击“确定”按钮，如图2-29所示。

（5）选择账套引入的目录为“C:\U8SOFT\Admin”，单击“确定”按钮，如图2-30所示。

（6）系统自动引入账套，引入完成后，系统弹出“账套[888]引入成功!”提示框，单击“确定”按钮，如图2-31所示。

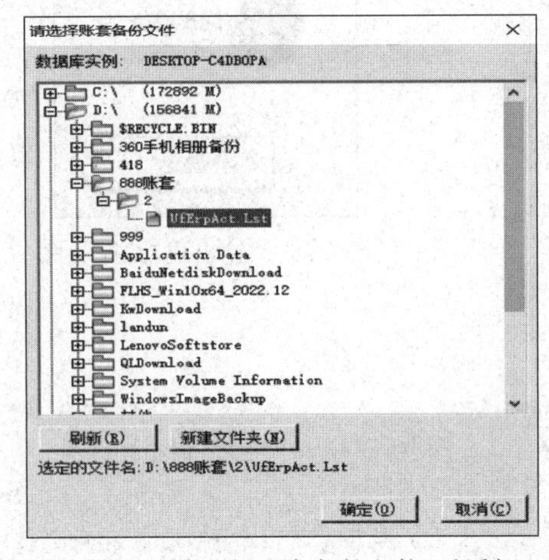

图2-28　“请选择账套备份文件”对话框

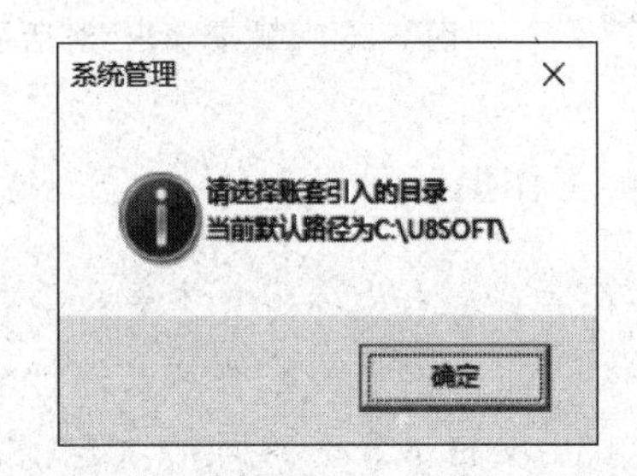

图2-29　“请选择账套引入的目录”提示框

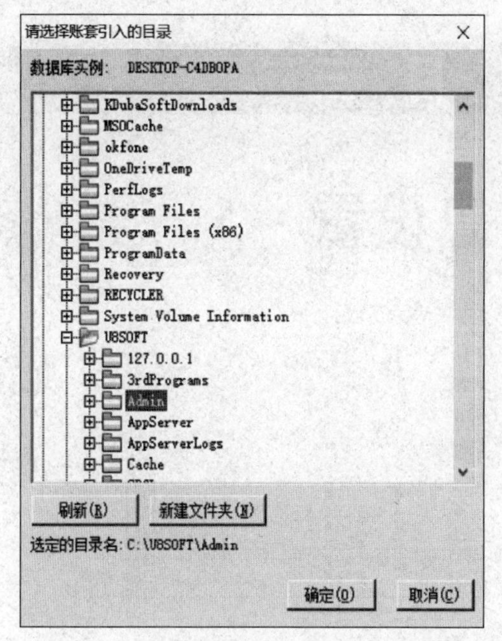

图 2-30 “请选择账套引入的目录”对话框

图 2-31 “账套[888]引入成功!”提示框

项目三

基础信息设置

知识目标

1. 了解企业应用平台的主要功能。
2. 理解企业应用平台在用友 ERP-U8 中的作用。
3. 掌握基础信息设置的主要内容。

能力目标

1. 能够根据业务资料进行机构人员档案、客商信息、存货信息、财务信息、收付结算信息、单据等设置操作。

2. 能够根据业务资料进行会计科目、凭证类别、项目目录、外币业务等设置操作。

工作任务

根据业务资料完成设置机构人员档案、客商信息、存货信息、财务信息、收付结算信息、单据等基础信息设置。

课程思政

通过“差之毫厘，失之千里”的案例，教育学生在设置企业各项基础信息时，不能出现信息错误，不准遗漏基础信息，要认真检查信息的准确性，对错误、遗漏要及时修改，出现难以解决的问题要及时询问、解决。通过基础信息设置，明确企业业务范围、任务与职责，在具体操作中感受会计的细致严谨、实事求是、爱岗敬业、责任担当，以任务为驱动，提升学生的规则意识、责任感、原则性等职业道德素养。

任务一　认识企业应用平台和基础设置

▶一、企业应用平台

（一）企业应用平台概述

为了使用友 ERP-U8 管理软件能够成为连接企业员工、用户和合作伙伴的公共平台，使系统资源能够得到高效、合理的使用，在用友 ERP-U8 管理软件中设立了企业应用平台。通过企业应用平台，系统使用者能够从单一入口访问其所需要的个性化信息，定义自己的业务工作，并设计自己的工作流程。

（二）企业应用平台功能

1. 业务工作

业务工作界面是操作员进入用友 ERP-U8 管理软件进行业务处理工作的唯一入口，可以进行总账、应收款管理、应付款管理、固定资产管理、薪资管理、供应链管理等子系统操作。

2. 基础设置

基础设置是为系统的日常运行做好基础工作，主要包括基本信息设置、基础档案设置、数据权限设置和单据设置。

3. 系统服务

系统服务界面集成了系统服务工具，包括系统管理、服务器配置、工具及权限管理设置等。

企业应用平台还提供“消息中心”“报表中心”“其他应用管理”等子系统入口。

▶二、基础设置

1. 基本信息设置

在基本信息设置中，可以对建账过程确定的编码方案和数据精度进行修改，并进行系统启用设置。

用友 ERP-U8 管理系统分为财务会计、管理会计等产品组，每个产品组又包含若干模块，它们大多数既可以独立运行，又可以集成使用，但两种用法的流程是有差异的。企业一方面可以根据本身的管理特点选购不同的子系统；另一方面可以采取循序渐进的策略，有计划地先启用一些模块，一段时间后再启用另外一些模块。系统启用为企业提供了选择的便利，它可以表明企业在何时及启用了哪些子系统。只有设置了系统启用的模块才可以登录。

有两种方法可以设置系统启用：一种是在企业建账完成后立即进行系统启用；另一种是在建账结束后由账套主管在基本信息设置中进行系统启用。

2. 基础档案设置

基础档案是系统日常业务处理必需的基础资料，是系统运行的基础。一个账套总是由若干个子系统构成的，这些子系统共享公用的基础档案信息。在启用新账套之前，应根据企业的实际情况，结合系统基础档案设置的要求，事先做好基础数据的准备工作。

3. 数据权限设置

用友 ERP-U8 管理软件中，提供了三种不同性质的权限管理：功能权限、数据权限和金额权限。

功能权限在系统管理中进行设置，主要规定了每个操作员对各模块及细分功能的操作权限。

数据权限是针对业务对象进行的控制，可以选择对特定业务对象的某些项目和某些记录进行查询和录入的权限控制。

金额权限的主要作用体现在两个方面：一方面是设置用户在填制凭证时，限制对特定科目允许输入的金额范围；另一方面是设置用户在填制采购订单时，限制允许输入的采购金额范围。

4. 单据设置

用友 ERP-U8 管理软件中预置了常用单据模板，允许用户对各单据类型的多个显示模板和多个打印模板进行设置，也可以定义本企业需要的单据格式。

任务二　机构人员档案设置

一、任务目标

根据业务资料设置机构人员档案。

二、准备工作

从“D:\888 账套\2”文件夹引入[888]账套。

三、任务清单

2023 年 1 月 1 日，以账套主管“W01 王东”身份登录企业应用平台，增加机构人员档案。

(1) 部门档案资料如表 3-1 所示。

表 3-1　部门档案

一级部门编码	一级部门名称	二级部门编码	二级部门
1	管理部	101	综合部
		102	财务部
2	销售部	—	—
3	采购部	—	—

续表

一级部门编码	一级部门名称	二级部门编码	二级部门
4	生产部	401	一车间
		402	二车间

（2）人员类别资料如表 3-2 所示。

表 3-2 人员类别

人员类别编码	人员类别名称
10101	企业管理人员
10102	销售人员
10103	采购人员
10104	车间管理人员
10105	生产人员

（3）人员档案资料如表 3-3 所示。

表 3-3 人员档案

人员编码	人员姓名	性别	人员类别	行政部门	是否业务员
101	杨文	男	企业管理人员	综合部	是
102	刘红	女	企业管理人员	综合部	是
103	杨明	男	企业管理人员	综合部	是
104	王东	男	企业管理人员	财务部	是
105	张伟	男	企业管理人员	财务部	是
106	王慧	女	企业管理人员	财务部	是
201	韩乐乐	男	销售人员	销售部	是
301	刘伟	男	采购人员	采购部	是
401	齐天宇	男	车间管理人员	一车间	是
402	王力	男	生产人员	一车间	是
403	罗贝	男	生产人员	一车间	是
404	范兵	男	车间管理人员	二车间	是
405	刘青	男	生产人员	二车间	是
406	邓磊	男	生产人员	二车间	是

四、操作指导

机构人员档案设置

（一）设置部门档案

（1）在“基础设置”选项卡中执行“基础档案”→“机构人员”→“部门档案”命令，打开“部门档案”窗口。

(2) 单击“增加”按钮,输入部门编码“1”、部门名称“管理部”,单击“保存”按钮。以此方法依次输入其他部门档案,操作结果如图 3-1 所示。

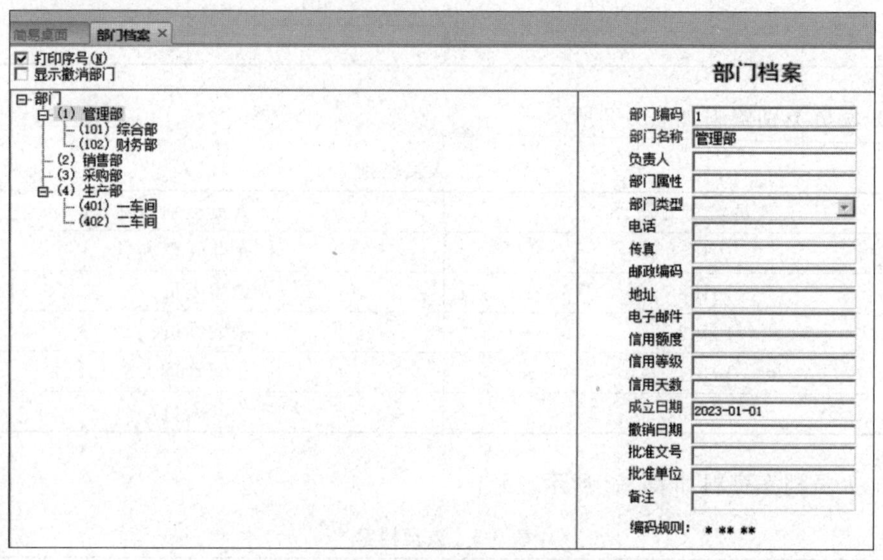

图 3-1 “部门档案”窗口

工作提示

(1) 部门编码必须符合在分类编码方案中定义的编码规则。

(2) 录入基础信息时,蓝色字体为必录入项目。

(二) 设置人员类别

(1) 在“基础设置”选项卡中执行“基础档案”→“机构人员”→“人员类别”命令,打开“人员类别”窗口。

(2) 选择“正式工”类别,单击“增加”按钮,按表 3-2 在“正式工”下增加“企业管理人员”类别,操作结果如图 3-2 所示。

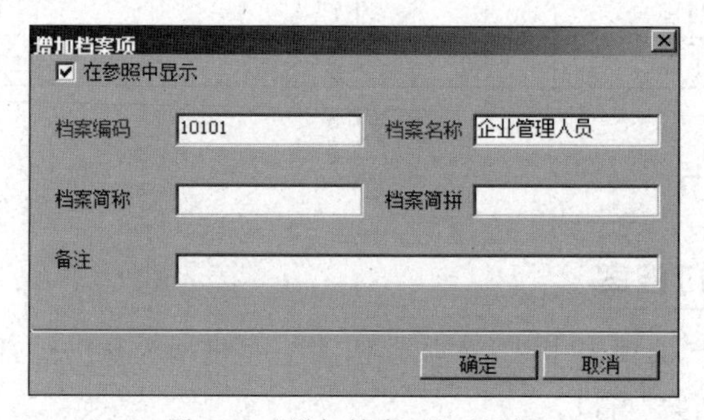

图 3-2 “增加档案项”对话框

(3) 依次增加其他四类人员类别，操作结果如图 3-3 所示。

人员类别

序号	档案编码	档案名称	档案简称	档案简拼	档案级别	上级代码	是否自定义	是否有下级	是否显示	备注
1	10101	企业管理人员	企业管理人员	QYGLRY	1	101	用户	否	是	
2	10102	销售人员	销售人员	XSRY	1	101	用户	否	是	
3	10103	采购人员	采购人员	CGRY	1	101	用户	否	是	
4	10104	车间管理人员	车间管理人员	CJGLRY	1	101	用户	否	是	
5	10105	生产人员	生产人员	SCRY	1	101	用户	否	是	

图 3-3 “人员类别”窗口

工作提示

(1) 人员类别与工资费用的分配、分摊有关，工资费用的分配及分摊是薪资管理系统的一项重要功能。人员类别设置的目的是为工资分摊生成凭证设置相应的入账科目做准备，可以按不同的入账科目需要设置不同的人员类别。

(2) 人员类别是人员档案中的必选项目，需要在人员档案建立之前设置。

(3) 人员类别名称可以修改，但已使用的人员类别名称不能删除。

(三) 设置人员档案

(1) 在“基础设置”选项卡中执行“基础档案”→“机构人员”→“人员档案”命令，打开“人员列表”对话框。

(2) 单击左侧窗口中“部门分类”下的“综合部”。

(3) 单击“增加”按钮，按表 3-3 输入人员档案信息，如图 3-4 所示。

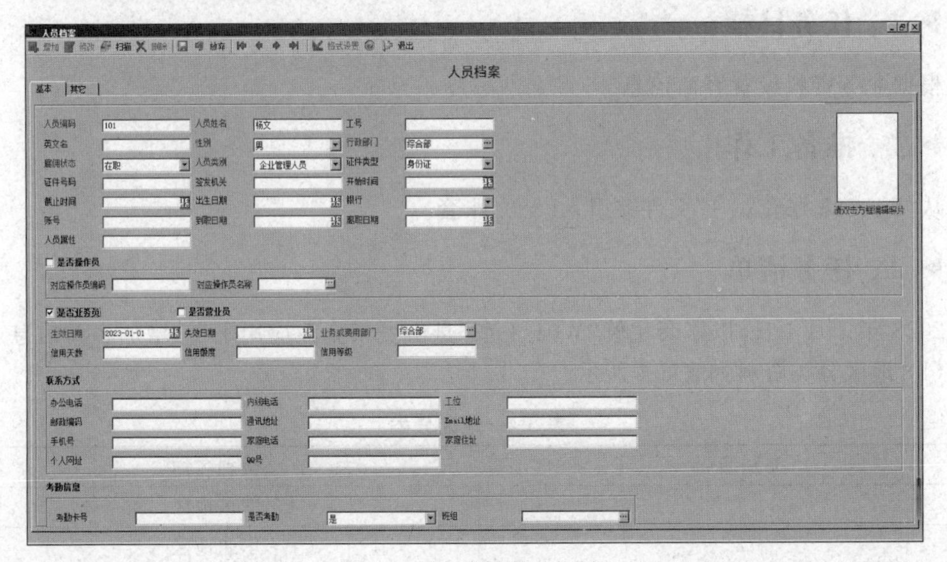

图 3-4 “人员档案”对话框

(4) 单击“保存”按钮。

(5) 以此方法依次输入其他人员档案,操作结果如图 3-5 所示。

人员档案

雇佣状态 ☑在职 ☐离退 ☐离职

人员类别 全部

部门分类
(1)管理部
(2)销售部
(3)采购部
(4)生产部

记录总数:14

人员列表

选择	人员编码	姓名	行政部门名称	雇佣状态	人员类别	性别	出生日期	业务或费用部门名称	审核标志
	101	杨文	综合部	在职	企业管…	男		综合部	未处理
	102	刘红	综合部	在职	企业管…	女		综合部	未处理
	103	杨明	综合部	在职	企业管…	男		综合部	未处理
	104	王东	财务部	在职	企业管…	男		财务部	未处理
	105	张伟	财务部	在职	企业管…	男		财务部	未处理
	106	王慧	财务部	在职	企业管…	女		财务部	未处理
	201	韩乐乐	销售部	在职	销售人员	男		销售部	未处理
	301	刘伟	采购部	在职	采购人员	男		采购部	未处理
	401	齐天乐	一车间	在职	车间管…	男		一车间	未处理
	402	王力	一车间	在职	生产人员	男		一车间	未处理
	403	罗贝	一车间	在职	生产人员	男		一车间	未处理
	404	范兵	二车间	在职	车间管…	男		二车间	未处理
	405	刘青	二车间	在职	生产人员	男		二车间	未处理
	406	邓磊	二车间	在职	生产人员	男		二车间	未处理

图 3-5　人员档案列表

(6) 将账套输出至“D:\888 账套\3-1”文件夹。

工作提示

(1) 人员编码必须唯一,行政部门只能是末级部门。

(2) 如果某员工需要在其他档案或者其他单据的“业务员”项目中被参照,需要选中“是否业务员”选项。

任务三　客商信息设置

一、任务目标

根据业务资料设置客商信息。

二、准备工作

从“D:\888 账套\3-1”文件夹引入[888]账套。

三、任务清单

2023 年 1 月 1 日,以账套主管“W01 王东”身份登录企业应用平台,增加客商信息。

(1) 地区分类资料如表 3-4 所示。

表 3-4　地区分类

类别编码	类别名称
1	华东地区
2	华北地区
3	华南地区

(2) 供应商分类资料如表 3-5 所示。

表 3-5 供应商分类

类别编码	类别名称
01	省内
02	省外

(3) 客户分类资料如表 3-6 所示。

表 3-6 客户分类

类别编码	类别名称
01	省内
02	省外

(4) 客户档案资料如表 3-7 所示。

表 3-7 客户档案

客户编码	客户名称(简称)	所属地区	所属分类	税号	开户银行	银行账号	地址	邮编	分管部门	分管业务员
01	合肥万方公司	1	01	913401112222034521	中国银行合肥望江西路支行	23456789100089	合肥市蜀山区文曲路168号	230088	销售部	韩乐乐
02	合肥丰收公司	1	01	913401223333056107	中国工商银行合肥繁华大道支行	1300512309765432101	合肥市经开区繁华大道118号	230601	销售部	韩乐乐
03	北京天益公司	2	02	110320104320012156	中国工商银行北京中关村支行	0123123409567849023	北京市海淀区中关村大街268号	100080	销售部	韩乐乐
04	北京鼎好公司	2	02	110333332345768178	中国工商银行北京中关村支行	0123987609123456752	北京市海淀区海淀大街3号	100080	销售部	韩乐乐

(5) 供应商档案资料如表 3-8 所示。

表 3-8 供应商档案

供应商编码	供应商名称(简称)	所属地区	所属分类	税号	开户银行	银行账号	地址	邮编	分管部门	分管业务员
01	苏州华美公司	1	02	430455882395738101	中国建设银行苏州长城支行	03334321348765123417	苏州市高新区滨河路888号	215011	采购部	刘伟

续表

供应商编码	供应商名称（简称）	所属地区	所属分类	税 号	开户银行	银行账号	地 址	邮编	分管部门	分管业务员
02	北京盛唐公司	2	02	120885694387622356	中国工商银行北京中关村支行	01231234099876588	北京市海淀区中关村大街 388 号	100080	采购部	刘伟
03	深圳宏发公司	3	02	987622223333056423	中国建设银行深圳长城支行	02221234567890120123	深圳市福田区中航路 108 号	518101	采购部	刘伟
04	合肥大华公司	1	01	913401001492082135	中国银行合肥金寨路支行	23450123565678	合肥市金寨路 71 号	230022	采购部	刘伟

四、操作指导

客商信息设置

（一）设置地区分类

（1）在“基础设置”选项卡中执行“基础档案”→“客商信息”→“地区分类”命令，打开“地区分类”窗口。

（2）单击“增加”按钮，输入分类编码“1”、分类名称“华东地区”，单击“保存”按钮。以此方法依次输入其他地区分类，操作结果如图 3-6 所示。

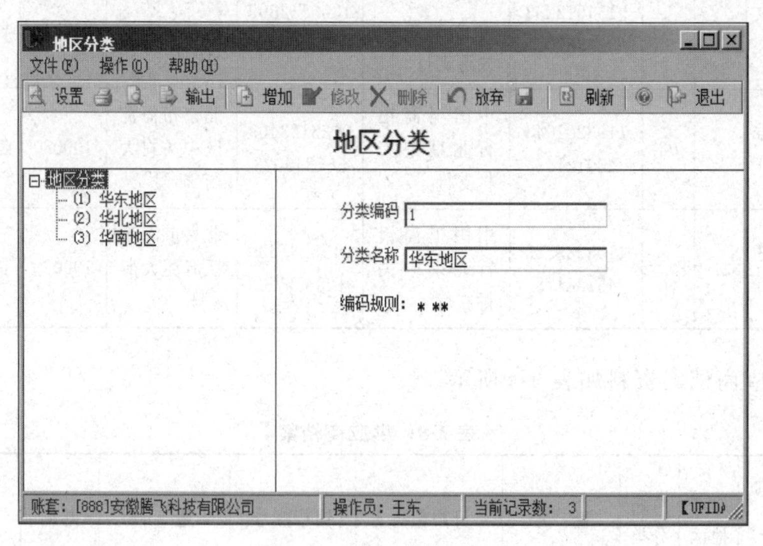

图 3-6 “地区分类”窗口

（二）设置供应商分类

（1）在“基础设置”选项卡中执行“基础档案”→“客商信息”→“供应商分类”命令，打开

"供应商分类"窗口。

(2) 单击"增加"按钮,输入分类编码"01"、分类名称"省内",单击"保存"按钮。以此方法依次输入其他供应商分类,操作结果如图 3-7 所示。

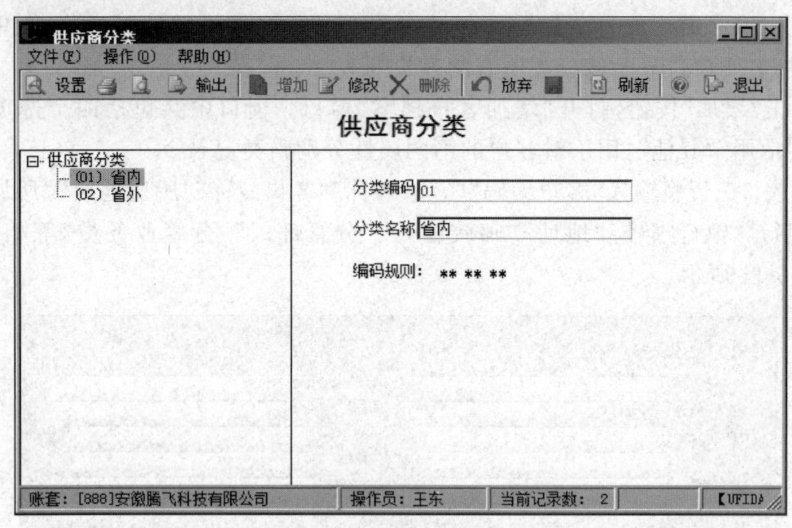

图 3-7 "供应商分类"窗口

(三) 设置客户分类

(1) 在"基础设置"选项卡中执行"基础档案"→"客商信息"→"客户分类"命令,打开"客户分类"窗口。

(2) 单击"增加"按钮,输入分类编码"01"、分类名称"省内",单击"保存"按钮。以此方法依次输入其他客户分类,操作结果如图 3-8 所示。

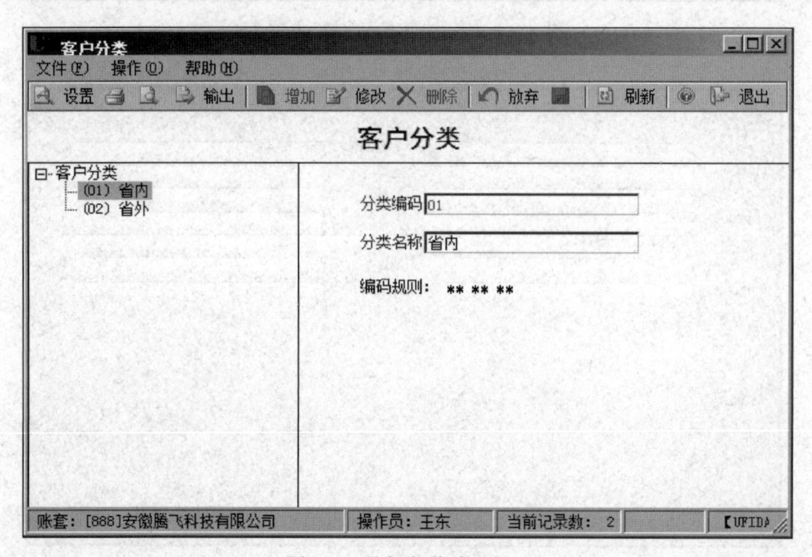

图 3-8 "客户分类"窗口

（四）增加客户档案

（1）在“基础设置”选项卡中执行“基础档案”→“客商信息”→“客户档案”命令，打开“客户档案”窗口。窗口分为左右两部分，左侧窗口显示已经设置的客户分类，单击选中某一客户分类，右侧窗口显示该分类所有的客户列表。

（2）单击“增加”按钮，打开“增加客户档案”窗口。窗口中共包括四个选项卡，即“基本”“联系”“信用”“其他”，用于对客户的不同属性分别归类记录。

（3）按表 3-7 资料输入“客户编码”“客户名称”“客户简称”“所属地区”“所属分类”“税号”“开户银行”“银行账号”“地址”“邮政编码”“分管部门”“分管业务员”等相关信息，如图 3-9～图 3-11 所示。

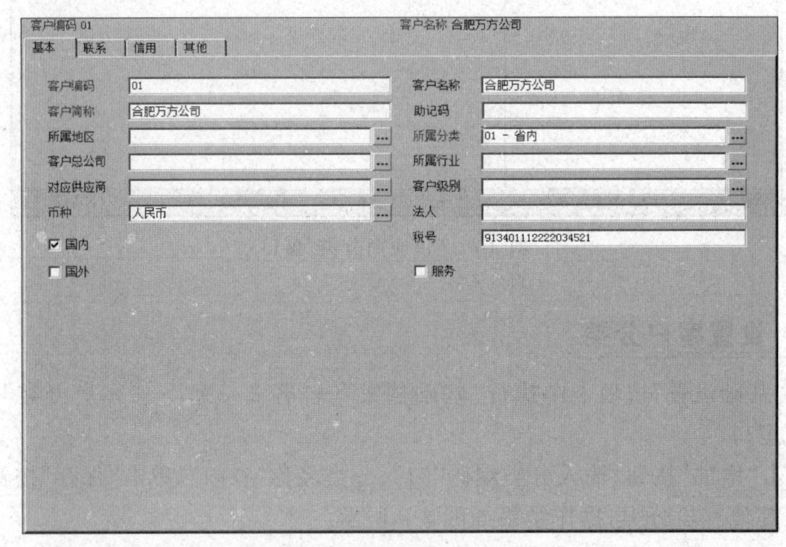

图 3-9 “客户档案-基本”选项卡

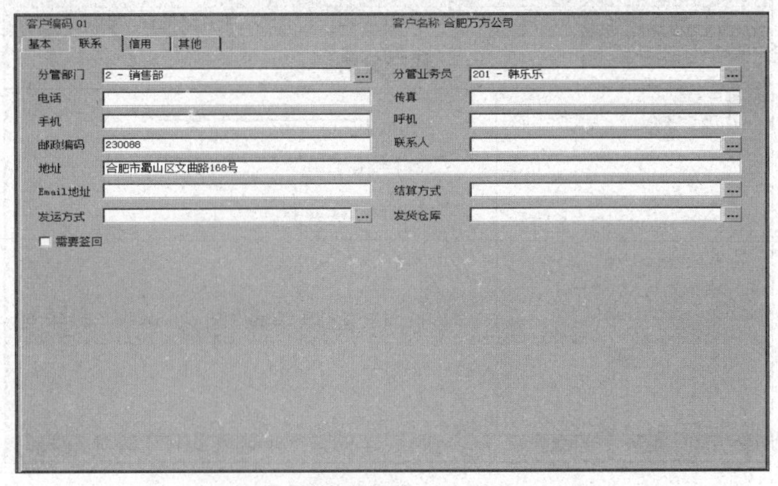

图 3-10 “客户档案-联系”选项卡

客户银行档案

序号	所属银行	开户银行	银行账号	账户名称	默认值
1	中国银行	中国银行合肥望江西路...	23456789100089		是

图 3-11 “客户银行档案”窗口

(4) 单击“保存”按钮。

(5) 以此方法依次输入其他的客户档案，操作结果如图 3-12 所示。

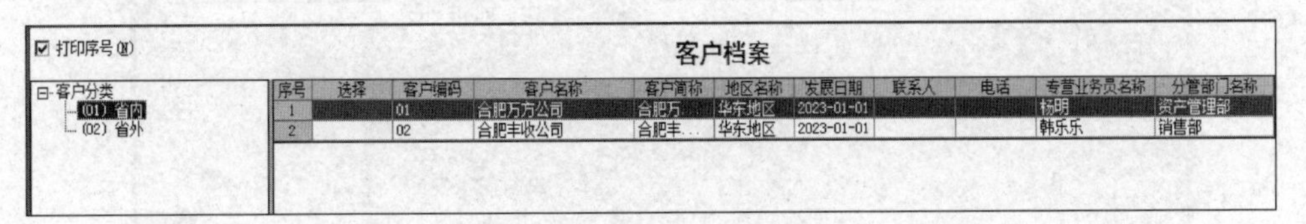

图 3-12 “客户档案”窗口

工作提示

(1) 在录入客户档案时，客户编码及客户简称必须录入，客户编码必须是唯一的。

(2) 设置客户的“分管部门”及“分管业务员”，是为了在应收款管理系统填制发票等原始单据时能自动根据客户显示部门及业务员信息。

(五) 增加供应商档案

(1) 在“基础设置”选项卡中执行“基础档案”→“客商信息”→“供应商档案”命令，打开“供应商档案”窗口。窗口分为左右两部分，左侧窗口显示已经设置的供应商分类，单击选中某一供应商分类，右侧窗口显示该分类所有的供应商列表。

(2) 单击“增加”按钮，打开“增加供应商档案”窗口。窗口中共包括四个选项卡，即“基本”“联系”“信用”“其他”，用于对供应商的不同属性分别归类记录。

(3) 按表 3-8 资料输入“供应商编码”“供应商名称”“供应商简称”“所属地区”“所属分类”“税号”“开户银行”“银行账号”“地址”“邮政编码”“分管部门”“分管业务员”等相关信息，如图 3-13～图 3-15 所示。

(4) 将账套输出至“D:\888 账套\3-2”文件夹。

工作提示

(1) 在录入供应商档案时，供应商编码及供应商简称必须录入，供应商编码必须是唯一的。

(2) 设置供应商的“分管部门”及“分管业务员”，是为了在应付款管理系统填制发票等原始单据时能自动根据供应商显示部门及业务员信息。

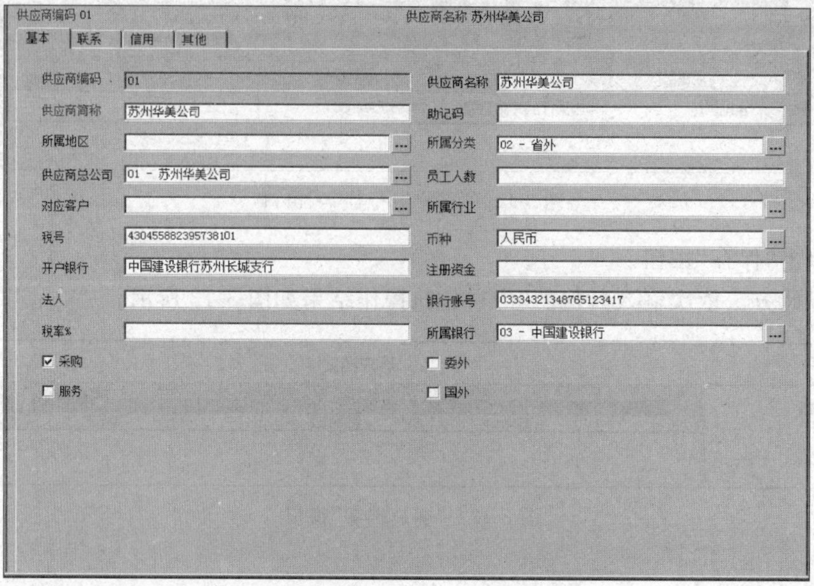

供应商编码 01　　供应商名称 苏州华美公司

基本 | 联系 | 信用 | 其他

字段	值	字段	值
供应商编码	01	供应商名称	苏州华美公司
供应商简称	苏州华美公司	助记码	
所属地区		所属分类	02 - 省外
供应商总公司	01 - 苏州华美公司	员工人数	
对应客户		所属行业	
税号	430455882395738101	币种	人民币
开户银行	中国建设银行苏州长城支行	注册资金	
法人		银行账号	03334321348765123417
税率%		所属银行	03 - 中国建设银行

☑ 采购　☐ 委外

☐ 服务　☐ 国外

图 3-13 “供应商档案-基本”选项卡

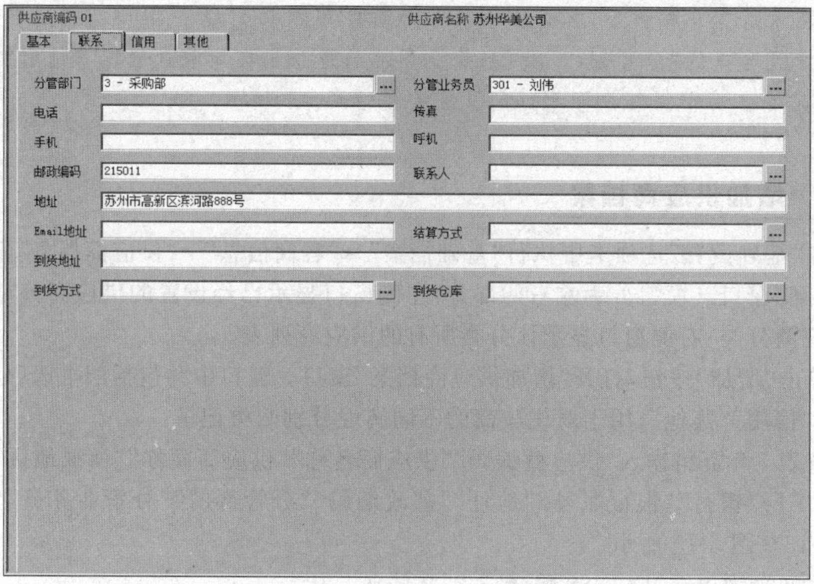

供应商编码 01　　供应商名称 苏州华美公司

基本 | 联系 | 信用 | 其他

字段	值	字段	值
分管部门	3 - 采购部	分管业务员	301 - 刘伟
电话		传真	
手机		呼机	
邮政编码	215011	联系人	
地址	苏州市高新区滨河路888号		
Email地址		结算方式	
到货地址			
到货方式		到货仓库	

图 3-14 “供应商档案-联系”选项卡

供应商银行档案

设置　输出　增加　删除　退出

序号	所属银行	开户银行	银行账号	账户名称	默认值
1	中国建设银行	中国建设银行苏州长城...	03334321348765123417		是

图 3-15 “供应商银行档案”窗口

任务四 存货信息设置

一、任务目标

根据业务资料设置合肥腾飞科技有限公司存货信息。

二、准备工作

从“D:\888 账套\3-2”文件夹引入[888]账套。

三、任务清单

2023 年 1 月 1 日，以账套主管“W01 王东”身份登录企业应用平台，增加存货信息。

(1) 存货分类资料如表 3-9 所示。

表 3-9 存货分类

分类编码	分类名称
01	原材料
02	库存商品
09	其他

(2) 计量单位组资料如表 3-10 所示。

表 3-10 计量单位组

计量单位组编码	计量单位组名称	计量单位组类别
01	自然单位组	无换算率

(3) 计量单位资料如表 3-11 所示

表 3-11 计量单位

计量单位编码	计量单位名称	所属计量单位组类别
01	盒	自然单位组
02	台	自然单位组
03	根	自然单位组
04	套	自然单位组
05	个	自然单位组
09	千米	自然单位组

(4) 存货档案资料如表 3-12 所示。

表 3-12　存货档案

分类	所属类别	存货编码	名　称	计量单位	税率	存货属性
01	原材料	0101	I5 CPU	盒	13%	外购、生产耗用
		0102	I3 CPU	盒	13%	外购、生产耗用
		0103	内存条	根	13%	外购、生产耗用
		0104	硬盘	盒	13%	外购、生产耗用
		0105	主板	盒	13%	外购、生产耗用
		0106	电源	个	13%	外购、生产耗用
		0107	显卡	盒	13%	外购、生产耗用
		0108	LED 显示器	台	13%	外购、生产耗用
		0109	键盘鼠标	套	13%	外购、生产耗用
		0110	机箱	个	13%	外购、生产耗用
02	库存商品	0201	商业计算机	台	13%	自制、内销、外销
		0202	家用计算机	台	13%	自制、内销、外销
09	其他	0901	运输费	千米	9%	内销、外销、应税劳务

四、操作指导

存货信息设置

(一) 设置存货分类

(1) 在企业应用平台中打开“基础设置”选项卡，执行“基础档案”→“存货”→“存货分类”命令，打开“存货分类”窗口。

(2) 单击“增加”按钮，按表 3-9 资料录入存货分类信息，操作结果如图 3-16 所示。

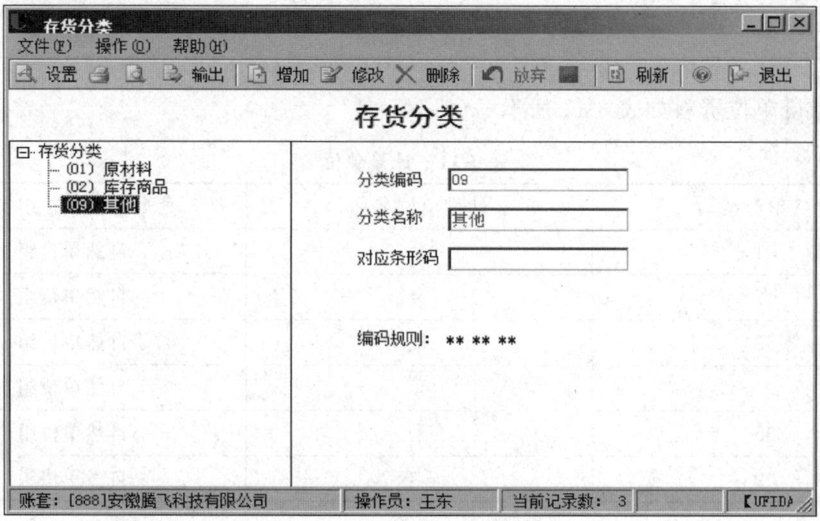

图 3-16　“存货分类”窗口

工作提示

(1) 存货档案在企业应用平台中录入。如果只启用财务系统且不在应收款、应付款系统中填制发票,则不需要设置存货档案。

(2) 在录入存货档案时,如果存货类别不符合要求,应重新进行选择。

(3) 在录入存货档案时,如果直接列示的计量单位不符合要求,应先将不符合要求的计量单位删除,再单击"参照"按钮,在计量单位表中重新选择计量单位。

(4) 存货档案中的存货属性必须选择正确,否则,在填制相应单据时,单据就不会在存货列表中出现。

(二) 设置计量单位

(1) 在企业应用平台中打开"基础设置"选项卡,执行"基础档案"→"存货"→"计量单位"命令,打开"计量单位"窗口。

(2) 单击"分组"按钮,打开"计量单位组"窗口。

(3) 单击"增加"按钮,录入计量单位编码为"01"、计量单位组名称为"自然单位组",单击"计量单位组类别"栏的下三角按钮,选择"无换算率",如图 3-17 所示。

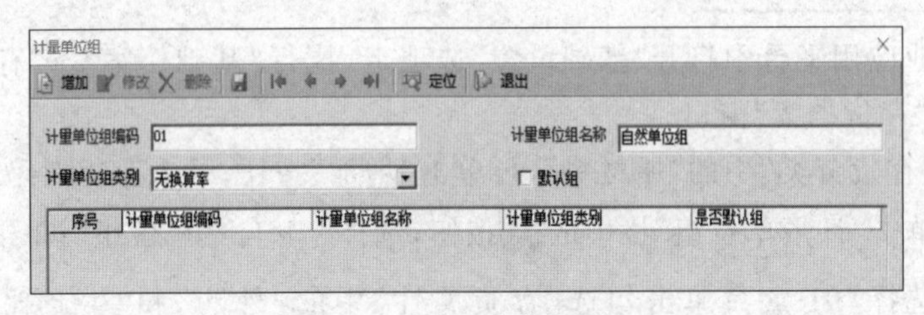

图 3-17 "计量单位组"窗口

(4) 单击"保存"按钮,再单击"退出"按钮。

(5) 单击"单位"按钮,打开"计量单位"窗口,进行计量单位设置。

(6) 单击"增加"按钮,录入计量单位编码为"01"、计量单位名称为"盒",单击"保存"按钮。

(7) 根据表 3-11 依次录入其他计量单位,录入完成所有计量单位后单击"退出"按钮,操作结果如图 3-18 所示。

工作提示

(1) 在设置存货档案之前,必须先到企业应用平台的"基础档案"中设置计量单位,否则,存货档案中没有备选的计量单位,存货档案不能保存。

(2) 必须先设置计量单位组,再设置各计量单位组中的计量单位。

(3) 计量单位组分为无换算率、固定换算率和浮动换算率三种类型。如果需要换算,一般将最小计量单位作为主计量单位。

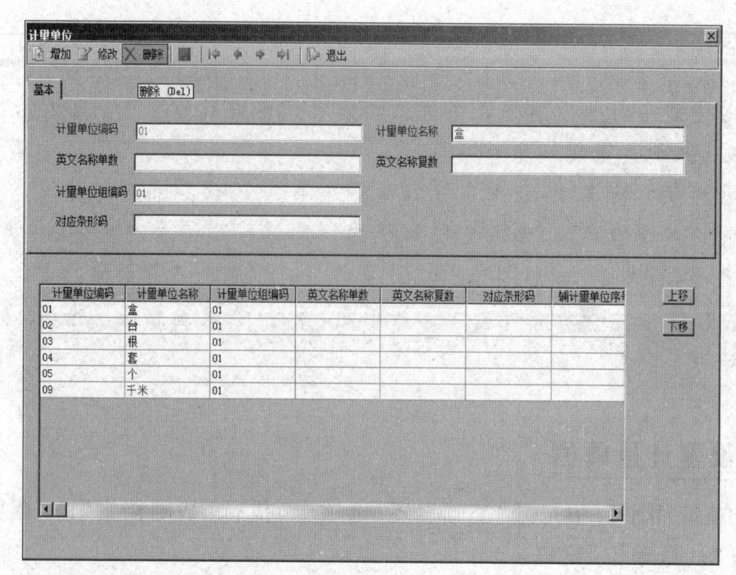

图 3-18 “计量单位”窗口

（三）增加存货档案

(1) 在企业应用平台中打开“基础设置”选项卡，执行“基础档案”→“存货”→“存货档案”命令，打开“存货档案”窗口。

(2) 单击“存货分类”中的“原材料”，再单击“增加”按钮；录入存货编码“0101”，存货名称“I5 CPU”，单击“计量单位组”栏中的[...]按钮，选择“01-自然单位组”；单击“主计量单位”栏的[...]按钮，选择“01-盒”；单击勾选“存货属性”中的“外购”和“生产耗用”复选框，如图 3-19 所示。

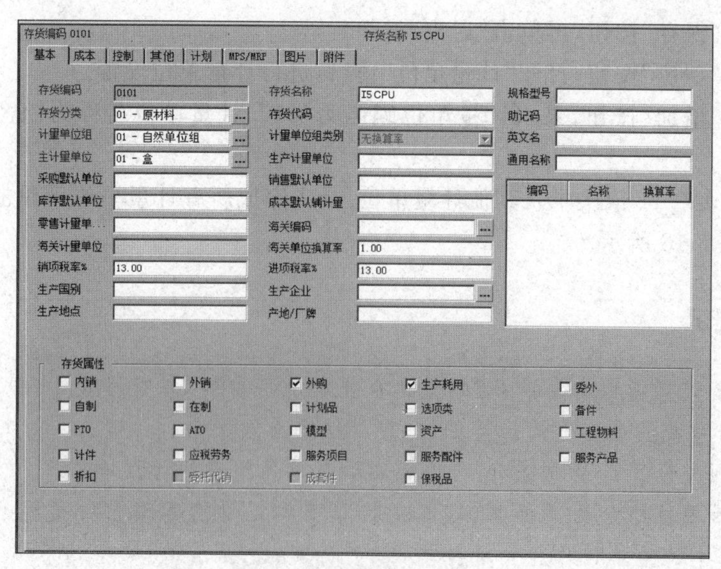

图 3-19 增加存货档案

(3) 单击“保存”按钮，以此方法继续录入其他存货档案，录入完成后如图 3-20 所示。

简易桌面 存货档案 ×

☑ 打印序号(N)

存货档案

存货分类
- (01) 原材料
- (02) 库存商品
- (03) 其他

序号	选择	存货编码	存货名称	规格型号	存货代码	ABC分类	启用日期	计量单位组名称	主计量单位名称
1	*	0101	I5 CPU				2023-01-01	自然单位组	盒
2		0102	I3 CPU				2023-01-01	自然单位组	盒
3		0103	内存条				2023-01-01	自然单位组	根
4		0104	硬盘				2023-01-01	自然单位组	盒
5		0105	主板				2023-01-01	自然单位组	盒
6		0106	电源				2023-01-01	自然单位组	个
7		0107	显卡				2023-01-01	自然单位组	盒
8		0108	LED显示器				2023-01-01	自然单位组	台
9		0109	键盘鼠标				2023-01-01	自然单位组	套
10		0110	机箱				2023-01-01	自然单位组	个
11		0201	商用计算机				2023-01-01	自然单位组	台
12		0202	家用计算机				2023-01-01	自然单位组	台
13		0901	运输费				2023-01-01	自然单位组	千米

图 3-20 “存货档案”窗口

(4) 将账套输出至“D:\888 账套\3-3”文件夹。

任务五 财务信息设置

一、任务目标

根据业务资料设置凭证类别、会计科目及项目核算等财务信息。

二、准备工作

从“D:\888 账套\3-3”文件夹引入[888]账套。

三、任务清单

(1) 设置凭证类别。凭证类别设置为记账凭证。

(2) 设置会计科目。会计科目表如表 3-13 所示。

表 3-13 会计科目表

科目编码	科 目 名 称	余额方向	辅助账类型
1001	库存现金	借	日记账、现金科目
1002	银行存款	借	日记账、银行科目、银行账
100201	工行 6789	借	日记账、银行科目、银行账
100202	农行 5321	借	日记账、银行科目、银行账、美元
1121	应收票据	借	客户往来、应收系统
1122	应收账款	借	客户往来、应收系统
1123	预付账款	借	供应商往来、应付系统

续表

科目编码	科 目 名 称	余额方向	辅助账类型
1221	其他应收款	借	个人往来
1403	原材料	借	
140301	I5 CPU	借	数量核算(盒)
140302	I3 CPU	借	数量核算(盒)
140303	内存条	借	数量核算(根)
140304	硬盘	借	数量核算(盒)
140305	主板	借	数量核算(盒)
140306	电源	借	数量核算(个)
140307	显卡	借	数量核算(盒)
140308	LED 显示器	借	数量核算(台)
140309	键盘鼠标	借	数量核算(套)
140310	机箱	借	数量核算(个)
1405	库存商品	借	项目核算、数量核算(台)
1481	合同资产	借	供应商往来、应付系统
2201	应付票据	贷	供应商往来、应付系统
2202	应付账款	贷	供应商往来、应付系统
2203	预收账款	贷	客户往来、应收系统
2204	合同负债	贷	客户往来、应收系统
2211	应付职工薪酬	贷	
221101	工资	贷	
221102	福利费	贷	
221103	非货币性福利	贷	
221104	社会保险费	贷	
221105	设定提存计划	贷	
221106	住房公积金	贷	
221107	工会经费	贷	
221108	职工教育经费	贷	
221109	其他	贷	
2221	应交税费	贷	
222101	应交增值税	贷	
22210101	进项税额	贷	
22210102	销项税额	贷	
22210103	进项税额转出	贷	
22210104	已交税金	贷	
22210105	转出未交增值税	贷	
222102	未交增值税	贷	

续表

科目编码	科 目 名 称	余额方向	辅助账类型
222103	应交城建税	贷	
222104	应交教育费附加	贷	
222105	应交地方教育费附加	贷	
222106	应交企业所得税	贷	
222107	应交个人所得税	贷	
4104	利润分配	贷	
410415	未利润分配	贷	
5001	生产成本	借	
500101	直接材料	借	部门、项目核算、数量核算(台)
500102	直接人工	借	部门、项目核算、数量核算(台)
500103	制造费用	借	部门、项目核算、数量核算(台)
5101	制造费用	借	
510101	工资	借	部门核算
510102	折旧费	借	部门核算
510103	其他	借	部门核算
6001	主营业务收入	贷	项目核算、数量核算(台)
6115	资产处置损益	贷	
6117	其他收益	贷	
6401	主营业务成本	借	项目核算、数量核算(台)
6601	销售费用	借	
660101	工资	借	
660102	福利费	借	
660103	折旧	借	
660104	社会保险费	借	
660105	办公费	借	
660106	广告费	借	
660107	差旅费	借	
660109	其他	借	
6602	管理费用	借	
660201	工资	借	部门核算
660202	福利费	借	部门核算
660203	折旧	借	部门核算
660204	社会保险费	借	部门核算
660205	办公费	借	部门核算
660206	业务招待费	借	部门核算
660207	差旅费	借	部门核算

续表

科目编码	科 目 名 称	余额方向	辅助账类型
660209	其他	借	部门核算
6702	信用减值损失	借	

(3) 设置项目目录。项目目录如表 3-14 所示。

表 3-14　项目目录

项目设置步骤	设 置 内 容
项目大类	01 生产成本
核算科目	1405 库存商品
	500101 直接材料
	500102 直接人工
	500103 制造费用
	6001 主营业务收入
	6401 主营业务成本
项目分类	1　自行生产　2　委托生产
项目目录	1　商用计算机
	2　家用计算机

(4) 指定总账现金科目和银行科目。

财务信息设置

四、操作指导

(一) 设置凭证类别

(1) 执行“基础档案”→“财务”→“凭证类别”命令,打开“凭证类别预置”对话框。

(2) 勾选“记账凭证”单选按钮,如图 3-21 所示。

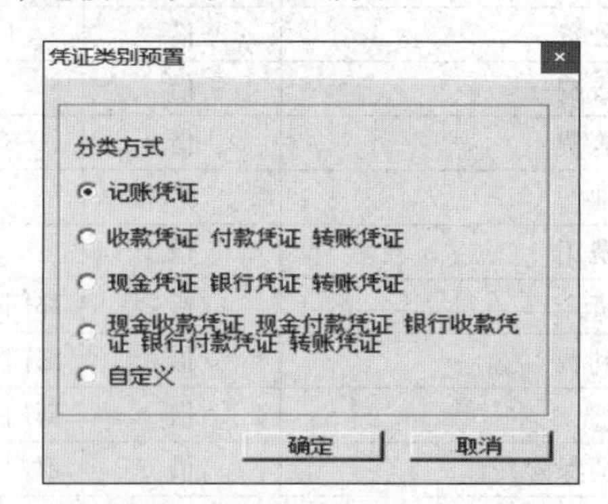

图 3-21　“凭证类别预置”对话框

(3) 单击“确定”按钮,打开“凭证类别”对话框。

(4) 单击“退出”按钮。

（二）修改会计科目

(1) 在“会计科目”窗口中双击“1001 库存现金”，单击“修改”按钮，打开“会计科目-修改”对话框。

(2) 单击“修改”按钮，勾选“日记账”复选框，如图 3-22 所示。

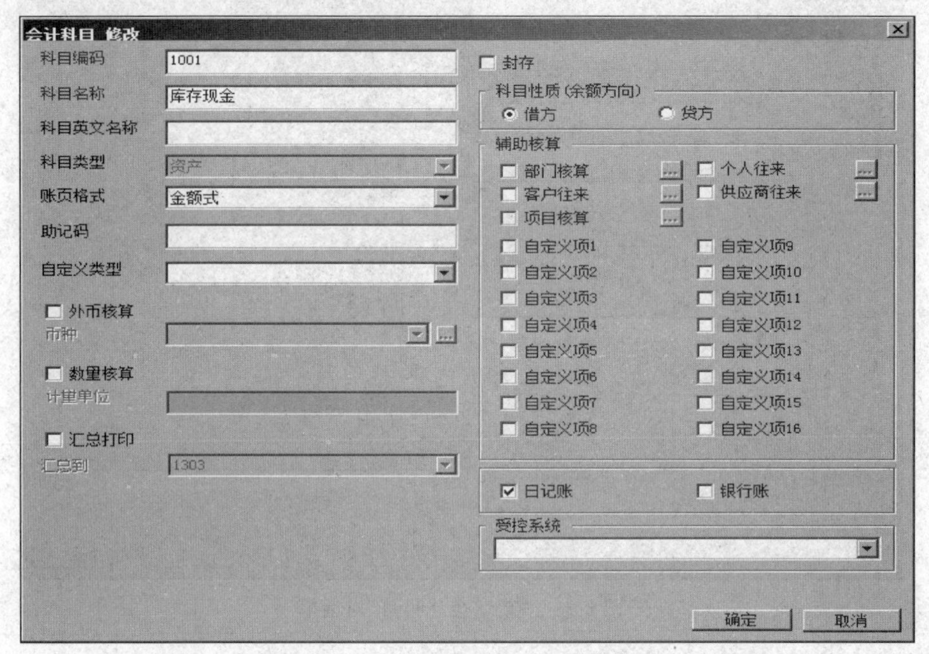

图 3-22 “会计科目-修改”对话框

(3) 单击“确定”按钮。

(4) 以上述方式修改其他科目。

工作提示

(1) “无受控系统”即该账套不使用应收款、应付款系统，应收款、应付款业务均以辅助账的形式在总账管理系统中进行核算。

(2) 在使用会计科目前，一定要检查系统预置的会计科目是否能够满足需求，如果不能满足需求，则以增加和修改的方式增加新的会计科目及修改已经存在的会计科目；如果系统预置的会计科目中有一些是不需要的，可以删除。

(3) 凡设置有辅助核算内容的会计科目，在填制凭证时都需要填制具体的辅助核算内容。

（三）增加会计科目

(1) 执行“基础档案”→“财务”→“会计科目”命令，打开“会计科目”窗口，单击“增加”

按钮，打开“新增会计科目”对话框。

(2) 录入科目编码“140301”、科目名称“I5 CPU”，勾选“数量核算”复选框，输入计量单位“盒”，如图 3-23 所示。

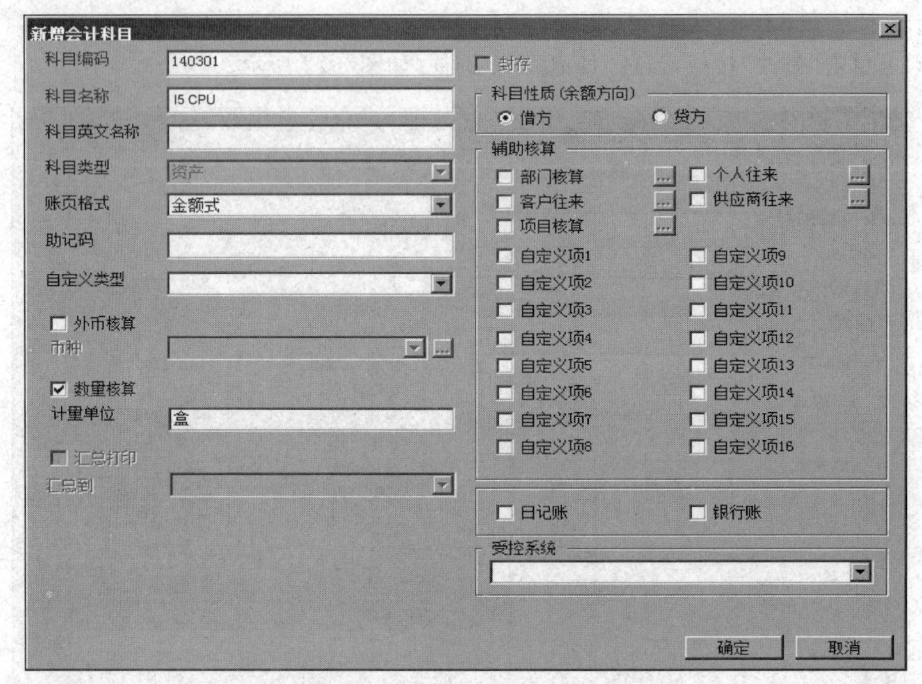

图 3-23 “新增会计科目”对话框

(3) 同理，依次增加其他会计科目，操作结果如图 3-24 所示。

会计科目

文件(F) 编辑(E) 查看(V) 工具(T)

输出 增加 修改 删除 查找 退出

会计科目

科目级长 4-2-2 科目个数 213

全部 资产 负债 共同 权益 成本 损益

级次	科目编码	科目名称	外币币种	辅助核算	银行科目	现金科目	计量单位	余额方向	受控系统	是否封存	银行账	日记账	自定义类型
1	1401	材料采购						借					
1	1402	在途物资						借					
1	1403	原材料						借					
2	140301	I5 CPU					盒	借					
2	140302	I3 CPU					盒	借					
2	140303	内存条					根	借					
2	140304	硬盘					盒	借					
2	140305	主板					盒	借					
2	140306	电源					个	借					
2	140307	显卡					盒	借					
2	140308	LED显示器					台	借					
2	140309	键盘鼠标					套	借					
2	140310	机箱					个	借					
1	1404	材料成本差异						借					
1	1405	库存商品		项目核算			台	借					
1	1406	发出商品						借					
1	1407	商品进销差价						贷					
1	1408	委托加工物资						借					
1	1411	周转材料						借					
1	1421	消耗性生物资产						借					

图 3-24 “会计科目”窗口

工作提示

(1) 会计科目编码应符合编码规则。

(2) 如果科目已经使用,则不能被修改或删除。

(3) 设置会计科目时应注意会计科目的“账页格式”,一般为“金额式”,也有可能是“数量金额式”等。如果是“数量金额式”,还应继续设置计量单位,否则仍不能同时进行数量金额式的核算。

(4) 如果新增科目与原有某一科目相同或类似,则可采用复制的方法,但是要特别注意复制后的科目是否需要修改科目性质(余额方向)。

(四) 指定会计科目

(1) 执行“基础档案”→“财务”→“会计科目”命令,进入“会计科目”窗口。

(2) 执行“编辑”→“指定科目”命令,打开“指定科目-现金科目”对话框。

(3) 单击“现金科目”选项,单击 > 按钮将“1001 库存现金”从“待选科目”栏选入“已选科目”栏,如图 3-25 所示。

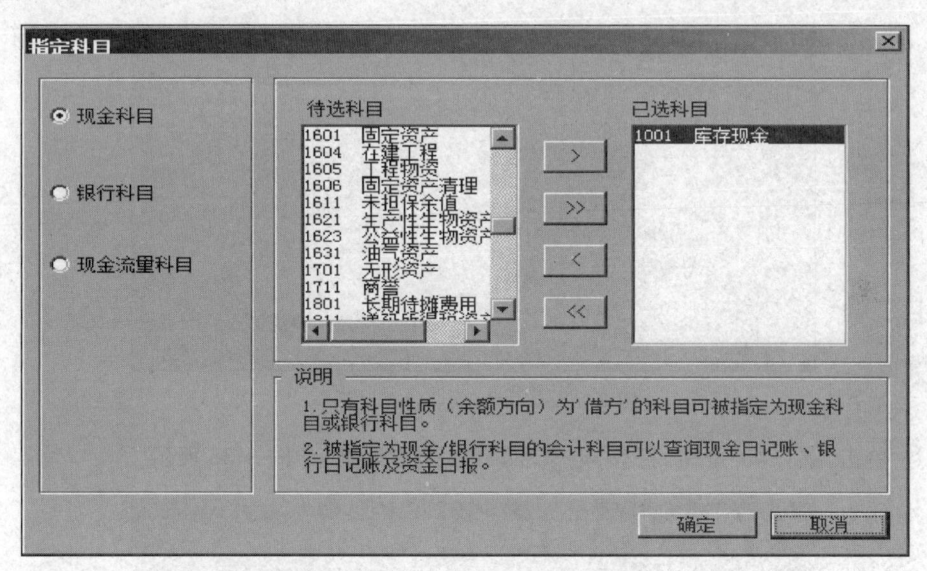

图 3-25 “指定科目-现金科目”对话框

(4) 单击“银行科目”选项,单击 > 按钮将“1002 银行存款”从“待选科目”栏选入“已选科目”栏,如图 3-26 所示。

(5) 单击“确定”按钮。

(五) 设置项目目录

(1) 在企业应用平台“基础设置”选项中,执行“基础档案”→“财务”→“项目目录”命令,打开“项目档案”窗口。

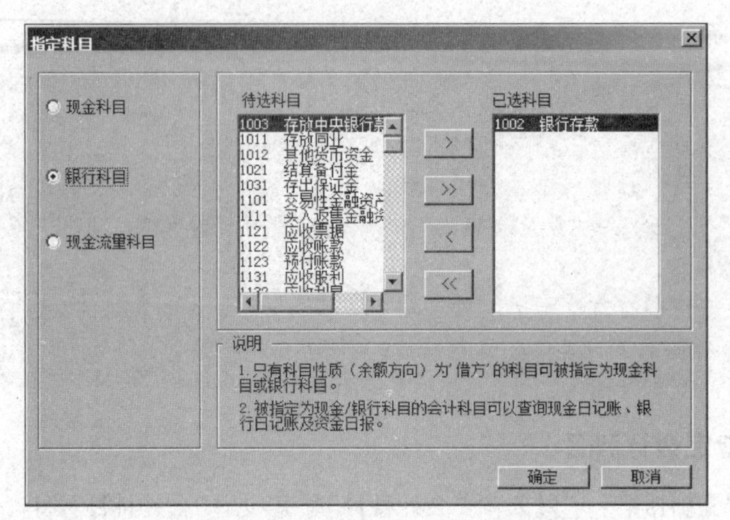

图 3-26 “指定科目-银行科目”对话框

(2) 单击“增加”按钮，打开“项目大类定义-增加”对话框。

(3) 录入新项目大类名称为“生产成本”，如图 3-27 所示。

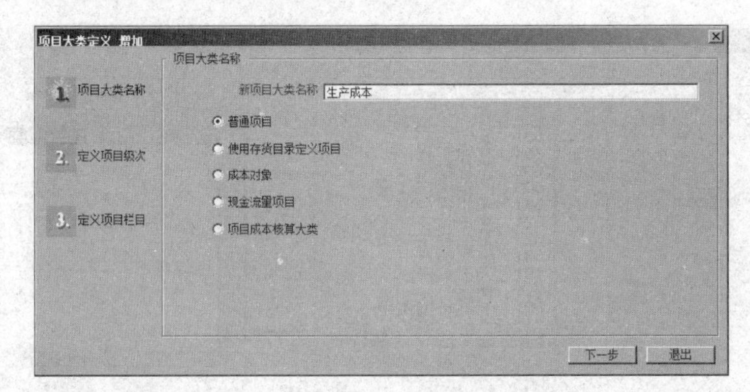

图 3-27 “项目大类名称”对话框

(4) 单击“下一步”按钮，打开“定义项目级次”对话框，如图 3-28 所示。

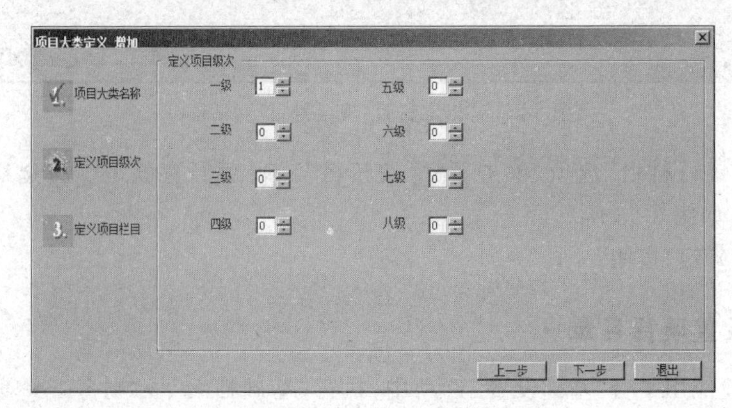

图 3-28 “定义项目级次”对话框

(5) 默认系统设置，单击“下一步”按钮，打开“定义项目栏目”对话框，如图 3-29 所示。

	标题	类型	类型
1	项目编号	文本	60
2	项目名称	文本	255
3	是否结算	逻辑	1
4	所属分类码	文本	22

图 3-29 “定义项目栏目”对话框

(6) 单击“完成”按钮，返回“项目档案”窗口。

(7) 单击“项目大类”栏的下三角按钮，选择“产品项目”大类。

(8) 单击“核算科目”选项卡，单击 » 按钮，将库存商品、主营业务收入、主营业务成本、生产成本明细科目从“待选科目”栏中选入“已选科目”栏，如图 3-30 所示。

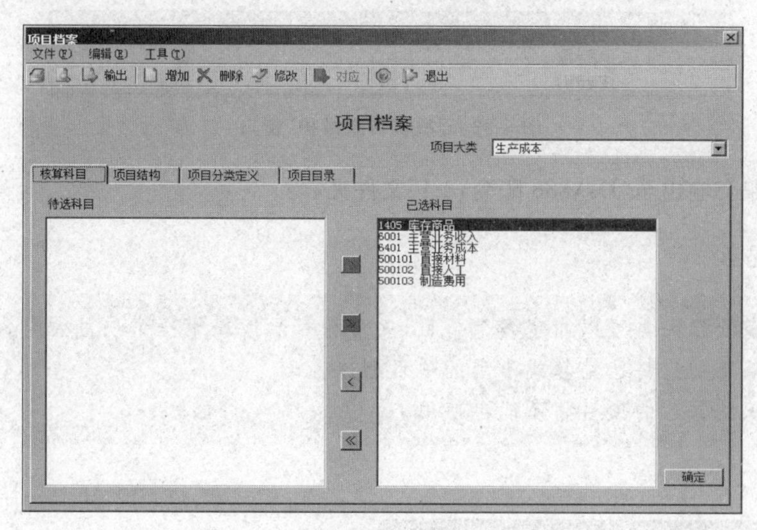

图 3-30 “项目档案-核算科目”选项卡

(9) 单击“确定”按钮。

(10) 单击“项目分类定义”选项卡，录入分类编码“1”、分类名称“自行生产”，单击“确定”按钮，操作结果如图 3-31 所示。

(11) 选中“项目目录”选项卡，单击“维护”按钮，打开“项目目录维护”窗口。

(12) 单击“增加”按钮，录入项目编号“1”、项目名称“商用计算机”，单击“所属分类码”栏“参照”按钮，选择“自行生产”。同理增加其他项目，如图 3-32 所示。

(13) 单击“退出”按钮。

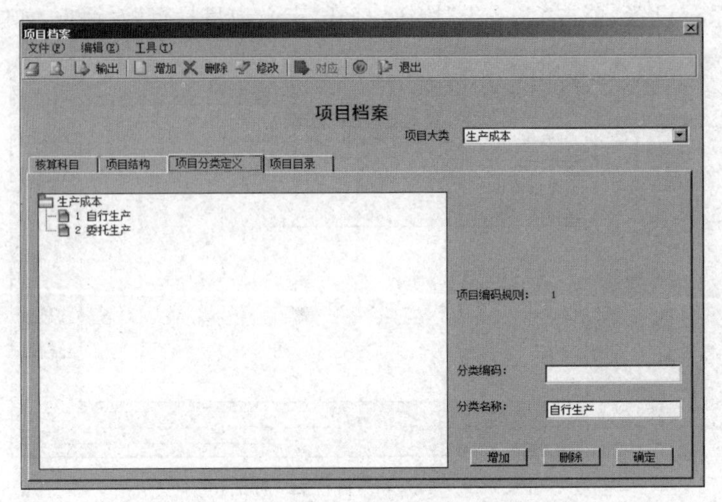

图 3-31 “项目档案-项目分类定义”选项卡

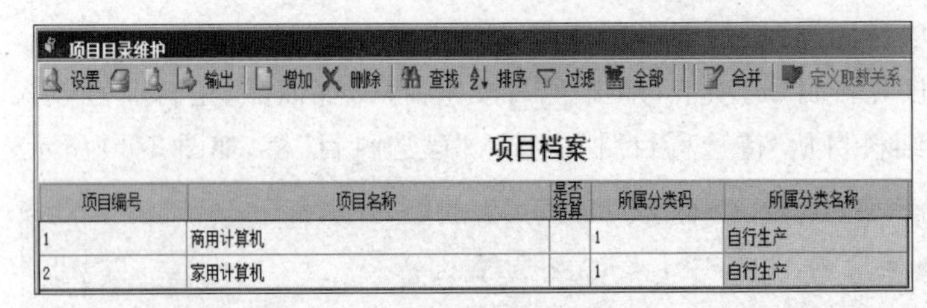

项目编号	项目名称	是否结算	所属分类码	所属分类名称
1	商用计算机		1	自行生产
2	家用计算机		1	自行生产

图 3-32 “项目目录维护”窗口

(14) 将账套输出至“D:\888 账套\3-4”文件夹。

工作提示

(1) 一个项目大类可以指定多个科目,一个科目只能属于一个项目大类。

(2) 每年年初应将已结算或不用的项目删除。

(3) 标识结算后的项目将不能再使用。

任务六 收付结算信息设置

一、任务目标

根据业务资料设置结算方式、付款条件、本单位开户银行等信息。

二、准备工作

从“D:\888 账套\3-4”文件夹引入[888]账套。

▶三、任务清单

(1) 结算方式资料如表 3-15 所示。

表 3-15 结算方式

结算方式编码	结算方式名称	是否票据管理
1	现金	否
2	支票	是
201	现金支票	是
202	转账支票	是
3	商业汇票	是
301	商业承兑汇票	是
302	银行承兑汇票	是
9	其他	否

(2) 付款条件如表 3-16 所示。

表 3-16 付款条件

付款条件编码	付款条件名称	信用天数	优惠天数 1	优惠率 1	优惠天数 2	优惠率 2
01	2/10,1/20,*n*/30	30	10	2	20	1

(3) 本单位开户行信息如表 3-17 所示。

表 3-17 开户行信息

编码	银 行 账 号	开 户 银 行	币种	所属银行编码	所属银行名称
01	1300123409123456789	中国工商银行合肥高新区支行	人民币	01	中国工商银行
02	2345123455556665321	中国农业银行合肥高新区支行	美元	04	中国农业银行

(4) 外币及汇率：币符为 USD，币名为美元，固定汇率为 1∶6.897 2。

▶四、操作指导

收付结算信息设置

(一) 设置结算方式

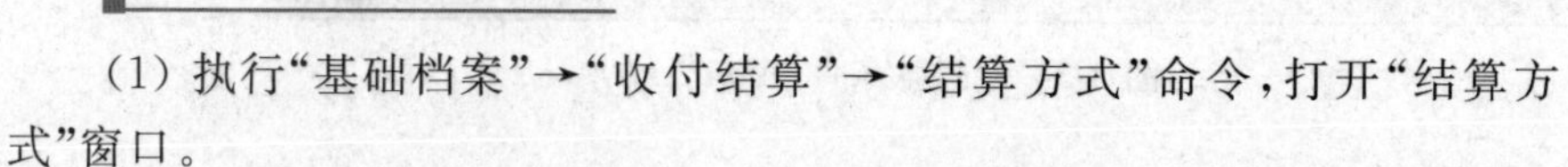

(1) 执行“基础档案”→“收付结算”→“结算方式”命令，打开“结算方式”窗口。

(2) 单击“增加”按钮，录入结算方式编码“1”、结算方式名称“现金”，单击“保存”按钮。以此方法继续录入表 3-15 中的其他结算方式，结果如图 3-33 所示。

(3) 单击“退出”按钮。

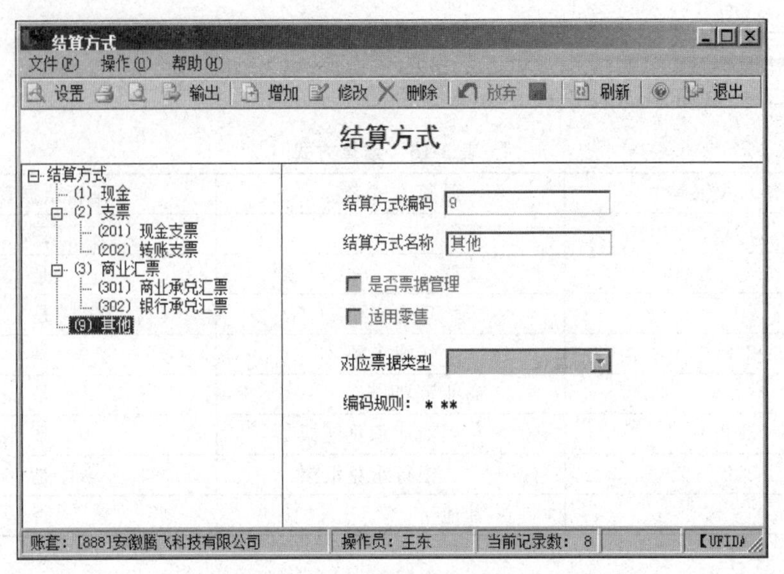

图 3-33 “结算方式”窗口

工作提示

在总账管理系统中,结算方式将在使用“银行账”类科目填制凭证时使用,并可作为银行对账的一个参数。

(二) 设置付款条件

执行“基础设置”→“基础档案”→“收付结算”→“付款条件”命令,打开“付款条件”窗口。按表 3-16 中的资料输入付款条件,操作结果如图 3-34 所示。

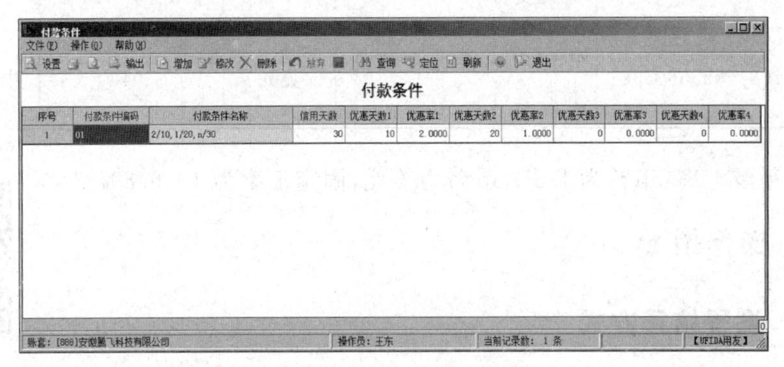

图 3-34 “付款条件”窗口

(三) 设置本单位开户银行

(1) 执行“基础设置”→“基础档案”→“收付结算”→“银行档案”命令,打开“银行档案”窗口,选中“01 中国工商银行”,单击“修改”按钮,打开“修改银行档案”对话框,如图 3-35 所示。

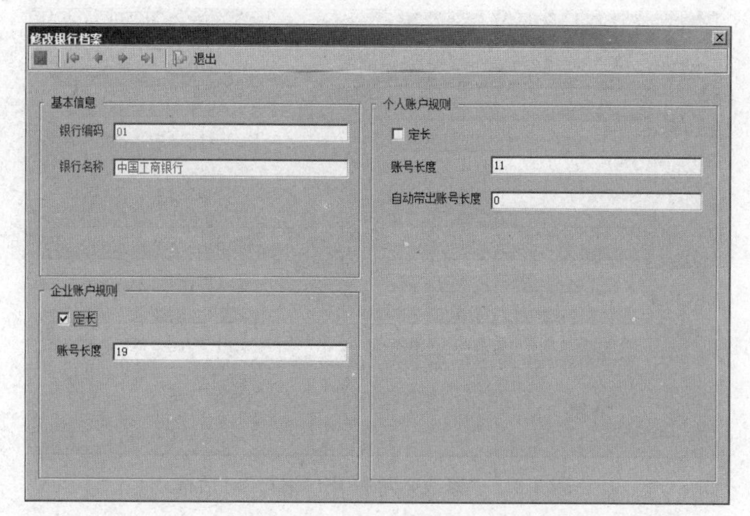

图 3-35 “修改银行档案”对话框(1)

(2) 取消勾选企业账户规则中的“定长”复选框，单击“保存”按钮，如图 3-36 所示。

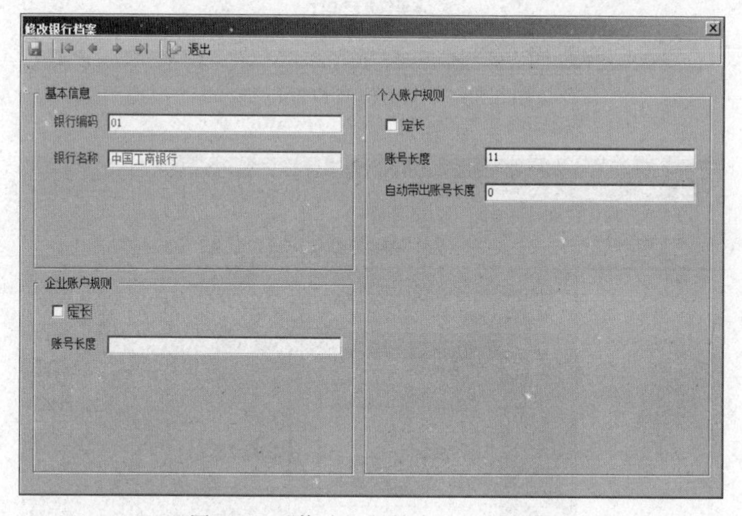

图 3-36 “修改银行档案”对话框(2)

(3) 执行“基础设置”→“基础档案”→“收付结算”→“本单位开户银行”命令，打开“修改本单位开户银行”窗口，按表 3-17 中的资料输入开户银行信息，操作结果如图 3-37 所示。

(4) 单击“保存”按钮，再单击“退出”按钮，如图 3-38 所示。

(四) 设置外币及汇率

(1) 执行“基础设置”→“基础档案”→“财务”→“外币设置”命令，打开“外币设置”窗口，输入币符“USD”、币名“美元”，选中“固定汇率”，输入记账汇率“6.897 2”，如图 3-39 所示。

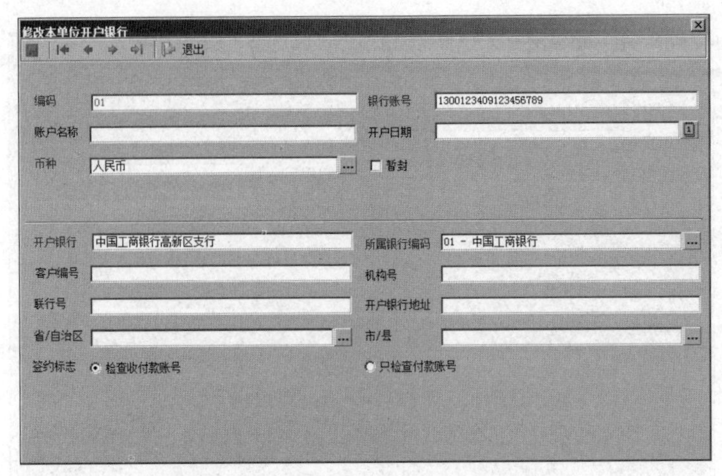

图 3-37 “修改本单位开户银行”对话框

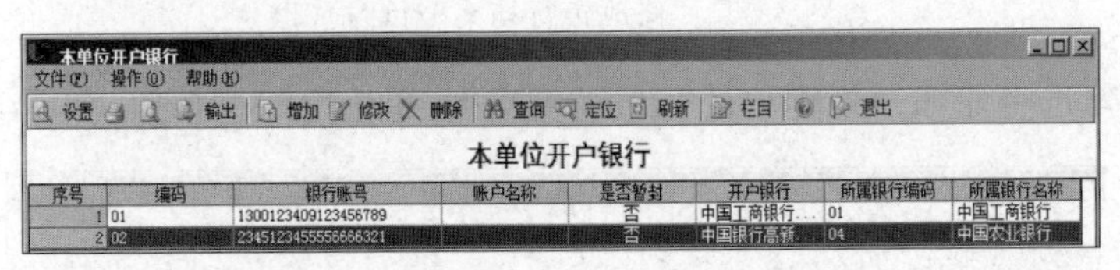

图 3-38 “本单位开户银行”窗口

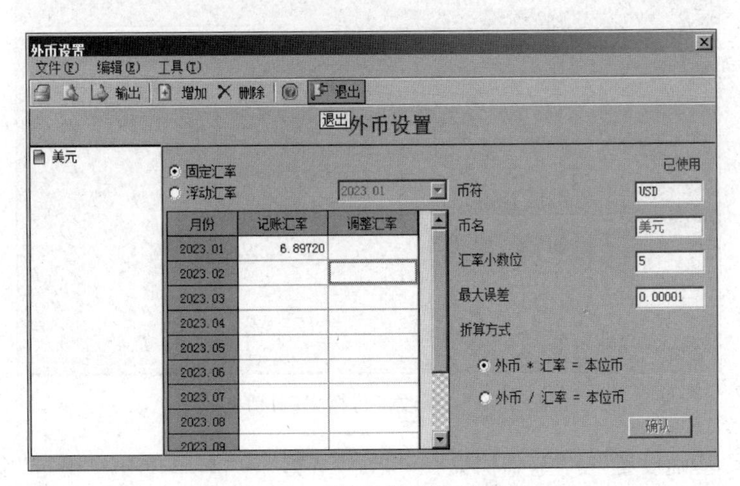

图 3-39 “外币设置”对话框

(2) 将账套输出至“D:\888 账套\3-5”文件夹。

任务七 单据设置

一、任务目标

根据业务资料设置单据格式、单据编号方式、数据权限。

▶二、准备工作

从“D:\888 账套\3-5”文件夹中引入[888]账套。

▶三、任务清单

设置单据格式、单据编号、数据权限控制等信息。

(1) 设置单据格式,删除“销售专用发票”中表头项目“销售类型”。

(2) 设置单据编号,修改销售专用发票、销售普通发票、采购专用发票、采购普通发票的编号方式为“完全手工编号”。

(3) 修改数据权限控制设置,取消“仓库”“科目”“工资权限”“用户”的选项。

▶四、操作指导

(一) 设置单据格式

(1) 执行“基础设置”→“单据设置”→“单据格式设置”命令,打开“单据格式设置”窗口,单击打开“销售专用发票”格式,单击选中表头项目“销售类型”。

(2) 单击“删除”按钮,系统弹出“是否删除当前选择项目?”提示框,单击“是”按钮,如图 3-40 所示。

图 3-40 “是否删除当前选择项目?”提示框

单据设置

(3) 单击“保存”按钮,修改后的“销售专用发票”窗口如图 3-41 所示。

销售专用发票显示模版

单据类型

U8单据目录分类
公用目录设置
客户申请
存货申请
应收款管理
期初销售普通发票
显示
打印
期初销售专用发票
期初应收票据
应收单
应收收款单
应收付款单
商业汇票
应付款管理
销售管理
销售专用发票
显示
销售专用发
打印
销售普通发票
采购管理
物料清单

销售专用发票

发票号 1
开票日期 2
业务类型 3
订单号 5
发货单号 6
客户简称 7
销售部门 8
业务员 9
付款条件 10
客户地址 11
联系电话 12
开户银行 13
账号 14
税号 15
币种 16
汇率 17
税率 18
备注 19

	仓库名称	存货编码	存货名称	规格型号	主计量	数量	报价	含税单价	无税单价	无税
1										
2										
3										
4										
5										
6										
7										
8										
9										
10										
11										
合计										

图 3-41 “销售专用发票”窗口

(4) 重复上述步骤，删除销售普通发票的“销售类型”，如图 3-42 所示。

销售普通发票

发票号 1　开票日期 2　业务类型 3
订单号 5　发货单号 6
客户简称 7　销售部门 8　业务员 9
付款条件 10　客户地址 11　联系电话 12
开户银行 13　银行账号 14　税率 15
币种 16　汇率 17　备注 18

	仓库名称	存货编码	存货名称	规格型号	主计量	数量	报价	含税单价	无税单价	无税
1										
2										
3										
4										
5										
6										
7										
8										
9										
10										
11										
12										
合计						+				+

图 3-42　“销售普通发票”窗口

（二）设置单据编号

(1) 执行“基础设置”→“单据设置”→“单据编号设置”命令，打开“单据编号设置”对话框，单击“编号设置”选项卡。

(2) 单击“修改”按钮，勾选“完全手工编号”复选框，单击“保存”按钮，如图 3-43 所示。

(3) 以此方法将销售普通发票、采购专用发票、采购普通发票的编号方式修改为“完全手工编号”。

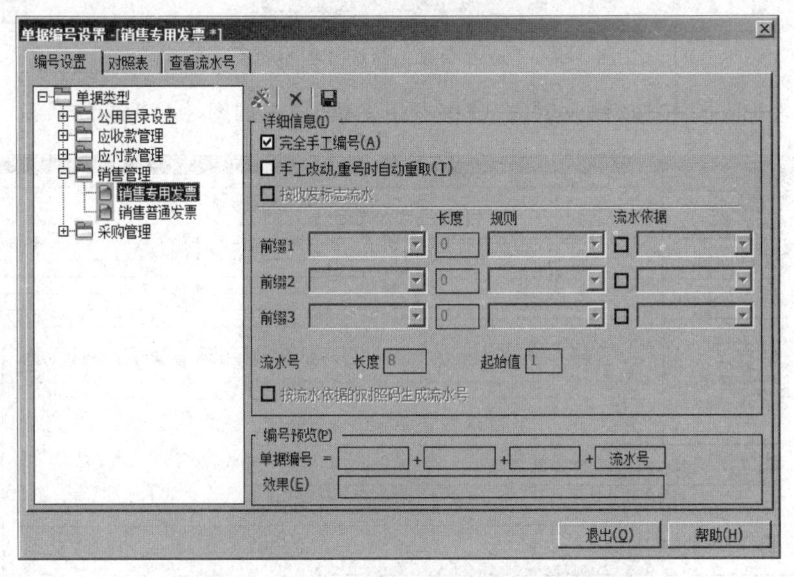

图 3-43　“销售专用发票-编号设置”选项卡

（三）设置数据权限控制

（1）执行“系统服务”→“权限”→“数据权限控制设置”命令，打开“数据权限控制设置”窗口，取消勾选“仓库”“科目”“工资权限”“用户”等复选框，单击“确定”按钮，如图 3-44 所示。

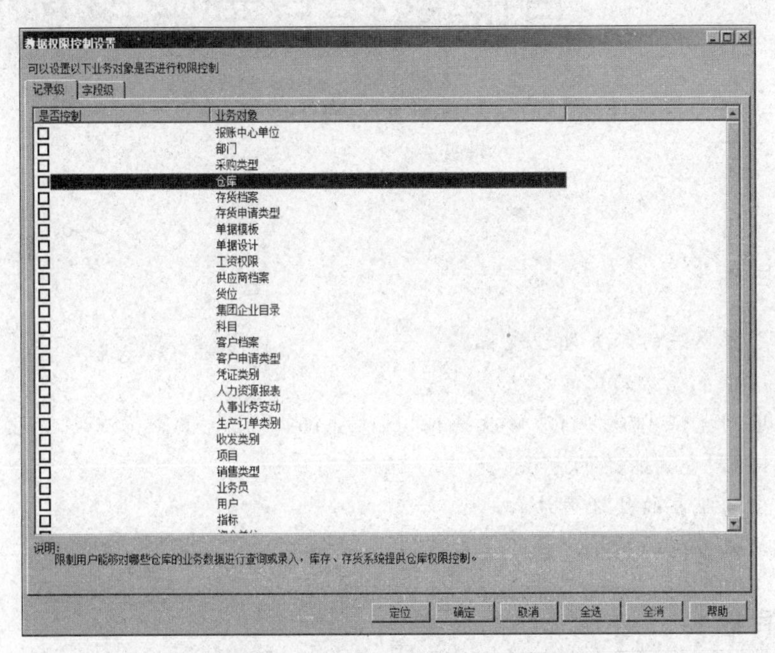

图 3-44　“数据权限控制设置”窗口

（2）将账套输出至“D:\888 账套\3-6”文件夹。

项目四

总账系统日常账务处理

知识目标

1. 掌握总账系统的账务处理流程。
2. 掌握总账系统初始化的方法。
3. 掌握填制凭证、审核凭证、修改凭证、删除凭证、查询凭证等凭证处理方法。
4. 掌握记账、查询账簿的方法。
5. 掌握出纳业务的处理方法。
6. 了解总账系统的功能。

能力目标

1. 能够根据业务要求进行总账系统的初始化设置。
2. 能够根据业务资料录入总账系统期初余额。
3. 能够根据业务资料进行凭证填制、审核、修改、删除等凭证处理。
4. 能够对已审核凭证进行记账处理。
5. 能够根据业务需要查询凭证和账簿。
6. 能够熟练进行银行对账的基本操作。

工作任务

根据业务资料完成工作任务，主要包括总账初始化设置、期初余额录入、凭证处理（填制、审核、修改、删除、记账等）、账簿查询、出纳业务处理。

课程思政

在教学过程中将思政元素融入专业知识点讲解中，增强学生的理想与信念，培养学生的爱国情怀。通过实训教学环节，培养学生严谨踏实的工作作风，形成正确的职业观念与职业操守。将“诚信为本、操守为重、坚持准则、不做假账”落实到专业学习过程中，培养学生的社会责任感和团队精神，提升学生的规范操作意识和信息化职业素养。

任务一 认识总账系统

账务核算是会计核算的一部分，根据实际发生的经济业务事项填制、审核会计凭证，登记会计账簿。账务核算是编制会计报表的基础，只有在真实、完整、准确的账务核算前提下，才能形成真实、可靠的会计报表。

一、总账系统功能

总账系统是财务软件的核心子系统，用友 ERP-U8 软件总账系统适用于企事业单位进行凭证管理、账簿处理、个人往来款管理、部门管理、项目核算和出纳管理等财务工作。总账系统的主要功能包括以下方面。

（一）系统初始化

企业在使用总账系统之前，首先应该进行系统初始化设置。由用户根据本企业会计核算要求，建立适用的账务应用环境。系统初始化设置包括凭证、账簿、预算控制、权限、会计日历等选项的参数控制、总账期初余额的录入、试算平衡等。

（二）凭证管理

通过严密的制单控制，保证填制凭证的正确性。用友 ERP-U8 软件提供资金赤字控制、支票控制、预算控制、外币折算误差控制，以及查看科目最新余额等功能，加强对发生业务的及时管理和控制；提供凭证的录入、修改、删除、出纳签字、审核、记账、查询、打印等功能。其他子系统也可生成相应记账凭证，其凭证传递到总账系统，完成出纳签字、审核、记账等操作，但修改、删除等操作需在原子系统完成。

（三）出纳管理

总账系统为出纳人员提供一个集成办公环境，加强对现金及银行存款的管理；提供支票登记簿功能，用来登记支票的领用情况，可完成银行日记账、现金日记账，随时出具最新资金日报表、余额调节表，以及进行银行对账。

（四）期末处理

通过总账系统可以自动完成月末分摊、计提、对应转账、销售成本、汇兑损益、期间损益结转等业务，进行试算平衡、对账、结账、生成月末工作报告等工作。

（五）账表管理

总账系统具有丰富的查询功能，可以实现总账、明细账、凭证联查，并可查询包含未记账凭证的最新数据。可随时提供总账、余额表、明细账、日记账等标准账表查询。

总账系统日常账务处理的基本流程如图 4-1 所示。

系统初始设置
日常账务处理
填制凭证
是否修改
是
否
出纳签字
审核凭证
修改、删除凭证
记账
账簿管理
期末处理

图 4-1　总账系统日常账务处理的基本流程

▶二、总账系统与其他子系统的关系

总账系统适用于各类企事业单位，既可以单独使用，也可以接收薪资、固定资产、应收应付款、购销存等业务管理系统生成的数据资料，UFO 系统也是基于总账系统的数据生成的。对日常业务较为简单的用户来说，仅需依靠总账系统便可实现财务核算的基本要求；而对日常业务较为复杂的用户来说，则必须在总账系统的基础上，依靠其他业务管理系统来实现对企业日常业务的有效管理。总账系统与其他子系统的数据传递关系如图 4-2 所示。

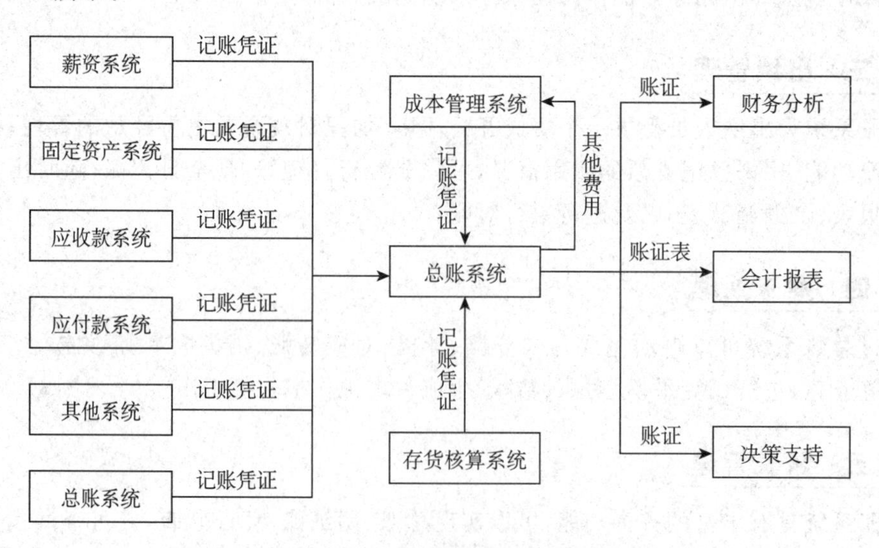

图 4-2　总账系统与其他子系统的数据传递关系

任务一 总账系统初始化设置

▶一、任务目标

根据业务资料设置总账系统参数，录入期初余额，保证系统核算环境符合企业财务管理规范。

▶二、准备工作

从“D:\888 账套\3-6”文件夹中引入[888]账套。

▶三、任务清单

2023 年 1 月 1 日，以账套主管“W01 王东”身份登录企业应用平台，设置总账系统参数，录入期初余额并进行试算平衡。

1. 设置总账系统参数

2023 年 1 月 1 日，总账系统的参数设置信息如表 4-1 所示。

表 4-1 总账系统的参数设置

选项卡	参数设置
凭证	取消“制单序时控制” 取消“现金流量科目必录现金流量项目”选项 可以使用存货受控科目 自动填补凭证断号
权限	出纳凭证必须经由出纳签字
会计日历	数量小数位和单价数位设置为 2 位
其他	部门、个人、项目按编码方式排序

注：表中未涉及的参数采用系统默认。

2. 录入期初余额

2023 年 1 月 1 日，总账系统的期初余额如表 4-2～表 4-10 所示。

表 4-2 总账期初余额

科目名称	方向	币别/计量	期初余额
库存现金(1001)	借		1 000
银行存款(1002)	借		296 437.3
工行存款(100201)	借		296 437.3
应收票据(1121)	借		56 500
应收账款(1122)	借		47 460

续表

科 目 名 称	方向	币别/计量	期初余额
预付账款(1123)	借		10 000
其他应收款(1221)	借		3 000
坏账准备(1231)	贷		237.3
原材料(1403)	借		106 000
I5 CPU(140301)	借		16 000
	借	盒	20
I3 CPU(140302)	借		12 000
	借	盒	20
内存条(140303)	借		8 000
	借	根	40
硬盘(140304)	借		12 000
	借	盒	40
主板(140305)	借		12 000
	借	盒	40
电源(140306)	借		4 000
	借	个	40
显卡(140307)	借		10 000
	借	盒	40
LED 显示器(140308)	借		24 000
	借	台	40
键盘鼠标(140309)	借		4 000
	借	套	40
机箱(140310)	借		4 000
	借	个	40
库存商品(1405)	借		103 960
	借	台	20
周转材料(1411)	借		19 380
固定资产(1601)	借		420 000
累计折旧(1602)	贷		41 800
短期借款(2001)	贷		100 000
应付票据(2201)	贷		56 500
应付账款(2202)	贷		67 800
预收账款(2203)	贷		65 000
应交税费(2221)	贷		22 400
未交增值税(222102)	贷		20 000

续表

科目名称	方向	币别/计量	期初余额
应交城建税(222103)	贷		1 400
应交教育费附加(222104)	贷		600
应交地方教育费附加(222105)	贷		400
实收资本(4001)	贷		610 000
盈余公积(4101)	贷		15 000
利润分配(4104)	贷		85 000
未分配利润(410415)	贷		85 000

表 4-3 应收票据期初余额

日期	凭证号	客户	业务员	摘要	方向	金额	票号
2022-12-13		合肥万方公司	韩乐乐	销售商品	借	56 500	654123

表 4-4 应收账款期初余额

日期	凭证号	客户	业务员	摘要	方向	金额	票号
2022-12-15		北京天益公司	韩乐乐	销售商品	借	18 984	5678901
2022-12-16		合肥丰收公司	韩乐乐	销售商品	借	28 476	5678902

表 4-5 预付账款期初余额

日期	凭证号	供应商	业务员	摘要	方向	金额	票号
2022-12-22		苏州华美公司	刘伟	采购原材料	借	10 000	65123410

表 4-6 其他应收款期初余额

日期	凭证号	部门	个人	摘要	方向	金额
2022-12-15		销售部	韩乐乐	暂借差旅费	借	3 000

表 4-7 应付票据期初余额

日期	凭证号	供应商	业务员	摘要	方向	金额	票号
2022-12-12		合肥大华公司	刘伟	采购原材料	贷	56 500	784561207

表 4-8 应付账款期初余额

日期	凭证号	供应商	业务员	摘要	方向	金额	票号
2022-12-26		北京盛唐公司	刘伟	采购原材料	贷	67 800	014567653

表 4-9 预收账款期初余额

日期	凭证号	客户	业务员	摘要	方向	金额	票号
2022-12-29		北京鼎好公司	韩乐乐	销售商品	贷	65 000	0125678

表 4-10　库存商品(1405)期初余额

项　目	方向	金　额	数量
商用计算机	借	56 500	10
家用计算机	借	47 460	10

四、操作指导

2023 年 1 月 1 日，以“W01 王东”身份登录企业应用平台。

总账系统初始化设置

(一) 参数设置

(1) 执行“业务工作”→“财务会计”→“总账”命令，打开总账管理系统。

(2) 在总账系统中执行“设置”→“选项”命令，打开“选项”对话框，单击“编辑”按钮，如图 4-3 所示。

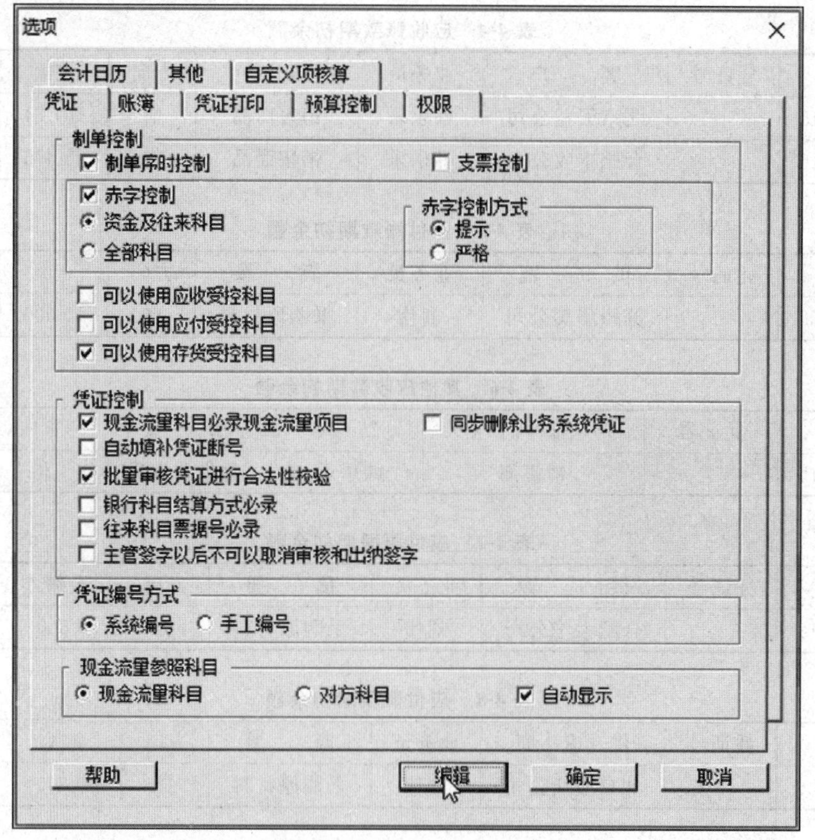

图 4-3　“选项”对话框

(3) 在“凭证”选项卡中取消勾选“制单序时控制”“现金流量科目必录现金流量项目”复选框，勾选“可以使用存货受控科目”“自动填补凭证断号”复选框，如图 4-4 所示。

(4) 在“权限”选项卡中勾选“出纳凭证必须经由出纳签字”复选框，如图 4-5 所示。

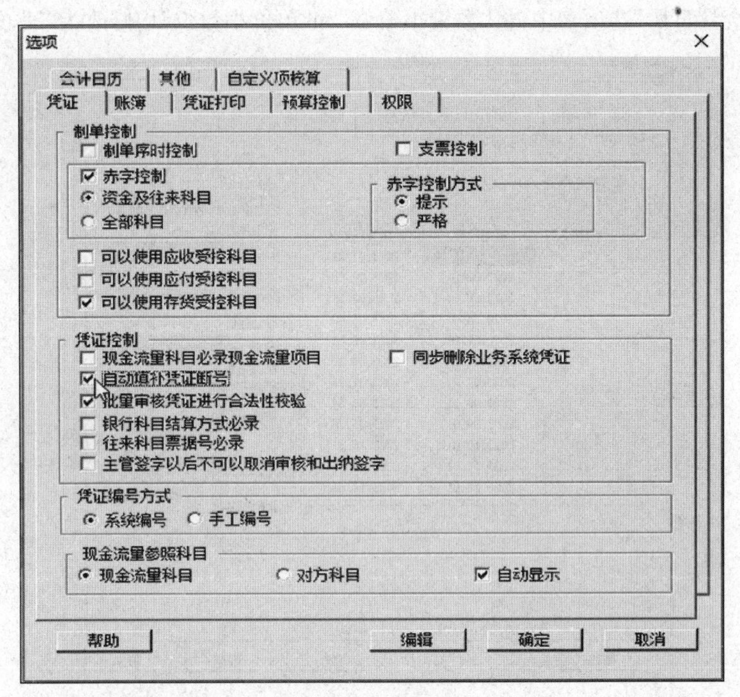

图 4-4 “选项-凭证”选项卡

图 4-5 “选项-权限”选项卡

（5）在“会计日历”选项卡中，将“数量小数位”和“单价小数位”均修改为“2”，如图 4-6 所示。

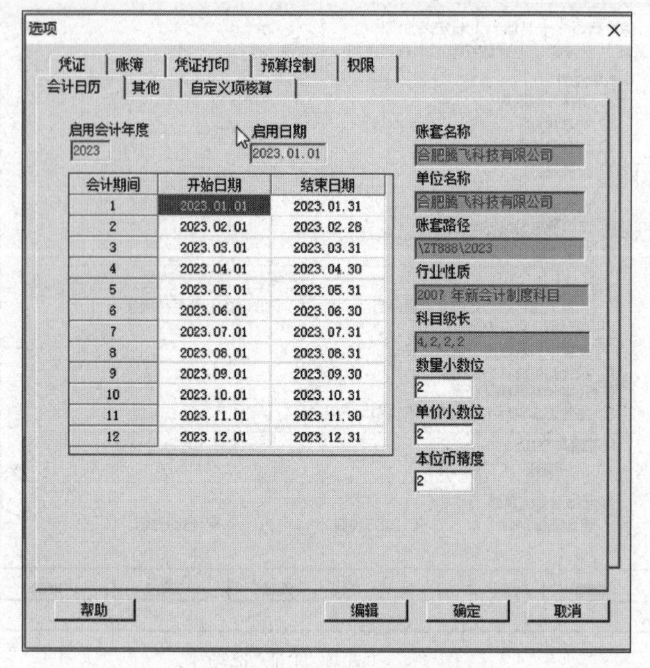

图 4-6 “选项-会计日历”选项卡

（6）在“其他”选项卡中，将“部门排序方式”“个人排序方式”“项目排序方式”均修改为“按编码排序”，如图 4-7 所示。

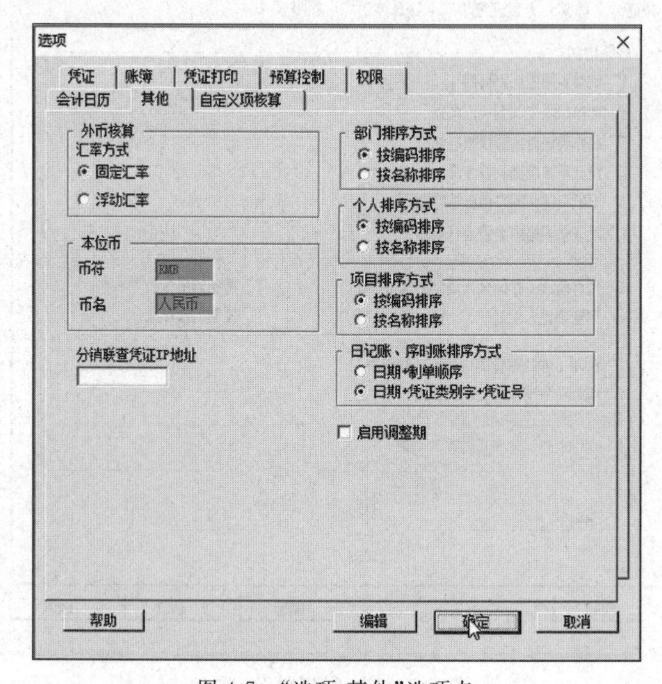

图 4-7 “选项-其他”选项卡

(7) 单击“确定”按钮保存并返回。

工作提示

总账系统中的参数设置将决定总账系统的输入控制、处理方式、数据流向、输出格式等，设定后一般不能随意修改。

(二) 录入总账期初余额

1. 录入期初余额

(1) 在总账系统中执行“设置”→“期初余额”命令，打开“期初余额录入”窗口。

(2) 白色的单元为末级科目，可以直接输入期初余额，如库存现金“1 000”，坏账准备“237.3”。灰色的单元为非末级科目，不允许录入期末余额，待下级科目余额录入完成后自动汇总生成。

(3) 黄色的单元代表此科目设置了辅助核算，不允许直接录入余额，需要在该单元格双击进入辅助账期初设置。在辅助账中输入期初数据，完成后自动返回总账期初余额表中。如双击“应收票据”所在行的“期初余额”栏，进入“辅助期初余额”窗口。

(4) 单击“往来明细”按钮，进入“期初往来明细”窗口，单击“增行”按钮；单击“日期”栏，选择“2022-12-13”；单击“客户”栏，选择“合肥万方公司”，在“摘要”栏录入“销售商品”；在“金额”栏录入“56 500”等信息，如图 4-8 所示。

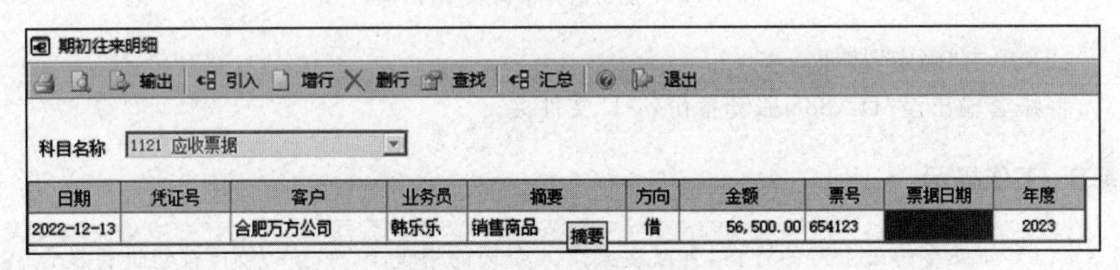

图 4-8 “期初往来明细”窗口

(5) 单击“汇总”按钮，系统弹出“完成了往来明细到辅助期初表的汇总!”提示框，如图 4-9 所示。

图 4-9 “完成了往来明细到辅助期初表的汇总!”提示框

(6) 单击“确定”按钮，再单击“退出”按钮，在“辅助期初余额”窗口显示汇总结果，如图 4-10 所示。

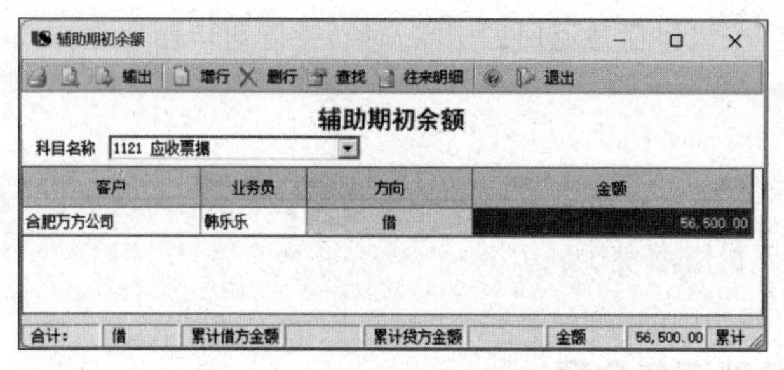

图 4-10 “辅助期初余额”窗口

(7) 同理,录入其他带辅助核算的科目余额。

2. 试算平衡

(1) 单击“试算”按钮,系统进行试算平衡。试算结果如图 4-11 所示。

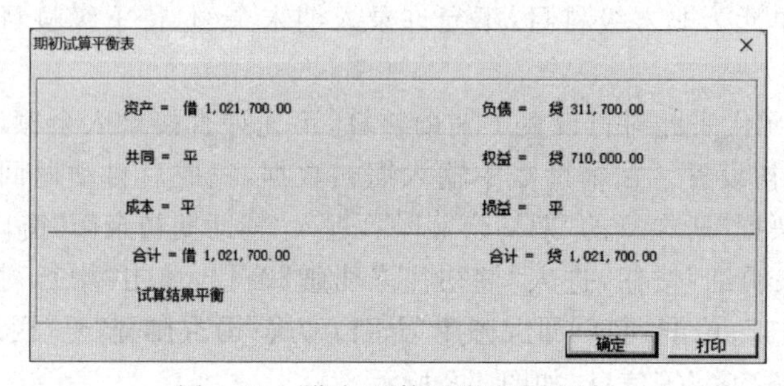

图 4-11 “期初试算平衡表”对话框

(2) 单击“确定”按钮。

将账套输出至“D:\888 账套备份\4-1”文件夹。

工作提示

(1) 如果要修改余额的方向,可以在未录入余额的情况下,单击“方向”按钮进行操作。

(2) 如果录入余额的科目有辅助核算的内容,则在录入余额时必须录入辅助核算的明细内容,而修改时也应修改明细内容。

(3) 如果某一科目有数量核算的要求,则录入余额时还应输入该余额的数量。

(4) 如果期初余额不平衡,可以填制凭证,但是不允许记账。

(5) 凭证记账后,期初余额变为只读状态,不能再进行修改。

任务三 凭证管理

一、任务目标

根据业务资料完成总账系统日常账务处理,包括填制凭证、修改凭证、删除凭证、出纳签字、凭证审核、记账等。

▶二、准备工作

从“D:\888 账套备份\4-1”文件夹中引入[888]账套。

▶三、任务清单

根据业务资料，选择相应的操作员和时间，完成填制凭证、修改凭证、删除凭证、出纳签字、凭证审核、记账等操作。

1. 填制凭证

合肥腾飞科技有限公司 2023 年 1 月发生以下 10 笔业务。

(1) 1 月 3 日，财务部以现金支票从中国工商银行提现 10 000 元作为备用金。现金支票票号 01564312。

(2) 1 月 4 日，财务部王东预借差旅费 2 000 元，以现金付讫。

(3) 1 月 4 日，综合部刘红报销办公用品 500 元(增值税普通发票)，以现金付讫。

(4) 1 月 5 日，一车间因生产商用计算机 20 台领用原材料，如表 4-11 所示。

表 4-11 生产商用计算机领用原材料明细表

名称	I5 CPU	内存条	硬盘	主板	电源	显卡	LED 显示器	键盘鼠标	机箱
数量	20 盒	20 根	20 盒	20 盒	20 个	20 盒	20 台	20 套	20 个

(5) 1 月 5 日，二车间因生产家用计算机 20 台领用原材料，如表 4-12 所示。

表 4-12 生产家用计算机领用原材料明细表

名称	I3 CPU	内存条	硬盘	主板	电源	LED 显示器	键盘鼠标	机箱
数量	20 盒	20 根	20 盒	20 盒	20 个	20 台	20 套	20 个

(6) 1 月 8 日，销售部韩乐乐报销差旅费 3 200 元，差额以现金付讫。

(7) 1 月 8 日，以工行存款支付合肥金晨公司广告费(增值税普通发票)2 000 元，转账支票票号 05146130。

(8) 1 月 9 日，综合部杨明报销业务招待费 848 元(增值税专用发票，增值税额 48 元)，以工行存款支付，转账支票票号 05146131。

(9) 1 月 9 日，以现金支付一车间生产线修理费 791 元(增值税专用发票，增值税额 91 元)。

(10) 1 月 9 日，收到外商投资 10 000 美元，存入中国农业银行账户。

2. 审核凭证

2023 年 1 月 10 日，对已填制的记账凭证审核。

3. 出纳签字

2023 年 1 月 10 日，对已填制的记账凭证出纳签字。

4. 修改已审核的凭证

2023 年 1 月 10 日，修改已审核凭证记 0008 号凭证业务，将金额 800 元改为 848 元。

5. 删除凭证

2023 年 1 月 10 日，删除 2023 年 1 月的记 0002 号凭证。

6. 记账

2023 年 1 月 10 日，对 2023 年 1 月的业务凭证进行记账处理。

7. 查询凭证

2023 年 1 月 10 日，查询 1 月的记 0002 号凭证。

8. 修改已记账的凭证

2023 年 1 月 12 日，修改 2023 年 1 月业务中已记账的记 0008 号凭证，将凭证中借方科目修改为“制造费用-其他(510103)”，部门辅助项为“一车间”。

四、操作指导

（一）填制凭证

填制凭证

以“W02 张伟”身份，按业务发生时间登录企业应用平台，填制相应记账凭证。

1. 填制第一笔业务的记账凭证

(1) 2023 年 1 月 3 日，在企业应用平台中，单击“重注册”按钮，以“W02 张伟”用户身份注册进入企业应用平台。

(2) 在“业务工作”选项卡中执行“总账”→“凭证”→“填制凭证”命令，打开“填制凭证”窗口。

(3) 单击“增加”按钮或者按 F5 键。

(4) 修改凭证日期为“2023.01.03”。

(5) 在摘要栏输入“提现备用”。

(6) 按 Enter 键或单击“科目名称”栏，单击科目名称栏的“参照”按钮(或按 F2 键)，选择“资产”类科目“1001 库存现金”，或者直接在科目名称栏输入“1001”。

(7) 按 Enter 键或单击“借方金额”栏，输入借方金额“10 000”。

(8) 按 Enter 键(复制上一行的摘要)，再按 Enter 键或用鼠标单击“科目名称”栏(第二行)，单击科目名称栏的“参照”按钮(或按 F2 键)，选择“资产”类科目“100201 银行存款/工行 6789”，或直接在科目名称栏输入“100201”。

(9) 按 Enter 键，系统弹出“辅助项”对话框，输入结算方式“201”，或单击“参照”按钮，选择“201 现金支票”，输入票号“01564312”，选择发生日期“2023-01-03”，单击“确定”按钮返回，如图 4-12 所示。

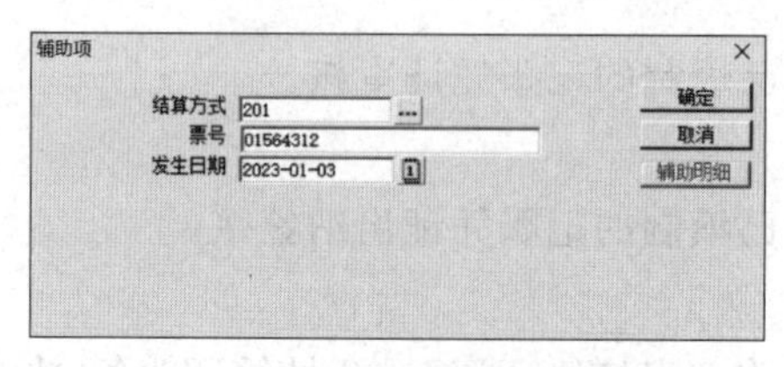

图 4-12 银行存款“辅助项”对话框

(10) 按 Enter 键或单击“贷方金额”栏，输入贷方金额“10 000”或直接按“=”键，操作结果如图 4-13 所示。

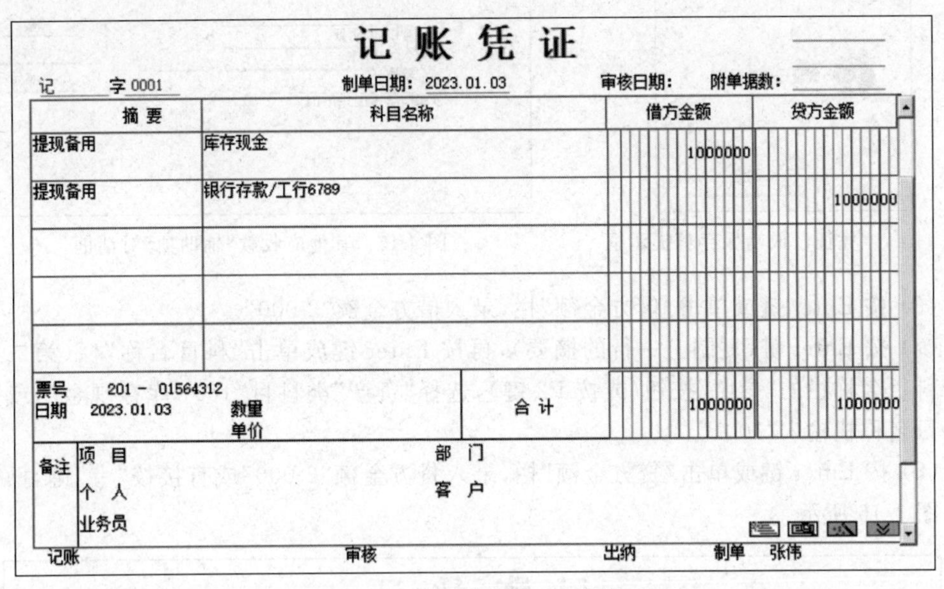

图 4-13 已生成的记 0001 号凭证

(11) 单击“保存”按钮，系统弹出“凭证已成功保存！”提示框，单击“确定”按钮返回，如图 4-14 所示。

工作提示

(1) 检查当前用户，如果当前用户不是“W02 张伟”，则应以重新注册的方式更换用户为“W02 张伟”。

(2) 凭证填制完成后可以单击“保存”按钮保存凭证，也可以单击“增加”按钮保存并增加下一张凭证。

(3) 凭证填制完成后，在未审核前可以直接修改。

(4) 如果凭证的金额录错了方向，可以按空格键改变金额方向。

(5) 凭证日期应满足总账选项中的设置，如果默认系统的选项，则不允许凭证日期逆序。

2. 填制第二笔业务的记账凭证

(1) 单击“增加”按钮或者按 F5 键。

(2) 修改凭证日期为“2023.01.04”。

(3) 在摘要栏录入“财务部王东预借差旅费”。

(4) 按 Enter 键或单击“科目名称”栏，单击科目名称栏的“参照”按钮(或按 F2 键)，选择“资产”类科目“1221 其他应收款”，或者直接在科目名称栏输入“1221”。

(5) 按 Enter 键，系统弹出“辅助项”对话框，选择部门“财务部”，个人“王东”，发生日期“2023-01-04”，单击“确定”按钮返回，如图 4-15 所示。

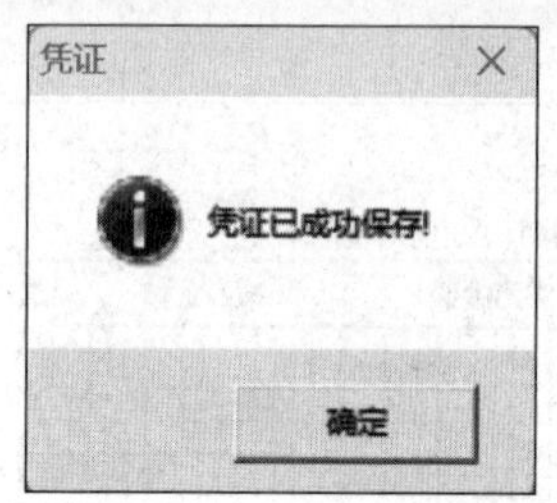

图 4-14 “凭证已成功保存!”提示框

图 4-15 其他应收款“辅助项”对话框

(6) 按 Enter 键或单击“借方金额”栏，录入借方金额“2 000”。

(7) 按 Enter 键(复制上一行的摘要)，再按 Enter 键或单击“科目名称”栏(第二行)，单击科目名称栏的“参照”按钮(或按 F2 键)，选择“资产”类科目“1001 库存现金”，或直接在科目名称栏输入“1001”。

(8) 按 Enter 键或单击“贷方金额”栏，录入贷方金额“2 000”或直接按“=”键，操作结果如图 4-16 所示。

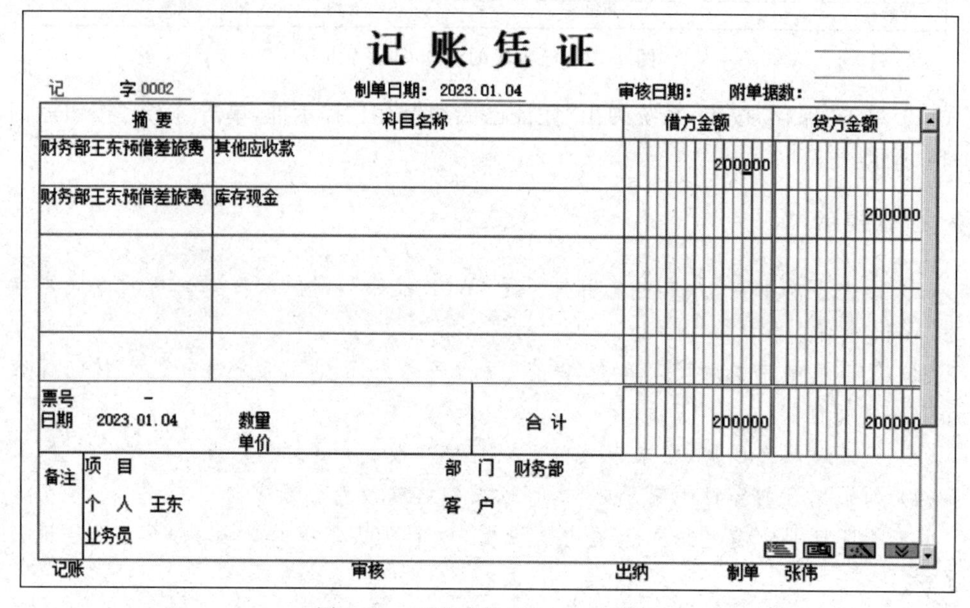

图 4-16 已生成的记 0002 号凭证

(9) 单击“保存”按钮，系统弹出“凭证已成功保存!”提示框，单击“确定”按钮返回。

3. 填制第三笔业务的记账凭证

(1) 单击“增加”按钮或者按 F5 键。

(2) 修改凭证日期为“2023.01.04”。

(3) 在摘要栏录入“综合部刘红报销办公用品”。

(4) 按 Enter 键或单击“科目名称”栏，单击科目名称栏的“参照”按钮(或按 F2 键)，选择“损益”类科目“660205 管理费用/办公费”，或者直接在科目名称栏输入“660205”。

(5) 按 Enter 键,系统弹出“辅助项”对话框,选择部门“综合部”,单击“确定”按钮返回,如图 4-17 所示。

图 4-17　管理费用-办公费“辅助项”对话框

(6) 按 Enter 键或单击“借方金额”栏,录入借方金额“500”。

(7) 按 Enter 键(复制上一行的摘要),再按 Enter 键或单击“科目名称”栏(第二行),单击科目名称栏的“参照”按钮(或按 F2 键),选择“资产”类科目“1001 库存现金”,或直接在科目名称栏输入“1001”。

(8) 按 Enter 键或单击“贷方金额”栏,录入贷方金额“500”或直接按“=”键,操作结果如图 4-18 所示。

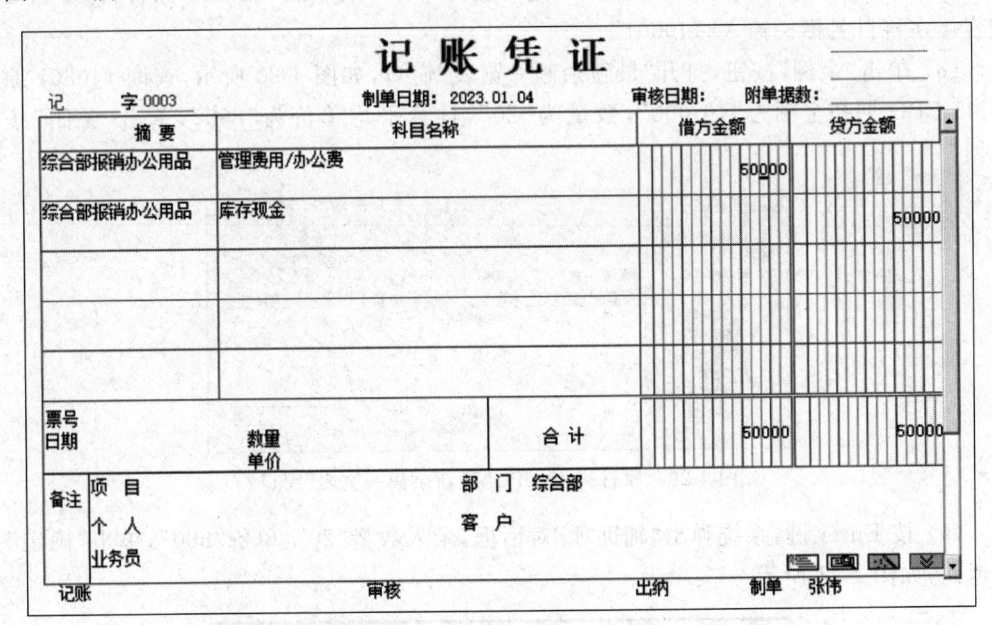

图 4-18　已生成的记 0003 号凭证

(9) 单击“保存”按钮,系统弹出“凭证已成功保存!”提示框,单击“确定”按钮返回。

4. 填制第四笔业务的记账凭证

(1) 单击“增加”按钮或者按 F5 键。

(2) 修改凭证日期为“2023.01.05”。

(3) 在摘要栏录入“生产领料”。

(4) 按 Enter 键或单击“科目名称”栏,单击科目名称栏的“参照”按钮(或按 F2 键),选择"成本"类科目"500101 生产成本/直接材料",或者直接在科目名称栏输入"500101"。

(5) 按 Enter 键,系统弹出"辅助项"对话框,选择部门"一车间"、项目名称"商用计算机"、数量"20",单击"确定"按钮返回,如图 4-19 所示。

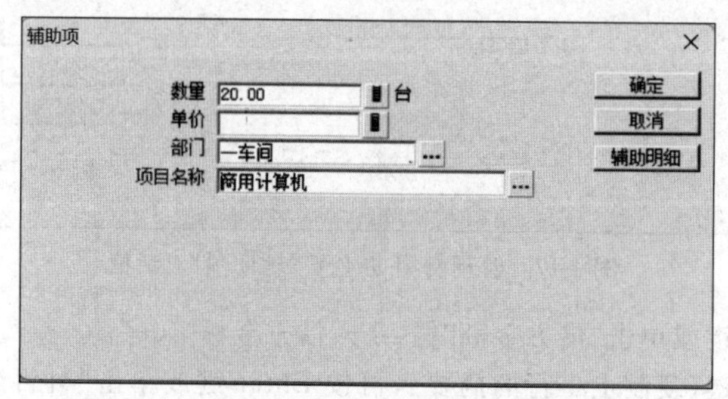

图 4-19 生产成本-直接材料"辅助项"对话框

(6) 按 Enter 键或单击"借方金额"栏,录入借方金额"1"。

(7) 按 Enter 键(复制上一行的摘要),再按 Enter 键或单击"科目名称"栏(第二行),单击科目名称栏的"参照"按钮(或按 F2 键),选择"资产"类科目"140301 原材料-I5 CPU",或直接在科目名称栏输入"140301"。

(8) 单击"余额"按钮,打开"最新余额一览表"窗口,如图 4-20 所示,查询 140301 原材料/I5 CPU 期初金额为"16 000",数量为"20",计算平均单价为"800",单击"关闭"按钮返回。

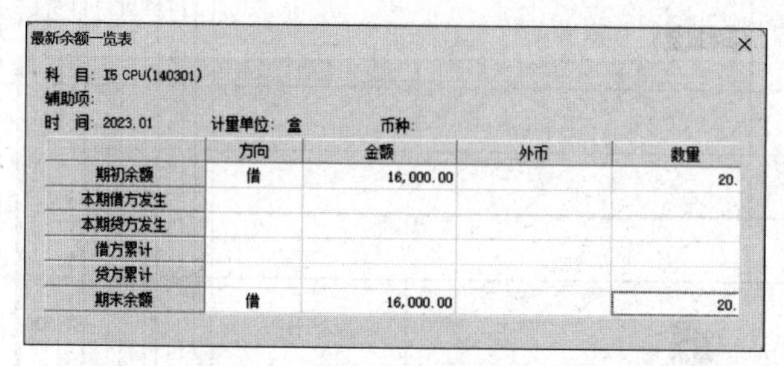

最新余额一览表

科 目: I5 CPU(140301)
辅助项:
时 间: 2023.01 计量单位: 盒 币种:

	方向	金额	外币	数量
期初余额	借	16,000.00		20.
本期借方发生				
本期贷方发生				
借方累计				
贷方累计				
期末余额	借	16,000.00		20.

图 4-20 原材料-I5 CPU"最新余额一览表"窗口

(9) 按 Enter 键,系统弹出"辅助项"对话框,录入数量"20",单价"800",单击"确定"按钮返回,如图 4-21 所示。

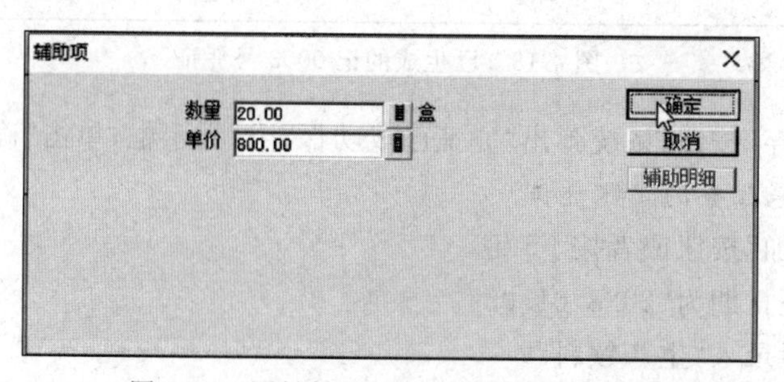

图 4-21 原材料-I5 CPU"辅助项"对话框

(10) 系统自动根据数量及单价计算“140301 I5 CPU”的金额填列在借方，此时需按“空格键”调整方向为“贷方”。

(11) 以此方式录入“140303 内存条”“140304 硬盘”“140305 主板”“140306 电源”“140307 显卡”“140308 LED 显示器”“140309 键盘鼠标”“140310 机箱”的“数量”“单价”及“贷方金额”。

(12) 单击“500101 生产成本-直接材料”的借方金额，按“＝”键，借方金额自动填写“60 000”，操作结果如图 4-22 所示。

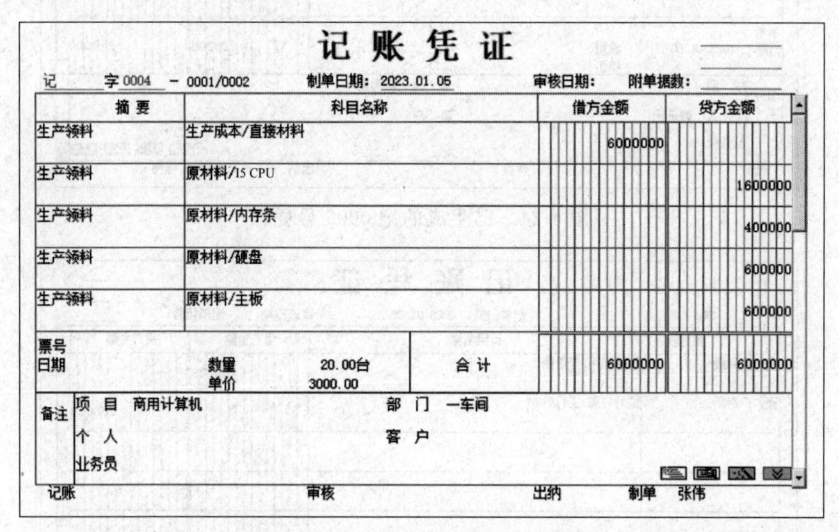

记账凭证

记 字 0004 － 0001/0002 制单日期：2023.01.05 审核日期： 附单据数：

摘要	科目名称	借方金额	贷方金额
生产领料	生产成本/直接材料	6000000	
生产领料	原材料/I5 CPU		1600000
生产领料	原材料/内存条		400000
生产领料	原材料/硬盘		600000
生产领料	原材料/主板		600000
票号 日期	数量 20.00台 单价 3000.00	合计 6000000	6000000

备注 项目 商用计算机 部门 一车间
个人 客户
业务员

记账 审核 出纳 制单 张伟

图 4-22 已生成的记 0004 号凭证

(13) 单击“保存”按钮，系统弹出“凭证已成功保存！”提示框，单击“确定”按钮返回。

(14) 按以上述方法填制第五～十笔业务的记账凭证，操作结果如图 4-23～图 4-28 所示。

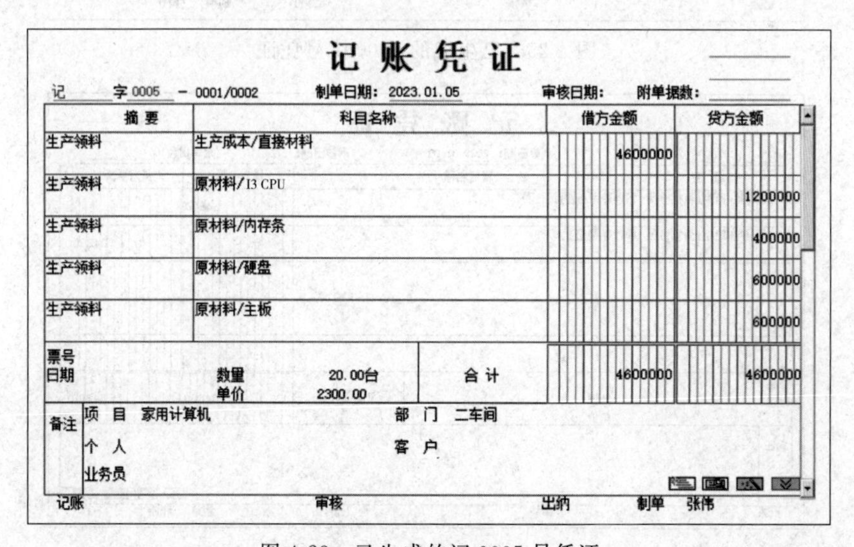

记账凭证

记 字 0005 － 0001/0002 制单日期：2023.01.05 审核日期： 附单据数：

摘要	科目名称	借方金额	贷方金额
生产领料	生产成本/直接材料	4600000	
生产领料	原材料/I3 CPU		1200000
生产领料	原材料/内存条		400000
生产领料	原材料/硬盘		600000
生产领料	原材料/主板		600000
票号 日期	数量 20.00台 单价 2300.00	合计 4600000	4600000

备注 项目 家用计算机 部门 二车间
个人 客户
业务员

记账 审核 出纳 制单 张伟

图 4-23 已生成的记 0005 号凭证

记 账 凭 证

记 字 0006 制单日期：2023.01.08 审核日期： 附单据数：

摘要	科目名称	借方金额	贷方金额
报销差旅费	销售费用/差旅费	320000	
报销差旅费	其他应收款		300000
报销差旅费	库存现金		20000
票号 日期 2023.01.08	数量 单价 合计	320000	320000

备注 项 目 部 门 销售部
个 人 韩乐乐 客 户
业务员

记账 审核 出纳 制单 张伟

图 4-24 已生成的记 0006 号凭证

记 账 凭 证

记 字 0007 制单日期：2023.01.08 审核日期： 附单据数：

摘要	科目名称	借方金额	贷方金额
支付广告费	销售费用/广告费	200000	
支付广告费	银行存款/工行6789		200000
票号 202 - 05146130 日期 2023.01.08	数量 单价 合计	200000	200000

备注 项 目 部 门
个 人 客 户
业务员

记账 审核 出纳 制单 张伟

图 4-25 已生成的记 0007 号凭证

记 账 凭 证

记 字 0008 制单日期：2023.01.09 审核日期： 附单据数：

摘要	科目名称	借方金额	贷方金额
综合部杨明报销业务招待费	管理费用/业务招待费	84800	
综合部杨明报销业务招待费	银行存款/工行6789		84800
票号 - 日期	数量 单价 合计	84800	84800

备注 项 目 部 门
个 人 客 户
业务员

记账 审核 出纳 制单 张伟

图 4-26 已生成的记 0008 号凭证

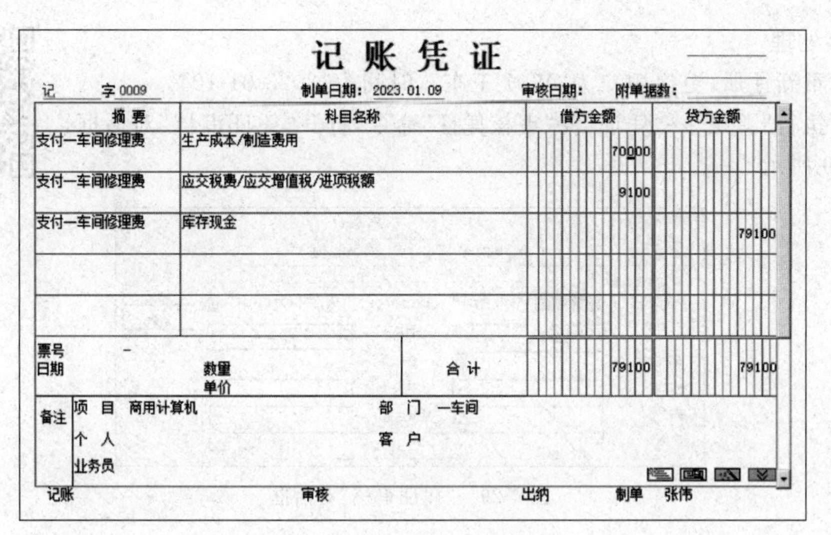

图 4-27 已生成的记 0009 号凭证

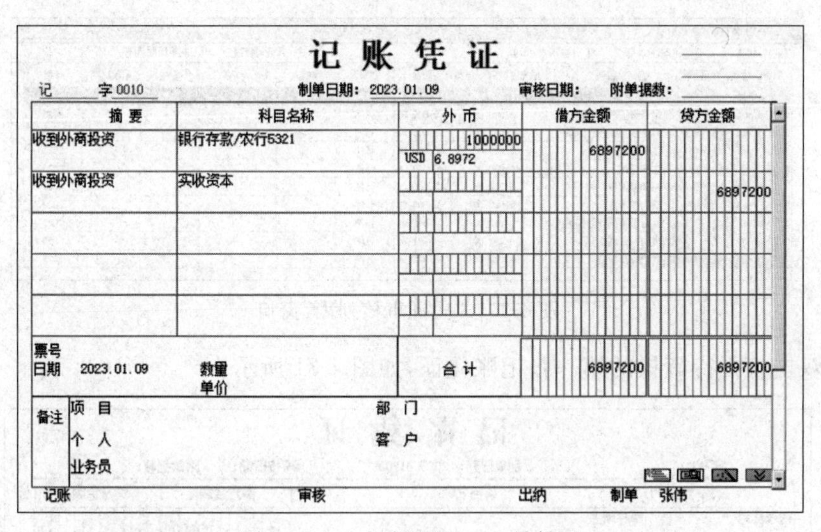

图 4-28 已生成的记 0010 号凭证

工作提示

(1) 在填制凭证时如果使用含有辅助核算内容的会计科目，则应选择相应的辅助核算内容，否则不能查询到辅助核算的相关资料。

(2) 按“=”键意为取借贷方差额到当前光标位置，每张凭证上只能使用一次。

(3) 如果科目参照中没有相关科目，可以通过编辑科目添加所需要的科目。

（二）审核凭证

2023 年 1 月 10 日，以“W01 王东”身份审核凭证，对 2023 年 1 月已发生的 10 笔业务进行审核处理。

（1）重新注册，更换用户为“W01 王东”，时间为“2023-01-10”。

（2）执行“总账”→“凭证”→“审核凭证”命令，打开“凭证审核”对话框，如图 4-29 所示。

凭证审核
凭证标志：全部 / 作废凭证 / 有错凭证
凭证头尾内容
凭证类别　日期 2023-01-01 — 2023-01-10　确定
月份 2023 年 1 月　凭证号 输入凭证号范围(如:1,5,7-9　取消
审核日期 ——
制单人　出纳人
审核人　会计主管
来源

图 4-29 “凭证审核”对话框

（3）单击“确定”按钮，进入“凭证审核列表”窗口，如图 4-30 所示。

凭证共 10张　已审核 0 张　未审核 10 张　凭证号排序　制单日期排序

制单日期	凭证编号	摘要	借方金额合计	贷方金额合计	制单人	审核人	系统名	备注	审核日期	年度
2023-01-03	记 - 0001	提现备用	10,000.00	10,000.00	张伟					2023
2023-01-04	记 - 0002	财务部王东预借差旅费	2,000.00	2,000.00	张伟					2023
2023-01-04	记 - 0003	综合部报销办公用品	500.00	500.00	张伟					2023
2023-01-05	记 - 0004	生产领料	60,000.00	60,000.00	张伟					2023
2023-01-05	记 - 0005	生产领料	46,000.00	46,000.00	张伟					2023
2023-01-08	记 - 0006	报销差旅费	3,200.00	3,200.00	张伟					2023
2023-01-08	记 - 0007	支付广告费	2,000.00	2,000.00	张伟					2023
2023-01-09	记 - 0008	综合部报销业务招待费	848.00	848.00	张伟					2023
2023-01-09	记 - 0009	支付一车间修理费	791.00	791.00	张伟					2023
2023-01-09	记 - 0010	收到外商投资	68,972.00	68,972.00	张伟					2023

图 4-30 “凭证审核列表”窗口

（4）双击打开待审核的第一张记账凭证，如图 4-31 所示。

记账凭证

记 字 0001　制单日期：2023.01.03　审核日期：　附单据数：

摘要	科目名称	借方金额	贷方金额
提现备用	库存现金	1000000	
提现备用	银行存款/工行6789		1000000
票号 201 - 01564312 日期 2023.01.03　数量 单价	合计	1000000	1000000

备注　项目　部门
个人　客户
业务员
记账　审核　出纳　制单 张伟

图 4-31 审核凭证窗口

（5）单击“审核”按钮(第一张记账凭证审核完成后，系统自动翻页到第二张待审核的

记账凭证)，再单击“审核”按钮或执行“批处理”→“成批审核凭证”命令，将已经填制的 10 张凭证全部进行审核签字。操作完成后弹出提示框，如图 4 32 所示。

(6) 单击“确定”按钮，系统弹出“是否重新刷新凭证列表数据”提示框，单击“是”按钮，如图 4-33 所示。

图 4-32 凭证审核成功提示框

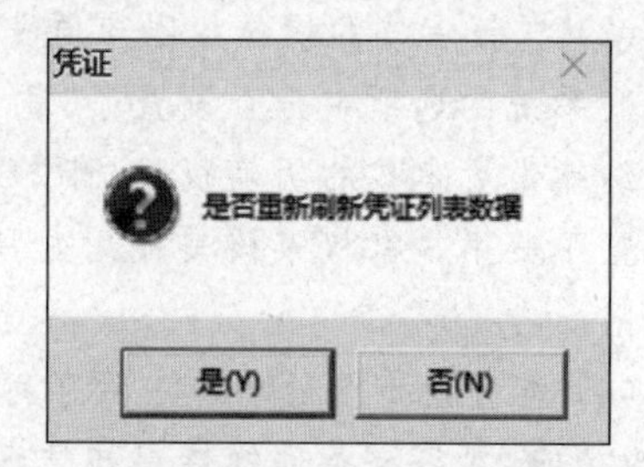

图 4-33 “是否重新刷新凭证列表数据”提示框

(7) 操作结束后，在凭证界面下方“审核”栏会出现审核人的名字“王东”，如图 4-34 所示。关闭审核凭证界面，在“凭证审核列表”窗口，“审核人”栏也会显示“王东”，说明已完成凭证审核，如图 4-35 所示。

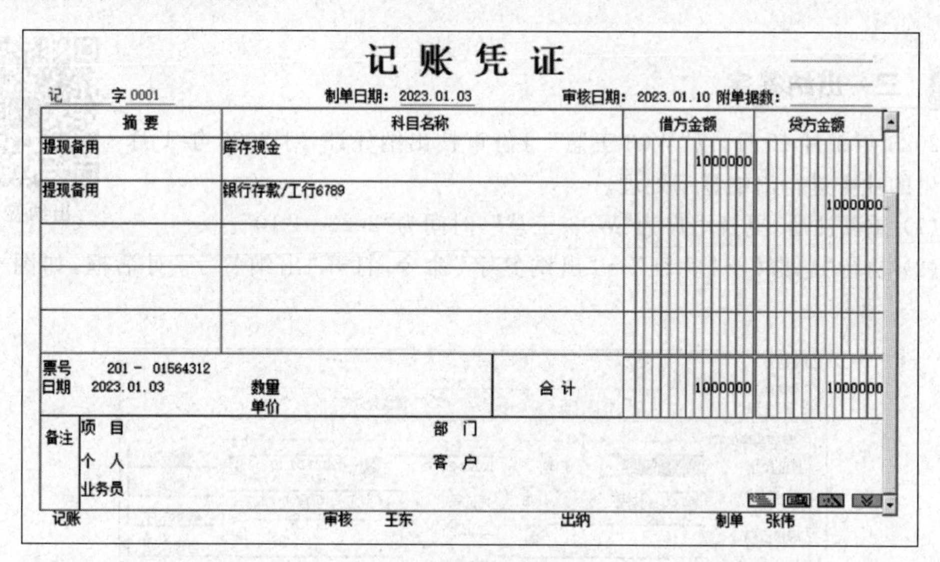

记 账 凭 证

记 字 0001　　制单日期：2023.01.03　　审核日期：2023.01.10 附单据数：

摘要	科目名称	借方金额	贷方金额
提现备用	库存现金	1000000	
提现备用	银行存款/工行6789		1000000
票号 201 - 01564312 日期 2023.01.03　数量 单价	合 计	1000000	1000000

备注　项 目　　部 门
　　　个 人　　客 户
　　　业务员

记账　　审核 王东　　出纳　　制单 张伟

图 4-34 已审核凭证窗口

凭证审核列表

凭证共 10张　已审核 10 张　未审核 0 张　凭证号排序　制单日期排序

制单日期	凭证编号	摘要	借方金额合计	贷方金额合计	制单人	审核人	系统名	备注	审核日期	年度
2023-1-3	记 - 0001	提现备用	10,000.00	10,000.00	张伟	王东			2023-1-10	2023
2023-1-4	记 - 0002	财务部王东预借差旅费	2,000.00	2,000.00	张伟	王东			2023-1-10	2023
2023-1-4	记 - 0003	综合部报销办公用品	500.00	500.00	张伟	王东			2023-1-10	2023
2023-1-5	记 - 0004	生产领料	60,000.00	60,000.00	张伟	王东			2023-1-10	2023
2023-1-5	记 - 0005	生产领料	46,000.00	46,000.00	张伟	王东			2023-1-10	2023
2023-1-8	记 - 0006	报销差旅费	3,200.00	3,200.00	张伟	王东			2023-1-10	2023
2023-1-8	记 - 0007	支付广告费	2,000.00	2,000.00	张伟	王东			2023-1-10	2023
2023-1-9	记 - 0008	综合部报销业务招待费	800.00	800.00	张伟	王东			2023-1-10	2023
2023-1-9	记 - 0009	支付一车间修理费	791.00	791.00	张伟	王东			2023-1-10	2023
2023-1-9	记 - 0010	收到外商投资	68,972.00	68,972.00	张伟	王东			2023-1-10	2023

图 4-35 审核后的“凭证审核列表”窗口

工作提示

(1) 系统要求制单人和审核人不能是同一个人，因此在审核凭证前一定要检查当前用户是否是制单人，如果是，则应更换用户。

(2) 凭证审核的操作权限应首先在“系统管理”的权限中进行授权。其次还要注意在总账系统的选项中是否设置了“凭证审核控制到操作员”的选项，如果设置了该选项，则应继续设置审核的明确权限，即“数据权限”中的“操作员”权限。只有在“数据权限”中设置了某用户有权审核其他用户所填制凭证的权限，该用户才真正拥有了审核凭证的权限。

(3) 在凭证审核的功能中除了可以分别对单张凭证进行审核外，还可以执行“批处理”的功能，对符合条件的待审核凭证进行成批审核。

(4) 在审核凭证的功能中可以对有错误的凭证进行“标错”处理，还可以“取消”审核。

(5) 已审核的凭证将不能直接进行修改，只能在取消审核后，在填制凭证的功能中进行修改。

（三）出纳签字

出纳签字

2023 年 1 月 10 日，以“W03 王慧”身份审核出纳凭证，对 2023 年 1 月已发生的业务进行出纳签字处理。

(1) 重新注册，更换用户为“W03 王慧”，时间为“2023-01-10”。

(2) 执行“总账”→“凭证”→“出纳签字”命令，打开“出纳签字”对话框，如图 4-36 所示。

图 4-36 “出纳签字”对话框

(3) 单击“确定”按钮，进入“出纳签字列表”窗口。

(4) 双击，打开待签字的第一张记账凭证窗口，如图 4-37 所示。

(5) 单击“签字”按钮，接着单击“下张”按钮，再单击“签字”按钮或执行“批处理”→“成批出纳签字”命令，将已经填制的 10 张凭证全部进行出纳签字，如图 4-38 和图 4-39 所示。

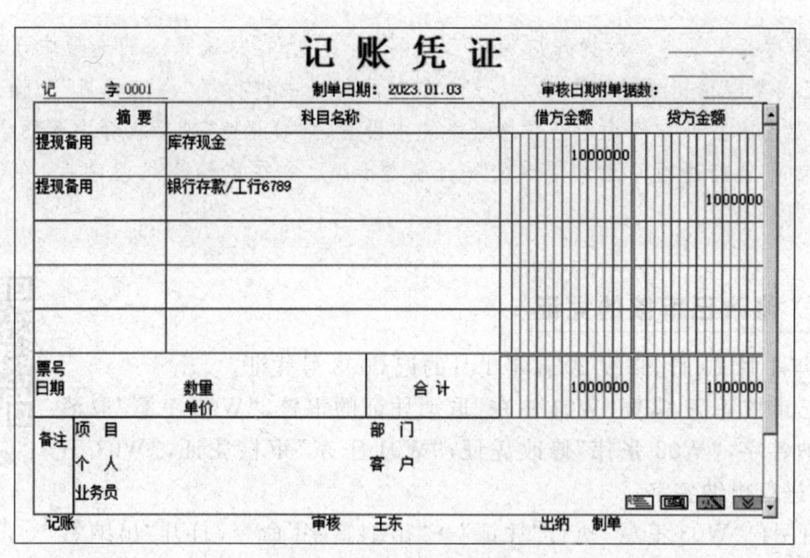

图 4-37 出纳签字窗口

图 4-38 凭证出纳签字成功提示框

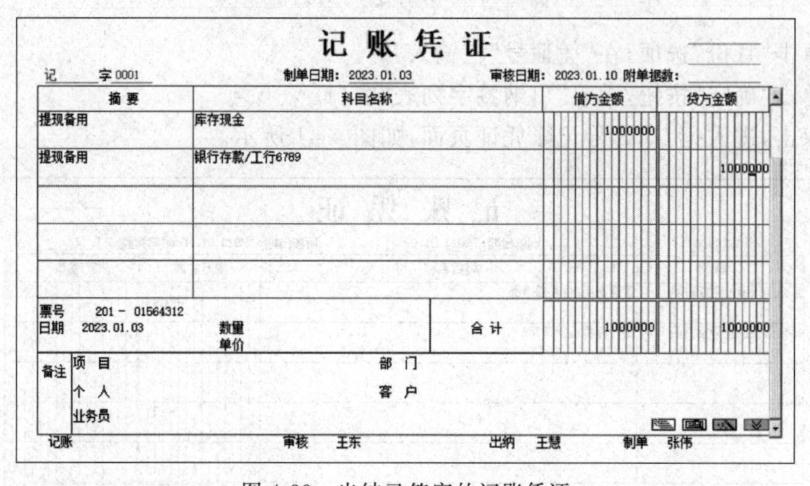

图 4-39 出纳已签字的记账凭证

工作提示

(1) 出纳签字的操作可以在“凭证审核”后进行，也可以在“凭证审核”前进行。

(2) 进行出纳签字的用户已在“系统管理”中赋予了出纳签字的权限。

(3) 要进行出纳签字的操作应满足三个条件：首先，在总账系统的选项中已经设置了“出纳凭证必须经由出纳签字”；其次，已经在会计科目中进行了“指定科目”的操作；最后，凭证中所使用的会计科目是已经在总账系统中设置为“日记账”辅助核算内容的会计科目。

(4) 如果已经进行了出纳签字的凭证有错误，则应在取消出纳签字后，在填制凭证功能中进行修改。

(四) 修改已审核的凭证

修改已审核的凭证

2023 年 1 月 10 日，修改 2023 年 1 月的记 0008 号凭证。

修改已审核凭证，需要“W01 王东”取消凭证的审核，“W03 王慧”取消凭证的出纳签字，“W02 张伟”修改凭证，“W01 王东”审核凭证，“W03 王慧”对凭证进行出纳签字。

(1) 由用户“W03 王慧”执行“凭证”→“出纳签字”命令，打开“出纳签字”对话框，如图 4-40 所示。

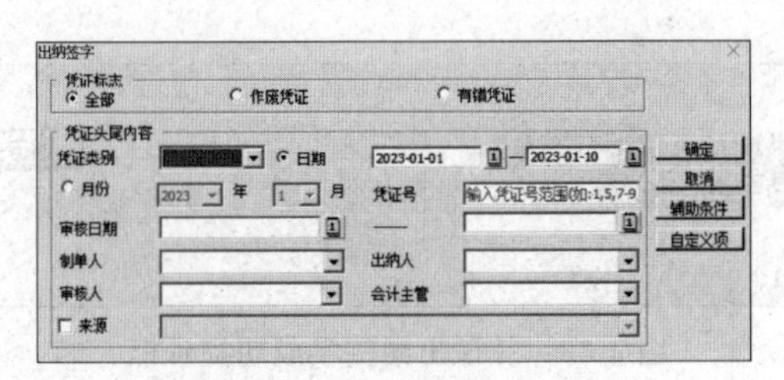

图 4-40 “出纳签字”对话框

(2) 单击“月份”选项，在“凭证号”栏输入“8”。

(3) 单击“确定”按钮，进入“出纳签字列表”窗口。

(4) 双击，进入记 0008 号记账凭证页面，如图 4-41 所示。

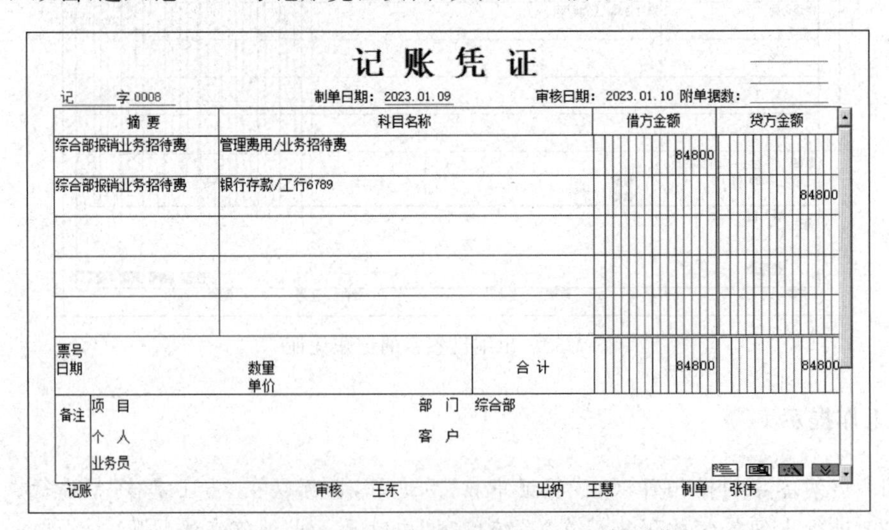

图 4-41 记 0008 号凭证页面（“W03 王慧”操作）

(5) 单击“取消”按钮，取消出纳签字，再单击“退出”按钮，如图 4-42 所示。

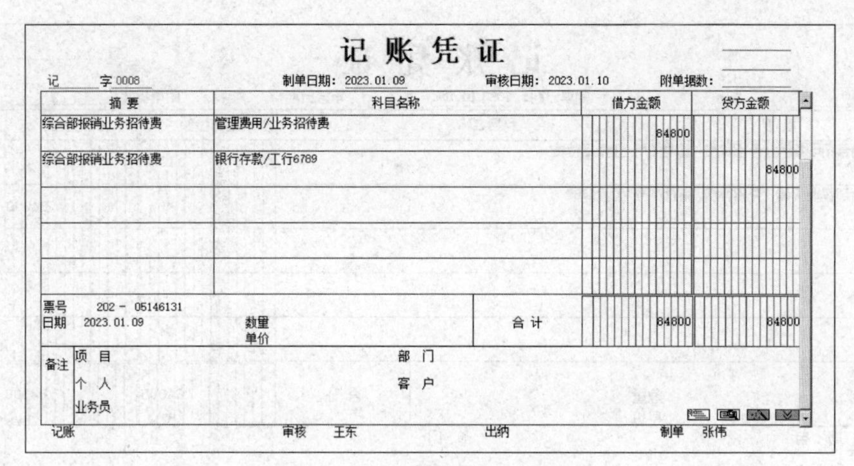

记 账 凭 证

记 字 0008 制单日期：2023.01.09 审核日期：2023.01.10 附单据数：

摘要	科目名称	借方金额	贷方金额
综合部报销业务招待费	管理费用/业务招待费	84800	
综合部报销业务招待费	银行存款/工行6789		84800
票号 202－05146131 日期 2023.01.09	数量 单价 合计	84800	84800

备注 项目 部门 个人 客户 业务员

记账 审核 王东 出纳 制单 张伟

图 4-42 已取消出纳签字的记账凭证

(6) 重新注册，更换用户为“W01 王东”。

(7) 执行“凭证”→“凭证审核”命令，打开“凭证审核”对话框，如图 4-43 所示。

凭证审核

凭证标志：全部 作废凭证 有错凭证

凭证头尾内容

凭证类别 日期 2023-01-01 — 2023-01-10 确定

月份 2023 年 1 月 凭证号 输入凭证号范围(如:1,5,7-9 取消

审核日期 ——

制单人 出纳人

审核人 会计主管

来源

图 4-43 “凭证审核”对话框

(8) 按上述方式操作，找到并打开记 0008 号记账凭证，如图 4-44 所示。

记 账 凭 证

记 字 0008 制单日期：2023.01.09 审核日期：2023.01.10 附单据数：

摘要	科目名称	借方金额	贷方金额
综合部报销业务招待费	管理费用/业务招待费	84800	
综合部报销业务招待费	银行存款/工行6789		84800
票号 202－05146131 日期 2023.01.09	数量 单价 合计	84800	84800

备注 项目 部门 个人 客户 业务员

记账 审核 王东 出纳 制单 张伟

图 4-44 记 0008 号凭证页面(“W01 王东”操作)

(9) 单击“取消”按钮,取消审核签字,然后单击“退出”按钮,如图 4-45 所示。

记 账 凭 证

记 字 0008 制单日期:2023.01.09 审核日期: 附单据数:

摘要	科目名称	借方金额	贷方金额
综合部杨明报销业务招待费	管理费用/业务招待费	84800	
综合部杨明报销业务招待费	银行存款/工行6789		84800
票号 - 日期 数量 单价	合计	84800	84800

备注 项目 部门

个人 客户

业务员

记账 审核 出纳 制单 张伟

图 4-45 已取消审核的记账凭证

(10) 重新注册,更换用户为“W02 张伟”。

(11) 执行“凭证”→“填制凭证”命令,打开“填制凭证”对话框。

(12) 单击“上张凭证”“下张凭证”按钮,找到记 0008 号记账凭证。

(13) 在记 0008 号记账凭证中,将借方分别修改为“管理费用/业务招待费”“800”“应交税费/应交增值税/进项税额”“48”,单击“保存”按钮,如图 4-46 所示。

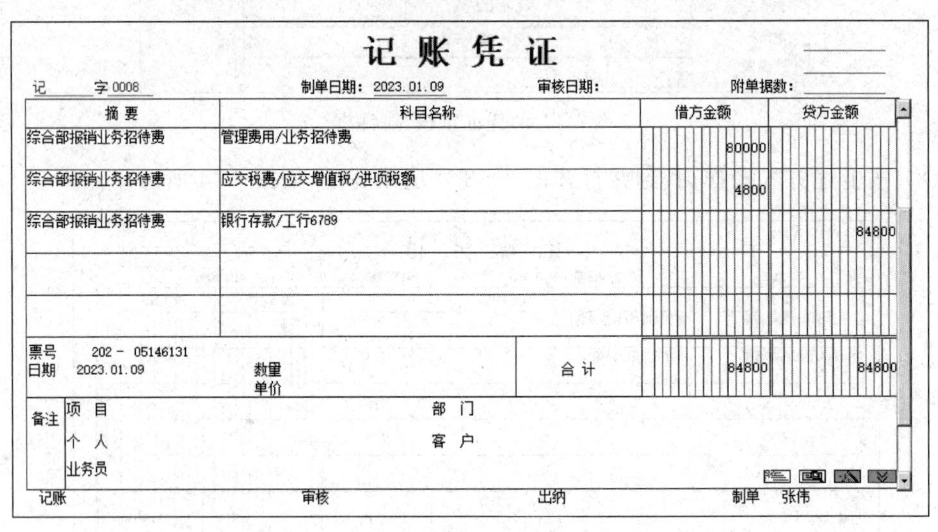

记 账 凭 证

记 字 0008 制单日期:2023.01.09 审核日期: 附单据数:

摘要	科目名称	借方金额	贷方金额
综合部报销业务招待费	管理费用/业务招待费	80000	
综合部报销业务招待费	应交税费/应交增值税/进项税额	4800	
综合部报销业务招待费	银行存款/工行6789		84800
票号 202 - 05146131 日期 2023.01.09 数量 单价	合计	84800	84800

备注 项目 部门

个人 客户

业务员

记账 审核 出纳 制单 张伟

图 4-46 修改凭证

(14) 再更换用户,由“W01 王东”对记 0008 号记账凭证进行审核,由“W03 王慧”对记 0008 号记账凭证进行出纳签字,如图 4-47 和图 4-48 所示。

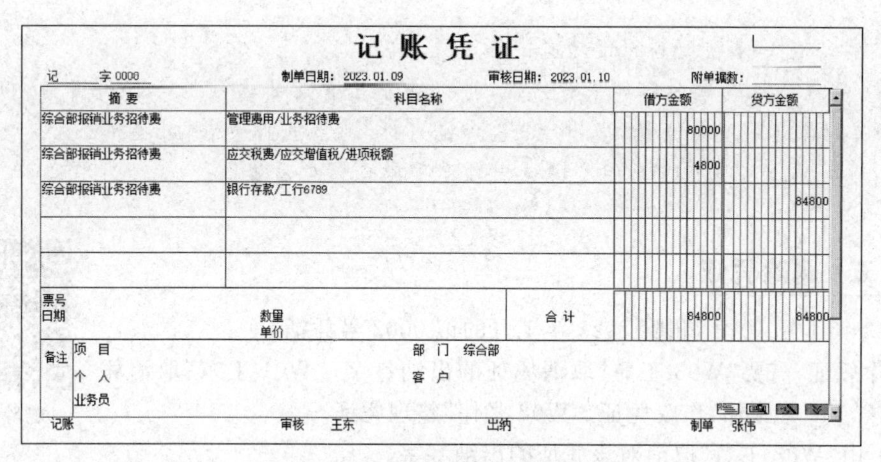

记账凭证

记 字 0008 制单日期：2023.01.09 审核日期：2023.01.10 附单据数：

摘要	科目名称	借方金额	贷方金额
综合部报销业务招待费	管理费用/业务招待费	80000	
综合部报销业务招待费	应交税费/应交增值税/进项税额	4800	
综合部报销业务招待费	银行存款/工行6789		84800
票号 日期	数量 单价 合计	84800	84800

备注 项目 部门 综合部
个人 客户
业务员

记账 审核 王东 出纳 制单 张伟

图 4-47 重新审核的记账凭证

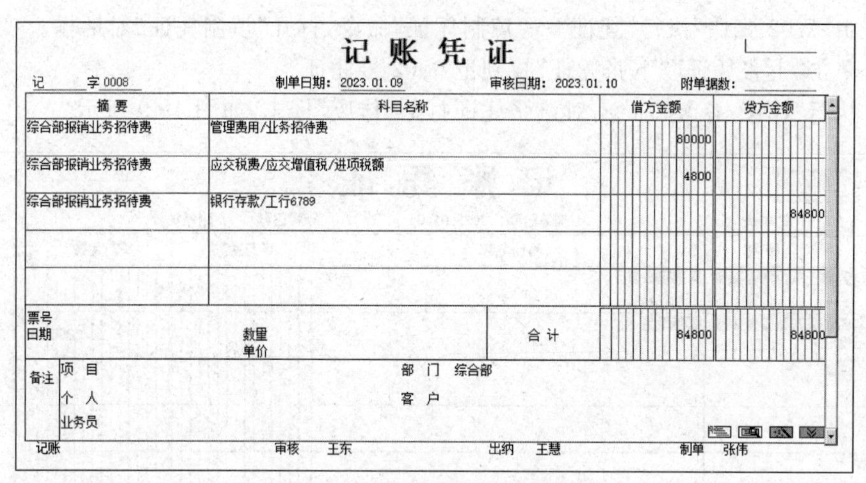

记账凭证

记 字 0008 制单日期：2023.01.09 审核日期：2023.01.10 附单据数：

摘要	科目名称	借方金额	贷方金额
综合部报销业务招待费	管理费用/业务招待费	80000	
综合部报销业务招待费	应交税费/应交增值税/进项税额	4800	
综合部报销业务招待费	银行存款/工行6789		84800
票号 日期	数量 单价 合计	84800	84800

备注 项目 部门 综合部
个人 客户
业务员

记账 审核 王东 出纳 王慧 制单 张伟

图 4-48 出纳重新签字的记账凭证

工作提示

(1) 未审核的凭证可以直接修改，但是凭证类别和凭证编号不能修改。

(2) 已进行出纳签字而未审核的凭证如果发现有错误，可以由原出纳签字的用户在“出纳签字”功能中取消出纳签字后，再由原制单人在填制凭证功能中修改。

(3) 如果在总账管理系统的选项中选中“允许修改，作废他人填制的凭证”，则在填制凭证功能中可以由非原制单人修改或作废他人制作的凭证，被修改凭证的制单人将被修改为现在修改凭证的人。

(4) 如果在总账管理系统的选项中没有选中“允许修改，作废他人填制的凭证”，则只能由原制单人在填制凭证的功能中修改或作废凭证。

(5) 已审核的凭证如果发现有错误，应由原审核人在“审核凭证”功能中取消审核签字后，再由原制单人在填制凭证功能中修改凭证。

(6) 凭证的辅助项内容如果有错误，可以在单击含有错误项的会计科目后，将光标移到错误的辅助项所在位置，当出现“笔头状光标”时双击此处，弹出窗口，直接修改辅助项的内容，或者按 Ctrl+S 组合键调出辅助项录入窗口后修改。

（五）删除凭证

删除凭证

2023 年 1 月 10 日，删除 2023 年 1 月的记 0002 号凭证。

删除凭证，需要“W03 王慧”取消凭证的出纳签字，“W01 王东”取消凭证的审核，“W02 张伟”作废凭证，“W02 张伟”整理凭证。

(1) 由“W03 王慧”取消对该凭证的出纳签字。

(2) 由“W01 王东”取消对该凭证的审核。

(3) 由“W02 张伟”执行“凭证”→“填制凭证”命令，打开“填制凭证”对话框。

(4) 单击“上张凭证”“下张凭证”找到记 0002 号凭证。

(5) 执行“作废/恢复”命令，对该张凭证打上“作废”标志，如图 4-49 所示。

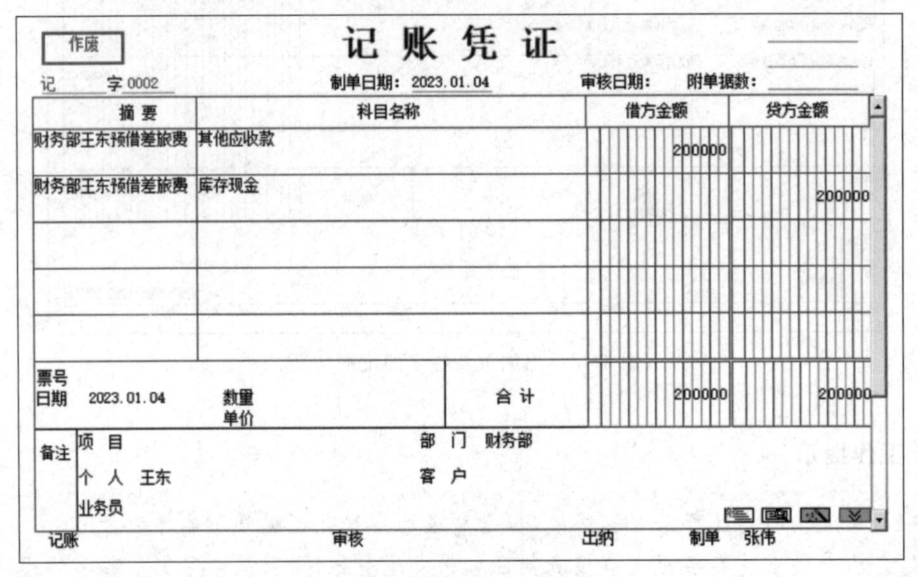

图 4-49 作废凭证页面

(6) 由“W02 张伟”打开“填制凭证”对话框，执行“整理凭证”命令，选择凭证期间“2023.01”，如图 4-50 所示。单击“确定”按钮，打开“作废凭证表”对话框，双击删除，如图 4-51 所示。

(7) 单击“确定”按钮，系统弹出“是否还需整理凭证断号”提示框，并提供三种断号整理方式：“按凭证号重排”“按凭证日期重排”“按审核日期重排”，如图 4-52 所示。

(8) 选择“按凭证号重排”，单击“是”按钮，系统完成对凭证号的重新整理，原来的记 0003 号（报销办公用品）凭证转为记 0002 号凭证，如图 4-53 所示。

图 4-50 “凭证期间选择”对话框

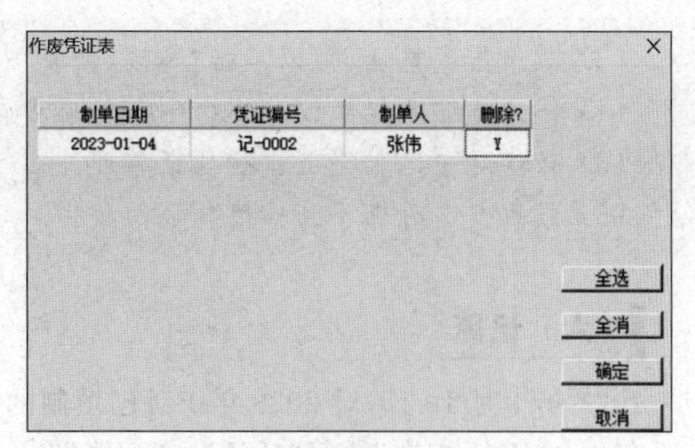

图 4-51 “作废凭证表”对话框

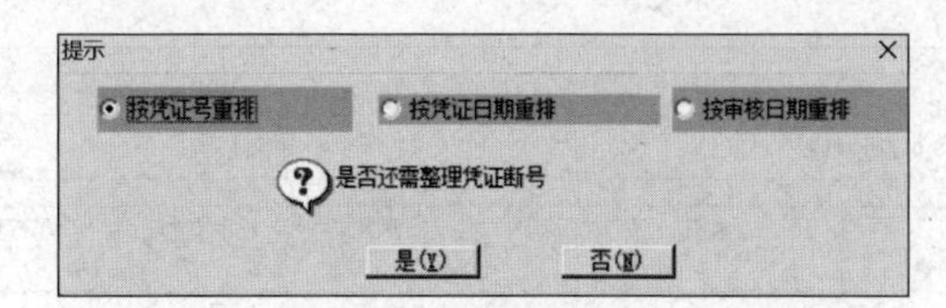

图 4-52 “是否还需整理凭证断号”提示框

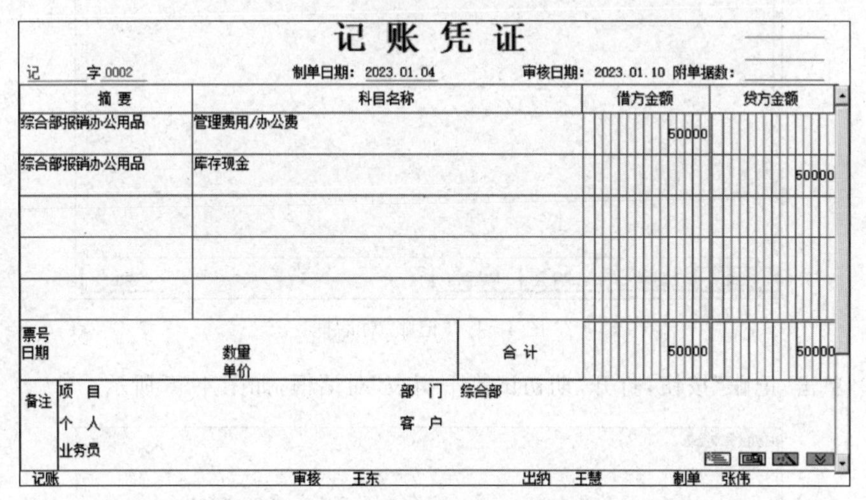

图 4-53 整理后的记 0002 号凭证

工作提示

(1) 未审核的凭证可以直接删除。已审核或已由出纳签字的凭证不能直接删除，必须在取消审核及取消出纳签字后再删除。

(2) 若要删除凭证，必须先进行“作废”操作，再进行整理，如果在总账系统的选项中选中“自动填补凭证断号”及“系统编号”，那么在对作废凭证整理时，若选择不整理断号，则再填制凭证时可以由系统自动填补断号。否则，将会出现凭证断号。

(3) 对于作废凭证,可以单击“作废/恢复”按钮,取消“作废”标志。

(4) 作废凭证不能修改、不能审核,但应参与记账。

(5) 只能对未记账凭证进行凭证整理。

(6) 账簿查询时查不到作废凭证的数据。

(六) 记账

2023 年 1 月 10 日,对 2023 年 1 月已填制的凭证进行记账处理。

(1) 由“W01 王东”执行“凭证”→“记账”命令,打开“记账”对话框,选择“2023.01 月份凭证”,单击“全选”,如图 4-54 所示。

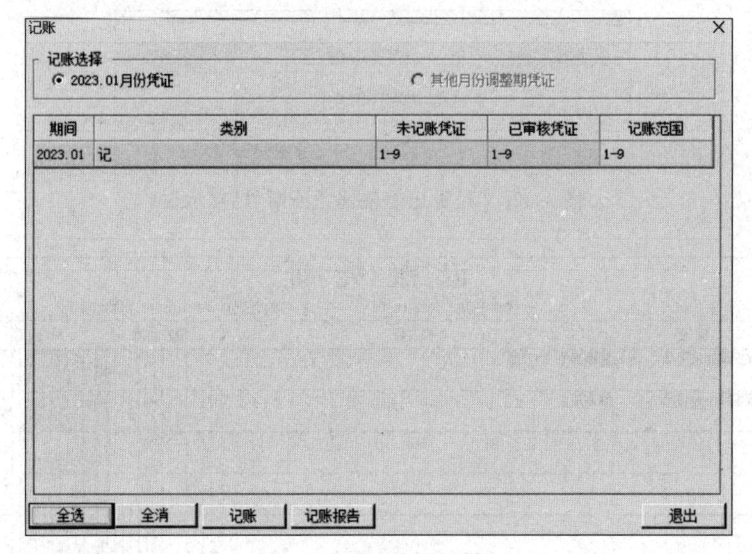

图 4-54 “记账”对话框

(2) 单击“记账”按钮,打开“期初试算平衡表”对话框,如图 4-55 所示。

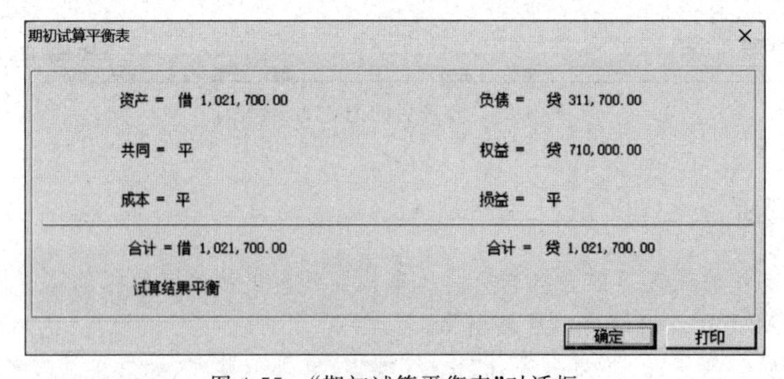

图 4-55 “期初试算平衡表”对话框

(3) 单击“确定”按钮,系统自动进行记账,记账完成后,系统弹出“记账完毕!”提示框,如图 4-56 所示。

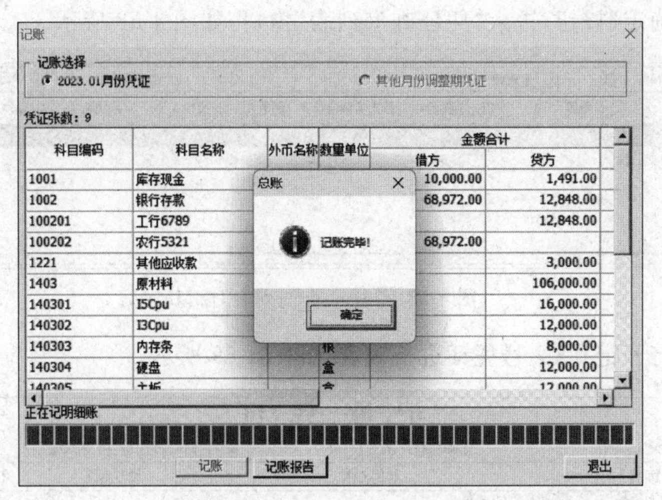

图 4-56 “记账完毕!”提示框

工作提示

(1) 凭证不能记账有五种情况：期初余额试算不平衡，不能记账；有未审核的凭证，不能记账；有未经出纳签字的凭证，不能记账；主管未签字、未审核的凭证，不能记账；上月未结账，本月不能记账。

(2) 如果不输入记账范围，系统默认所有凭证。

(3) 记账后不能整理凭证断号。

(4) 已记账的凭证不能在“填制凭证”窗口中查询。

（七）查询凭证

查询凭证

2023 年 1 月 10 日，以“W01 王东”身份查询 2023 年 1 月的记 0002 号凭证。

(1) 执行“凭证”→“查询凭证”命令，打开“凭证查询”对话框，选择“已记账凭证”，选中“月份”，在“凭证号”栏输入“2”，如图 4-57 所示。

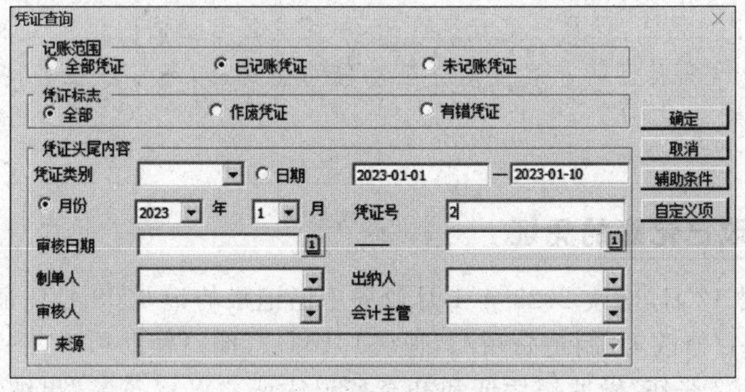

图 4-57 “凭证查询”对话框

(2) 单击“确定”按钮,进入“凭证查询列表”窗口,如图 4-58 所示。

凭证共 1张 已审核 1 张 未审核 0 张 ⊙ 凭证号排序 ○ 制单日期排序

制单日期	凭证编号	摘要	借方金额合计	贷方金额合计	制单人	审核人	系统名	备注	审核日期	年度
2023-1-4	记 - 0002	综合部报销办公用品	500.00	500.00	张伟	王东			2023-1-10	2023
		合计	500.00	500.00						

图 4-58 “凭证查询列表”窗口

(3) 双击,打开记 0002 号凭证进行查看,如图 4-59 所示。

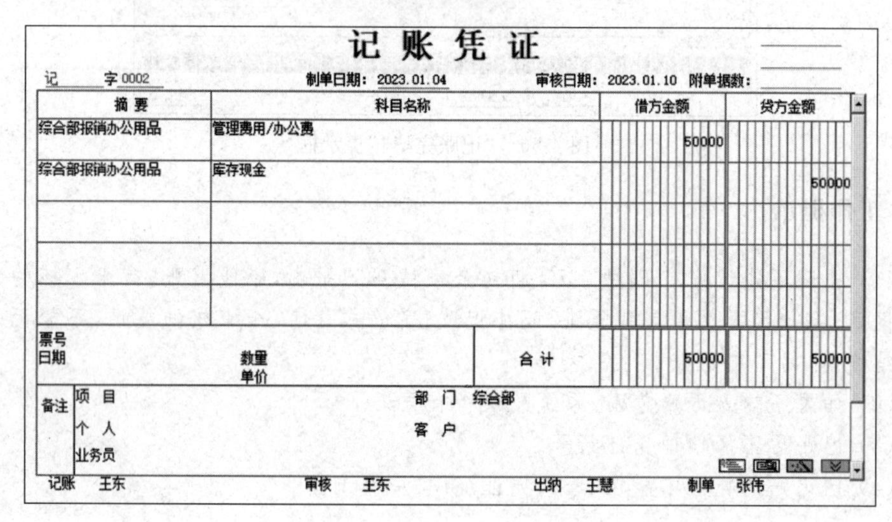

记账凭证

记 字 0002　制单日期: 2023.01.04　审核日期: 2023.01.10　附单据数:

摘要	科目名称	借方金额	贷方金额
综合部报销办公用品	管理费用/办公费	50000	
综合部报销办公用品	库存现金		50000
票号 日期	数量 单价 合计	50000	50000

备注　项目　部门 综合部

个人　客户

业务员

记账 王东　审核 王东　出纳 王慧　制单 张伟

图 4-59 查询记 0002 号凭证

工作提示

(1) 在“查询凭证”功能中,既可以查询已记账凭证,也可以查询未记账凭证。而在填制凭证功能中只能查询未记账凭证。

(2) 通过设置查询条件还可以查询作废凭证、有错凭证、某制单人填制的凭证、其他子系统传递过来的凭证,以及一定日期区间,一定凭证号区间的记账凭证。

(3) 已记账凭证除了可以在查询凭证功能中查询外,还可以在查询账簿资料时,以联查的方式查询。

(八) 修改已记账的凭证

修改已记账的凭证

2023 年 1 月 12 日,修改 2023 年 1 月业务中已记账的记 0008 号凭证,将凭证中借方科目修改为“制造费用/其他(510103)”,部门辅助项为“一车间”。这需要“W02 张伟”做冲销凭证和补充登记凭证,“W03 王慧”出纳签字,“W01 王东”审核凭证,“W01 王东”记账。

(1) 以“W02 张伟”身份执行“凭证”→“填制凭证”命令，打开“填制凭证”窗口。

(2) 执行“冲销凭证”命令，打开“冲销凭证”对话框。

(3) 在“凭证号”栏录入“8”，如图 4-60 所示。

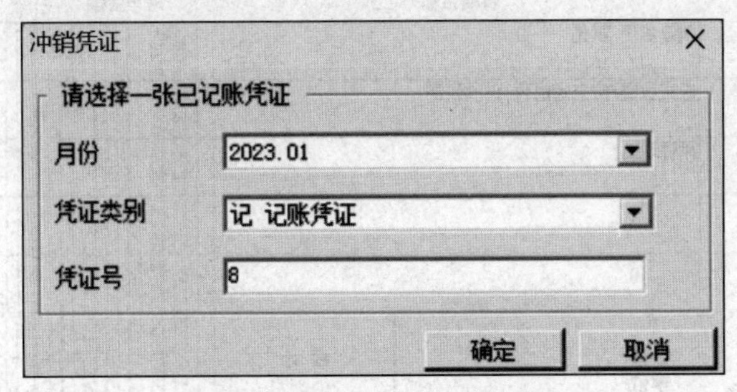

图 4-60　“冲销凭证”对话框

(4) 单击“确定”按钮，弹出如图 4-61 所示的页面。

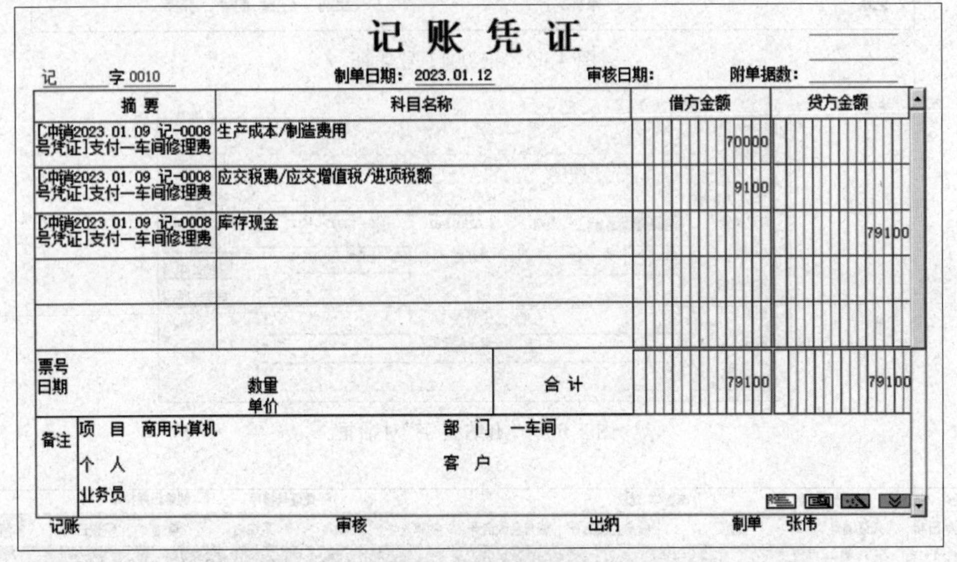

图 4-61　记 0010 号凭证

(5) 单击“增加”按钮，填制一张正确凭证，单击“保存”按钮，如图 4-62 所示。

(6) 以“W03 刘慧”身份执行“凭证”→“出纳签字”命令，打开“出纳签字”对话框，如图 4-63 所示。

(7) 单击“确定”按钮，打开“出纳签字列表”窗口，如图 4-64 所示。

(8) 双击，打开记 0010 号凭证，执行“批处理”→“成批出纳签字”命令，系统弹出成批出纳签字成功提示框，如图 4-65 所示。

(9) 以“W01 张伟”身份执行“凭证”→“审核凭证”命令，打开“凭证审核”对话框，如图 4-66 所示。

(10) 单击“确定”按钮，打开“凭证审核列表”窗口，如图 4-67 所示。

记 账 凭 证

记 字 0011　　制单日期：2023.01.12　　审核日期：　　附单据数：

摘要	科目名称	借方金额	贷方金额
支付一车间修理费	制造费用/其他	70000	
支付一车间修理费	应交税费/应交增值税/进项税额	9100	
支付一车间修理费	库存现金		79100
票号 日期	数量 单价 合计	79100	79100

备注　项目　　部门　一车间

个人　　客户

业务员

记账　　审核　　出纳　王慧　制单　张伟

图 4-62　记 0011 号凭证

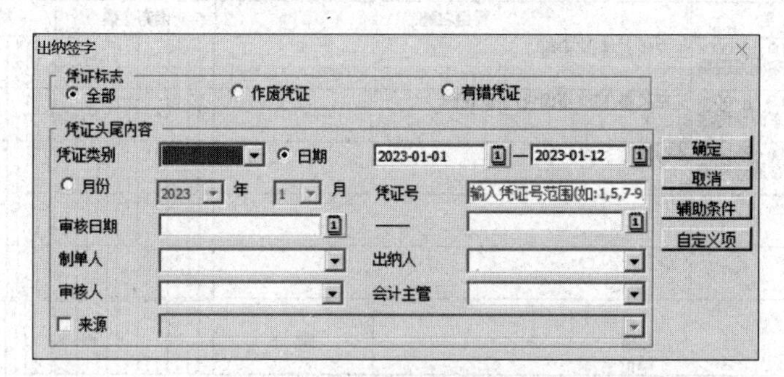

图 4-63　“出纳签字”对话框

凭证共 2张　　已签字 0张　　未签字 2张　　凭证号排序　　制单日期排序

制单日期	凭证编号	摘要	借方金额合计	贷方金额合计	制单人	签字人	系统名	备注	审核日期	年度
2023-1-12	记 - 0010	[冲销2023.01.09 记-00	-791.00	-791.00	张伟					2023
2023-1-12	记 - 0011	支付一车间修理费	791.00	791.00	张伟					2023

图 4-64　“出纳签字列表”窗口

图 4-65　成批出纳签字成功提示框

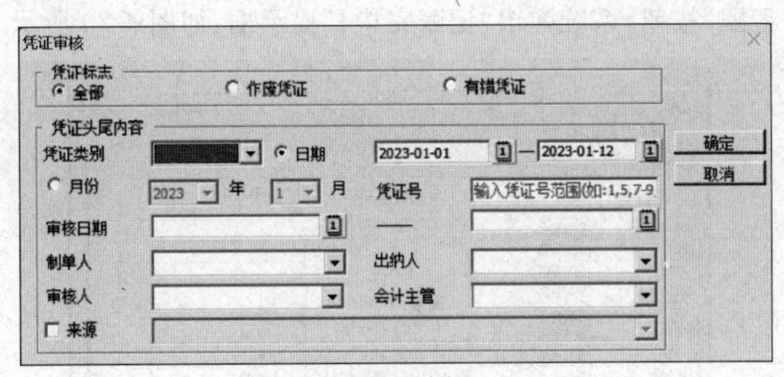

图 4-66　“凭证审核”对话框

凭证共 2张　已审核 0 张　未审核 2 张　凭证号排序　制单日期排序

制单日期	凭证编号	摘要	借方金额合计	贷方金额合计	制单人	审核人	系统名	备注	审核日期	年度
2023-1-12	记 - 0010	[冲销2023.01.09 记-00	-791.00	-791.00	张伟					2023
2023-1-12	记 - 0011	支付一车间修理费	791.00	791.00	张伟					2023

图 4-67　“凭证审核列表”窗口

(11) 双击，打开记 0010 号凭证，执行“批处理”→“成批审核凭证”命令，系统弹出成批审核凭证成功提示框，如图 4-68 所示。

图 4-68　成批审核凭证成功提示框

(12) 以“W01 王东”身份执行“凭证”→“记账”命令，打开“记账”对话框，如图 4-69 所示。

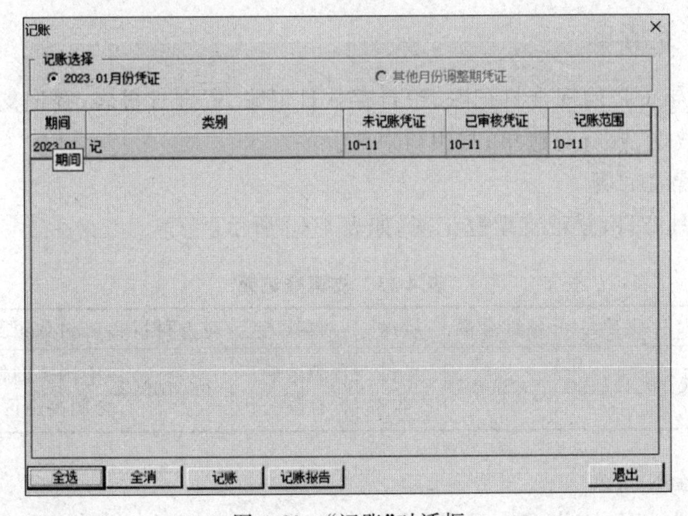

图 4-69　“记账”对话框

(13) 单击“记账”按钮,系统弹出“记账完毕!”提示框,如图 4-70 所示。

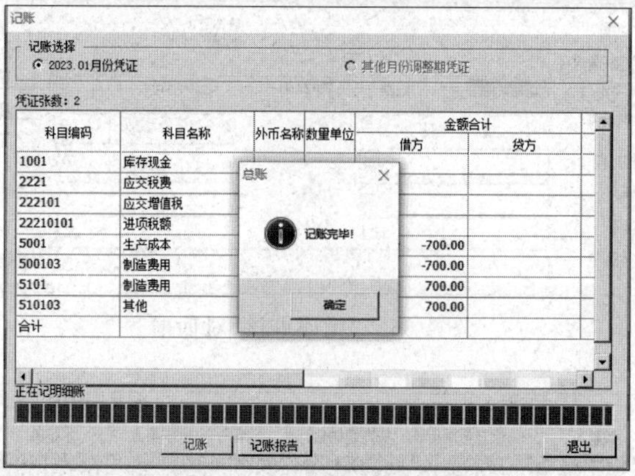

图 4-70 “记账完毕!”提示框

(14) 将账套输出至“D:\888 账套备份\4-2”文件夹。

任务四 出纳管理

一、任务目标

根据业务资料完成总账系统中出纳管理工作,查询现金日记账、银行存款日记账,并与银行对账。

二、准备工作

从“D:\888 账套备份\4-2”文件夹中引入[888]账套。

三、任务清单

查询 2023 年 1 月的现金日记账、银行存款日记账、资金日报表,登记支票登记簿,录入银行对账期初数据、银行对账单,与银行对账。

1. 登记支票登记簿

2023 年 1 月 8 日,登记支票登记簿,如表 4-13 所示。

表 4-13 支票登记簿

使用部门	领用人	支票号	预计金额	用途	收款人	对方科目	付款银行	银行账号
销售部	韩乐乐	05146130	2 000	支付广告费	合肥金晨广告有限公司	660106	中国工商银行合肥高新区支行	1300123409123456789

2. 查询资金日报表

2023 年 1 月 9 日,查询资金日报表。

3. 查询现金日记账、银行日记账

2023 年 1 月 12 日，查询现金日记账、银行日记账。

4. 银行对账

（1）录入银行对账期初数据。2023 年 1 月 1 日，银行对账单余额方向为贷方。企业日记账余额为 296 437.3 元，银行对账单期初余额为 294 437.3 元，有银行已付、企业未付的未达账项 2 000 元，如表 4-14 所示。

表 4-14　期初未达账项

日　期	结算方式	票　号	借方金额	贷方金额
2022-12-28	202	05146128	2 000	

（2）录入银行对账单。2023 年 1 月 10 日，录入银行对账单，如表 4-15 所示。

表 4-15　银行对账单

日　期	结算方式	票　号	借方金额	贷方金额	余　额
2022-12-28	转账支票	05146128	2 000		294 437.30
2023-01-04	现金支票	01564312	10 000		284 437.30
2023-01-10	转账支票	05146130	2 000		282 437.30
2023-01-10	转账支票	05146131	848		281 589.30

（3）银行对账。2023 年 1 月 12 日，银行对账。

（4）查看银行存款余额调节表。查看 2023 年 1 月 12 日银行存款余额调节表。

四、操作指导

出纳管理

以“W03 王慧”身份登录系统，查询现金日记账、银行日记账，登记支票登记簿，录入银行对账期初数据、银行对账单，并与银行对账。

（一）登记支票登记簿

（1）执行“出纳”→“支票登记簿”命令，打开“银行科目选择”对话框。

（2）单击“增加”按钮，录入或选择领用日期“2023.01.08”，领用部门“销售部”，领用人“韩乐乐”，支票号“05146130”，预计金额“2 000”及用途“支付广告费”，如图 4-71 所示。

图 4-71　“支票登记簿”窗口

（3）在报销日期栏填写报销日期“2023.01.08”，单击“保存”按钮，如图 4-72 所示。

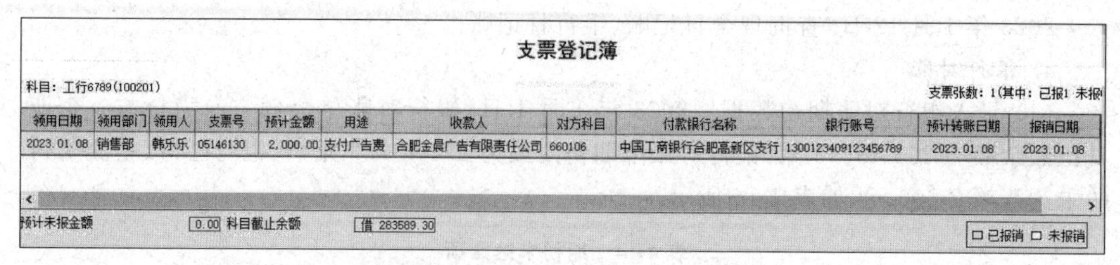
支票登记簿

科目：工行6789(100201)　　　支票张数：1(其中：已报：未报

领用日期	领用部门	领用人	支票号	预计金额	用途	收款人	对方科目	付款银行名称	银行账号	预计转账日期	报销日期
2023.01.08	销售部	韩乐乐	05146130	2,000.00	支付广告费	合肥金晨广告有限责任公司	660106	中国工商银行合肥高新区支行	1300123409123456789	2023.01.08	2023.01.08

预计未报金额 0.00 科目截止余额 借 283589.30　　□已报销 □未报销

图 4-72　已报销“支票登记簿”窗口

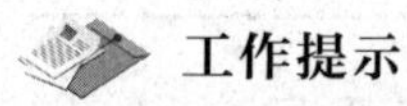
工作提示

（1）只有在总账系统的“初始设置”选项中已选择“支票控制”，并在“结算方式”设置中已设置“票据结算”标志，在“会计科目”中已指定银行账的科目，才能使用支票登记簿。

（2）当支票登记簿中的报销日期为空时，表示该支票未报销，否则系统认为该支票已报销。

（3）支票支出后，在填制凭证时输入该支票的结算方式和结算号，系统会自动在支票登记簿中将该号支票写上报销日期，该支票即为已报销。

（二）查询资金日报表

（1）执行“出纳”→“资金日报”命令，打开“资金日报表查询条件”对话框。

（2）选择日期“2023.01.09”，单击“确定”按钮，进入“资金日报表”窗口，如图 4-73 所示。

资金日报表

日期:2023.01.09

科目编码	科目名称	币种	今日共借	今日共贷	方向	今日余额	借方笔数	贷方笔数
1001	库存现金			791.00	借	9,509.00		1
1002	银行存款		68,972.00	848.00	借	352,561.30	1	1
合计			68,972.00	1,639.00	借	362,070.30	1	2
		美元	10,000.00		借	10,000.00	1	

图 4-73　“资金日报表”窗口

工作提示

（1）使用“资金日报”功能可以查询库存现金、银行存款科目某日的发生额及余额情况。

(2) 查询资金日报表时可以查询包含未记账凭证的资金日报表。

(3) 如果在“资金日报表查询条件”对话框中选中“有余额无发生额也显示”，则即使现金或银行科目在查询日中没有发生业务，只要有余额，也会显示。

(三) 查询现金日记账、银行日记账

(1) 执行“出纳”→“现金日记账”命令，打开“现金日记账查询条件”对话框，如图 4-74 所示。

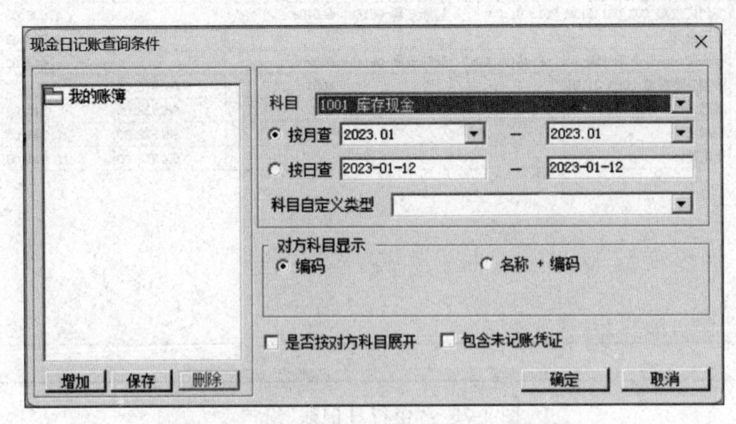

图 4-74 “现金日记账查询条件”对话框

(2) 单击“确定”按钮，打开“现金日记账”窗口，如图 4-75 所示。

金额式

现金日记账

科目 1001 库存现金　　　　月份：2023.01-2023.01

2023年 月	日	凭证号数	摘要	对方科目	借方	贷方	方向	余额
			上年结转				借	1,000.00
01	03	记-0001	提现备用	100201	10,000.00		借	11,000.00
01	03		本日合计		10,000.00		借	11,000.00
01	04	记-0002	综合部报销办公用品	660205		500.00	借	10,500.00
01	04		本日合计			500.00	借	10,500.00
01	08	记-0005	报销差旅费	660107		200.00	借	10,300.00
01	08		本日合计			200.00	借	10,300.00
01	09	记-0008	支付一车间修理费	500103, 22210101		791.00	借	9,509.00
01	09		本日合计			791.00	借	9,509.00
01	12	记-0010	[冲销2023.01.09 记-0008号凭证]支付一车间	500103, 22210101		-791.00	借	10,300.00
01	12	记-0011	支付一车间修理费	660209, 22210101		791.00	借	9,509.00
01	12		本日合计				借	9,509.00
01			当前合计		10,000.00	1,491.00	借	9,509.00
01			当前累计		10,000.00	1,491.00	借	9,509.00
			结转下年				借	9,509.00

图 4-75 “现金日记账”窗口

(3) 执行“出纳”→“银行日记账”命令，打开“银行日记账查询条件”对话框，单击“确定”按钮，打开“银行日记账”窗口，如图 4-76 所示。

金额式

银行日记账

科目 1002 银行存款　　　　月份：2023.01-2023.01

2023年 月	日	凭证号数	摘要	结算号	对方科目	借方	贷方	方向	余额
			上年结转					借	296,437.30
01	03	记-0001	提现备用_201_01564312_2023.01.03	现金支票-015643	1001		10,000.00	借	286,437.30
01	03		本日合计				10,000.00	借	286,437.30
01	08	记-0006	支付广告费_202_05146130_2023.01.08	转账支票-051461	660106		2,000.00	借	284,437.30
01	08		本日合计				2,000.00	借	284,437.30
01	09	记-0007	综合部报销业务招待费_202_05146131_2023.	转账支票-051461	660206		848.00	借	283,589.30
01	09	记-0009	收到外商投资_2023.01.09		4001	68,972.00		借	352,561.30
01	09		本日合计			68,972.00	848.00	借	352,561.30
01			当前合计			68,972.00	12,848.00	借	352,561.30
01			当前累计			68,972.00	12,848.00	借	352,561.30

图 4-76 “银行日记账”窗口

工作提示

(1) 只有在“会计科目”功能中使用“指定科目”功能指定现金总账科目及银行总账科目，才能查询现金日记账及银行日记账。

(2) 现金及银行日记账既可以按日查询，也可以按月查询。

(3) 查询日记账时还可以查询包含未记账凭证的日记账。

(4) 在已打开的日记账页面，可以通过单击“过滤”按钮输入过滤条件，快速查询日记账的具体内容。

(5) 在已打开的日记账页面，可以通过单击“凭证”按钮，查询该条记录所对应的记账凭证。

(四) 银行对账

1. 录入银行对账期初数据

(1) 执行“出纳”→“银行对账”→“银行对账期初录入”命令，打开“银行科目选择”对话框，如图 4-77 所示。

(2) 选择“工行 6789(100201)”，单击“确定”按钮，打开“银行对账期初”窗口。

(3) 单击“方向”按钮，调整银行对账单的余额方向为“贷方”，如图 4-78 所示。

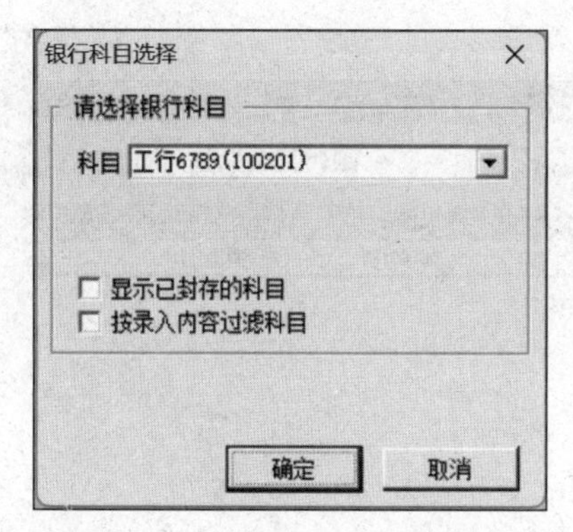

图 4-77　“银行科目选择”对话框

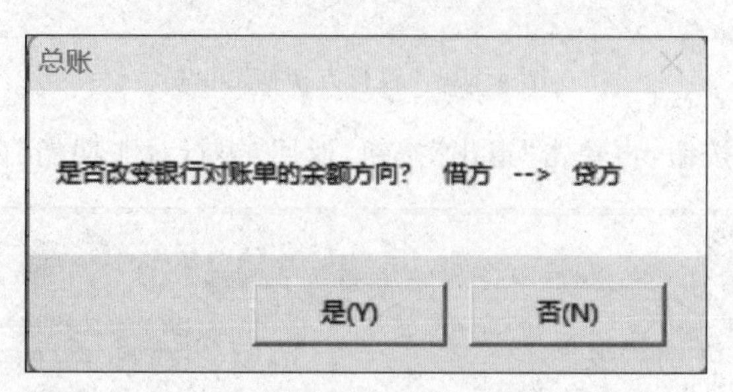

图 4-78　调整银行对账单余额方向

（4）在单位日记账的“调整前余额”栏录入“296 437.30”，在银行对账单的“调整前余额”栏录入“294 437.30”，如图 4-79 所示。

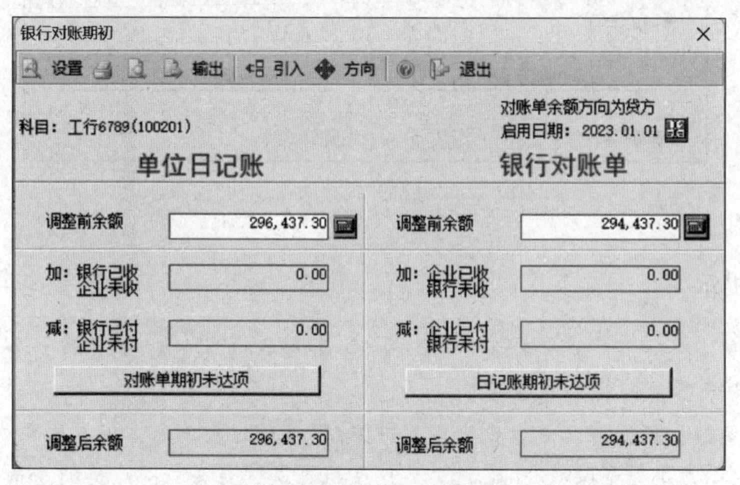

图 4-79　“银行对账期初”窗口

（5）单击“对账单期初未达项”按钮，打开“银行方期初”窗口。

（6）单击“增加”按钮，在“日期”栏录入或选择“2022.12.28”，在“结算方式”栏选择“202”转账支票，在“票号”栏录入“05146128”在“借方金额”栏录入“2 000”，如图 4-80 所示。

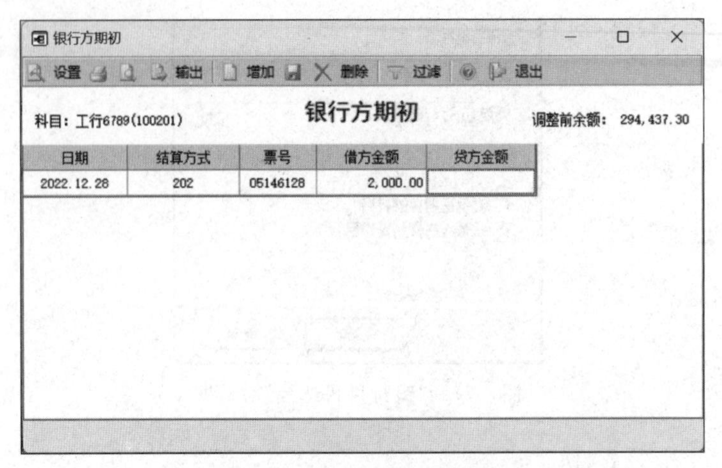

图 4-80 “银行方期初”窗口

(7) 单击“保存”按钮，再单击“退出”按钮，返回“银行对账期初”窗口，如图 4-81 所示。

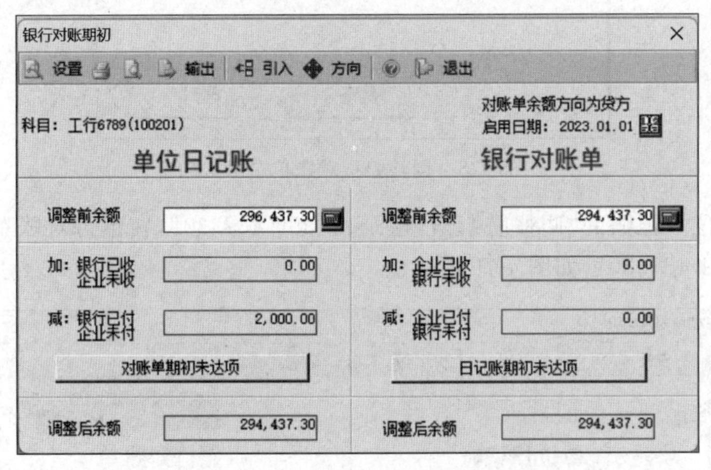

图 4-81 录入后的“银行对账期初”窗口

工作提示

(1) 在第一次使用“银行对账”功能时，应录入单位日记账及银行对账单的期初数据，包括期初余额及期初未达账项。

(2) 系统默认银行对账单余额方向为借方，即银行对账单中借方发生额为银行存款增加，贷方发生额为银行存款减少，通过“方向”按钮可以调整银行对账单的余额方向，如果把余额方向调整为贷方，则银行对账单中借方发生额为银行存款减少，而贷方发生额为银行存款增加。

2. 录入银行对账单

(1) 执行“出纳”→“银行对账”→“银行对账单”命令，打开“银行科目选择”对话框。

(2) 单击“确定”按钮,打开“银行对账单”窗口,如图 4-82 所示。

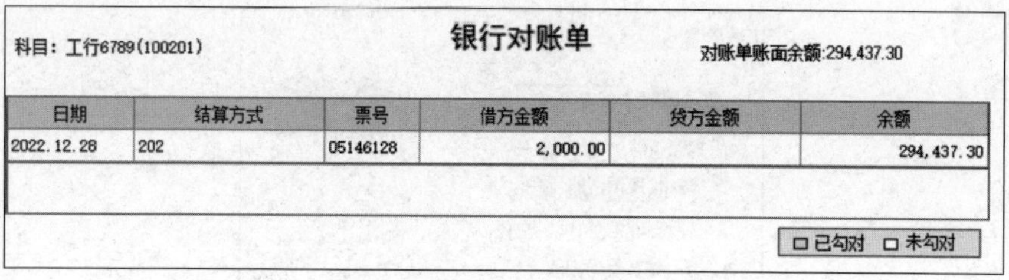

科目:工行6789(100201)

银行对账单

对账单账面余额:294,437.30

日期	结算方式	票号	借方金额	贷方金额	余额
2022.12.28	202	05146128	2,000.00		294,437.30

□已勾对 □未勾对

图 4-82 “银行对账单”窗口

(3) 单击“增加”按钮,在“日期”栏录入或选择“2023.01.04”,在“结算方式”栏选择“201”,在“票号”栏录入“01564312”,在“借方金额”栏录入“10 000”。

(4) 依次录入银行对账单其他记录,如图 4-83 所示。单击“保存”按钮,再单击“退出”按钮。

科目:工行6789(100201)

银行对账单

对账单账面余额:281,589.30

日期	结算方式	票号	借方金额	贷方金额	余额
2022.12.28	202	05146128	2,000.00		294,437.30
2023.01.04	201	01564312	10,000.00		284,437.30
2023.01.10	202	05146130	2,000.00		282,437.30
2023.01.10	202	05146131	848.00		281,589.30

202

□已勾对 □未勾对

图 4-83 “银行对账单”窗口(已完成全部录入)

工作提示

录入银行对账单时,其余额由系统根据“银行对账单期初”自动计算生成。

3. 银行对账

(1) 执行“出纳”→“银行对账”→“银行对账”命令,打开“银行科目选择”对话框,选择“100201(工行 6789)”。

(2) 单击“确定”按钮,进行银行对账,如图 4-84 所示。

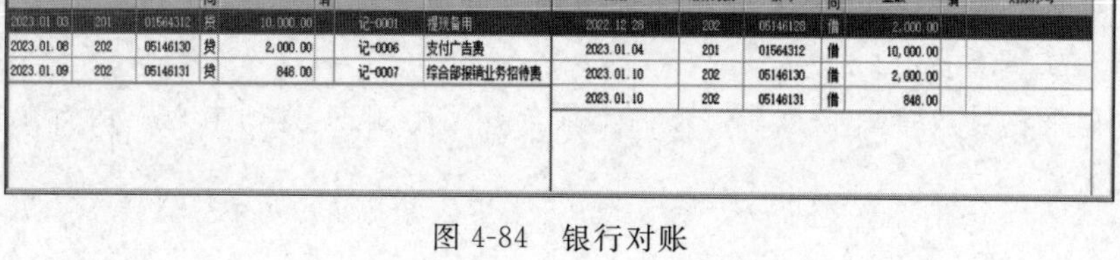

科目:100201(工行6789)

单位日记账

票据日期	结算方式	票号	方向	金额	两清	凭证号数	摘要
2023.01.03	201	01564312	贷	10,000.00		记-0001	提现备用
2023.01.08	202	05146130	贷	2,000.00		记-0006	支付广告费
2023.01.09	202	05146131	贷	848.00		记-0007	综合部报销业务招待费

银行对账单

日期	结算方式	票号	方向	金额	两清	对账序号
2022.12.28	202	05146128	借	2,000.00		
2023.01.04	201	01564312	借	10,000.00		
2023.01.10	202	05146130	借	2,000.00		
2023.01.10	202	05146131	借	848.00		

图 4-84 银行对账

(3) 单击“对账”按钮,打开“自动对账”对话框,如图 4-85 所示。

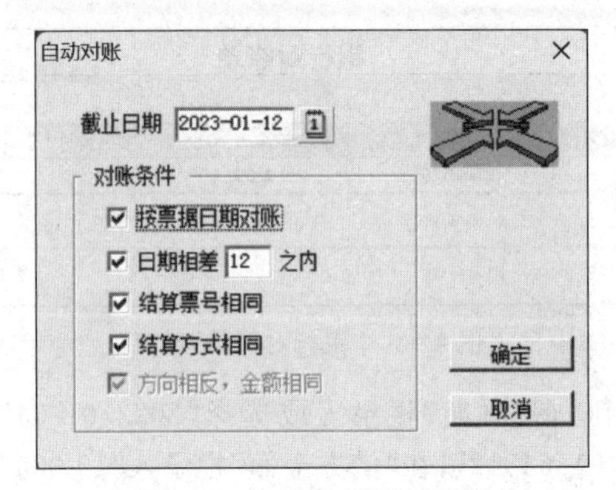

图 4-85 “自动对账”对话框

(4) 在“自动对账”对话框中单击“确定”按钮。

(5) 单击“对账”按钮,出现对账结果,如图 4-86 所示。

科目：100201(工行6789)

单位日记账

票据日期	结算方式	票号	方向	金额	两清	凭证号数	摘要
2023.01.03	201	01564312	贷	10,000.00	○	记-0001	提现备用
2023.01.08	202	05146130	贷	2,000.00	○	记-0006	支付广告费
2023.01.09	202	05146131	贷	848.00	○	记-0007	综合部报销业务招待费

银行对账单

日期	结算方式	票号	方向	金额	两清	对账序号
2022.12.28	202	05146128	借	2,000.00		
2023.01.04	201	01564312	借	10,000.00	○	2023072800001
2023.01.10	202	05146130	借	2,000.00	○	2023072800002
2023.01.10	202	05146131	借	848.00	○	2023072800003

图 4-86 对账结果

工作提示

(1) 如果在“银行对账期初”中默认银行对账单方向为“借方”,则对账条件为方向相同、金额相同的日记账与对账单。如果在“银行对账期初”中将银行对账单的余额方向修改成“贷方”,则对账条件为方向相反、金额相同的日记账与对账单。

(2) 银行对账包括自动对账和手工对账两种形式。自动对账是系统根据对账依据自动进行核对、勾销,自动对账两清的标志为“○”。手工对账是自动对账的一种补充,手工对账两清的标志为“Y”。

(3) 系统默认的自动对账的对账条件为“日期相差 12 天”“结算方式相同”“结算票号相同”,单击每项对账条件前的复选框可以取消相应的对账条件,即在对账时不考虑相应的对账条件。

(4) 在自动对账后,如果发现一些应勾对而未勾对的账项,可以分别双击“两清”栏,直接进行手工调整。

(5) 如果在对账单中有两笔以上的记录与日记账对应,则所有对应的对账单都应标上两清标记。

(6) 如果想取消对账,可以采用自动取消和手工取消两种方式。单击“取消”按钮可以自动取消所有的两清标记;如果手工取消,则可以双击要取消对账标记业务的“两清”栏,取消两清标记。

4. 查看银行存款余额调节表

(1) 执行“出纳”→“银行对账”→“余额调节表查询”命令,打开“银行存款余额调节表”窗口,如图 4-87 所示。

银行存款余额调节表

银行科目(账户)	对账截止日期	单位账账面余额	对账单账面余额	调整后存款余额
工行6789(100201)	2023.01.12	283,589.30	281,589.30	281,589.30
农行5321(100202)		10,000.00	0.00	10,000.00

图 4-87 “银行存款余额调节表”窗口(1)

(2) 单击“查看”按钮,进入“银行存款余额调节表”窗口,如图 4-88 所示。

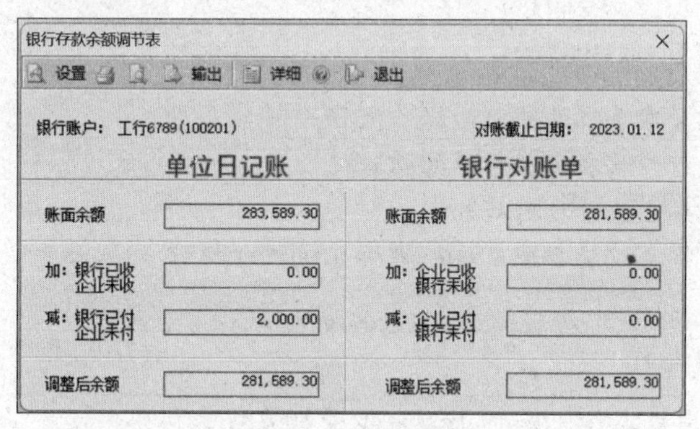

图 4-88 “银行存款余额调节表”窗口(2)

工作提示

(1) 银行存款余额调节表应显示账面余额平衡,如果不平衡应分别查看银行对账期初、银行对账单及银行对账结果是否正确。

(2) 在银行对账后,可以查询对账勾对情况,如果确认银行对账结果是正确的,可以使用“核销银行账”功能核销已达账。

将账套输出至“D:\888 账套备份\4-3”文件夹。

项目五

应收款管理系统

知识目标

1. 了解应收款管理系统的主要功能。
2. 熟悉应收款管理系统与其他子系统的关系。
3. 掌握应收款管理系统的期初数据录入、应收单据的处理。
4. 掌握应收款管理系统的制单处理、账表查询、期末处理方法。

能力目标

1. 熟悉应收款管理系统的功能和操作流程。
2. 能够熟练进行应收款管理系统的初始化设置。
3. 能够熟练完成应收单据的处理。
4. 能够熟练完成应收款管理系统的期末处理。

工作任务

根据业务资料完成工作任务,包括应收款管理系统的初始化设置、日常处理和期末处理等。

课程思政

在教学课程中探讨应收风险及其管理方法,学生应学习并了解应收风险的概念、类型和影响,了解和掌握一些应收款管理的方法和技巧,如建立客户信用评估体系、制定合理的应收政策、加强应收款项的跟踪和催收等。通过对风险管理的有效控制,能够更好地保障企业的利益和健康发展。通过实训教学环节,可培养学生勤奋学习和团结合作的精神,具备软件操作的规范性和发现问题的敏感性。

任务一 认识应收款管理系统

应收款管理系统主要用于核算和管理客户往来款项，即管理企业在日常经营管理中产生的各种应收款的数据信息，对应收款项进行核算与管理，有助于企业深入了解各种产品、各个地区、各个部门和各业务员的信息，可以使企业管理好应收款项，及时收回欠款，从而正常开展经营活动，还可以从不同的角度对应收款项进行分析、决策，使购销业务系统和财务系统有机联系起来。

▶一、应收款管理系统功能

根据对客户往来款项核算和管理的程度不同，系统提供两种应用方案。

（1）在总账系统核算客户往来款项。如果企业应收款业务比较简单或者现销业务很多，可以选择在总账系统通过辅助核算完成客户往来款项核算，不通过应收款管理系统核算。

（2）在应收款管理系统核算客户往来款项。如果企业的应收款核算管理比较复杂，可以启用应收款管理系统。所有客户往来凭证都由应收款管理系统根据原始业务生成，其他系统不再生成应收款凭证。

应收款管理系统的主要功能包括：根据输入的单据或由销售系统传递过来的单据记录应收款项的形成，处理应收项目的收款及转账业务，对应收票据进行记录和管理，在应收款管理系统处理过程中生成凭证，并向总账系统进行传递，提供各种调查信息并进行分析。

▶二、应收款管理系统的操作流程

应收款管理系统的操作主要包括初始化设置、日常业务处理、信息查询和期末处理。

（1）初始化设置。初始化设置包括系统参数设置、基础信息设置和期初数据录入。

（2）日常业务处理。日常业务处理主要是对应收款项业务的处理工作，主要包括应收单据处理、收款单处理、票据管理、转账处理和坏账处理等内容。

（3）信息查询。信息查询是指操作员在各种查询结果的基础上进行的各项统计分析。信息查询主要包括单据查询、凭证查询、账务查询等，统计分析一般包括欠款分析、账龄分析、收款预测分析等，便于企业及时发现问题，加强对往来款项的动态预警、监督与管理。

（4）期末处理。期末处理是指企业在月末进行的结账工作，如果当月业务处理完毕，就需执行月末结账处理，只有完成月末结账工作，才可以开始下个月的工作。

任务二 应收款管理系统初始化设置

▶一、任务目标

根据业务资料完成应收款管理系统参数设置、初始设置、期初余额录入及总账对账等工作。

二、准备工作

从“D:\888 账套备份\4-3”文件夹中引入[888]账套，系统已启用应收款管理系统。

三、任务清单

2023 年 1 月 1 日，以账套主管“W01 王东”身份登录企业应用平台，完成以下操作。

(1) 设置应收款管理系统参数。单据审核日期依据为“单据日期”，坏账处理方式为“应收余额百分比法”，勾选“自动计算现金折扣”，受控科目制单方式为“明细到单据”。

(2) 设置应收基本科目，如表 5-1 所示。

表 5-1　应收基本科目

科目种类	科　目	科目种类	科　目
应收科目	1122 应收账款	商业承兑科目	1121 应收票据
预收科目	2203 预收账款	银行承兑科目	1121 应收票据
税金科目	22210102 应交税费——应交增值税——销项税额	票据利息科目	6603 财务费用
现金折扣科目	6603 财务费用	票据费用科目	6603 财务费用
坏账入账科目	1231 坏账准备		

(3) 设置应收控制科目，如表 5-2 所示。

表 5-2　应收控制科目

客户编码	客户简称	应收科目	预收科目
01	合肥万方公司	1122	2203
02	合肥丰收公司	1122	2203
03	北京天益公司	1122	2203
03	北京鼎好公司	1122	2203

(4) 设置产品科目，如表 5-3 所示。

表 5-3　产品科目

类别编码	类别名称	销售收入科目	应交增值税科目	销售退回科目	税率
03	库存商品	6001	22210102	6001	13

(5) 设置结算方式科目，如表 5-4 所示。

表 5-4　结算方式科目

结 算 方 式	币　种	本单位账号	科　目
1 现金	人民币		1001
201 现金支票	人民币		100201
202 转账支票	人民币		100201

续表

结算方式	币 种	本单位账号	科 目
301 商业承兑汇票	人民币		100201
302 商业承兑汇票	人民币		100201
9 其他	人民币		100201

(6) 坏账准备。坏账提取比率为 0.5%，坏账准备期初余额为 237.3 元，坏账准备科目为“1231 坏账准备”，坏账准备对方科目为“6702 信用减值损失”。

(7) 录入期初余额，如表 5-5～表 5-7 所示。

表 5-5 应收账款期初余额

日 期	客 户	经济业务摘要	方向	金额
2022-12-15	北京天益公司	12 月 15 日，销售 4 台家用计算机，无税单价 4 200 元，销售专用发票票号 5678901	借	18 984
2022-12-16	合肥丰收公司	12 月 16 日，销售 6 台家用计算机，无税单价 4 200 元，销售专用发票票号 5678902	借	28 476

表 5-6 应收票据期初余额

日 期	客 户	经济业务摘要	方向	金额
2022-12-13	合肥万方公司	12 月 13 日，销售 10 台商用计算机，不含税单价 5 000 元，银行承兑汇票号 654123，票面利率 5%，到期日 2023 年 1 月 13 日，承兑行中国工商银行	借	56 500

表 5-7 预收账款期初余额

日 期	客 户	经济业务摘要	方向	金额
2022-12-29	北京鼎好公司	12 月 29 日，预收商用计算机 20 台货款，无税单价 5 000 元，转账支票号 0125678	贷	65 000

四、操作指导

（一）设置应收款管理系统参数

应收款管理系统初始化设置

(1) 以“W01 王东”身份登录企业应用平台，执行“业务工作”→“财务会计”→“应收款管理”命令，打开应收款管理系统。

(2) 在应收款管理系统中执行“设置”→“选项”命令，打开“账套参数设置”对话框，单击“编辑”按钮，系统弹出“选项修改需要重新登录才能生效”提示框，如图 5-1 所示。

(3) 单击“确定”按钮，返回“账套参数设置”对话框，选择“常规”选项卡，单击“单据审核日期依据”栏的下三角按钮，选择“单据日期”；单击“坏账处理方式”栏的下三角按钮，选

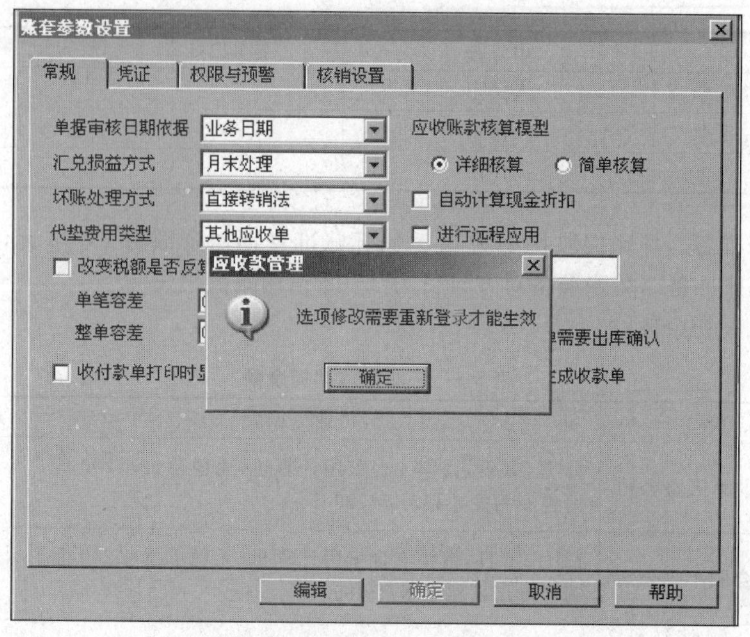

图 5-1 “选项修改需要重新登录才能生效”提示框

择“应收余额百分比法”;单击选中“自动计算现金折扣”复选框,如图 5-2 所示。

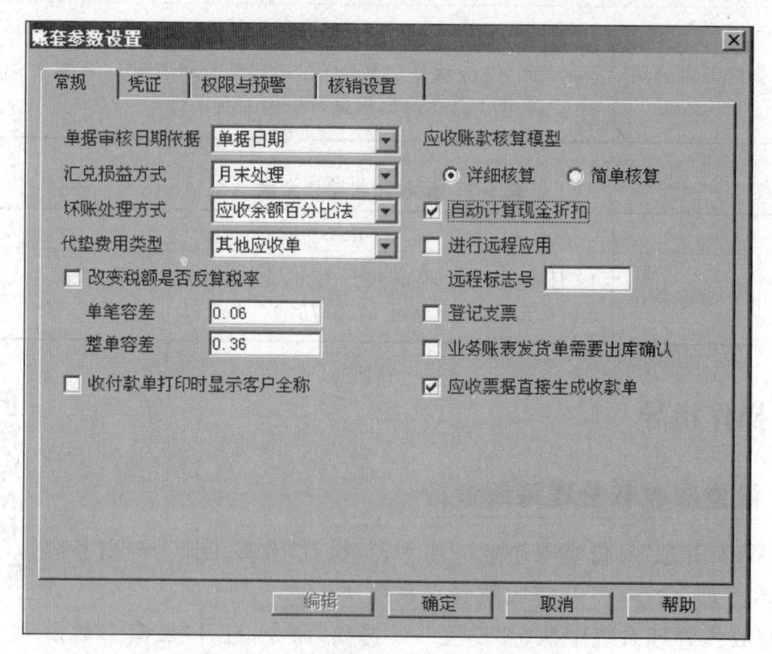

图 5-2 “账套参数设置-常规”选项卡

(4) 选择“凭证”选项卡,单击“受控科目制单方式”栏的下三角按钮,选择“明细到单据”,如图 5-3 所示。

(5) 完成上述操作后,单击“确定”按钮,保存退出。

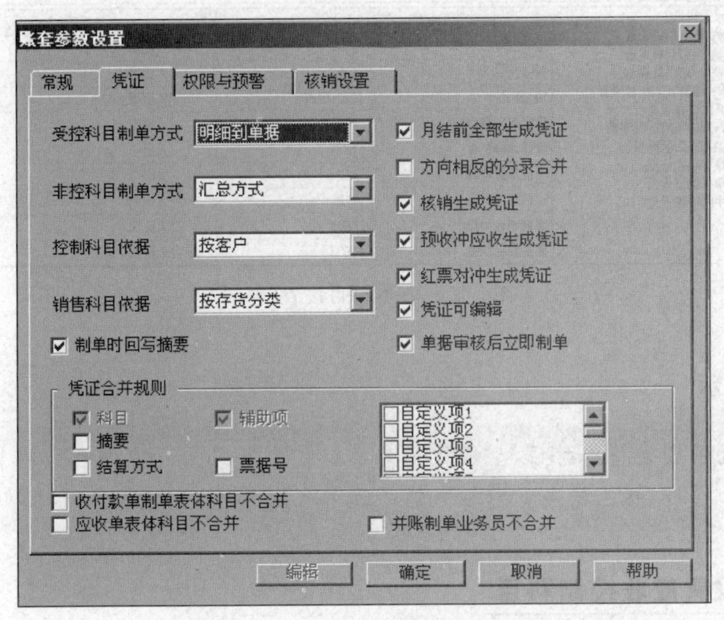

图 5-3　“账套参数设置-凭证”选项卡

（二）设置应收基本科目

（1）在应收款管理系统中执行“设置”→“初始设置”命令，打开“初始设置”对话框，如图 5-4 所示。

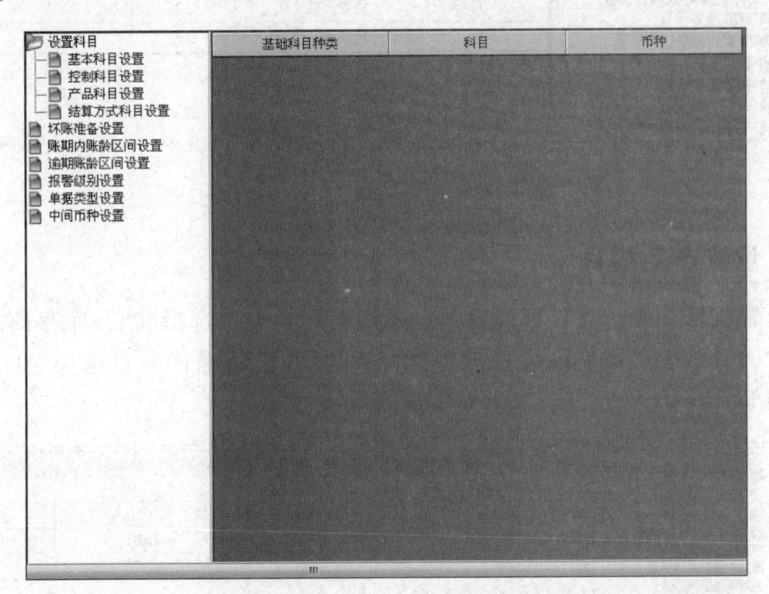

图 5-4　“初始设置”对话框

（2）选择“设置科目”→“基本科目设置”，单击“增加”按钮，在基本科目种类列表中选择“应收科目”，科目选择“1122”；同理增加其他应收基本科目，如图 5-5 所示。

基础科目种类	科目	币种
应收科目	1122	人民币
预收科目	2203	人民币
税金科目	22210102	人民币
现金折扣科目	6603	人民币
坏账入账科目	1231	人民币
商业承兑科目	1121	人民币
银行承兑科目	1121	人民币
票据利息科目	6603	人民币
票据费用科目	6603	人民币

图 5-5 “基本科目设置”窗口

工作提示

只有设置了应收基本科目，生成凭证时才能直接生成凭证中的会计科目，否则凭证中将没有会计科目，相应的会计科目只能手工录入。

（三）设置应收控制科目

选择“设置科目”→“控制科目设置”，单击“增加”按钮，在客户编码列表中选择“01”，应收科目选择“1122”，预收科目选择“2203”；同理增加其他应收控制科目，如图 5-6 所示。

客户编码	客户简称	应收科目	预收科目
01	合肥万方公司	1122	2203
02	合肥丰收公司	1122	2203
03	北京天益公司	1122	2203
04	北京鼎好公司	1122	2203

图 5-6 “控制科目设置”窗口

（四）设置产品科目

选择“设置科目”→“产品科目设置”，在类别编码列表中选择“03”，库存商品的销售收入科目选择“6001”，应交增值税科目选择“22210102”，销售退回科目选择“6001”，输入税率“13”，如图 5-7 所示。

类别编码	类别名称	销售收入科目	应交增值税科目	销售退回科目	税率
01	原材料				
02	周转材料				
03	库存商品	6001	22210102	6001	13
09	其他				

图 5-7 “产品科目设置”窗口

（五）设置结算方式科目

选择“设置科目”→“结算方式科目设置”，在结算方式列表中选择“1 现金”，币种选择“人民币”，科目选择“1001”，同理增加其他结算方式科目设置，如图 5-8 所示。

设置科目
基本科目设置
控制科目设置
产品科目设置
结算方式科目设置
坏账准备设置
账期内账龄区间设置
逾期账龄区间设置
报警级别设置
单据类型设置
中间币种设置

结算方式	币种	本单位账号	科目
1 现金	人民币		1001
201 现金支票	人民币		100201
202 转账支票	人民币		100201
301 商业承兑汇票	人民币		100201
302 银行承兑汇票	人民币		100201
9 其他	人民币		100201

图 5-8 “结算方式科目设置”窗口

（六）坏账准备

（1）在初始设置窗口中选择“坏账准备设置”，打开“坏账准备设置”窗口，分别输入提取比率“0.5”、坏账准备期初余额“237.3”、坏账准备科目“1231”、对方科目“6702”，如图 5-9 所示。

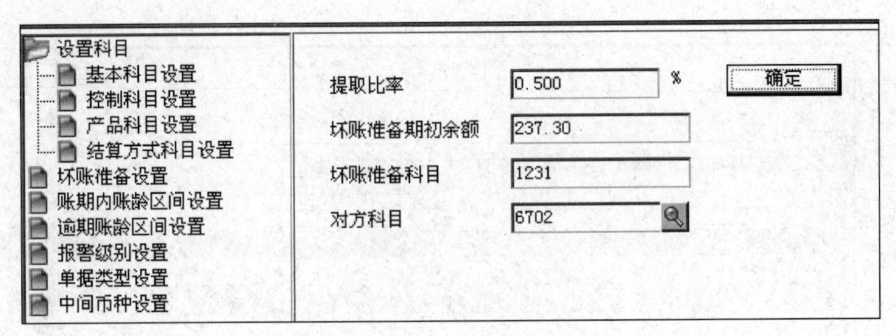

图 5-9 “坏账准备设置”窗口

（2）单击“确定”按钮，弹出“储存完毕”对话框。

（七）录入期初余额

1. 录入应收账款期初余额

（1）在应收款管理系统中执行“设置”→“期初余额”命令，打开“期初余额-查询”对话框，如图 5-10 所示。

（2）单击“确定”按钮，打开“期初余额明细表”窗口，单击“增加”按钮，打开“单据类别”对话框，如图 5-11 所示。

（3）选择单据名称“销售发票”、单据类型“销售专用发票”，然后单击“确定”按钮，打开“销售专用发票”窗口。

图 5-10 “期初余额-查询”对话框

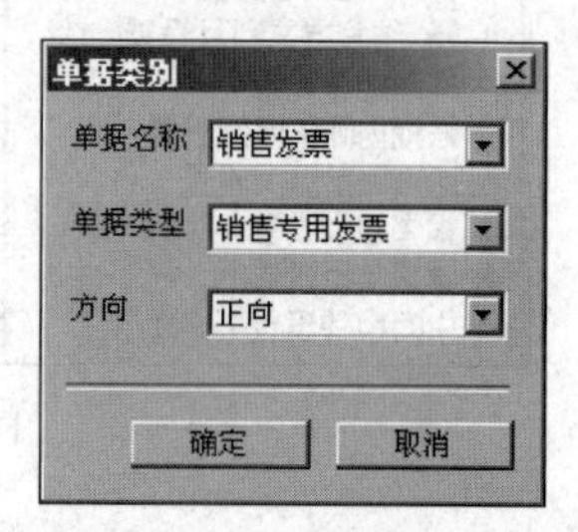

图 5-11 “单据类别”对话框(销售发票)

(4) 单击“增加”按钮，修改开票日期“2022-12-15”，录入发票号“5678901”，单击“客户名称-客户基本参照”按钮，选择“北京天益公司”，系统自动带入相关信息；在“税率”栏输入“13”，在“货物标号”栏选择“0202”，在“数量”栏录入“4”，在“无税单价”栏输入“4 200”，单击“保存”按钮，如图 5-12 所示。

销售专用发票

打印模版 期初专用发票打印

表体排序

开票日期 2022-12-15　发票号 5678901　订单号
客户名称 北京天益公司　客户地址 北京市海淀区中关村大街268号　电话
开户银行 中国工商银行北京中关村支行　银行账号 0123123409567849023　税号 110320104320012156
付款条件　税率(%) 13.00　科目 1122
币种 人民币　汇率 1　销售部门 销售部
业务员 韩乐乐　项目　备注

	货物编号	货物名称	规格型号	主计量单位	税率(%)	数量	无税单价	含税单价	税额	无税金额	价税合计	科目
1	0202	家用计算机		台	13.00	4.00	4200.00	4746.00	2184.00	16800.00	18984.00	1122
2												
3												
4												
5												
6												
7												
8												
9												
10												
11												
12												
13												
14												
15												
16												
17												
合计						4.00			2184.00	16800.00	18984.00	

制单人 王东　审核人 王东

图 5-12 第一张“销售专用发票”窗口

（5）按照上述步骤继续录入第二张销售专用发票，如图 5-13 所示。

销售专用发票

打印模版 期初专用发票打印模

表体排序

开票日期 2022-12-16	发票号 5678902	订单号
客户名称 合肥丰收公司	客户地址 合肥市经开区繁华大道118号	电话
开户银行 中国工商银行合肥繁华大道支行	银行账号 1300512309765432101	税号 913401223333056107
付款条件	税率(%) 13.00	科目 1122
币种 人民币	汇率 1	销售部门 销售部
业务员 韩乐乐	项目	备注

	货物编号	货物名称	规格型号	主计量单位	税率(%)	数量	无税单价	含税单价	税额	无税金额	价税合计	科目
1	0202	家用计算机		台	13.00	6.00	4200.00	4746.00	3276.00	25200.00	28476.00	1122
2												
3												
4												
5												
6												
7												
8												
9												
10												
11												
12												
13												
14												
15												
16												
17												
合计						6.00			3276.00	25200.00	28476.00	

制单人 王东　　审核人 王东

图 5-13　第二张“销售专用发票”窗口

2. 录入应收票据期初余额

（1）执行“设置”→“期初余额”命令，打开“期初余额-查询”窗口，单击“确定”按钮，打开“期初余额明细表”窗口，单击“增加”按钮，打开“单据类别”对话框。

（2）选择单据名称“应收票据”，单据类型“银行承兑汇票”，如图 5-14 所示。单击“确定”按钮，打开“期初票据”窗口。

图 5-14　“单据类别”对话框（应收票据）

(3) 单击“增加”按钮,录入票据编号“654123”,单击“开票单位”栏的“参照”按钮,选择“合肥万方公司”,系统自动带入相关信息,承兑银行选择“中国工商银行”,在“票据面值”栏输入金额“56 500”,在“面值利率”栏录入“5”,在“签发日期”和“收到日期”栏都选择“2022-12-13”,在“到期日”栏选择“2023-01-13”,在“摘要”栏输入“销售家用计算机”,如图 5-15 所示。

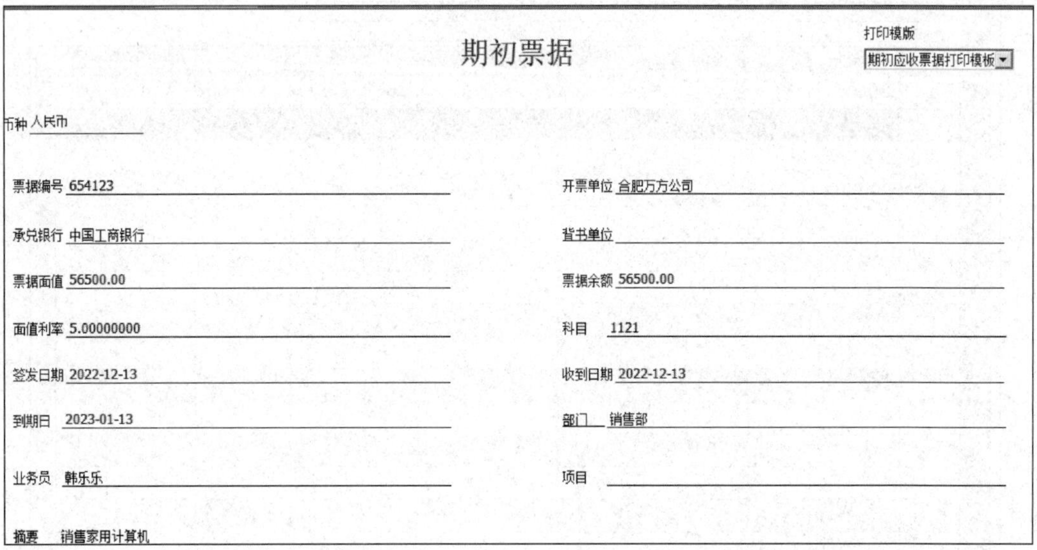

期初票据

打印模版 期初应收票据打印模板

币种 人民币

票据编号	654123	开票单位	合肥万方公司
承兑银行	中国工商银行	背书单位	
票据面值	56500.00	票据余额	56500.00
面值利率	5.00000000	科目	1121
签发日期	2022-12-13	收到日期	2022-12-13
到期日	2023-01-13	部门	销售部
业务员	韩乐乐	项目	
摘要	销售家用计算机		

图 5-15 “期初票据”窗口

(4) 单击“保存”按钮,关闭“期初票据”窗口。

3. 录入预收账款期初余额

(1) 在“期初余额明细表”窗口中单击“增加”按钮,打开“单据类别”对话框。

(2) 选择单据名称“预收款”,单据类型“收款单”,如图 5-16 所示。单击“确定”按钮,打开“收款单”窗口。

图 5-16 “单据类别”对话框(预收款)

(3) 日期修改为“2022-12-29”,单击“客户”栏的“参照”按钮,选择“北京鼎好公司”,系统自动带入相关信息,结算方式选择“转账支票”;在“本币金额”栏输入金额“65 000”,“票据号”栏输入“0125678”;在“摘要”栏输入“预收货款”,如图 5-17 所示。

(4) 单击“保存”按钮,关闭“收款单”窗口。

工作提示

录入预收款的单据类型仍然是“收款单”,但是款项类型为“预收款”。

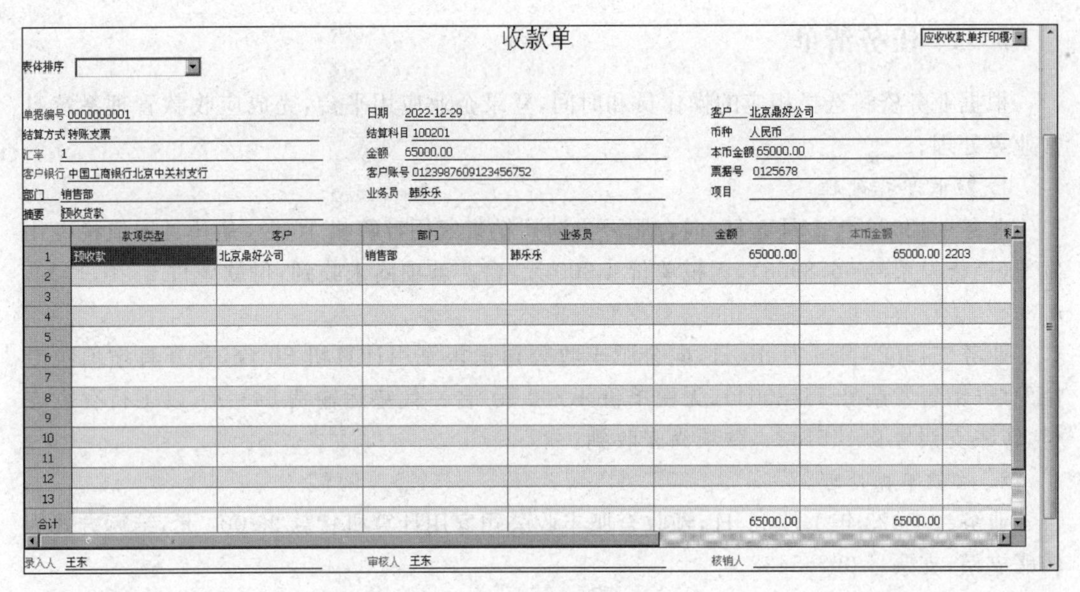

图 5-17 “收款单”窗口

4. 应收款管理系统与总账系统期初余额对账

(1) 执行“设置”→“期初余额”命令，打开“期初余额-查询”，单击“设置”按钮，打开“期初余额明细表”窗口，单击“对账”按钮，打开“期初对账”窗口，如图 5-18 所示。

简易桌面 | 期初余额 | 期初对账

科目		应收期初		总账期初		差额	
编号	名称	原币	本币	原币	本币	原币	本币
1121	应收票据	56,500.00	56,500.00	56,500.00	56,500.00	0.00	0.00
1122	应收账款	47,460.00	47,460.00	47,460.00	47,460.00	0.00	0.00
2203	预收账款	-65,000.00	-65,000.00	-65,000.00	-65,000.00	0.00	0.00
2204	合同负债	0.00	0.00	0.00	0.00	0.00	0.00
	合计		38,960.00		38,960.00		0.00

图 5-18 “期初对账”窗口

(2) 关闭“期初对账”窗口。

将账套输出至“D:\888 账套\5-1”文件夹。

任务三 应收款管理系统日常业务处理

▶一、任务目标

根据业务资料完成应收款管理系统日常业务处理。

▶二、准备工作

从“D:\888 账套\5-1”文件夹引入[888]账套。

三、任务清单

根据业务资料选择相应的操作员和时间，登录企业应用平台，完成应收款管理系统日常业务处理。

1. 应收单据处理

业务一：2023 年 1 月 9 日，向合肥万方公司销售家用计算机 10 台，并开具增值税专用发票(销售发票号 5678903)，无税单价 4 200 元/台。款项尚未收到，付款条件 2/10，1/20，*n*/30。

业务二：2023 年 1 月 10 日，向合肥丰收公司销售家用计算机 20 台，并开具增值税专用发票(销售发票号 5678904)，无税单价 4 200 元/台。代垫运输费 545 元，以工行存款支付，转账支票号 05146132。款项尚未收到。

2. 收款单据处理

业务一：2023 年 1 月 11 日，预收合肥丰收公司家用计算机货款 20 000 元，结算方式为转账支票，支票号 09765432。

业务二：2023 年 1 月 12 日，收到合肥万方公司前欠货款 46 620 元，结算方式为转账支票，支票号 08124567。

3. 票据管理

业务一：2023 年 1 月 13 日，票号 654123 的银行承兑汇票到期，面值 56 500 元，进行计息、结算，款项存入工行。

业务二：2023 年 1 月 13 日，销售给北京天益公司商用计算机 20 台，并开具增值税专用发票(销售发票号 5678905)，无税单价 5 000 元/台。收到商业承兑汇票一张，票面金额 113 000 元，票据编号 132678，到期日 2023 年 2 月 13 日，不带息。

业务三：2023 年 1 月 17 日，将收到的北京天益公司的商业承兑汇票(票据编号 132678)向开户行贴现，贴现率为 6%。

4. 转账处理

业务一：2023 年 1 月 18 日，销售给合肥丰收公司的 1 台家用计算机存在质量问题，经双方协商作退货处理，开具红字增值税专业用发票，销售发票号 5678906。

业务二：2023 年 1 月 18 日，对冲合肥丰收公司的红票。

业务三：2023 年 1 月 19 日，将预收合肥丰收公司的 20 000 元冲应收款。

业务四：2023 年 1 月 19 日，将应收北京天益公司的 18 984 元转让给北京鼎好公司。

5. 坏账处理

业务一：2023 年 1 月 20 日，确认 1 月 10 日为合肥丰收公司代垫运输费 545 元，作坏账处理。

业务二：2023 年 1 月 31 日，收到合肥丰收公司以转账支票支付的运费 545 元，支票号 12365401。

业务三：2023 年 1 月 31 日，计提坏账准备。

四、操作指导

应收单据处理

（一）应收单据处理

业务一：2023 年 1 月 9 日，向合肥万方公司销售家用计算机 10 台，并开具增值税专用发票（销售发票号 5678903），无税单价 4 200 元/台。款项尚未收到，付款条件 2/10，1/20，n/30。

（1）以“W02 张伟”身份登录企业应用平台，执行“业务工作”→“财务会计”→“应收款管理”命令，打开应收款管理系统。

（2）在应收款管理系统中执行“应收单据处理”→“应收单录入”命令，打开“单据类别”对话框，单据名称选择“销售发票”，单据类型选择“销售专用发票”，方向选择“正向”，单击“确定”按钮，打开“销售专用发票”窗口，如图 5-19 所示。

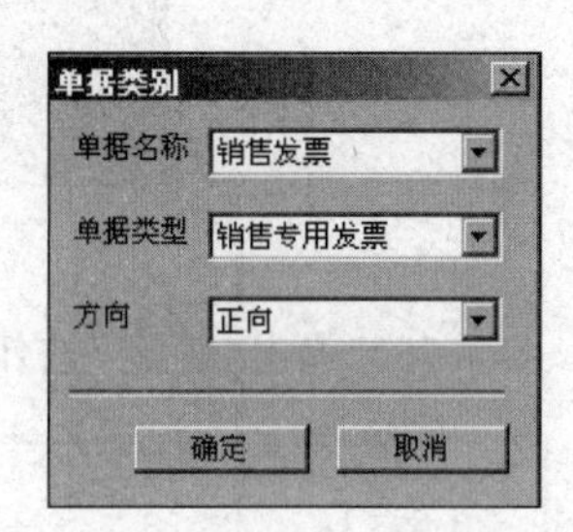

图 5-19　“单据类别”对话框（销售专用发票）

（3）单击“增加”按钮，录入发票号“5678903”，日期修改为“2023-01-09”，单击“客户简称”栏的“参照”按钮，选择“合肥万方公司”，系统自动带出客户相关信息，付款条件选择“01”，在“税率”栏输入“13”，在“存货编码”栏选择“0202”，在“数量”栏录入“10”，在“无税单价”栏输入“4 200”，单击“保存”按钮，如图 5-20 所示。

销售专用发票

打印模版　销售专用发票打印模

表体排序

发票号　5678903　　开票日期　2023-01-09　　业务类型
订单号　　发货单号
客户简称　合肥万方公司　　销售部门　销售部　　业务员　韩乐乐
付款条件　2/10,1/20,n/30　　客户地址　合肥市蜀山区文曲路168号　　联系电话
开户银行　中国银行合肥望江西路支行　　账号　23456789100089　　税号　91340111122222034521
币种　人民币　　汇率　1　　税率　13.00
备注

	存货编码	存货名称	规格型号	主计量	数量	报价	含税单价	无税单价	无税金额	税额	价税合计	税率（%）	折扣额	扣率（%）	扣率2（%）	客户最低售价
1	0202	家用计算机		台	10.00	0.00	4746.00	4200.00	42000.00	5460.00	47460.00	13.00	0.00	100.00	100.00	0.00
2																
3																
4																
5																
6																
7																
8																
9																
10																
11																
12																
13																
14																
15																
16																
17																
合计					10.00				42000.00	5460.00	47460.00		0.00			

单位名称　合肥鹏飞科技有限公司　　本单位税号　　本单位开户银行　国工商银行合肥高新区支行
制单人　张伟　　复核人　张伟　　银行账号　1300123409123456709

图 5-20　“销售专用发票”窗口

(4) 单击“审核”按钮,系统弹出提示“是否立即制单”。

(5) 单击“是”按钮,系统弹出“生成凭证”窗口,修改科目主营业务收入(6001)的项目辅助项“2”(家用计算机),如图 5-21 所示。

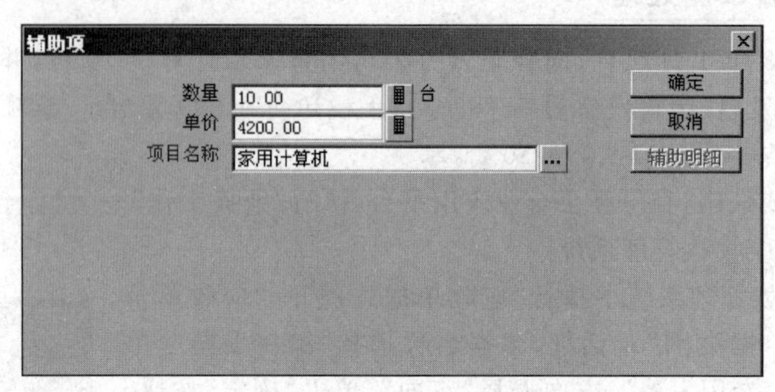

图 5-21 主营业务收入(6001)的项目辅助项

(6) 单击“确定”按钮,再单击“保存”按钮,系统提示“已生成”,如图 5-22 所示。

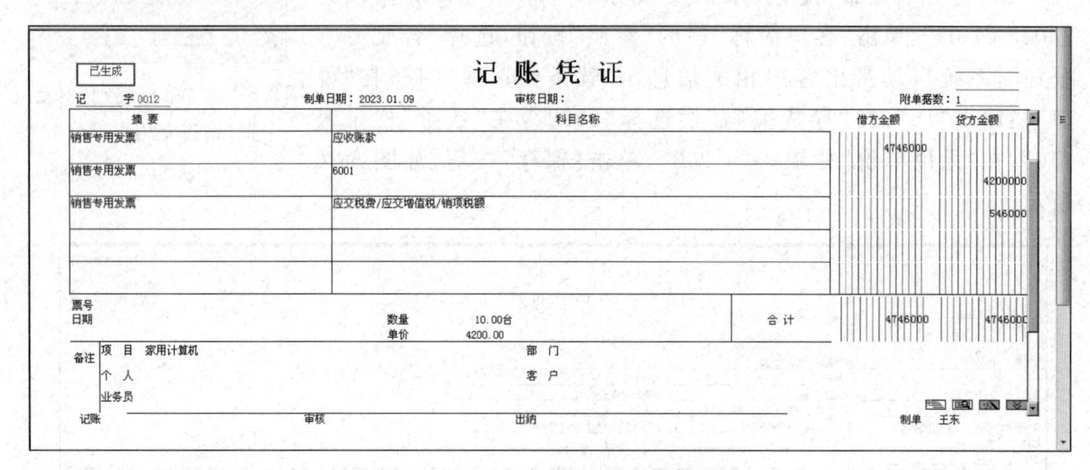

图 5-22 已生成的记 0012 号凭证

工作提示

(1) 已审核的单据不能修改和删除,已生成的记账凭证或已经进行核销的单据在单据界面不再显示。

(2) 录入销售发票后可以直接进行审核,直接审核后系统会提示“是否立即制单”,此时可以直接制单。如果录入销售发票后不直接审核,可以在审核功能中审核,再到制单功能中制单。

(3) 已审核的单据在未进行其他处理之前,应取消审核后再修改。

业务二:2023 年 1 月 10 日,向合肥丰收公司销售家用计算机 20 台,并开具增值税专用发票(销售发票号 5678904),无税单价 4 200 元/台。代垫运输费 545 元,以工行存款支付，转账支票号 05146132。款项尚未收到。

(1) 以“W02 张伟”身份继续在应收款管理系统中执行“应收单据处理”→“应收单据录入”命令，打开“单据类别”对话框，单据名称选择“销售发票”，单据类型选择“销售专用发票”，方向选择“正向”，单击“确定”按钮，打开“销售专用发票”，单击“增加”按钮。

(2) 录入发票号“5678904”，日期修改为“2023-01-10”，单击“客户简称”栏的“参照”按钮，选择“合肥丰收公司”，系统自动带出客户相关信息，在“税率”栏输入“13”，在“存货编码”栏选择“0202”，在“数量”栏录入“20”，在“无税单价”栏输入“4 200”，单击“保存”按钮，如图 5-23 所示。

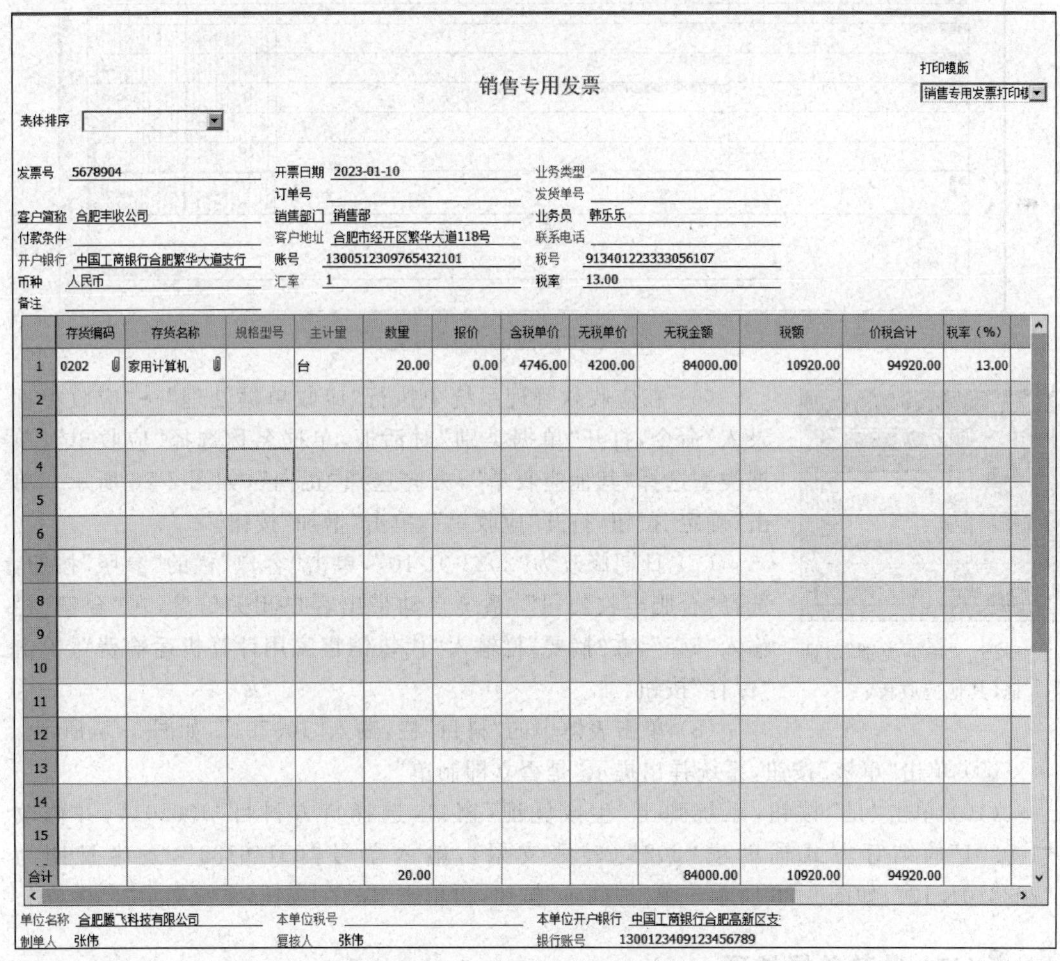

图 5-23 “销售专用发票”窗口

(3) 单击“审核”按钮，系统弹出提示“是否立即制单”。

(4) 单击“是”按钮，系统弹出“生成凭证”窗口，修改科目主营业务收入(6001)的项目辅助项“2”(家用计算机)，如图 5-24 所示。

(5) 单击“确定”按钮，再单击“保存”按钮，系统提示“已生成”，如图 5-25 所示。

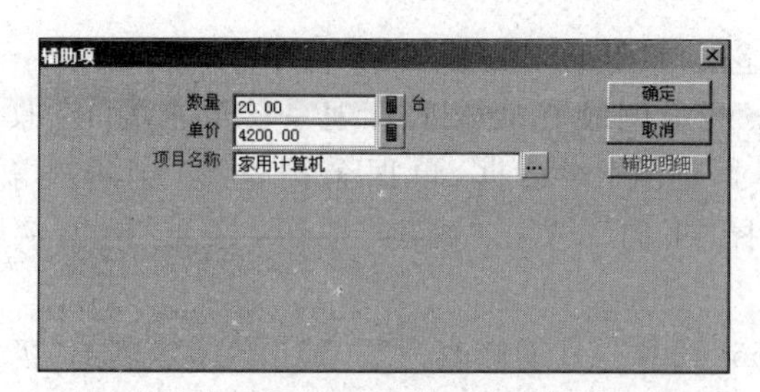

图 5-24　主营业务收入(6001)的项目辅助项

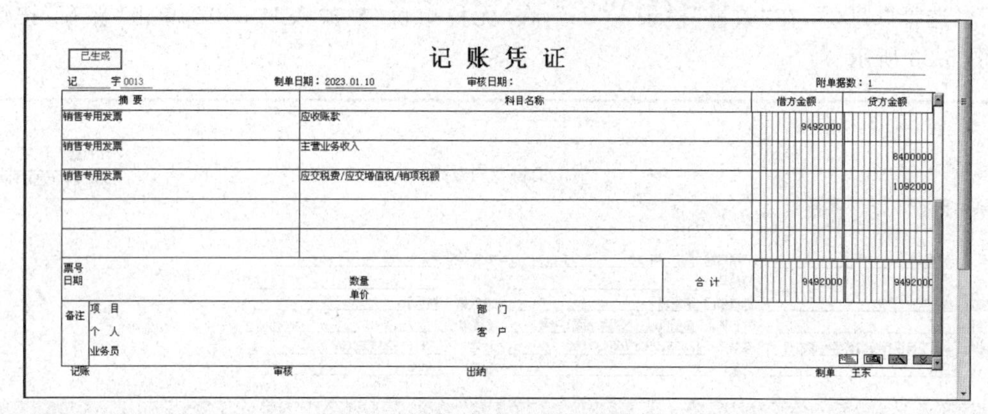
已生成

记 账 凭 证

记　字 0013　制单日期：2023.01.10　审核日期：　附单据数：1

摘要	科目名称	借方金额	贷方金额
销售专用发票	应收账款	9492000	
销售专用发票	主营业务收入		8400000
销售专用发票	应交税费/应交增值税/销项税额		1092000
票号 日期	数量 单价	合计 9492000	9492000

备注　项目　部门
个人　客户
业务员

记账　审核　出纳　制单 王东

图 5-25　已生成的记 0013 号凭证

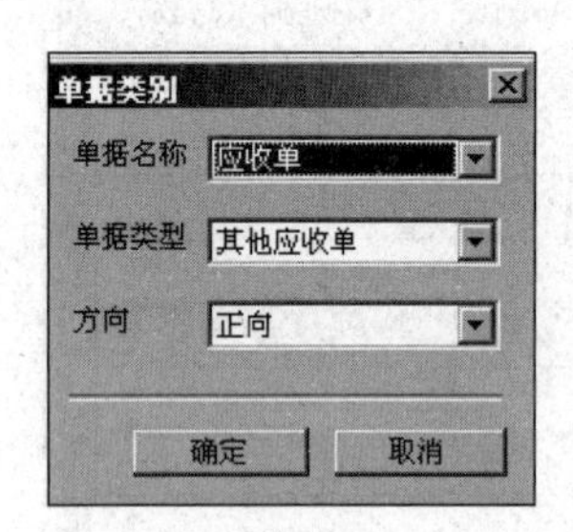

图 5-26　“单据类别”对话框(其他应收单)

(6) 在应收款管理系统中执行“应收单据处理”→“应收单据录入”命令，打开“单据类别”对话框，单据名称选择“应收单”，单据类型选择“其他应收单”，方向选择“正向”，如图 5-26 所示。单击“确定”按钮，打开“应收单”，单击“增加”按钮。

(7) 日期修改为“2023-01-10”，单击“客户”栏的“参照”按钮，选择“合肥丰收公司”，系统自动带出客户相关信息，在“金额”栏输入“545”，在“摘要”栏输入“代垫销售家用计算机运输费”，单击“保存”按钮。

(8) 单击表体中的“科目”栏，输入“100201”，如图 5-27 所示。

(9) 单击“审核”按钮，系统弹出提示“是否立即制单”。

(10) 单击“是”按钮，系统弹出“生成凭证”窗口，选择贷方科目“100201”，并修改“100201”的结算方式辅助项“202”(转账支票)，输入票号“05146132”，发生日期为“2023.01.10”，如图 5-28 所示。单击“确定”按钮，再单击“保存”按钮，系统提示“已生成”。

(二) 收款单据处理

业务一：2023 年 1 月 11 日，预收合肥丰收公司销售家用计算机货款 20 000 元，结算方式为转账支票，支票号 09765432。

收款单据处理

(1) 以“W03 王慧”身份在应收款管理系统中执行“收款单据处理”→“收款单据录入”命令，打开“收付款单录入-收款单”对话框，单击“增加”按钮。

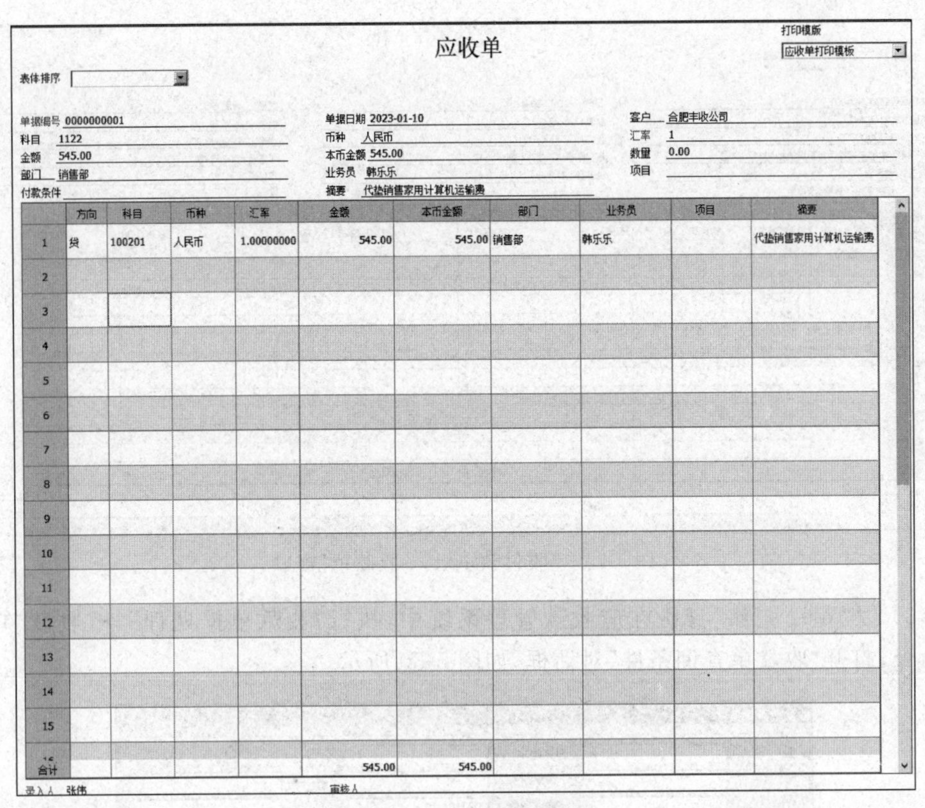

图 5-27 “应收单”窗口

已生成

记 账 凭 证

记 字 0014 制单日期：2023.01.10 审核日期： 附单据数：1

摘 要	科目名称	借方金额	贷方金额
代垫销售家用计算机运输费	应收账款	54500	
代垫销售家用计算机运输费	100201		54500
票号 202 - 05146132 日期 2023.01.10 数量 单价	合 计	54500	54500

备注 项 目 部 门

个 人 客 户

业务员

记账 审核 出纳 制单 张伟

图 5-28 已生成的记 0014 号凭证

（2）日期修改为“2023-01-11”，单击“客户”栏的“参照”按钮，选择“合肥丰收公司”，系统自动带出客户相关信息，单击“结算方式”栏选择“转账支票”，在“金额”栏输入“20 000”，在“票据号”栏输入“09765432”，在“摘要”栏输入“预收家用计算机合同款”，单击表格体中“款项类型”的“参照”按钮，选择“预收款”，如图 5-29 所示，单击“保存”按钮。

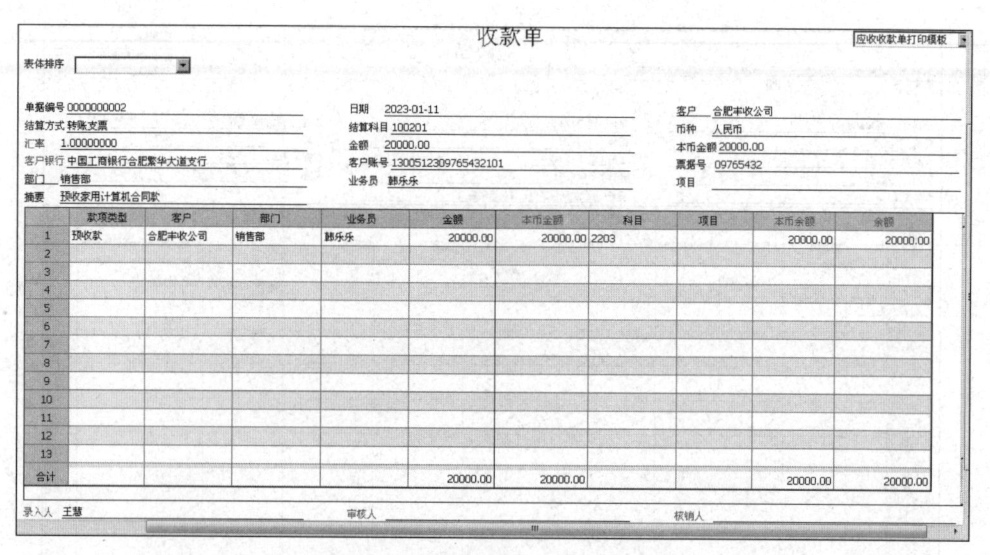

图 5-29 “收付款单录入-收款单”窗口

(3) 以“W02 张伟”身份在应收款管理系统中，执行“收款单据处理”→“收款单据审核”命令，打开“收款单查询条件”对话框，如图 5-30 所示。

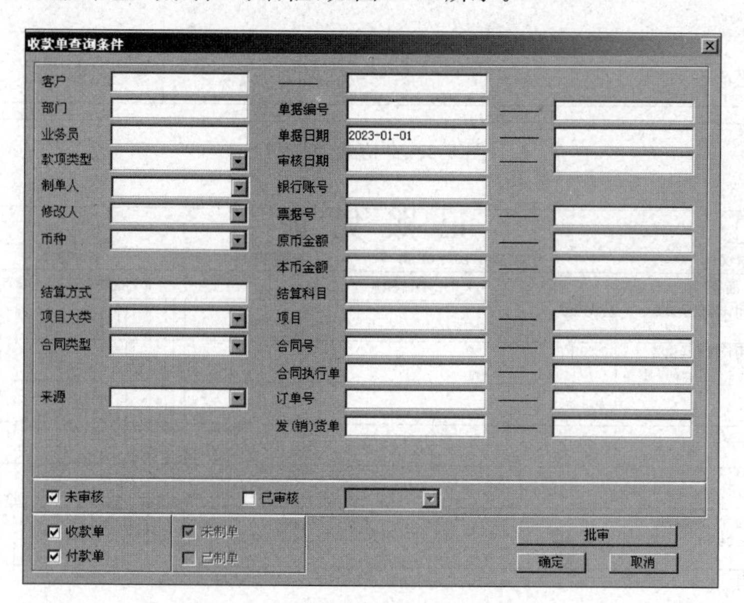

图 5-30 “收款单查询条件”对话框

(4) 单击“确定”按钮，打开“收付款单列表”窗口，可单击“全选”按钮或双击选择下一行空格，如图 5-31 所示。

收付款单列表

记录总数：1

选择	审核人	单据日期	单据类型	单据编号	客户名称	部门	业务员	结算方式	票据号	币种	汇率	原币金额	本币金额	备注
Y		2023-01-11	收款单	0000000002	合肥丰收公司	销售部	韩乐乐	转账支票		人民币	1.0000...	20,000.00	20,000.00	预收家用计算机合同款
合计												20,000.00	20,000.00	

图 5-31 “收付款单列表”窗口

(5) 单击“审核”按钮，系统弹出提示“本次审核成功单据[1]张”，单击“确定”按钮，如图 5-32 所示。

(6) 以“W02 张伟”身份在应收款管理系统中，执行“制单处理”命令，打开“制单查询”对话框，选择“收付款单制单”复选框，如图 5-33 所示。

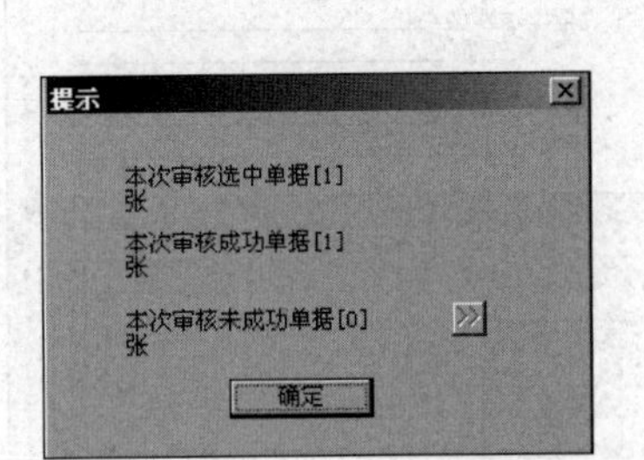

图 5-32 审核成功提示框

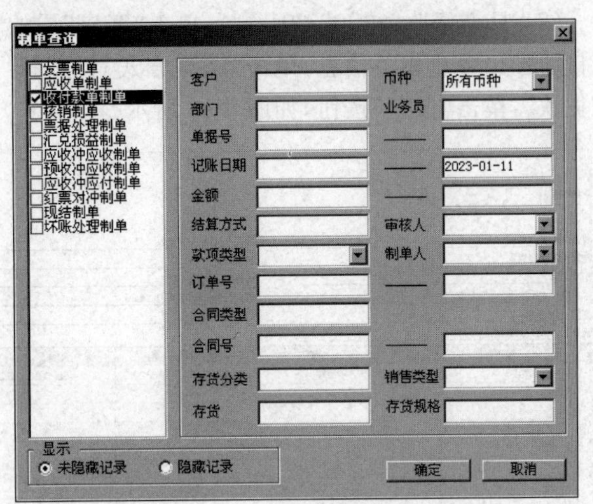

图 5-33 “制单查询”对话框

(7) 单击“确定”按钮，打开“收付款单制单”窗口，单击“全选”按钮，如图 5-34 所示。

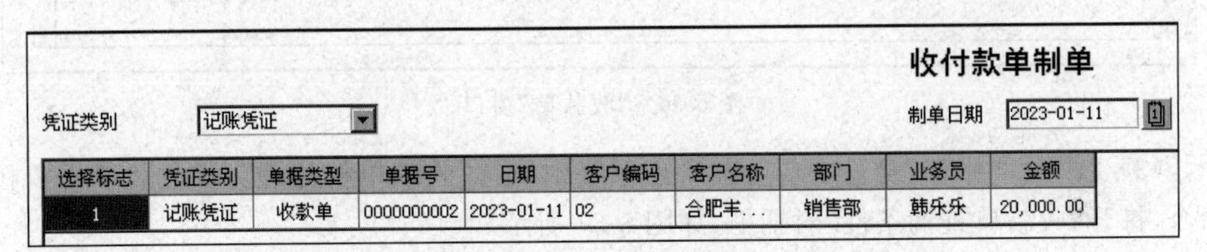

收付款单制单

凭证类别 记账凭证　　制单日期 2023-01-11

选择标志	凭证类别	单据类型	单据号	日期	客户编码	客户名称	部门	业务员	金额
1	记账凭证	收款单	0000000002	2023-01-11	02	合肥丰...	销售部	韩乐乐	20,000.00

图 5-34 “收付款单制单”窗口

(8) 单击“制单”按钮，再单击“保存”按钮，生成记账凭证，如图 5-35 所示。

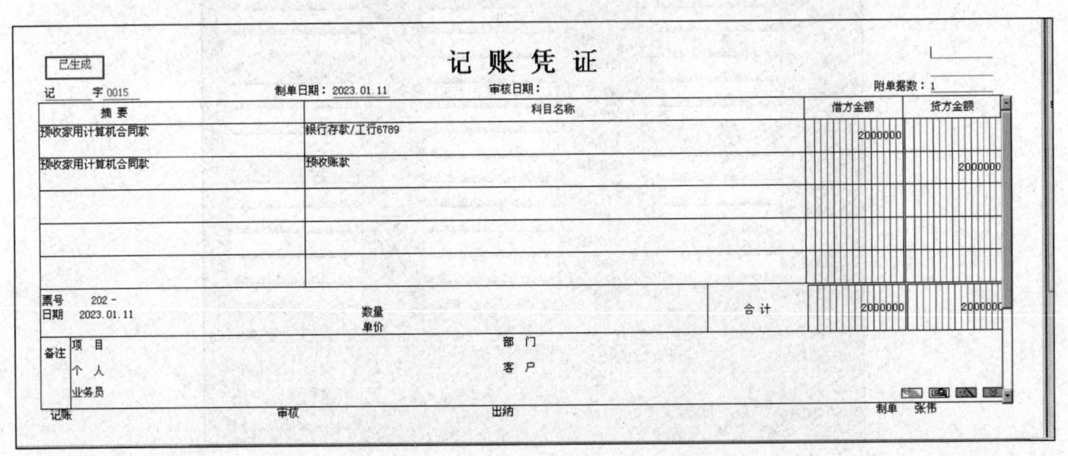

已生成

记账凭证

记 字 0015　　制单日期：2023.01.11　　审核日期：　　附单据数：1

摘要	科目名称	借方金额	贷方金额
预收家用计算机合同款	银行存款/工行6789	2000000	
预收家用计算机合同款	预收账款		2000000
票号 202 - 日期 2023.01.11	数量 单价　　合计	2000000	2000000

备注　项目　　部门
个人　　客户
业务员

记账　　审核　　出纳　　制单 张伟

图 5-35 已生成的记 0015 号凭证

业务二：2023 年 1 月 12 日，收到合肥万方公司前欠货款 46 620 元，结算方式为转账支票，支票号 08124567。

(1) 以“W03 王慧”身份在应收款管理系统中执行“收款单据处理”→“收款单据录入”命令，打开“收付款单录入-收款单”对话框，单击“增加”按钮。

(2) 日期修改为“2023-01-12”，单击“客户”栏的“参照”按钮，选择“合肥万方公司”，系统自动带出客户相关信息，单击“结算方式”栏选择“转账支票”，在“摘要”栏输入“收到前欠货款”，单击“保存”按钮，如图 5-36 所示。

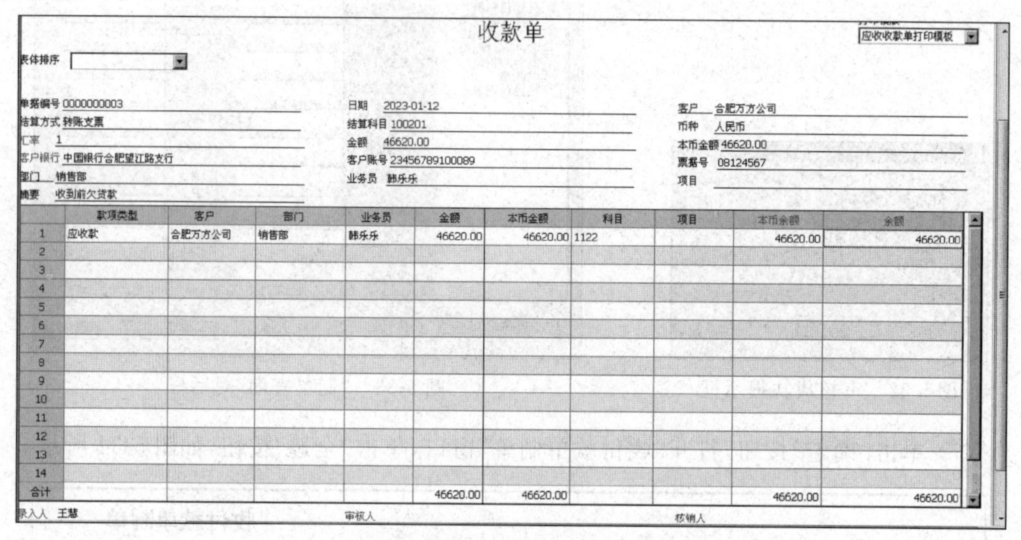

图 5-36 “收款单”窗口

(3) 以“W02 张伟”身份在应收款管理系统中执行“收款单据处理”→“收款单据审核”命令，打开“收款单查询条件”对话框，如图 5-37 所示。

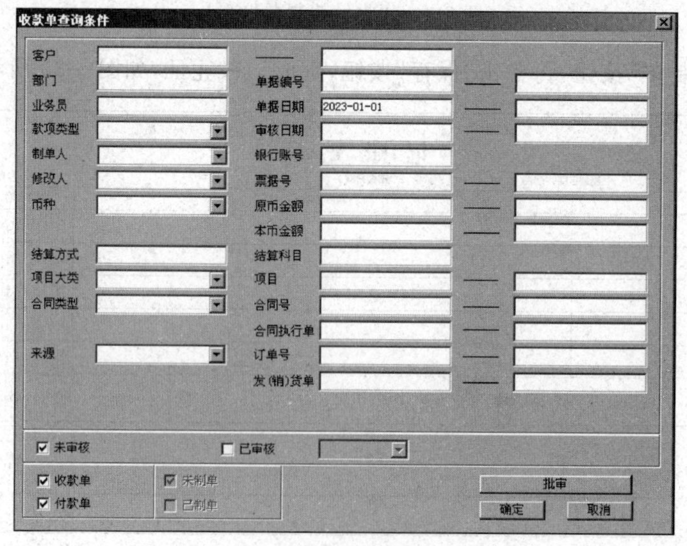

图 5-37 “收款单查询条件”对话框

(4) 单击“确定”按钮，打开“收付款单列表”窗口，可单击“全选”按钮或双击选择下一行空格，如图 5-38 所示。

收付款单列表

记录总数：1

选择	审核人	单据日期	单据类型	单据编号	客户名称	部门	业务员	结算方式	票据号	币种	汇率	原币金额	本币金额	备注
Y	张伟	2023-01-12	收款单	0000000003	合肥万方公司	销售部	韩乐乐	转账支票	0812...	人民币	1.0000..	46,620.00	46,620.00	收到前欠货款
合计												46,620.00	46,620.00	

图 5-38 “收付款单列表”窗口

(5) 单击“审核”按钮，系统弹出提示“本次审核成功单据[1]张”，如图 5-39 所示，单击“确定”按钮。

(6) 以“W02 张伟”身份在应收款管理系统中执行“核销处理”→“手工核销”命令，打开“核销条件”对话框。

(7) 单击“客户”栏的“参照”按钮，选择“01-合肥万方公司”，如图 5-40 所示。

(8) 单击“确定”按钮，打开“单据核销”窗口，窗口中上半部分收款单的款项类型选择“应收款”，在“本次结算金额”栏录入数据“46 620”，在下半部分“本次折扣”栏输入“840”，在“本次结算金额”栏录入数据“46 620”，如图 5-41 所示，单击“保存”按钮。

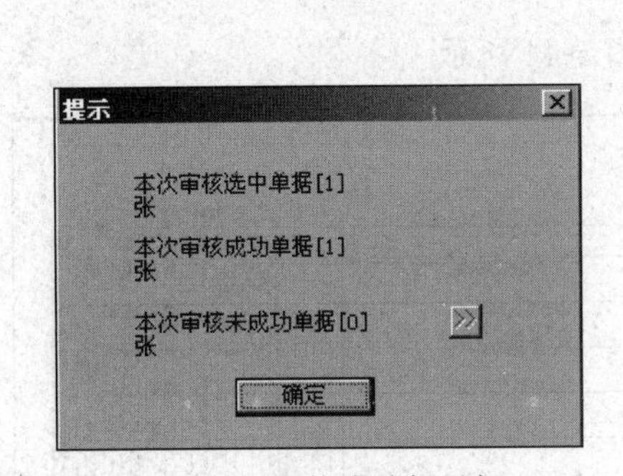

图 5-39 审核成功提示框

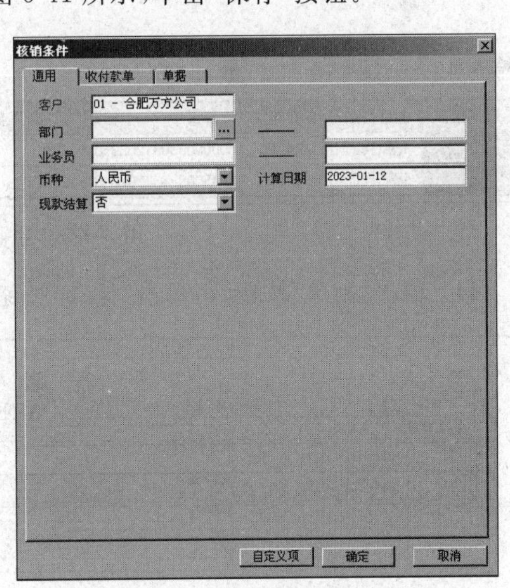

图 5-40 “核销条件”对话框

单据日期	单据类型	单据编号	客户	款项类型	结算方式	币种	汇率	原币金额	原币余额	本次结算金额	订单号
2023-01-12	收款单	0000000003	合肥万方公司	应收款	转账支票	人民币	1.00000000	46,620.00	46,620.00	46,620.00	
合计								46,620.00	46,620.00	46,620.00	

单据日期	单据类型	单据编号	到期日	客户	币种	原币金额	原币余额	可享受折扣	本次折扣	本次结算	订单号	凭证号
2023-01-09	销售专...	5678903	2023-02-08	合肥万方公司	人民币	47,460.00	47,460.00	949.20	840.00	46,620.00		记-0012
合计						47,460.00	47,460.00	949.20	840.00	46,620.00		

图 5-41 “单据核销”窗口

(9) 以“W02 张伟”身份在应收款管理系统中执行“制单处理”命令，打开“制单查询”对话框，选择“收付款单制单”和“核销制单”复选框，如图 5-42 所示。

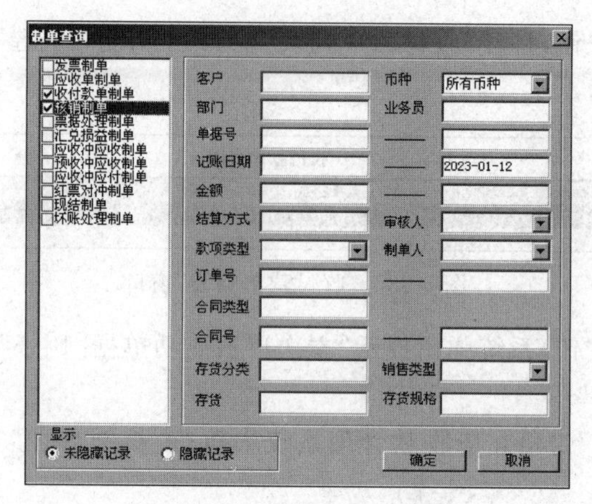

图 5-42 “制单查询”对话框

(10) 单击“确定”按钮，打开“应收制单”窗口，单击“全选”按钮，单击“合并”按钮，如图 5-43 所示。

应收制单

凭证类别 记账凭证　　制单日期 2023-01-12

选择标志	凭证类别	单据类型	单据号	日期	客户编码	客户名称	部门	业务员	金额
1	记账凭证	收款单	0000000003	2023-01-12	01	合肥万方公司	销售部	韩乐乐	46,620.00
1	记账凭证	核销	ZKAR000...	2023-01-12	01	合肥万方公司	销售部	韩乐乐	47,460.00

图 5-43 “应收制单”窗口

(11) 单击“制单”按钮，再单击“保存”按钮，如图 5-44 所示。

已生成

记账凭证

记 字 0016　　制单日期：2023.01.12　　审核日期：　　附单据数：2

摘要	科目名称	借方金额	贷方金额
收到前欠货款	银行存款/工行6789	4662000	
现金折扣	财务费用	84000	
销售专用发票	应收账款		4746000
票号 202 - 08124567 日期 2023.01.12	数量 单价	合计 4746000	4746000

备注　项目　部门
个人　客户
业务员

记账　审核　出纳　制单 张伟

图 5-44 已生成的记 0016 号凭证

（三）票据管理

业务一：2023 年 1 月 13 日，票号 654123 的银行承兑汇票到期，面值 56 500 元，进行计息、结算，款项存入工行。

(1) 以“W03 王慧”身份在应收款管理系统中执行“票据处理”→“查询条件选择”命令,单击“确定”按钮,打开“票据管理”窗口,双击选择,如图 5-45 所示。

票据总数:1

票据管理

记录总数:1

选择	序号	方向	票据类型	收到日期	票据编号	银行名称	票据摘要	币种	出票日期	结算方式	背书人	背书金额	金额	汇率	票面利率	票面余额
Y	1	收款	银行承…	2022-12-13	654123			人民币	2022-12-13			0.00	56,500.00		5	56,500.00
合计												0.00	56,500.00			56,500.00

图 5-45 “票据管理”窗口

(2) 单击“计息”按钮,打开“票据计息”对话框,单击“确定”按钮,如图 5-46 所示。

(3) 单击“制单”按钮,出现“是否立即制单”提示,单击“否”按钮。

(4) 继续执行“票据处理”→“查询条件选择”命令,单击选中上一笔的银行承兑汇票(654123)。

(5) 单击“结算”按钮,打开“票据结算”对话框。修改结算日期“2023-01-13”,输入结算金额“56 743.26”,结算科目录入“100201”,或单击“参照”按钮,选择“100201”;托收单位选择“中国工商银行合肥高新区支行”,如图 5-47 所示。

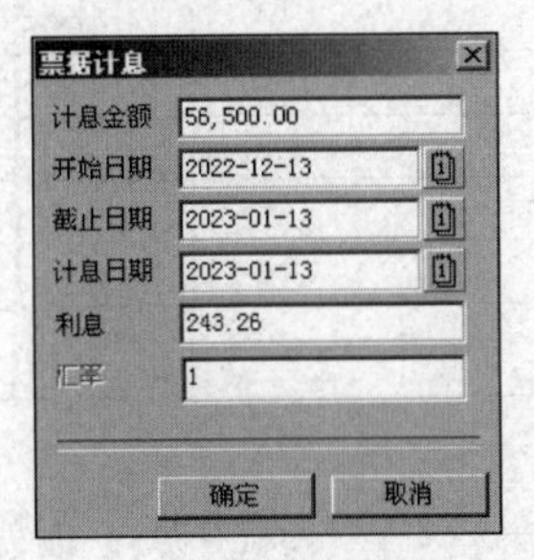

图 5-46 “票据计息”对话框

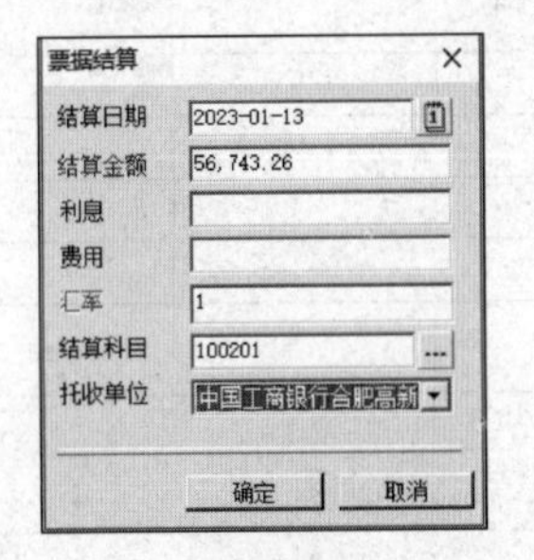

图 5-47 “票据结算”对话框

(6) 单击“确定”按钮,出现“是否立即制单”提示,单击“否”按钮。

(7) 以“W02 张伟”身份在应收款管理系统中执行“制单处理”命令,打开“制单查询”对话框。单击选中“票据处理制单”复选框,如图 5-48 所示。

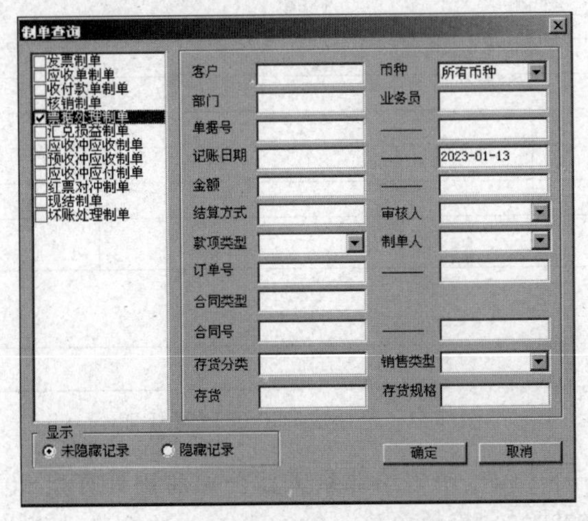

图 5-48 “制单查询”对话框

(8) 单击“确定”按钮，出现“票据处理制单”提示，单击“全选”按钮，如图 5-49 所示。

票据处理制单

凭证类别 记账凭证　　　　制单日期 2023-01-13

选择标志	凭证类别	单据类型	单据号	日期	客户编码	客户名称	部门	业务员	金额
1	记账凭证	票据计息	654123	2023-01-13	01	合肥万方公司	销售部	韩乐乐	243.26
2	记账凭证	票据结算	654123	2023-01-13	01	合肥万方公司	销售部	韩乐乐	56,743.26

图 5-49 “票据处理制单”窗口

(9) 单击“制单”按钮，出现第一张凭证，调整“6603 财务费用”科目的方向为“借方红字”，单击“保存”按钮，保存此张记账凭证，如图 5-50 所示。单击“下一张”按钮，单击“保存”按钮，保存第二张凭证，如图 5-51 所示。

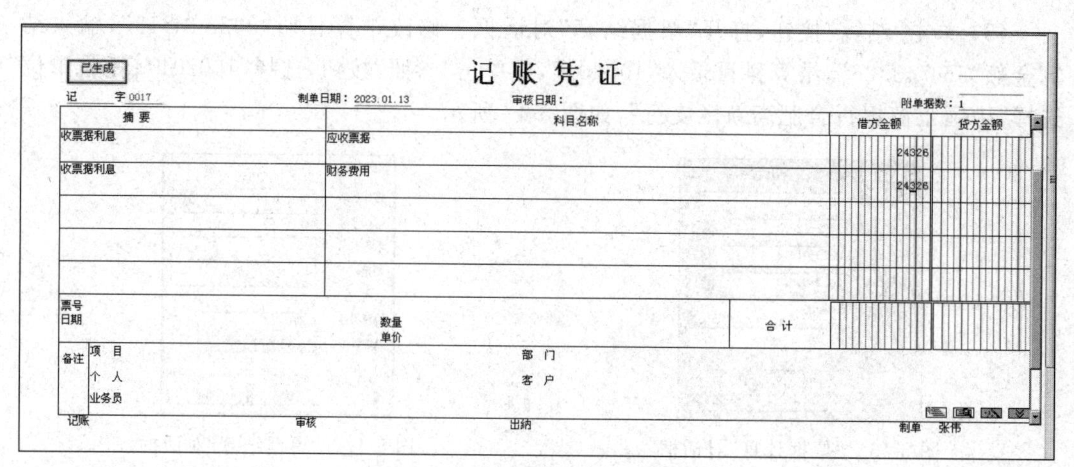
已生成

记账凭证

记 字 0017　　制单日期：2023.01.13　　审核日期：　　附单据数：1

摘要	科目名称	借方金额	贷方金额
收票据利息	应收票据	24326	
收票据利息	财务费用	24326	
票号 日期	数量 单价	合计	

备注　项目　　部门
个人　　客户
业务员

记账　　审核　　出纳　　制单 张伟

图 5-50 已生成的记 0017 号凭证

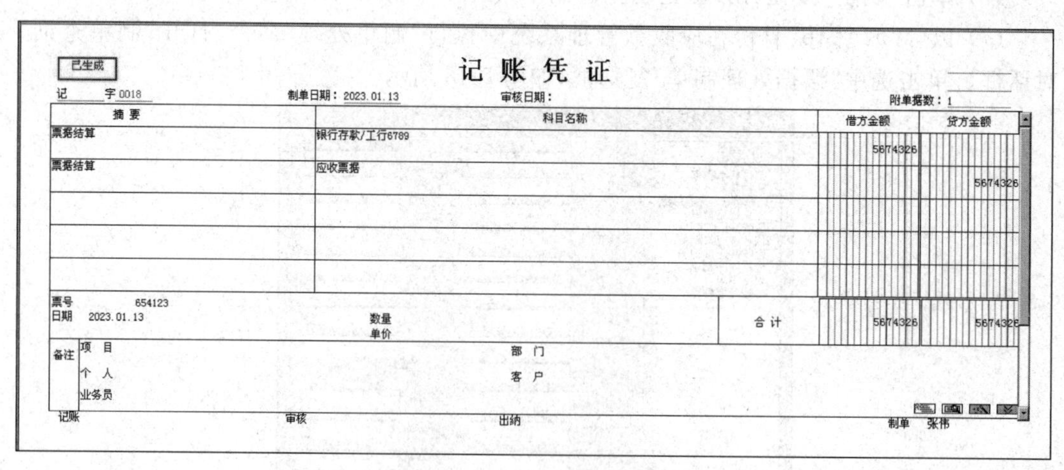
已生成

记账凭证

记 字 0018　　制单日期：2023.01.13　　审核日期：　　附单据数：1

摘要	科目名称	借方金额	贷方金额
票据结算	银行存款/工行6789	5674326	
票据结算	应收票据		5674326
票号 654123 日期 2023.01.13	数量 单价 合计	5674326	5674326

备注　项目　　部门
个人　　客户
业务员

记账　　审核　　出纳　　制单 张伟

图 5-51 已生成的记 0018 号凭证

业务二：2023 年 1 月 13 日，销售给北京天益公司商用计算机 20 台，并开具增值税专用发票(销售发票号 5678905)，无税单价 5 000 元/台。收到商业承兑汇票一张，票面金额

113 000 元，票据编号 132678，到期日 2023 年 2 月 13 日，不带息。

（1）以“W02 张伟”身份在应收款管理系统中执行“应收单据处理”→“应收单据录入”命令，打开“单据类别”对话框，单据名称选择“销售发票”，单据类型选择“销售专用发票”，方向选择“正向”，单击“确定”按钮，打开“销售专用发票”，单击“增加”按钮。

（2）录入发票号“5678905”，日期修改为“2023-01-13”，单击“客户简称”栏的“参照”按钮，选择“北京天益公司”，系统自动带出客户相关信息，在“税率”栏输入“13”；在“存货编码”栏选择“0201”；在“数量”栏录入“20”，在“无税单价”输入“5 000”，单击“保存”按钮，如图 5-52 所示。

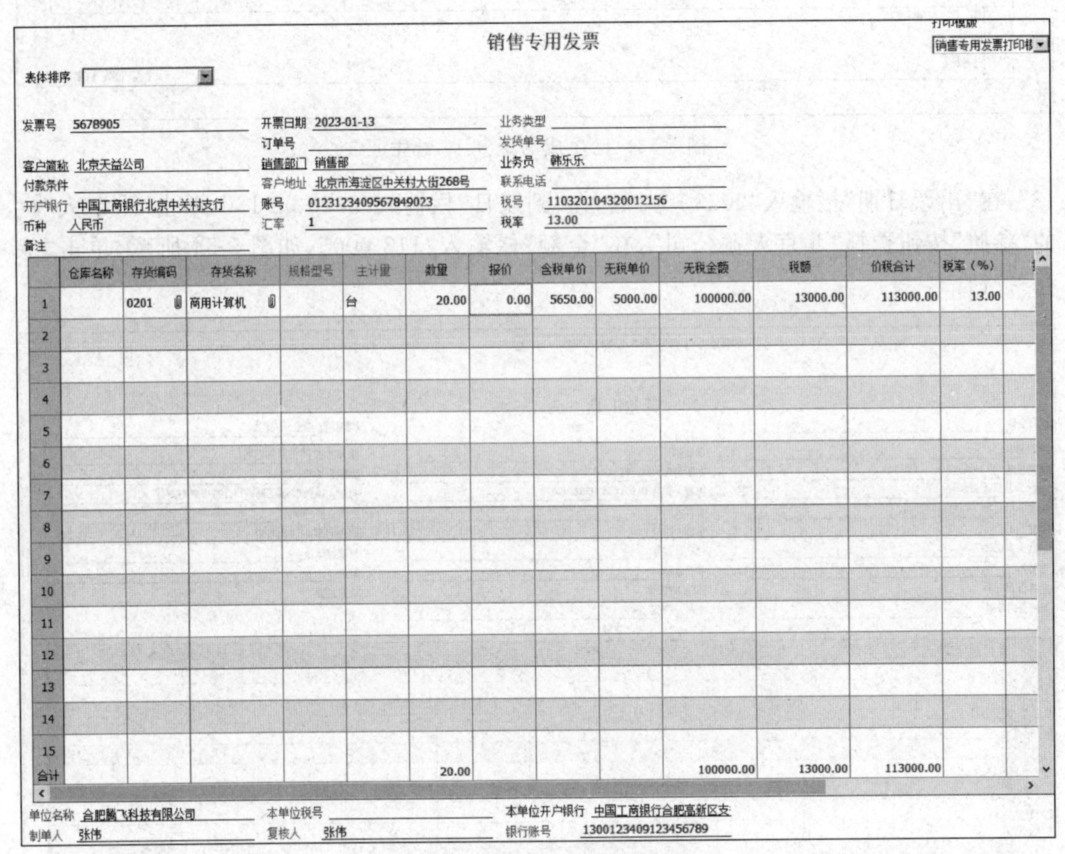

销售专用发票

打印模版 销售专用发票打印模

表体排序

发票号 5678905　开票日期 2023-01-13　业务类型
订单号　发货单号
客户简称 北京天益公司　销售部门 销售部　业务员 韩乐乐
付款条件　客户地址 北京市海淀区中关村大街268号　联系电话
开户银行 中国工商银行北京中关村支行　账号 0123123409567849023　税号 110320104320012156
币种 人民币　汇率 1　税率 13.00
备注

	仓库名称	存货编码	存货名称	规格型号	主计量	数量	报价	含税单价	无税单价	无税金额	税额	价税合计	税率（%）
1		0201	商用计算机		台	20.00	0.00	5650.00	5000.00	100000.00	13000.00	113000.00	13.00
2													
3													
4													
5													
6													
7													
8													
9													
10													
11													
12													
13													
14													
15													
合计						20.00				100000.00	13000.00	113000.00	

单位名称 合肥腾飞科技有限公司　本单位税号　本单位开户银行 中国工商银行合肥高新区支
制单人 张伟　复核人 张伟　银行账号 1300123409123456789

图 5-52 “销售专用发票”窗口

（3）单击“审核”按钮，系统弹出提示“是否立即制单”。

（4）单击“是”按钮，系统弹出“生成凭证”窗口，修改科目主营业务收入（6001）的项目辅助项“1”（商用计算机），单击“确定”按钮，再单击“保存”按钮，系统提示“已生成”，如图 5-53 所示。

（5）以“W03 王慧”身份在应收款管理系统中执行“票据处理”→“查询条件查询”命令，单击“确定”按钮，打开“票据管理”窗口，单击“增加”按钮，打开“商业汇票”窗口。

（6）在“票据类型”和“结算方式”栏选择“商业承兑汇票”，在“票据编号”栏输入“132678”，单击结算方式“参照”按钮选择“商业承兑汇票”，在“收到日期”栏输入“2023-01-

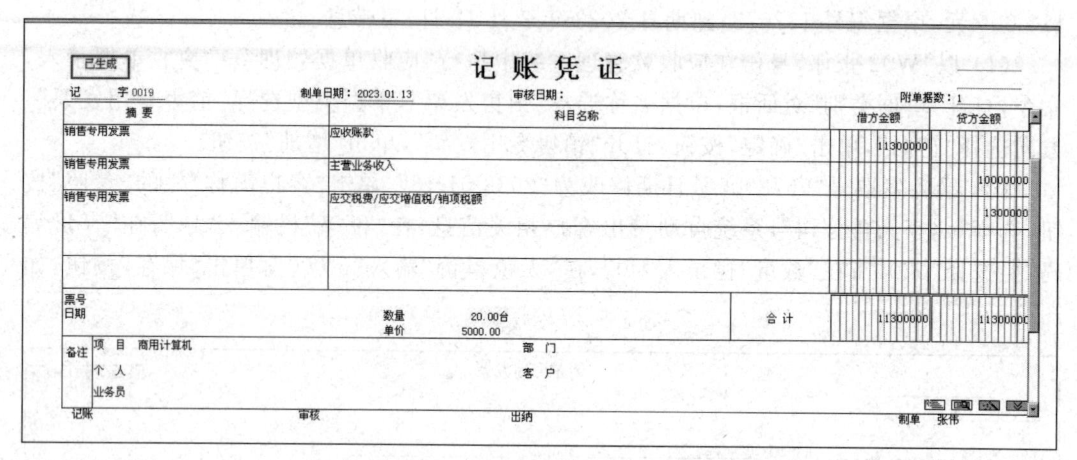

图 5-53　已生成的记 0019 号凭证

13”，在“出票日期”栏输入“2023-01-13”，在“到期日”栏输入“2023-02-13”，单击“出票人”栏的“参照”按钮选择“北京天益公司”，在“金额”栏输入“113 000”，如图 5-54 所示，单击“保存”按钮。

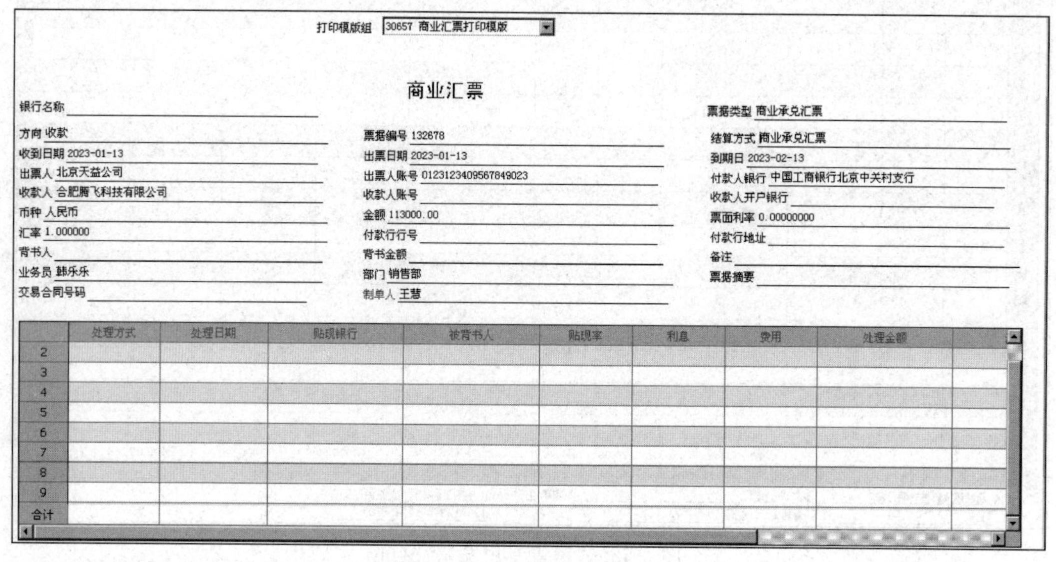

图 5-54　“商业汇票”窗口

(7) 以“W02 张伟”身份在应收款管理系统中执行“收款单据处理”→“收款单据审核”命令，打开“收款单查询条件”对话框，单击“确定”按钮，打开“收付款单列表”窗口，单击“全选”按钮，再单击“审核”按钮，系统弹出提示“本次审核成功单据[1]张”，如图 5-55 所示，单击“确定”按钮。

(8) 以“W02 张伟”身份在应收款管理系统中执行“制单处理”命令，打开“制单查询”对话框，单击选中“收付款制单”复选框。

(9) 单击“确定”按钮，打开“收付款单制单”窗口，单击“全选”按钮。

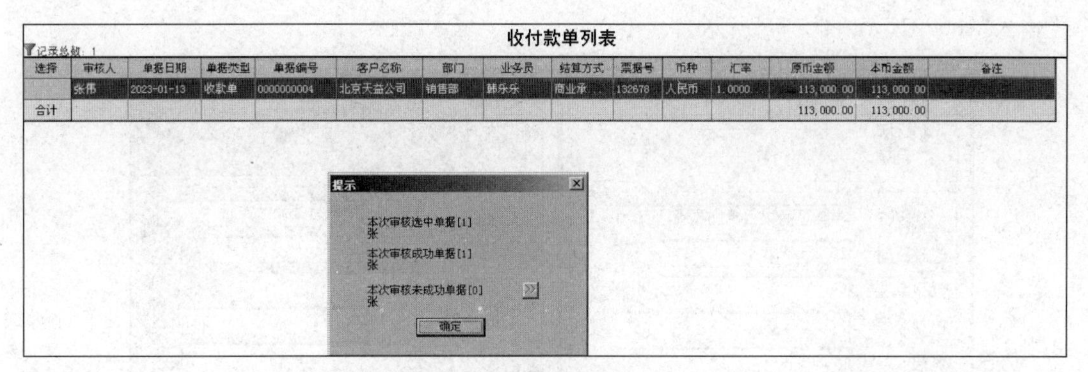

图 5-55 “收付款单列表”窗口

(10) 单击“制单”按钮，生成一张记账凭证，单击“保存”按钮，保存此张记账凭证，如图 5-56 所示。

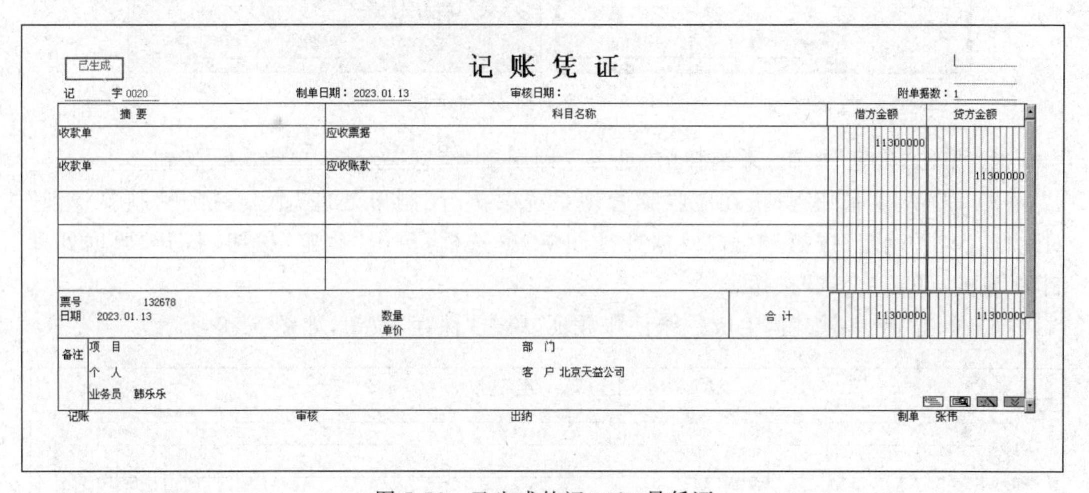

图 5-56 已生成的记 0020 号凭证

业务三：2023 年 1 月 17 日，将收到的北京天益公司的商业承兑汇票（票据编号 132678）向开户行贴现，贴现率为 6%。

(1) 以“W03 王慧”身份在应收款管理系统中执行“票据处理”→“查询条件选择”命令，单击“确定”按钮，打开“票据管理”窗口，单击“增加”按钮，打开“商业汇票”窗口。

(2) 在“票据管理”窗口中，选中 2023 年 1 月 13 日收到的商业承兑汇票，如图 5-57 所示。

票据总数：2

票据管理

记录总数：3

选择	序号	方向	票据类型	收到日期	票据编号	银行名称	票据摘要	币种	出票日期	结算方式	背书人	背书金额	金额	汇率	票面利率	票面余额	出票人	出票
	1	收款	银行承...	2022-12-13	654123			人民币	2022-12-13			0.00	56,500.00		5	0.00	合肥万方公司	
	2	收款	银行承...	2022-12-13	654123			人民币	2022-12-13			0.00	56,500.00		5	0.00	合肥万方公司	
Y	3	收款	商业承...	2023-01-13	132678			人民币	2023-01-13	商业承兑汇票			113,000.00	1.000...	0	113,00...	北京天益公司	01231
合计												0.00	169,500.00			113,00...		

图 5-57 “票据管理”窗口

(3) 单击“贴现”按钮，打开“票据贴现”对话框。在“贴现率”栏输入“6”，在“结算科目”

栏输入“100201”，如图 5-58 所示。

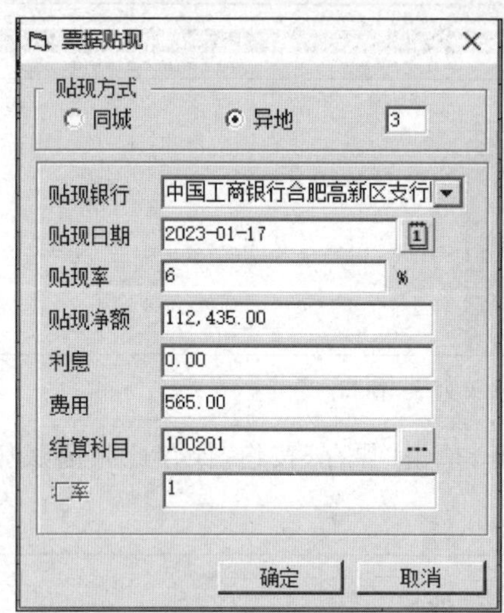

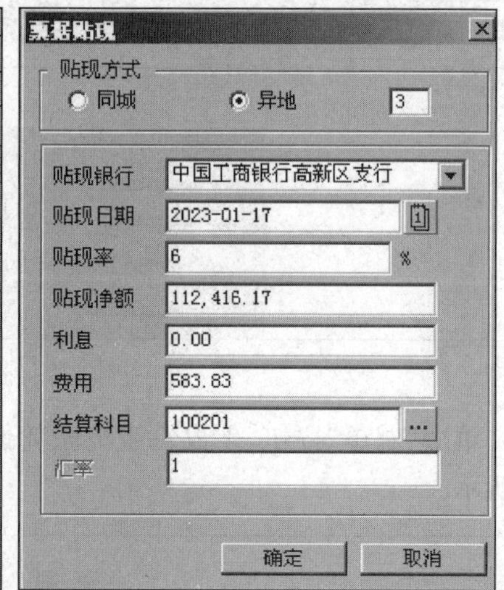

图 5-58 “票据贴现”对话框

(4) 单击“确定”按钮，系统弹出“是否立即制单”信息提示框，单击“否”按钮。

(5) 以“W02 张伟”身份在应收款管理系统中执行“制单处理”命令，打开“制单查询”对话框，单击“确定”按钮，单击“票据处理制单”复选框，单击“确定”按钮，打开“票据处理制单”窗口，单击“全选”按钮。

(6) 单击“制单”按钮，生成一张记账凭证，单击“保存”按钮，如图 5-59 所示。

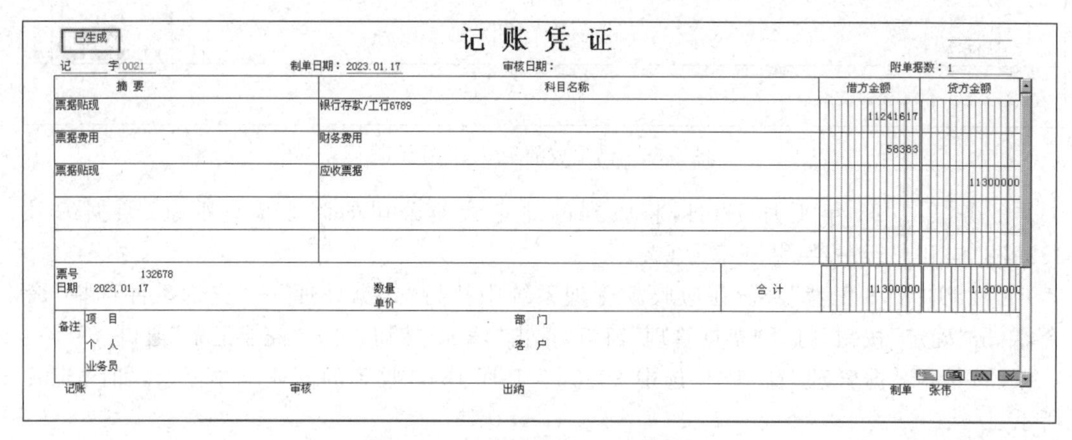

已生成

记账凭证

记 字 0021 制单日期：2023.01.17 审核日期： 附单据数：1

摘要	科目名称	借方金额	贷方金额
票据贴现	银行存款/工行6789	11241617	
票据费用	财务费用	58383	
票据贴现	应收票据		11300000
票号 132678 日期 2023.01.17	数量 单价	合计 11300000	11300000

备注 项目 部门
个人 客户
业务员

记账 审核 出纳 制单 张伟

图 5-59 已生成的记 0021 号凭证

（四）转账处理

转账处理

业务一：2023 年 1 月 18 日，销售给合肥丰收公司的 1 台家用计算机存在质量问题，经双方协商作退货处理，开具红字增值税专业用发票，销售发票号 5678906。

(1) 以“W02 张伟”身份在应收款管理系统中执行“应收单据处理”→“应收单据录入”命令，打开“单据类别”对话框，单据名称选择“销售发票”，单据类型选择“销售专用发票”，方向选择“负向”，如图 5-60 所示。单击“确定”按钮，打开“销售专用发票”窗口。

图 5-60 “单据类别”对话框（销售发票）

(2) 单击“增加”按钮，录入发票号“5678906”，日期修改为“2023-01-18”，单击“客户简称”栏的“参照”按钮，选择“合肥丰收公司”，系统自动带出客户相关信息，在“税率”栏输入“13”，在“存货编码”栏选择“0202”，在“数量”栏录入“－1”，在“无税单价”输入“4 200”，单击“保存”按钮，如图 5-61 所示。

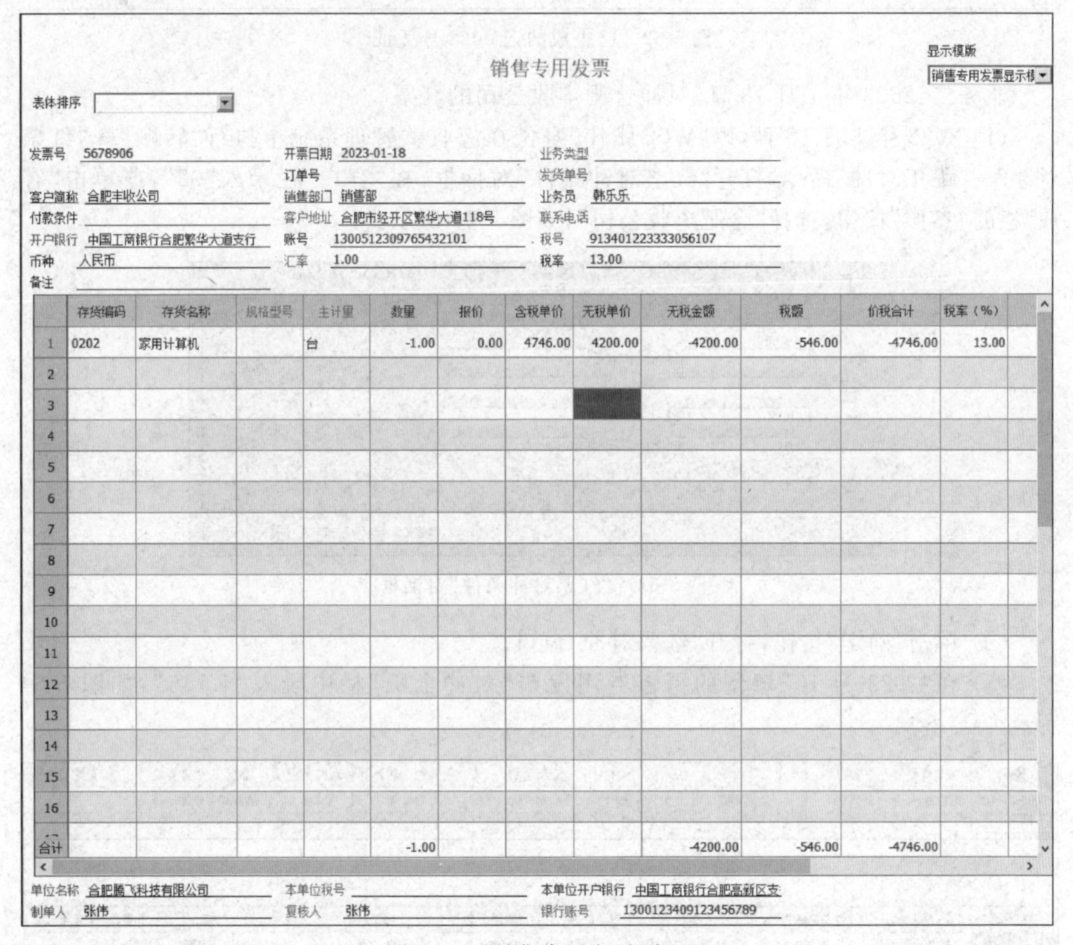

	存货编码	存货名称	规格型号	主计量	数量	报价	含税单价	无税单价	无税金额	税额	价税合计	税率（%）
1	0202	家用计算机		台	-1.00	0.00	4746.00	4200.00	-4200.00	-546.00	-4746.00	13.00
2												
3												
4												
5												
6												
7												
8												
9												
10												
11												
12												
13												
14												
15												
16												
合计					-1.00				-4200.00	-546.00	-4746.00	

图 5-61 “销售专用发票”窗口

(3) 单击“审核”按钮，系统弹出提示“是否立即制单”。

(4) 单击“是”按钮，系统弹出“生成凭证”窗口，修改科目主营业务收入(6001)的项目辅助项“2”(家用计算机)，单击“确定”按钮，再单击“保存”按钮，系统提示“已生成”，如图 5-62 所示。

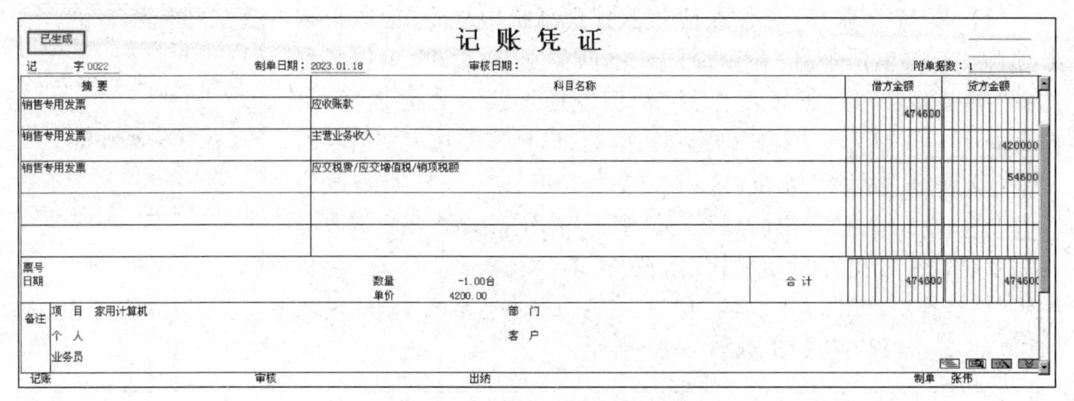

图 5-62 已生成的记 0022 号凭证

业务二：2023 年 1 月 18 日，对冲合肥丰收公司的红票。

(1) 2023 年 1 月 18 日，以“W02 张伟”身份在应收款管理系统中执行“转账”→“红票对冲”→“手工对冲”命令，打开“红票对冲条件”对话框，在“客户”栏录入“02”，或单击“客户”栏的“参照”按钮，选择“合肥丰收公司”，如图 5-63 所示。

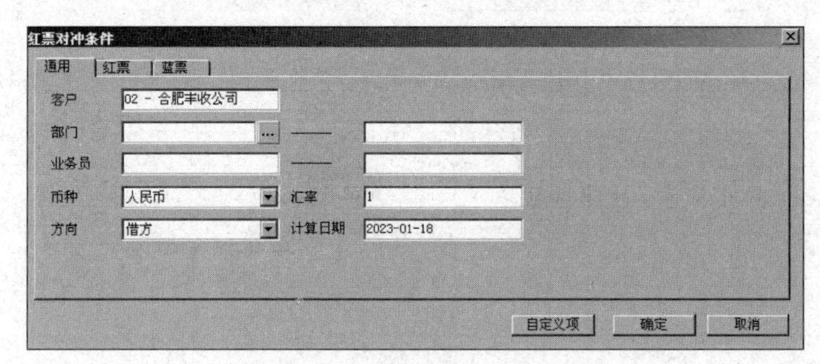

图 5-63 “红票对冲条件”对话框

(2) 单击“确定”按钮，打开“红票对冲”窗口。

(3) 在“2023-01-10”填制的销售专用发票“对冲金额”栏中录入“4 746”，如图 5-64 所示。

单据日期	单据类型	单据编号	客户	币种	原币金额	原币余额	对冲金额	部门	业务员	合同名称
2023-01-18	销售专...	5678906	合肥丰收公司	人民币	4,746.00	4,746.00	4,746.00	销售部	韩乐乐	
2023-01-18					4,746.00	4,746.00	4,746.00			

单据日期	单据类型	单据编号	客户	币种	原币金额	原币余额	对冲金额	部门	业务员	合同名称
2023-01-10	销售专用发票	5678904	合肥丰收公司	人民币	94,920.00	94,920.00	4,746.00	销售部	韩乐乐	
2022-12-16	销售专用发票	567902	合肥丰收公司	人民币	28,476.00	28,476.00		销售部	韩乐乐	
2023-01-10	其他应收单	0000000001	合肥丰收公司	人民币	545.00	545.00		销售部	韩乐乐	
合计					123,941.00	123,941.00	4,746.00			

图 5-64 “红票对冲”窗口

(4) 单击“审核”按钮，系统弹出提示“是否立即制单”，单击“是”按钮，系统弹出“生成凭证”窗口，再单击“保存”按钮，系统提示“已生成”，如图 5-65 所示。

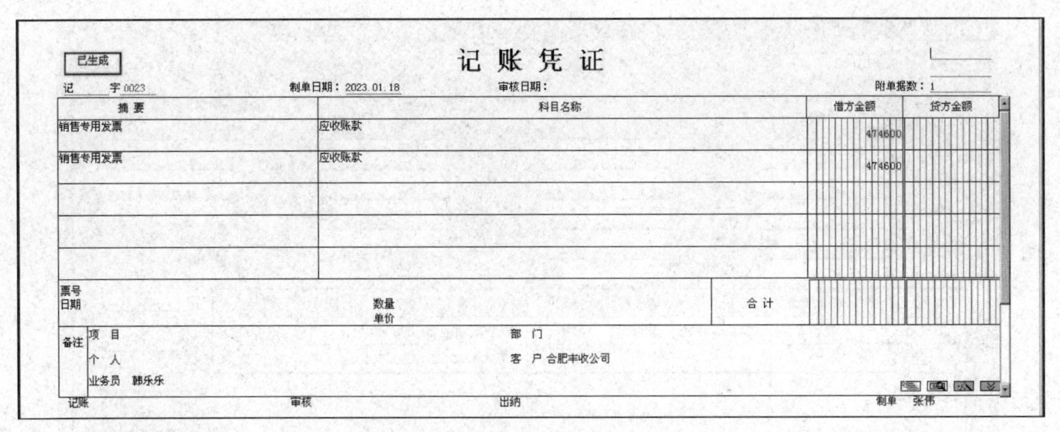

图 5-65 已生成的记 0023 号凭证

业务三：2023 年 1 月 19 日，将预收合肥丰收公司的 20 000 元冲应收款。

(1) 2023 年 1 月 19 日，以“W02 张伟”身份在应收款管理系统中执行“转账”→“预收冲应收”命令，打开“预收冲应收”对话框，在“客户”栏录入“02”，或单击“客户”栏的“参照”按钮，选择“合肥丰收公司”，如图 5-66 所示。

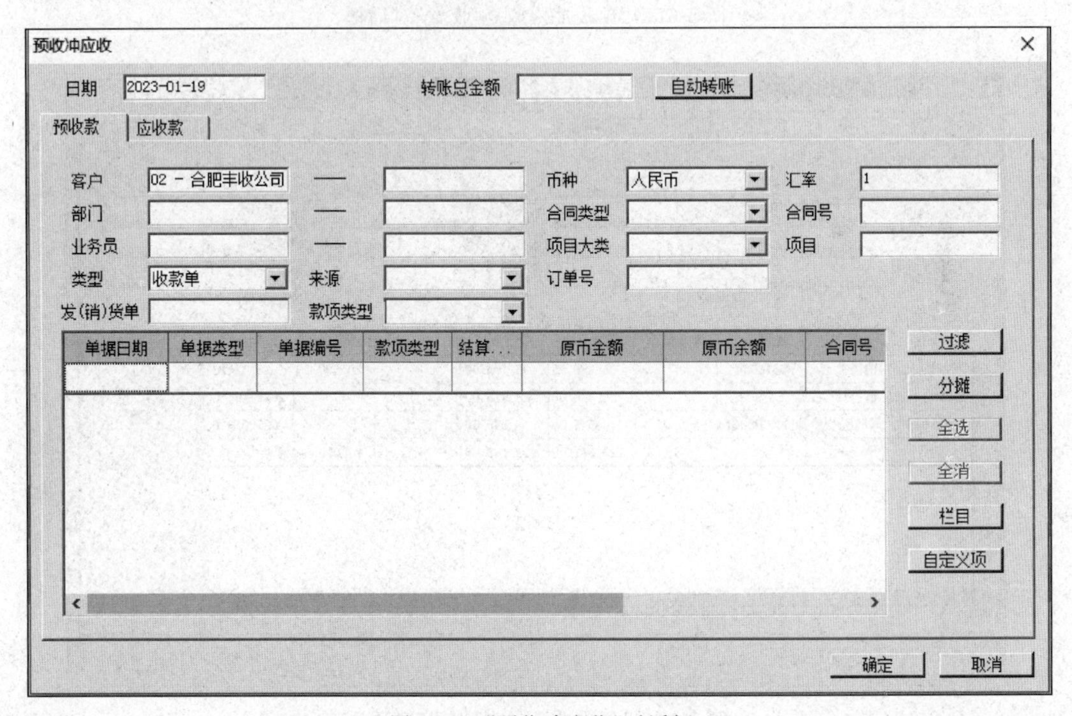

图 5-66 “预收冲应收”对话框

(2) 单击“预收款”选项卡，单击“过滤”按钮，在“2023-01-11”填制的收款单“转账金额”栏录入“20 000”，如图 5-67 所示。

(3) 单击“应收款”选项卡，单击“过滤”按钮，在“2023-01-10”填制的销售专用发票“转账金额”栏录入“20 000”，如图 5-68 所示。

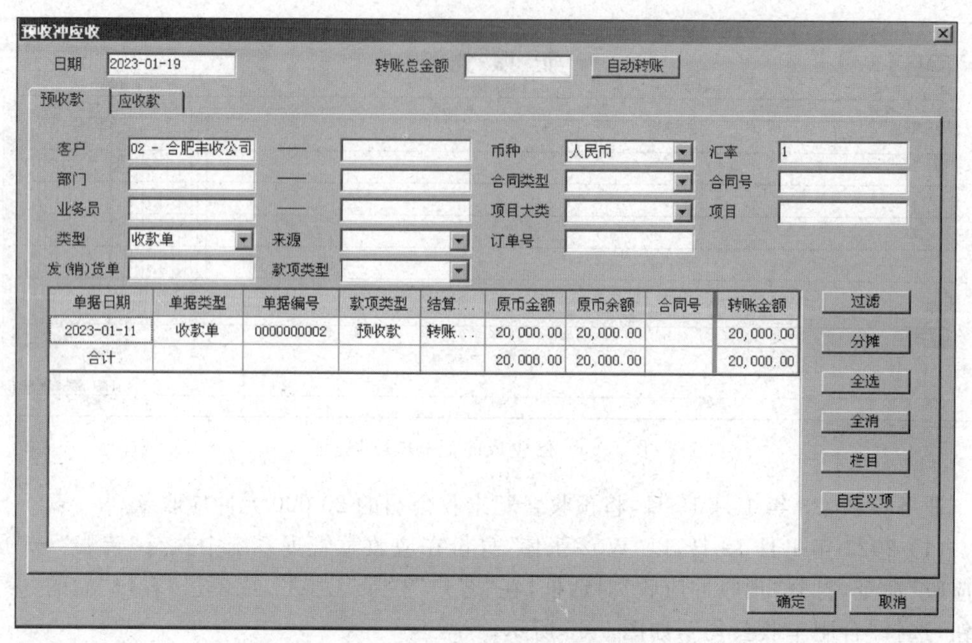

图 5-67 “预收冲应收-预收款”对话框

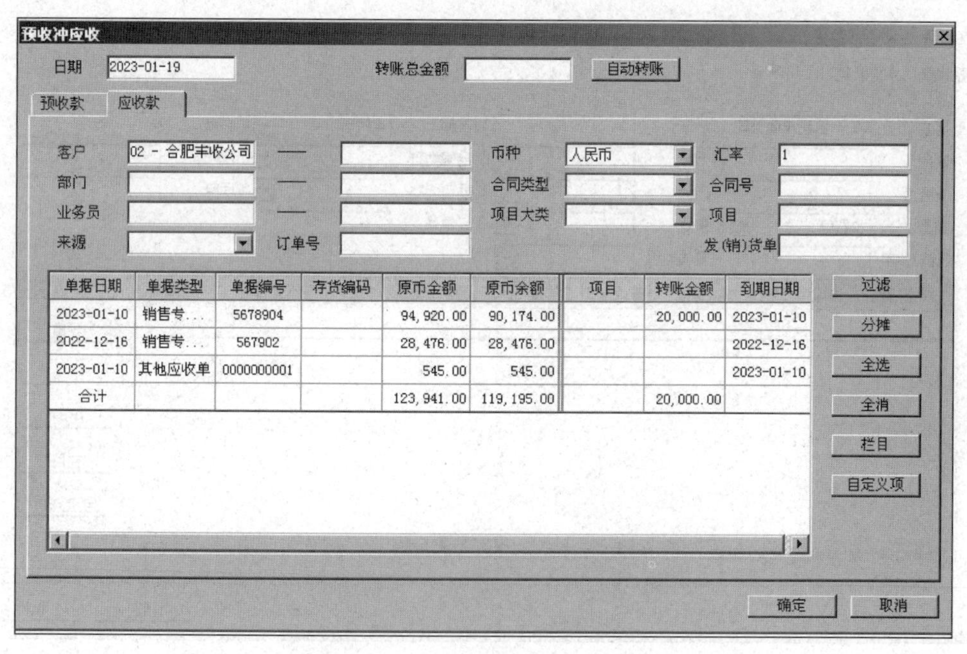

图 5-68 “预收冲应收-应收款”对话框

(4) 单击“确定”按钮，系统弹出提示“是否立即制单”，单击“是”按钮，系统弹出“生成凭证”窗口，再单击“保存”按钮，系统提示“已生成”，如图 5-69 所示。

业务四：2023 年 1 月 19 日，将应收北京天益公司的 18 984 元转让给北京鼎好公司。

(1) 2023 年 1 月 19 日，以“W02 张伟”身份在应收款管理系统中执行“转账”→“应收

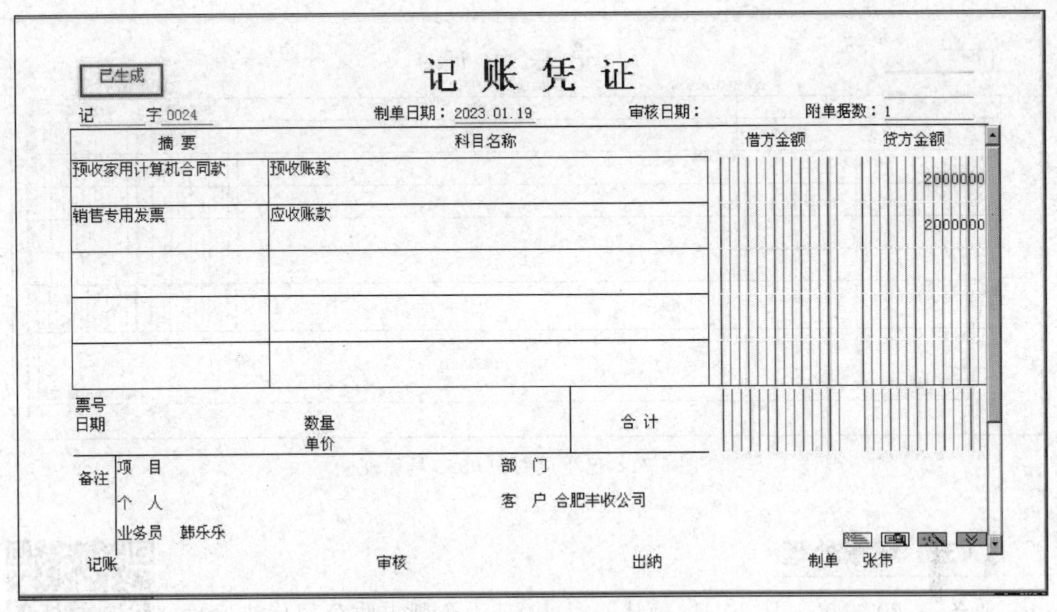

图 5-69 已生成的记 0024 号凭证

冲应收”命令，打开“应收冲应收”对话框。

（2）在“客户”栏录入“03”，或单击“客户”栏的“参照”按钮选择“北京天益公司”，在“转入客户”栏录入“04”，或单击“转入客户”栏的“参照”按钮选择“北京鼎好公司”。

（3）单击“查询”按钮，在“2022-12-15”填制的销售专用发票“并账金额”栏录入“18 984”，如图 5-70 所示。

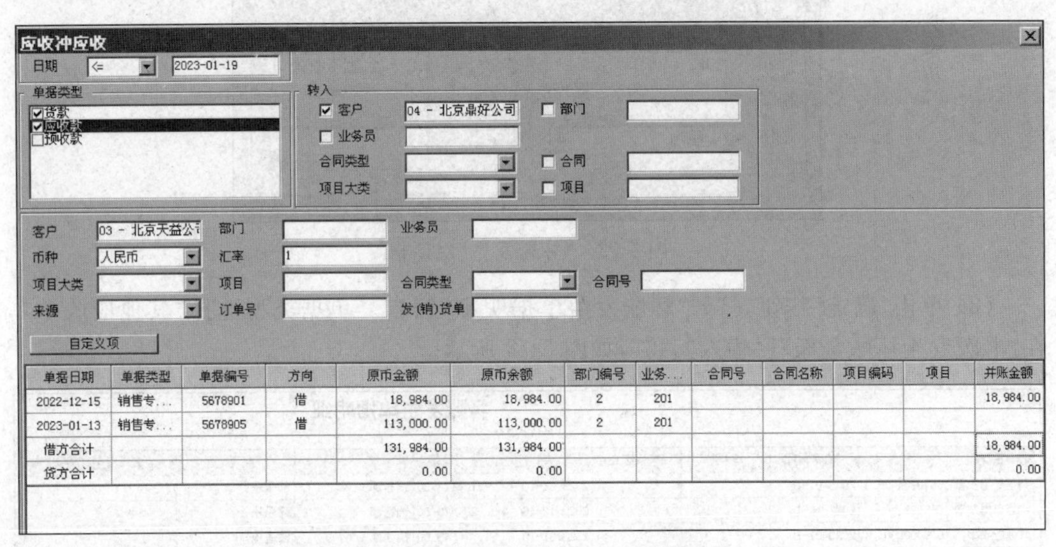

单据日期	单据类型	单据编号	方向	原币金额	原币余额	部门编号	业务...	合同号	合同名称	项目编码	项目	并账金额
2022-12-15	销售专...	5678901	借	18,984.00	18,984.00	2	201					18,984.00
2023-01-13	销售专...	5678905	借	113,000.00	113,000.00	2	201					
借方合计				131,984.00	131,984.00							18,984.00
贷方合计				0.00	0.00							0.00

图 5-70 “应收冲应收”对话框

（4）单击“保存”按钮，系统弹出提示“是否立即制单”，单击“是”按钮，系统弹出“生成凭证”窗口，再单击“保存”按钮，系统提示“已生成”，如图 5-71 所示。

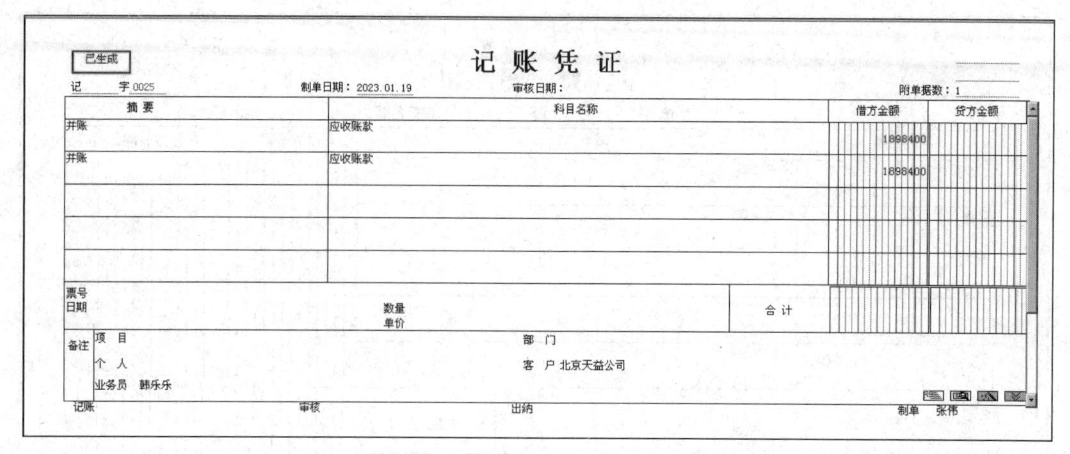

图 5-71 已生成的记 0025 号凭证

（五）坏账处理

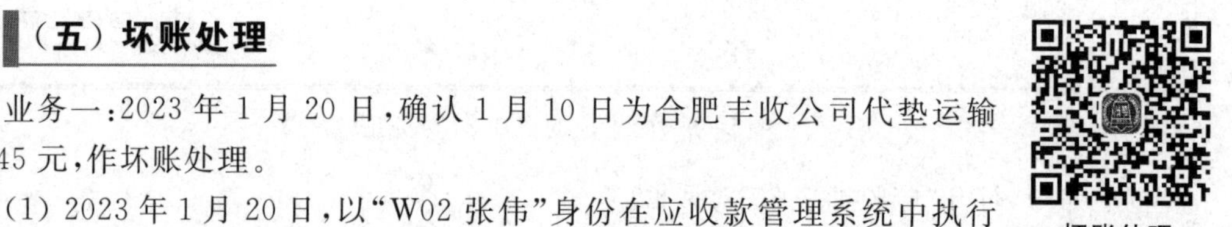

业务一：2023 年 1 月 20 日，确认 1 月 10 日为合肥丰收公司代垫运输费 545 元，作坏账处理。

(1) 2023 年 1 月 20 日，以“W02 张伟”身份在应收款管理系统中执行“坏账处理”→“坏账发生”命令，打开“坏账发生”对话框。输入日期“2023-01-20”，在“客户”栏录入“02”，或单击“客户”栏的“参照”按钮选择“合肥丰收公司”，如图 5-72 所示。

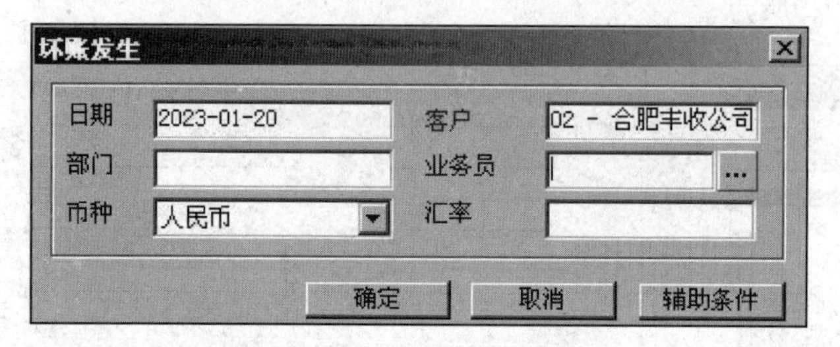

图 5-72 “坏账发生”对话框

(2) 单击“确定”按钮，打开“坏账发生单据明细”窗口。单据类型选择“其他应收单”，在“本次发生坏账金额”栏输入“545”，如图 5-73 所示。

坏账发生单据明细

单据类型	单据编号	单据日期	合同号	合同名称	到期日	余额	部门	业务员	本次发生坏账金额
销售专用发票	5678904	2023-01-10			2023-01-10	70,174.00	销售部	韩乐乐	
销售专用发票	567902	2022-12-16			2022-12-16	28,476.00	销售部	韩乐乐	
其他应收单	0000000001	2023-01-10			2023-01-10	545.00	销售部	韩乐乐	545
合计						99,195.00			545.00

图 5-73 “坏账发生单据明细”窗口

(3) 单击“确认”按钮，系统弹出提示“是否立即制单”，单击“是”按钮，系统弹出“生成凭证”窗口，再单击“保存”按钮，系统提示“已生成”，如图 5-74 所示。

已生成

记 账 凭 证

记 字 0026 制单日期：2023.01.20 审核日期： 附单据数：1

摘要	科目名称	借方金额	贷方金额
坏账发生	坏账准备	54500	
代垫销售家用计算机运输费	应收账款		54500
票号 日期	数量 单价 合计	54500	54500

备注 项 目 部 门

个 人 客 户

业务员

记账 审核 出纳 制单 张伟

图 5-74 已生成的记 0026 号凭证

业务二：2023 年 1 月 31 日，收到合肥丰收公司以转账支票支付的运费 545 元，支票号 12365401。

(1) 以“W03 王慧”身份在应收款管理系统中执行“收款单据处理”→“收款单据录入”命令，打开“收款单”对话框，单击“增加”按钮。

(2) 日期修改为“2023-01-31”，单击“客户”栏的“参照”按钮，选择“合肥丰收公司”，系统自动带出客户相关信息，单击“结算方式”栏选择“转账支票”，在“金额”栏录入“545”，在“票据号”栏输入“12365401”，在“摘要”栏输入“收回坏账”，如图 5-75 所示，单击“保存”按钮。

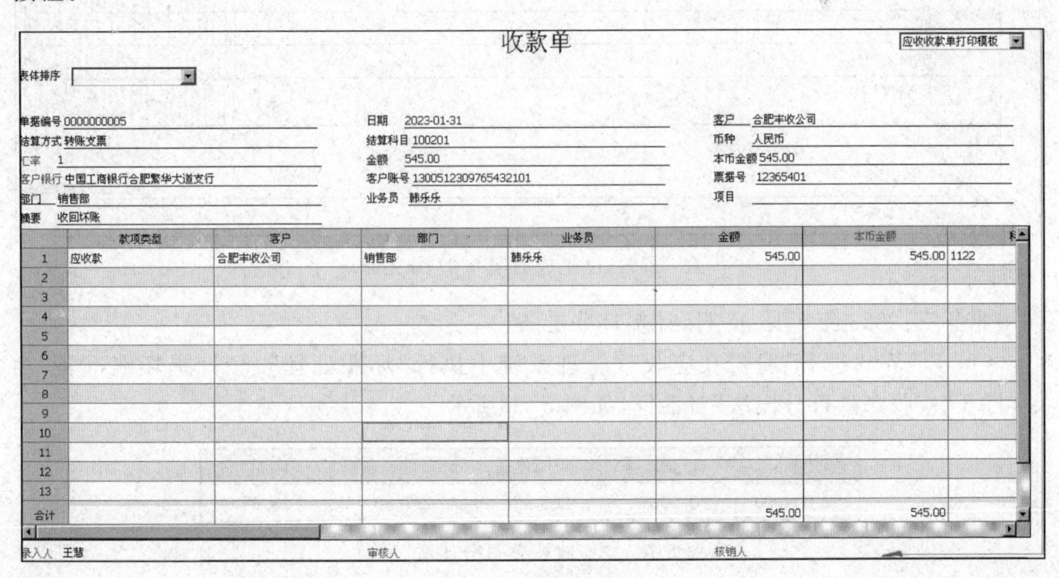

收款单 应收收款单打印模板

表体排序

单据编号 0000000005 日期 2023-01-31 客户 合肥丰收公司

结算方式 转账支票 结算科目 100201 币种 人民币

汇率 1 金额 545.00 本币金额 545.00

客户银行 中国工商银行合肥繁华大道支行 客户账号 1300512309765432101 票据号 12365401

部门 销售部 业务员 韩乐乐 项目

摘要 收回坏账

	款项类型	客户	部门	业务员	金额	本币金额	科
1	应收款	合肥丰收公司	销售部	韩乐乐	545.00	545.00	1122
2							
3							
4							
5							
6							
7							
8							
9							
10							
11							
12							
13							
合计					545.00	545.00	

录入人 王慧 审核人 核销人

图 5-75 “收款单”窗口

(3) 以“W02 张伟”身份在应收款管理系统中执行“坏账处理”→“坏账收回”命令，打开“坏账收回”对话框。输入日期“2023-01-31”，在“客户”栏录入“02”，或单击“客户”栏的“参照”按钮选择“合肥丰收公司”，单击“结算单号”栏的“参照”按钮，打开“收款单参照”对话框，选择结算单号“0000000005”，单击“确定”按钮，如图 5-76 和图 5-77 所示。

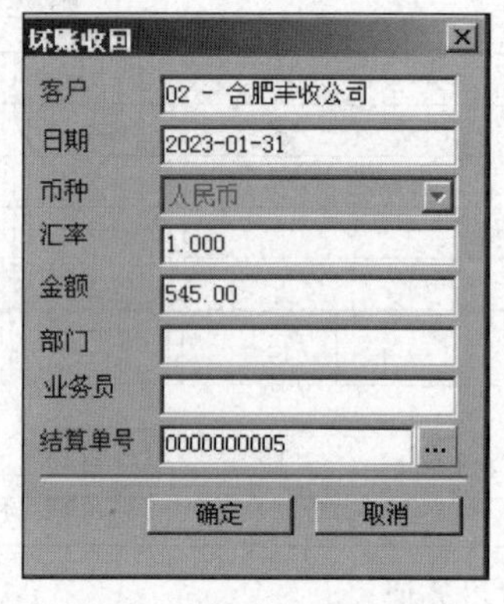

图 5-76 “坏账收回”对话框

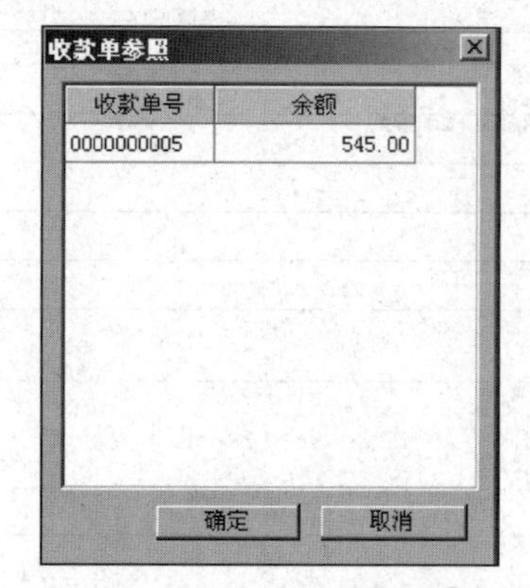

图 5-77 “收款单参照”对话框

（4）单击“确定”按钮，系统弹出提示“是否立即制单”，单击“是”按钮，系统弹出“生成凭证”窗口，再单击“保存”按钮，系统提示“已生成”，如图 5-78 所示。

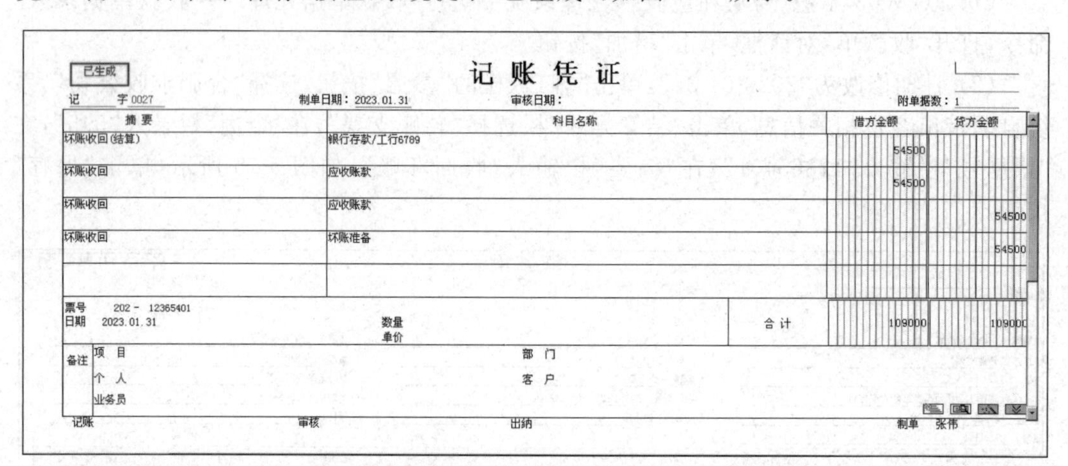

图 5-78 已生成的记 0027 号凭证

业务三：2023 年 1 月 31 日，计提坏账准备。

（1）以“W02 张伟”身份在应收款管理系统中执行“坏账处理”→“计提坏账准备”命令，打开“应收账款百分比法”对话框，如图 5-79 所示。

应收账款...	计提比率	坏账准备	坏账准备余额	本次计提
52,634.00	0.500%	263.17	237.30	25.87

图 5-79 “应收账款百分比法”窗口

（2）单击“确认”按钮，系统弹出提示“是否立即制单”，单击“是”按钮，系统弹出“生成凭证”窗口，再单击“保存”按钮，系统提示“已生成”，如图 5-80 所示。

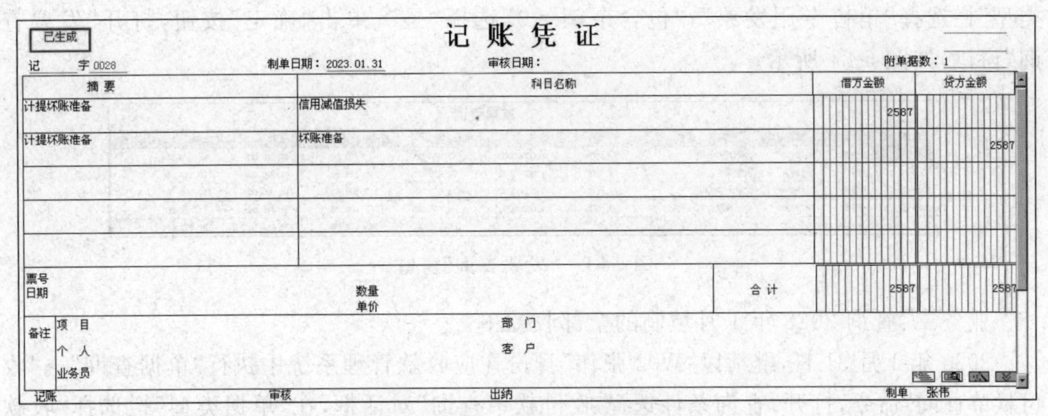

图 5-80 已生成的记 0028 号凭证

(3) 将账套输出至“D:\888 账套\5-2”文件夹。

任务四 应收款管理系统期末处理

▶一、任务目标

根据业务资料完成应收款管理系统期末处理。

▶二、准备工作

从“D:\888 账套\5-2”文件夹引入[888]账套。

▶三、任务清单

根据业务资料，2023 年 1 月 31 日，以“W02 张伟”身份登录企业应用平台，完成应收款管理系统期末处理。

业务一：查询 2023 年 1 月填制的全部销售专用发票。

业务二：查询 2023 年 1 月填制的全部收款单。

业务三：查询 2023 年 1 月业务总账。

业务四：查询 2023 年 1 月应收账款科目余额表。

业务五：查询 2023 年 1 月应收款管理系统中的记账凭证。

业务六：对应收款管理系统进行月末结账。

业务七：取消应收款管理系统月末结账。

▶四、操作指导

应收款管理系统期末处理

业务一：查询 2023 年 1 月填制的全部销售专用发票。

2023 年 1 月 31 日，以“W02 张伟”身份在应收款管理系统中执行“单据查询”→“发票查询”命令，打开“查询条件选择-发票查询”对话框，在“单据类型”栏选择“销售专用发票”,“包含余额＝0”选择“是”,单击“确定”按钮,打开“发票查询”窗口,如图 5-81 所示。

发票查询

记录总数: 4

单据日期	单据类型	单据编号	客户	币种	汇率	原币金额	原币余额	本币金额	本币余额	打印次数
2023-01-09	销售专...	5678903	合肥万方公司	人民币	1.00000000	47,460.00	0.00	47,460.00	0.00	
2023-01-10	销售专...	5678904	合肥丰收公司	人民币	1.00000000	94,920.00	70,174.00	94,920.00	70,174.00	
2023-01-13	销售专...	5678905	北京天益公司	人民币	1.00000000	113,000.00	113,000.00	113,000.00	113,000.00	
2023-01-18	销售专...	5678906	合肥丰收公司	人民币	1.00000000	-4,746.00	0.00	-4,746.00	0.00	
合计						250,634.00	183,174.00	250,634.00	183,174.00	

图 5-81 “发票查询”窗口

业务二:查询 2023 年 1 月填制的全部收款单。

2023 年 1 月 31 日,继续以“W02 张伟”身份在应收款管理系统中执行“单据查询”→“收付款单查询”命令,打开“查询条件选择-收付款单查询”对话框,在“单据类型”栏选择“收款单”,“包含余额＝0”选择“是”,单击“确定”按钮,打开“收付款单查询”窗口,如图 5-82 所示。

收付款单查询

打印模版 AR48应收收款单打

记录总数: 4

选择打印	单据日期	单据类型	单据编号	客户	币种	汇率	原币金额	原币余额	本币金额	本币余额	打印次数
	2023-01-11	收款单	0000000002	合肥丰收公司	人民币	1.00000000	20,000.00	0.00	20,000.00	0.00	0
	2023-01-12	收款单	0000000003	合肥万方公司	人民币	1.00000000	46,620.00	0.00	46,620.00	0.00	0
	2023-01-13	收款单	0000000004	北京天益公司	人民币	1.00000000	113,000.00	113,000.00	113,000.00	113,000.00	0
	2023-01-31	收款单	0000000005	合肥丰收公司	人民币	1.00000000	545.00	0.00	545.00	0.00	0
合计							180,165.00	113,000.00	180,165.00	113,000.00	

图 5-82 “收付款单查询”窗口

业务三:查询 2023 年 1 月业务总账。

2023 年 1 月 31 日,继续以“W02 张伟”身份在应收款管理系统中执行“账表查询”→“业务账表”→“业务总账”命令,打开“查询条件选择-应收总账表”对话框,单击“确定”按钮,打开“应收总账表”窗口,如图 5-83 所示。

应收总账表

币种:

期间: 2023 . 1 - 2023 .

期间	本期应收	本期收回	余额	月回收率%	年回收率%
	本币	本币	本币		
期初余额			-17,540.00		
202301	251,724.00	181,550.00	52,634.00	72.12	72.12
总计	251,724.00	181,550.00	52,634.00		

图 5-83 “应收总账表”窗口

业务四:查询 2023 年 1 月应收账款科目余额表。

2023 年 1 月 31 日,继续以“W02 张伟”身份在应收款管理系统中执行“账表查询”→“科目账查询”→“科目明细”命令,打开“客户往来科目余额表”对话框,打开查询条件,在“科目”栏选择“1122 应收账款”,单击“确定”按钮,打开“科目余额表”窗口,如图 5-84 所示。

科目余额表

金额式

科目 1122 应收账款

期间: 2023.01-2023.01

科目		客户		方向	期初余额	借 方	贷 方	方向	期末余额
编 号	名 称	编 号	名 称		本币	本币	本币		本币
1122	应收账款	01	合肥万方公司	平		47,460.00	47,460.00	平	
1122	应收账款	02	合肥丰收公司	借	28,476.00	91,264.00	21,090.00	借	98,650.00
1122	应收账款	03	北京天益公司	借	18,984.00	94,016.00	113,000.00	平	
1122	应收账款	04	北京鼎好公司	平		18,984.00		借	18,984.00
小计:				借	47,460.00	251,724.00	181,550.00	借	117,634.00
合计:				借	47,460.00	251,724.00	181,550.00	借	117,634.00

图 5-84 “科目余额表”窗口

业务五：查询 2023 年 1 月应收款管理系统中的记账凭证。

2023 年 1 月 31 日，继续以“W02 张伟”身份在应收款管理系统中执行“单据查询”→“凭证查询”命令，打开“凭证查询条件”对话框，单击“确定”按钮，打开“凭证查询”窗口，如图 5-85 所示。

简易桌面　凭证查询 ×

凭证总数：17 张

业务日期	业务类型	业务号	制单人	凭证日期	凭证号	标志
2023-01-09	销售专用发票	5678903	张伟	2023-01-09	记-0012	
2023-01-10	销售专用发票	5678904	张伟	2023-01-10	记-0013	
2023-01-10	其他应收单	0000000001	张伟	2023-01-10	记-0014	
2023-01-11	收款 销售专用发票	000000002	张伟	2023-01-11	记-0015	
2023-01-12	收款单	ZKAR00000000...	张伟	2023-01-12	记-0016	
2023-01-13	票据计息	654123	张伟	2023-01-13	记-0017	
2023-01-13	票据结算	654123	张伟	2023-01-13	记-0018	
2023-01-13	销售专用发票	5678905	张伟	2023-01-13	记-0019	
2023-01-13	收款单	0000000005	张伟	2023-01-13	记-0020	
2023-01-17	票据贴现	132678	张伟	2023-01-17	记-0021	
2023-01-18	销售专用发票	5678906	张伟	2023-01-18	记-0022	
2023-01-18	红票对冲	5678906	张伟	2023-01-18	记-0023	
2023-01-19	预收冲应收	5678904	张伟	2023-01-19	记-0024	
2023-01-19	并账	5678901	张伟	2023-01-19	记-0025	
2023-01-20	坏账发生	0000000001	张伟	2023-01-20	记-0026	
2023-01-31	坏账收回	0000000006	张伟	2023-01-31	记-0027	
2023-01-31	计提坏账	HZAR00000000...	张伟	2023-01-31	记-0028	

图 5-85 “凭证查询”窗口

业务六：对应收款管理系统进行月末结账。

(1) 2023 年 1 月 31 日，以“W02 张伟”身份登录企业应用平台，在应收款管理系统中，执行“期末处理”→“月末结账”命令，打开“月末处理”对话框。

(2) 双击 1 月的“结账标志”栏，使其出现“Y”字样，单击“下一步”按钮，结果如图 5-86 所示。

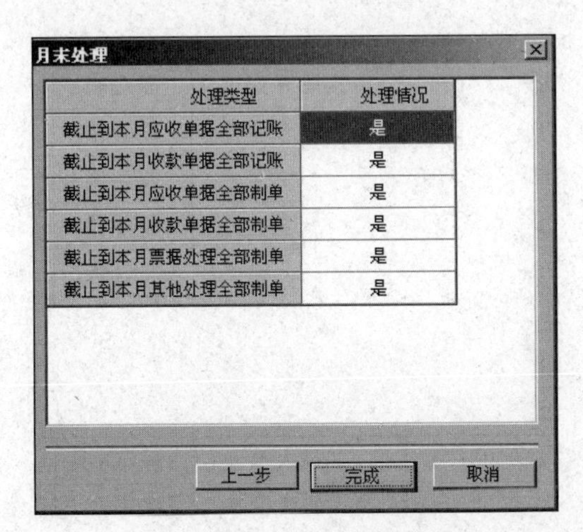
月末处理

处理类型	处理情况
截止到本月应收单据全部记账	是
截止到本月收款单据全部记账	是
截止到本月应收单据全部制单	是
截止到本月收款单据全部制单	是
截止到本月票据处理全部制单	是
截止到本月其他处理全部制单	是

上一步　完成　取消

图 5-86 “月末处理”对话框

(3) 单击“完成”按钮,系统提示“1 月份结账成功”。

(4) 将账套输出至“D:\888 账套\5-3”文件夹。

业务七:取消应收款管理系统月末结账。

在应收款管理系统中执行“期末处理”→“取消月结”命令,打开“取消结账”对话框,单击“确定”按钮,系统提示“取消结账成功”,如图 5-87 所示。

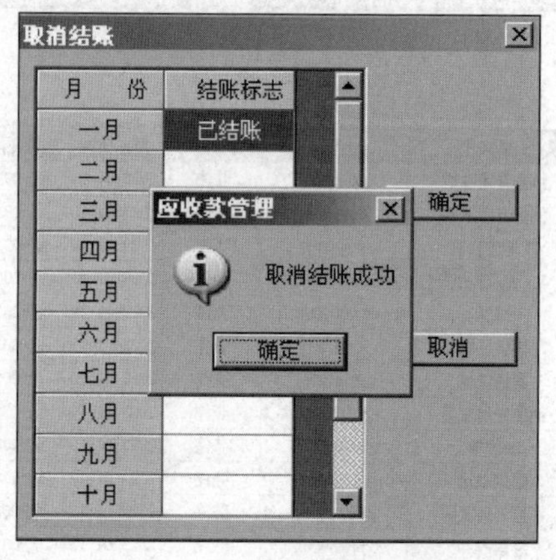

图 5-87 “取消结账”对话框

工作提示

(1) 系统进行月末结账后,该月将不能再进行任何处理。

(2) 如果上月未结账,则本月不能结账。

(3) 如果本月还有未审核的收款单,则不能结账。

项　目　六

应付款管理系统

知识目标

1. 了解应付款管理系统的主要功能。
2. 熟悉应付款管理系统与其他子系统的关系。
3. 掌握应付款管理系统的期初数据录入、应付单据的处理。
4. 掌握应付款管理系统的制单处理、账表查询、期末处理方法。

能力目标

1. 熟悉应付款管理系统的功能和操作流程。
2. 能够熟练进行应付款管理系统的初始化设置。
3. 能够熟练完成应付单据的处理。
4. 能够熟练完成应付款管理系统的期末处理。

工作任务

根据业务资料完成工作任务，包括应付款管理系统的初始化设置、日常处理和期末处理等。

课程思政

在教学课程中培养学生遵纪守法的意识，重视团队协作，注重合规管理，防范和化解商业风险。通过实训教学环节的案例分析和讨论，引导学生思考应付款管理背后的价值观，如诚信、尊重、正直和友善等，培养学生正确的职业道德观念和人文精神。

任务一 认识应付款管理系统

应付款管理系统与应收款管理系统类似，主要用于企业在采购过程中发生的业务，主要以采购发票、其他应付单等原始凭证为依据，记录采购业务及其他业务形成的往来款项，处理应付款的支付、转账等，提供票据处理功能，实现对应付款的管理。

一、应付款管理系统功能

根据对供应商往来款项核算和管理的程度不同，系统提供两种应用方案。

（1）在总账系统核算供应商往来款项。如果企业应付款业务比较简单或者现购业务很多，可则选择在总账系统通过辅助核算完成供应商往来款项核算。

（2）如果企业应付款核算内容较为复杂，需要追踪每一笔业务的应付款、付款等情况，可以选择在应付款管理系统核算供应商往来款项。采用该方案，录入形成应付和付款结算原始单据，所有供应商往来凭证全部由应付款系统根据原始单据生成，其他系统不再生成应付款凭证。

应付款管理系统的主要功能包括：根据输入的单据或由采购系统传递过来的单据记录应付款项的形成，处理应付项目的付款及转账业务，对应付票据进行记录和管理，在应付款管理系统处理过程中生成凭证，并向总账系统进行传递，提供各种查调及分析。

二、应付款管理系统的操作流程

应付款管理系统的操作主要包括初始化设置、日常业务处理、信息查询和期末处理。

（1）初始化设置。初始化设置主要定义应付基础档案和录入期初数据。

（2）日常业务处理。日常业务处理主要处理形成的应付和付款结算管理、应付转账等日常的主要业务。

（3）信息查询。信息查询是指操作员在各种查询结果的基础上进行的各项统计分析，便于企业及时发现问题，加强对往来款项的动态预警、监督与管理。

（4）期末处理。期末处理是指企业在月末进行的月末结账工作，如果当月业务处理完毕，就需执行月末结账处理，只有完成月末结账工作，才可以开始下个月的工作。

任务二 应付款管理系统初始化设置

一、任务目标

根据业务资料完成应付款管理系统参数设置、初始设置、期初余额录入及总账对账等工作。

二、准备工作

从“D:\888 账套\5-3”文件夹中引入[888]账套。系统已启用应付款管理，进入应付款管理系统操作。

三、任务清单

2023 年 1 月 1 日，以账套主管“W01 王东”身份登录企业应用平台，完成以下操作。

(1) 设置应付款管理系统参数。单据审核日期依据为“单据日期”，勾选“自动计算现金折扣”，受控科目制单方式为“明细到单据”，采购科目依据为“按存货”。

(2) 设置应付基本科目，如表 6-1 所示。

表 6-1 应付基本科目

科目种类	科目	科目种类	科目
应付科目	2202 应付账款	商业承兑科目	2201 应付票据
预付科目	1123 预付账款	银行承兑科目	2201 应付票据
税金科目	22210101 应交税费—应交增值税—进项税额	票据利息科目	6603 财务费用
现金折扣科目	6603 财务费用		

(3) 设置应付控制科目，如表 6-2 所示。

表 6-2 应付控制科目

供应商编码	供应商简称	应付科目	预付科目
01	苏州华美公司	2202	1123
02	北京盛唐公司	2202	1123
03	深圳宏发公司	2202	1123
04	合肥大华公司	2202	1123

(4) 设置产品科目，如表 6-3 所示。

表 6-3 产品科目

类别编码	类别名称	采购科目	产品采购税金
0101	I5 CPU	140301	22210101
0102	I3 CPU	140302	22210101
0103	内存条	140303	22210101
0104	硬盘	140304	22210101
0105	主板	140305	22210101
0106	电源	140306	22210101
0107	显卡	140307	22210101
0108	LED 显示器	140308	22210101
0109	键盘鼠标	140309	22210101
0110	机箱	140310	22210101

(5) 设置结算方式科目,如表 6-4 所示。

表 6-4　结算方式科目

结 算 方 式	币　种	本单位账号	科　目
1 现金	人民币		1001
201 现金支票	人民币		100201
202 转账支票	人民币		100201
301 商业承兑汇票	人民币		100201
302 商业承兑汇票	人民币		100201
9 其他	人民币		100201

(6) 录入期初余额,如表 6-5～表 6-7 所示。

表 6-5　预付账款期初余额

日　期	供 应 商	经济业务摘要	方向	金额
2022-12-22	苏州华美公司	12 月 22 日,预付购买 CPU 等原材料款,转账支票号 65123410	借	10 000

表 6-6　应付票据期初余额

日　期	供 应 商	经济业务摘要	方向	金额
2022-12-12	合肥大华公司	12 月 12 日,采购显卡 100 盒,不含税单价 500 元,银行承兑汇票号 784561207,票面利率 5%,到期日 2023 年 1 月 12 日,承兑行中国工商银行	贷	56 500

表 6-7　应付账款期初余额

日　期	供 应 商	经济业务摘要	方向	金额
2022-12-26	北京盛唐公司	12 月 26 日,采购显示器 100 台,不含税单价 600 元。采购专用发票 014567653	贷	67 800

四、操作指导

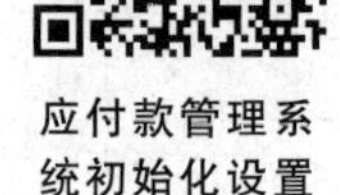

应付款管理系统初始化设置

(一) 设置应付款管理系统参数

(1) 2023 年 1 月 1 日以“W01 王东”身份登录“企业应用平台”,执行“业务工作”→“财务会计”→“应付款管理”命令,打开应付款管理系统。

(2) 在应付款管理系统中执行“设置”→“选项”命令,打开“账套参数设置”对话框,单击“编辑”按钮,系统弹出“选项修改需要重新登录才能生效”提示框,如图 6-1 所示。

(3) 单击“确定”按钮,返回“账套参数设置”对话框,选择“常规”选项卡,单击“单据审核日期依据”栏的下三角按钮,选择“单据日期”;勾选“自动计算现金折扣”复选框,如图 6-2 所示。

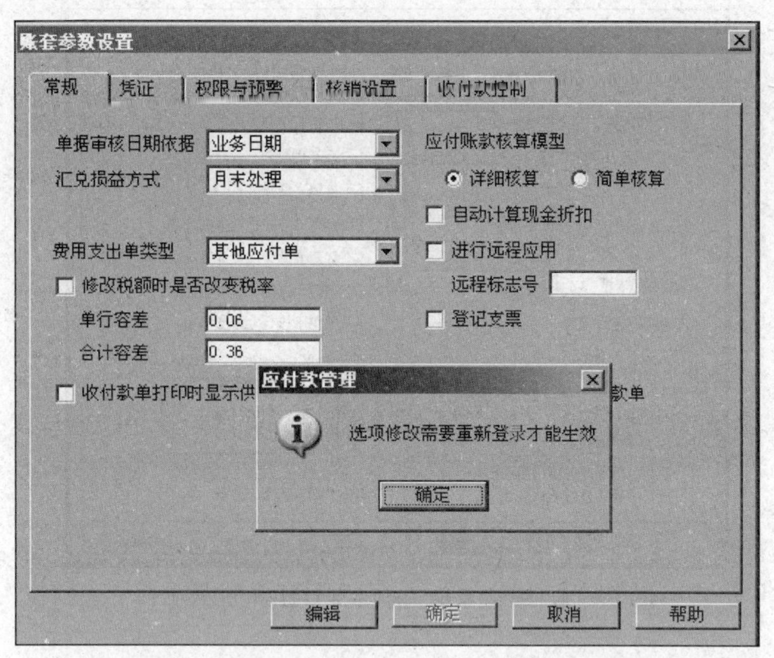

图 6-1 “选项修改需要重新登录才能生效”提示框

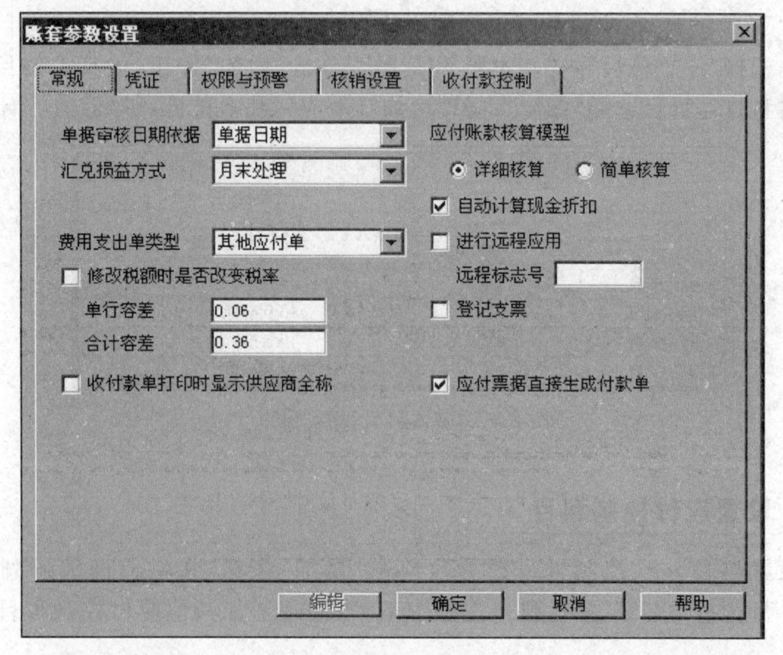

图 6-2 应付管理系统“账套参数设置-常规”选项卡

(4) 选择“凭证”选项卡，单击“受控科目制单方式”栏的下三角按钮，选择“明细到单据”，单击“采购科目依据”栏的下三角按钮，选择“按存货”，如图 6-3 所示。

(5) 完成上述操作后，单击“确定”按钮，保存退出。

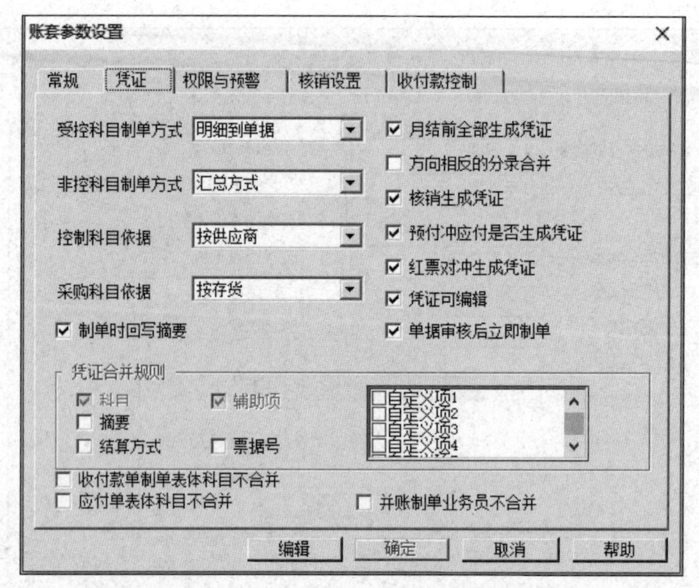

图 6-3　应付管理系统“账套参数设置-凭证”选项卡

（二）设置应付基本科目

继续以“W01 王东”在应付款管理系统中执行“设置”→“初始设置”命令，打开“初始设置”对话框。选择“设置科目”→“基本科目设置”，单击“增加”按钮，在基本科目种类列表中选择“应付科目”，科目选择“2202”；同理增加其他应付基本科目，如图 6-4 所示。

基础科目种类	科目	币种
应付科目	2202	人民币
预付科目	1123	人民币
税金科目	22210101	人民币
现金折扣科目	6603	人民币
商业承兑科目	2201	人民币
银行承兑科目	2201	人民币
票据利息科目	6603	人民币

图 6-4　“基本科目设置”窗口

（三）设置应付控制科目

选择“设置科目”→“控制科目设置”，单击“增加”按钮，在供应商编码列表中选择“01”，应付科目选择“2202”，预付科目选择“1123”；同理增加其他应付控制科目，如图 6-5 所示。

（四）设置产品科目

选择“设置科目”→“产品科目设置”，在存货编码列表中选择“0101”，采购科目选择“140301”，产品采购税金科目选择“22210101”，同理增加其他控制科目，如图 6-6 所示。

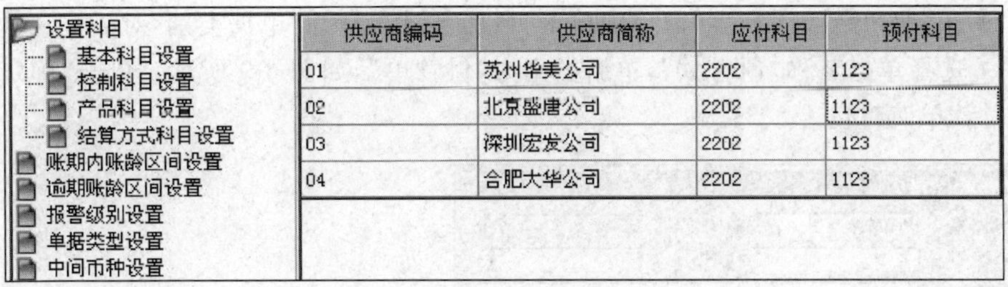

供应商编码	供应商简称	应付科目	预付科目
01	苏州华美公司	2202	1123
02	北京盛唐公司	2202	1123
03	深圳宏发公司	2202	1123
04	合肥大华公司	2202	1123

图 6-5 “控制科目设置”窗口

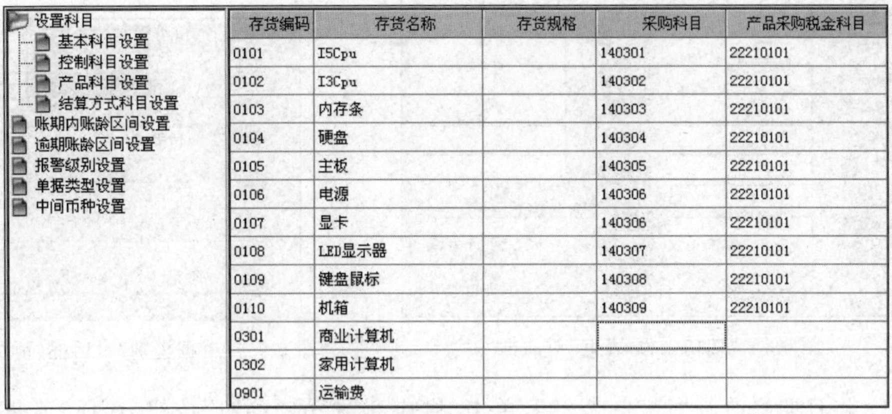

存货编码	存货名称	存货规格	采购科目	产品采购税金科目
0101	I5Cpu		140301	22210101
0102	I3Cpu		140302	22210101
0103	内存条		140303	22210101
0104	硬盘		140304	22210101
0105	主板		140305	22210101
0106	电源		140306	22210101
0107	显卡		140306	22210101
0108	LED显示器		140307	22210101
0109	键盘鼠标		140308	22210101
0110	机箱		140309	22210101
0301	商业计算机			
0302	家用计算机			
0901	运输费			

图 6-6 “产品科目设置”窗口

（五）设置结算方式科目

选择“设置科目”→“结算方式科目设置”，在结算方式列表中选择“1 现金”，币种选择“人民币”，科目选择“1001”，同理增加其他结算方式科目设置，如图 6-7 所示。

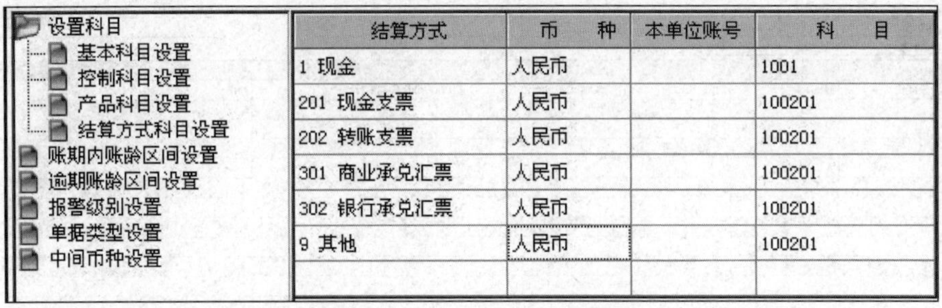

结算方式	币种	本单位账号	科目
1 现金	人民币		1001
201 现金支票	人民币		100201
202 转账支票	人民币		100201
301 商业承兑汇票	人民币		100201
302 银行承兑汇票	人民币		100201
9 其他	人民币		100201

图 6-7 “结算方式科目设置”窗口

（六）录入期初余额

1. 录入预付账款期初余额

(1) 在应付款管理系统中执行“设置”→“期初余额”命令，打开“期初余额-查询”对话框，如图 6-8 所示。

(2) 在“期初余额明细表”窗口中单击“增加”按钮,打开“单据类别”对话框。

(3) 选择单据名称“预付款”,单据类型为“付款单”,如图 6-9 所示。单击“确定”按钮,打开“付款单”窗口。

图 6-8 “期初余额-查询”对话框

图 6-9 “单据类别”对话框(预付款)

(4) 将日期修改为“2022-12-22”,单击“供应商”栏的“参照”按钮,选择“苏州华美公司”,系统自动带出供应商相关信息,结算方式选择“转账支票”;在“金额”栏输入金额“10 000”,“票据号”栏输入“65123410”;在“摘要”栏输入“预付款”,如图 6-10 所示。

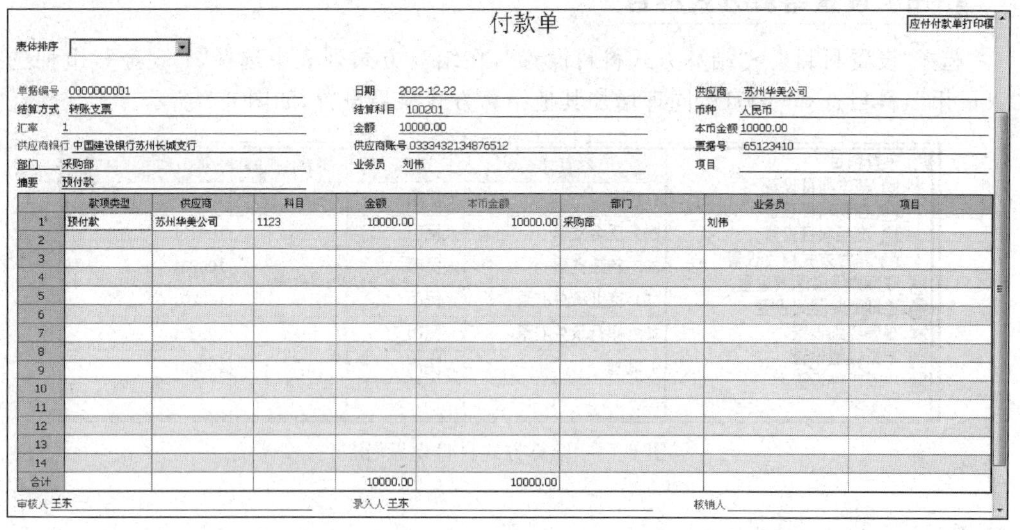

付款单

应付付款单打印模

表体排序

单据编号 0000000001　　日期 2022-12-22　　供应商 苏州华美公司
结算方式 转账支票　　结算科目 100201　　币种 人民币
汇率 1　　金额 10000.00　　本币金额 10000.00
供应商银行 中国建设银行苏州长城支行　　供应商账号 0333432134876512　　票据号 65123410
部门 采购部　　业务员 刘伟　　项目
摘要 预付款

	款项类型	供应商	科目	金额	本币金额	部门	业务员	项目
1	预付款	苏州华美公司	1123	10000.00	10000.00	采购部	刘伟	
2								
3								
4								
5								
6								
7								
8								
9								
10								
11								
12								
13								
14								
合计				10000.00	10000.00			

审核人 王东　　录入人 王东　　核销人

图 6-10 “付款单”窗口

(5) 单击“保存”按钮,关闭“付款单”窗口。

2. 录入应付票据期初余额

(1) 执行“设置”→“期初余额”命令,打开“期初余额-查询”窗口,单击“确定”按钮,打

图 6-11 “单据类别”对话框（应付票据）

开“期初余额明细表”窗口，单击“增加”按钮，打开“单据类别”对话框。

（2）选择单据名称“应付票据”，单据类型“银行承兑汇票”，如图 6-11 所示。单击“确定”按钮，打开“期初票据”窗口。

（3）单击“增加”按钮，录入票据编号“784561207”，单击“收票单位”栏的“参照”按钮，选择“合肥大华公司”，系统自动带出供应商相关信息，承兑银行选择“中国工商银行”，在“票据面值”栏输入金额“56 500”，在“面值利率”栏录入“5”，在“签发日期”栏选择“2022-12-12”，在“到期日”栏选择“2023-01-12”，在“摘要”栏输入“采购显卡 100 盒”，如图 6-12 所示。

期初票据

打印模版 期初应付票据打印模板

币种 人民币

票据编号	784561207	收票单位	合肥大华公司
承兑银行	中国工商银行	科目	2201
票据面值	56500.00	票据余额	56500.00
面值利率	5.00000000	签发日期	2022-12-12
到期日	2023-01-12	部门	采购部
业务员	刘伟	项目	
摘要	采购显卡100盒		

图 6-12 “期初票据”窗口

（4）单击“保存”按钮，关闭“期初票据”窗口。

3. 录入应付账款期初余额

（1）在应付款管理系统中执行“设置”→“期初余额”命令，打开“期初余额-查询”对话框。

（2）单击“确定”按钮，打开“期初余额明细表”窗口，单击“增加”按钮，打开“单据类别”对话框，如图 6-13 所示。

图 6-13 “单据类别”对话框（采购发票）

（3）选择单据名称“采购发票”，单据类型“采购专用发票”，单击“确定”按钮，打开“采购专用发票”窗口。

（4）单击“增加”按钮，录入发票号“014567653”，修改开票日期“2022-12-26”，单击“供应商”按钮，选择“北京盛唐公司”，系统自动带入相关信息；在“备注”栏录入“采购显示器 100 台”，在“税率”栏输入“13”，在“存货编码”选择“0108”，在“数量”栏录入“100”，在“原币单价”栏输入“600”，单击“保存”按钮，如图 6-14 所示，关闭“采购专用发票”窗口。

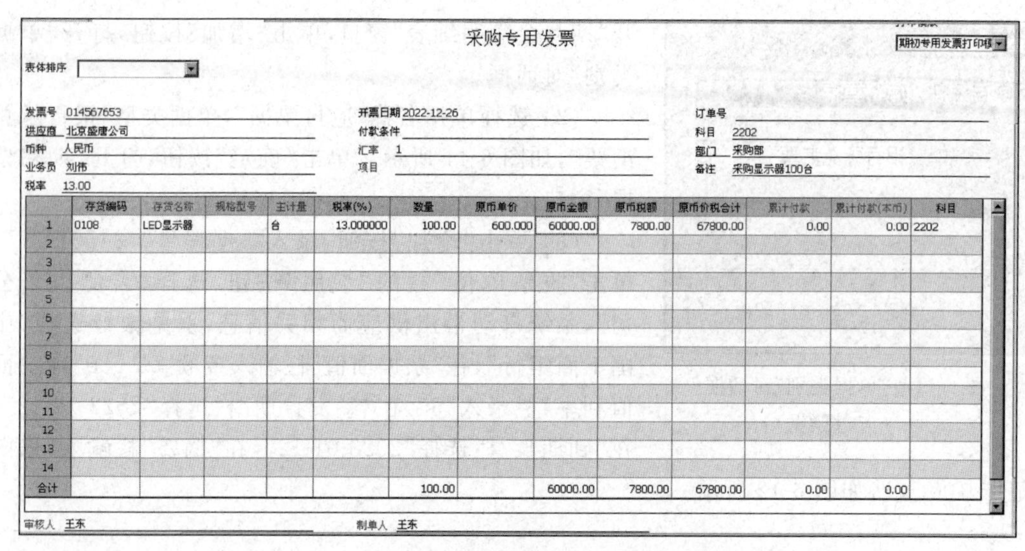

采购专用发票

期初专用发票打印模

表体排序

发票号 014567653　开票日期 2022-12-26　订单号

供应商 北京盛唐公司　付款条件　科目 2202

币种 人民币　汇率 1　部门 采购部

业务员 刘伟　项目　备注 采购显示器100台

税率 13.00

	存货编码	存货名称	规格型号	主计量	税率(%)	数量	原币单价	原币金额	原币税额	原币价税合计	累计付款	累计付款(本币)	科目
1	0108	LED显示器		台	13.000000	100.00	600.000	60000.00	7800.00	67800.00	0.00	0.00	2202
2													
3													
4													
5													
6													
7													
8													
9													
10													
11													
12													
13													
14													
合计						100.00		60000.00	7800.00	67800.00	0.00	0.00	

审核人 王东　制单人 王东

图 6-14 “采购专用发票”窗口

4. 应付款管理系统与总账管理系统期初余额对账。

(1) 执行“设置”→“期初余额”命令，打开“期初余额-查询”，单击“确定”按钮，打开“期初余额明细表”窗口，单击“对账”按钮，打开“期初对账”窗口，如图 6-15 所示。

科目		应付期初		总账期初		差额	
编号	名称	原币	本币	原币	本币	原币	本币
1123	预付账款	-10,000.00	-10,000.00	-10,000.00	-10,000.00	0.00	0.00
1481	合同资产	0.00	0.00	0.00	0.00	0.00	0.00
2201	应付票据	56,500.00	56,500.00	56,500.00	56,500.00	0.00	0.00
2202	应付账款	67,800.00	67,800.00	67,800.00	67,800.00	0.00	0.00
	合计		114,300.00		114,300.00		0.00

图 6-15 “期初对账”窗口

(2) 关闭“期初对账”窗口。

将账套输出至“D:\888 账套\6-1”文件夹。

任务三　应付款管理系统日常业务处理

▶一、任务目标

根据业务资料完成应付款管理系统日常业务处理。

▶二、准备工作

从“D:\888 账套\5-1”文件夹引入[888]账套。

▶三、任务清单

根据业务资料选择相应的操作员和时间，登录企业应用平台，完成应付款管理系统日常业务处理。

1. 应付单据处理

业务一：2023 年 1 月 4 日，向苏州华美公司采购 10 盒 I5 CPU、10 盒 I3 CPU、20 根内存条、20 盒硬盘、20 盒主板，采购单价分别为 800 元、600 元、200 元、300 元、300 元。采购专用发票号 215678362，款项尚未支付。

业务二：2023 年 1 月 5 日，向深圳宏发公司采购 20 盒电源、20 套键盘鼠标、20 个机箱，采购单价均为 100 元，采购专用发票号 523123456，款项尚未支付，付款条件 2/10，1/20，*n*/30。

2. 付款单据处理

业务一：2023 年 1 月 9 日，向北京盛唐公司支付前欠货款 67 800 元，转账支票号 077111365。

业务二：2023 年 1 月 10 日，向深圳宏发公司支付前欠货款 6 660 元，转账支票号 077111366。

3. 票据管理

业务一：2023 年 1 月 11 日，开出银行承兑汇票一张，金额为 23 900 元，票据编号为 784512361，票面利率为 5%，付款银行为中国工商银行合肥高新区支行，用于抵消 1 月4 日向苏州华美公司采购原材料而产生的应付账款，到期日为 4 月 11 日。

业务二：2023 年 1 月 12 日，应付合肥大华公司的银行承兑汇票计息及结算。

4. 转账处理

2023 年 1 月 12 日，预付苏州华美公司 10 000 元冲应付款。

四、操作指导

以“W02 张伟”身份完成采购专用发票、审核、制单；付款单审核、核销、制单等操作。以“W03 王慧”身份录入付款单；录入商业汇票；对商业汇票进行计息及结算等操作。

（一）应付单据处理

应付单据处理

业务一：2023 年 1 月 4 日，向苏州华美公司采购 10 盒 I5 CPU、10 盒 I3 CPU、20 根内存条、20 盒硬盘、20 盒主板，采购单价分别为 800 元、600 元、200 元、300 元、300 元。采购专用发票号 215678362，款项尚未支付。

（1）以“W02 张伟”身份登录企业应用平台，执行“业务工作”→“财务会计”→“应付款管理”命令，打开应付款管理系统。

（2）在应付款管理系统中执行“应付单据处理”→“应付单据录入”命令，打开“单据类别”对话框，单据名称选择“采购发票”，单据类型选择“采购专用发票”，方向选择“正向”，单击“确定”按钮，打开“专用发票”窗口，如图 6-16 所示。

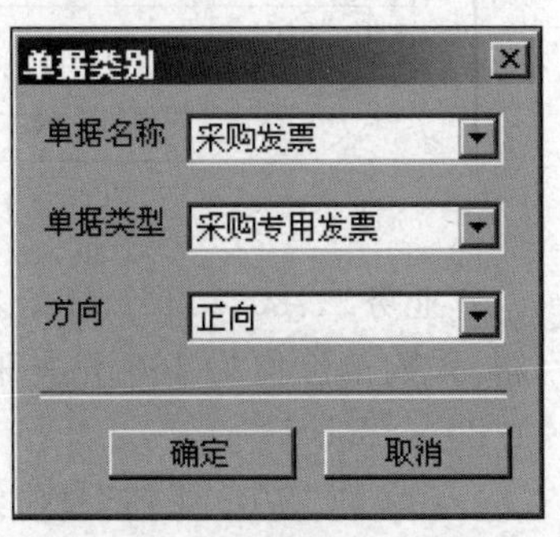

图 6-16 “单据类别”对话框（采购发票）

（3）单击“增加”按钮，录入发票号“215678362”，开票日期和发票日期修改为“2023-01-04”，单击“供应商”栏的

“参照”按钮，选择“苏州华美公司”，系统自动带出供应商相关信息，在“税率”栏输入“13”，在“存货编码”栏在选择“0101”，在“数量”栏录入“10”，在“原币单价”栏输入“800”，并继续录入 I3 CPU、内存条、硬盘、主板相关数据，单击“保存”按钮，如图 6-17 所示。

专用发票　　专用发票打印模版

表体排序

业务类型　　发票类型 采购专用发票　　发票号 215678362
开票日期 2023-01-04　　供应商 苏州华美公司　　代垫单位 苏州华美公司
采购类型　　税率 13.00　　部门名称 采购部
业务员 刘伟　　币种 人民币　　汇率 1
发票日期 2023-01-04　　付款条件　　备注

	存货编码	存货名称	规格型号	主计量	数量	原币单价	原币金额	原币税额	原币价税合计	税率	订单号	原币含税单价	记账人
1	0101	I5 CPU		盒	10.00	800.00	8000.00	1040.00	9040.00	13.00		904.00	
2	0102	I3 CPU		盒	10.00	600.00	6000.00	780.00	6780.00	13.00		678.00	
3	0103	内存条		根	20.00	200.00	4000.00	520.00	4520.00	13.00		226.00	
4	0104	硬盘		盒	20.00	300.00	6000.00	780.00	6780.00	13.00		339.00	
5	0105	主板		盒	20.00	300.00	6000.00	780.00	6780.00	13.00		339.00	
6													
7													
8													
9													
10													
11													
12													
13													
14													
15													
合计					80.00		30000.00	3900.00	33900.00				

结算日期 2023-01-04　　制单人 张伟　　审核人

图 6-17 “专用发票”窗口

(4) 单击“审核”按钮，系统弹出提示“是否立即制单”。

(5) 单击“是”按钮，系统弹出“生成凭证”窗口，单击“确定”按钮，再单击“保存”按钮，系统提示“已生成”，如图 6-18 所示。

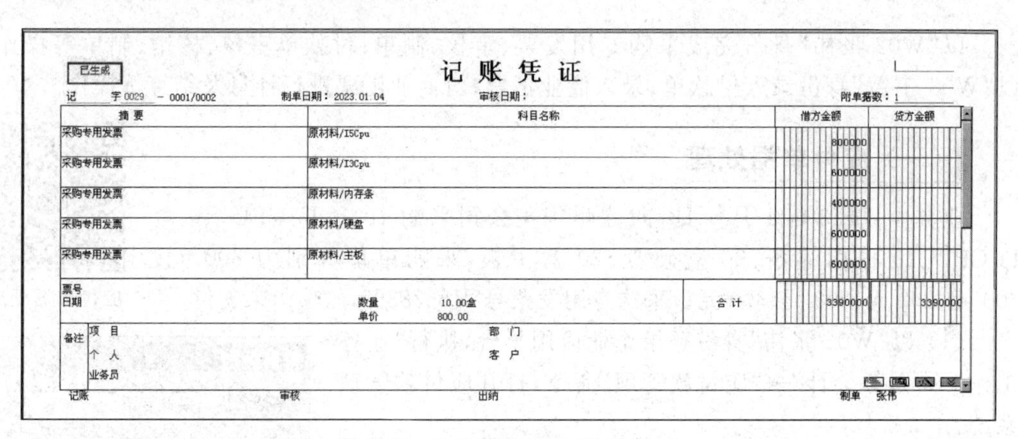

已生成

记账凭证

记 字 0029 - 0001/0002　　制单日期：2023.01.04　　审核日期：　　附单据数：1

摘要	科目名称	借方金额	贷方金额
采购专用发票	原材料/I5Cpu	800000	
采购专用发票	原材料/I3Cpu	600000	
采购专用发票	原材料/内存条	400000	
采购专用发票	原材料/硬盘	600000	
采购专用发票	原材料/主板	600000	
票号 日期	数量 10.00盒 单价 800.00　合计	3390000	3390000

备注　项目　　部门
　　　个人　　客户
　　　业务员

记账　　审核　　出纳　　制单 张伟

图 6-18 已生成的记 0029 号凭证

业务二：2023 年 1 月 5 日，向深圳宏发公司采购 20 盒电源、20 套键盘鼠标、20 个机箱，采购单价均为 100 元。采购专用发票号 523123456，款项尚未支付，付款条件 2/10，1/20，n/30。

(1) 以“W02 张伟”身份继续在应付款管理系统中，执行“应付单据处理”→“应付单据录入”命令，打开“单据类别”对话框，单据名称选择“采购发票”按钮，单据类型选择“采购专用发票”按钮，方向选择“正向”，单击“确定”按钮，打开“专用发票”窗口。

(2) 单击“增加”按钮，录入发票号“523123456”，开票日期和发票日期修改为“2023-01-05”，单击“供应商”栏的“参照”按钮，选择“深圳宏发公司”，系统自动带出供应商相关信息，在“税率”栏输入“13”，在“付款条件”栏选择“01”，在“存货编码”栏选择“0106”，在“数量”栏录入“20”，在“原币单价”栏输入“100”，并继续录入键盘鼠标、机箱相关数据，单击“保存”按钮，如图 6-19 所示。

专用发票　　专用发票打印模版

表体排序

业务类型　　发票类型 采购专用发票　　发票号 5231234566
开票日期 2023-01-05　　供应商 深圳宏发公司　　代垫单位 深圳宏发公司
采购类型　　税率 13.00　　部门名称 采购部
业务员 刘伟　　币种 人民币　　汇率 1
发票日期 2023-01-05　　付款条件 2/10,1/20,n/30　　备注

	存货编码	存货名称	规格型号	主计量	数量	原币单价	原币金额	原币税额	原币价税
1	0106	电源		个	20.00	100.00	2000.00	260.00	
2	0109	键盘鼠标		套	20.00	100.00	2000.00	260.00	
3	0110	机箱		个	20.00	100.00	2000.00	260.00	
4									
5									
6									
7									
8									
9									
10									
11									
12									
13									
14									
合计					60.00		6000.00	780.00	

结算日期 2023-01-05　　制单人 张伟　　审核人

图 6-19 “专用发票”窗口

(3) 单击“审核”按钮，系统弹出提示“是否立即制单”。

(4) 单击“是”按钮，系统弹出“生成凭证”窗口，单击“确定”按钮，再单击“保存”按钮，系统提示“已生成”，如图 6-20 所示。

已生成

记账凭证

记 字 0030　　制单日期：2023.01.05　　审核日期：　　附单据数：1

摘要	科目名称	借方金额	贷方金额
采购专用发票	原材料/电源	200000	
采购专用发票	原材料/LED显示器	200000	
采购专用发票	原材料/键盘鼠标	200000	
采购专用发票	应交税费/应交增值税/进项税额	78000	
采购专用发票	应付账款		678000
票号 日期	数量 20.00个 单价 100.00	合计 678000	678000

备注　项目　　部门
个人　　客户
业务员

记账　　审核　　出纳　　制单 张伟

图 6-20 已生成的记 0030 号凭证

（二）付款单据处理

付款单据处理

业务一：2023 年 1 月 9 日，向北京盛唐公司支付前欠货款 67 800 元，转账支票号 077111365。

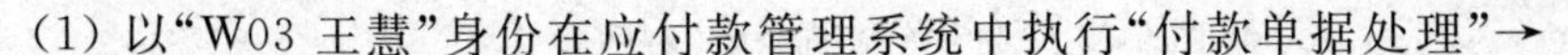

(1) 以“W03 王慧”身份在应付款管理系统中执行“付款单据处理”→

"付款单据录入"命令，打开"付款单"窗口，单击"增加"按钮。

（2）日期修改为"2023-01-09"，在"供应商"栏选择"北京盛唐公司"，系统自动带出供应商相关信息，在"结算方式"栏选择"转账支票"，在"金额"栏输入"67 800"，在"票据号"栏输入"077111365"，在"摘要"栏输入"支付北京盛唐公司前欠货款"，单击表格中的"款项类型"，自动带出相关数据，如图 6-21 所示，单击"保存"按钮。

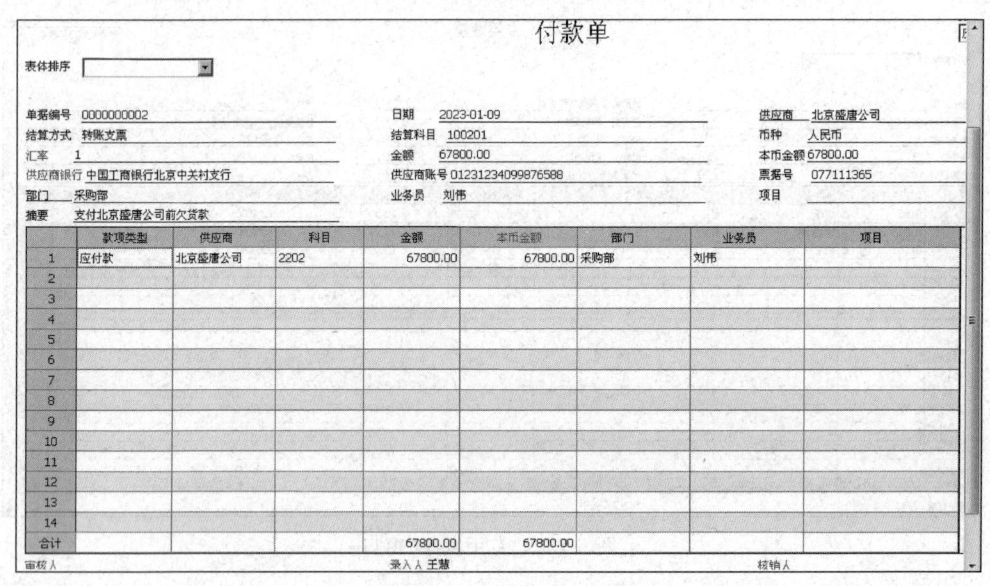

付款单

表体排序

单据编号 0000000002　日期 2023-01-09　供应商 北京盛唐公司
结算方式 转账支票　结算科目 100201　币种 人民币
汇率 1　金额 67800.00　本币金额 67800.00
供应商银行 中国工商银行北京中关村支行　供应商账号 01231234099876588　票据号 077111365
部门 采购部　业务员 刘伟　项目
摘要 支付北京盛唐公司前欠货款

	款项类型	供应商	科目	金额	本币金额	部门	业务员	项目
1	应付款	北京盛唐公司	2202	67800.00	67800.00	采购部	刘伟	
2								
3								
4								
5								
6								
7								
8								
9								
10								
11								
12								
13								
14								
合计				67800.00	67800.00			

审核人　录入人 王慧　核销人

图 6-21 "付款单"窗口

（3）以"W02 张伟"身份在应付款管理系统中执行"付款单据处理"→"付款单据审核"命令，打开"付款单查询条件"对话框，如图 6-22 所示。

付款单查询条件

供应商　——
部门　单据编号　——
业务员　单据日期 2023-01-01　——
款项类型　审核日期　——
制单人　银行账号
修改人　票据号　——
币种　原币金额　——
本币金额　——
结算方式　结算科目
项目大类　项目　——
合同类型　合同号　——
合同执行单　——
来源　订单号　——

未审核　已审核
收款单　未制单　批审
付款单　已制单　确定　取消

图 6-22 "付款单查询条件"对话框

（4）单击“确定”按钮，打开“收付款单列表”窗口，可单击“全选”按钮或双击选择，如图 6-23 所示。

收付款单列表

记录总数：1

选择	审核人	单据日期	单据类型	单据编号	供应商	部门	业务员	结算方式	票据号	币种	汇率	原币金额	本币金额	备注
Y		2023-01-09	付款单	0000000002	北京盛唐公司	采购部	刘伟	转账支票	077111365	人民币	1.00000000	67,800.00	67,800.00	支付北京盛唐公司前欠货款
合计												67,800.00	67,800.00	

图 6-23 “收付款单列表”窗口

（5）单击“审核”按钮，系统弹出提示“本次审核成功单据[1]张”，如图 6-24 所示，单击“确定”按钮。

（6）以“W02 张伟”身份在应付款管理系统中执行“核销处理”→“手工核销”命令，打开“核销条件”对话框；在“供应商”栏选择“02-北京盛唐公司”，如图 6-25 所示。

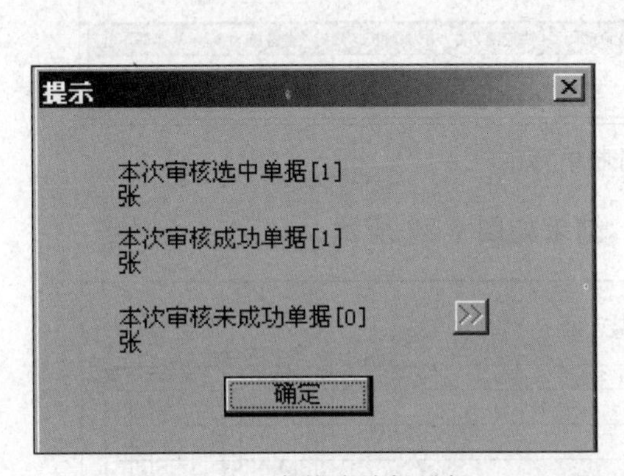

图 6-24 审核成功提示框

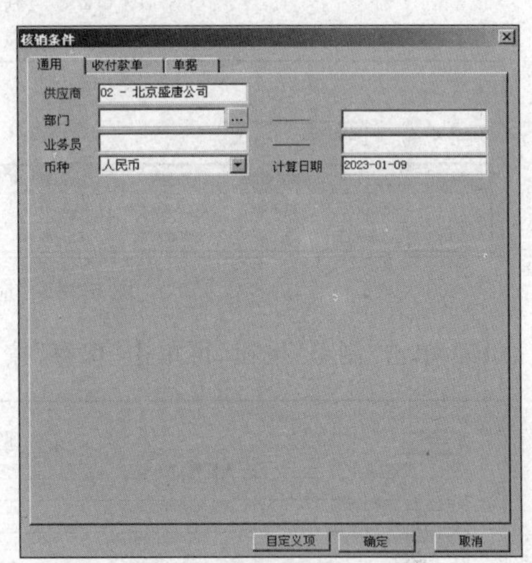

图 6-25 “核销条件”对话框

（7）单击“确定”按钮，打开“单据核销”窗口。在上部分的“本次结算”栏录入“67 800”，在下部分的“本次结算”栏同样录入“67 800”，如图 6-26 所示，单击“保存”按钮。

单据日期	单据类型	单据编号	供应商	款项...	结算方式	币种	汇率	原币金额	原币余额	本次结算	订单号
2023-01-09	付款单	0000000002	北京盛唐公司	应付款	转账支票	人民币	1.00000000	67,800.00	67,800.00	67,800.00	
合计								67,800.00	67,800.00	67,800.00	

单据日期	单据类型	单据编号	到期日	供应商	币种	原币金额	原币余额	可享受折扣	本次折扣	本次结算	订单号	凭证号
2022-12-26	采购专...	014567653	2022-12-26	北京盛唐公司	人民币	67,800.00	67,800.00	0.00	0.00	67,800.00		
合计						67,800.00	67,800.00	0.00		67,800.00		

图 6-26 “单据核销”窗口

（8）以“W02 张伟”身份在应付款管理系统中执行“制单处理”命令，打开“制单查询”对话框，选择“发票制单”“应付单制单”“收付款单制单”“核销制单”复选框，如图 6-27 所示。

（9）单击“确定”按钮，打开“应付制单”窗口，单击“全选”按钮，再单击“合并”按钮，如图 6-28 所示。

图 6-27 “制单查询”对话框

应付制单

凭证类别 记账凭证　　制单日期 2023-01-09

选择标志	凭证类别	单据类型	单据号	日期	供应商编码	供应商名称	部门	业务员	金额
1	记账凭证	付款单	0000000002	2023-01-09	02	北京盛唐公司	采购部	刘伟	67,800.00
1	记账凭证	核销	0000000002	2023-01-09	02	北京盛唐公司	采购部	刘伟	67,800.00

图 6-28 “应付制单”窗口

(10) 单击“制单”按钮，再单击“保存”按钮，结果如图 6-29 所示。

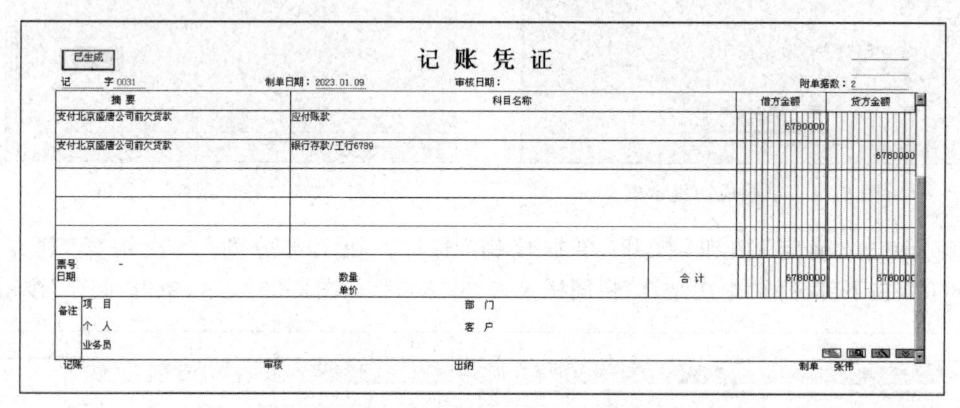

图 6-29 已生成的记 0031 号凭证

业务二：2023 年 1 月 10 日，向深圳宏发公司支付前欠货款 6 660 元，转账支票号 077111366。

(1) 2013 年 1 月 10 日，以“W03 王慧”身份在应付款管理系统中执行“付款单据处理”→“付款单据录入”命令，打开“付款单”对话框，单击“增加”按钮。

(2) 日期修改为“2023-01-10”，在“供应商”栏选择“深圳宏发公司”，系统自动带出供应商相关信息，在“结算方式”栏选择“转账支票”，在“金额”栏输入“6 660”，在“票据号”栏输入“077111366”，在“摘要”栏输入“支付深圳宏发公司前欠货款”，单击表格中的“款项类型”，自动带出相关数据，如图 6-30 所示，单击“保存”按钮。

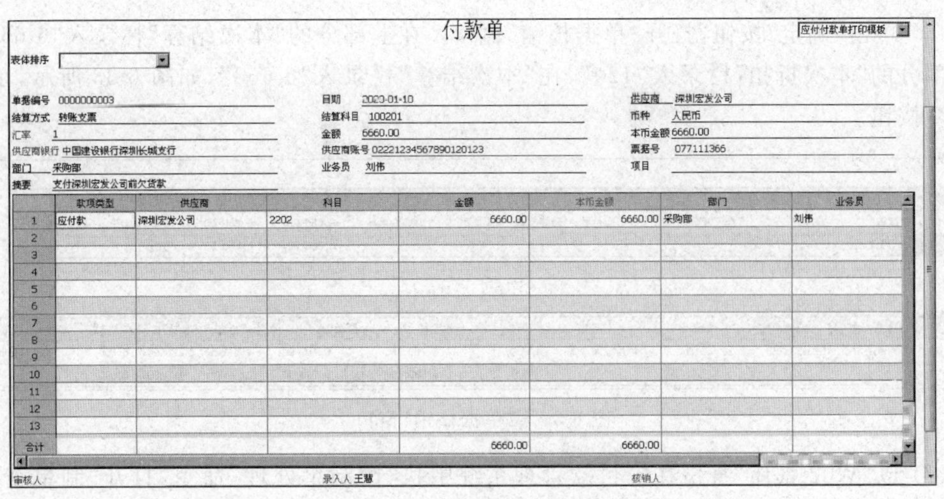

图 6-30 “付款单”窗口

(3) 以“W02 张伟”身份在应付款管理系统中执行“付款单据处理”→“付款单据审核”命令,打开“付款单查询条件”对话框。单击“确定”按钮,打开“收付款单列表”窗口,可单击“全选”按钮或在双击选择下一行空格,单击“确定”按钮,如图 6-31 所示。

收付款单列表

记录总数:1

选择	审核人	单据日期	单据类型	单据编号	供应商	部门	业务员	结算方式	票据号	币种	汇率	原币金额	本币金额	备注
Y		2023-01-10	付款单	0000000003	深圳宏发公司	采购部	刘伟	转账支票	077111366	人民币	1.00000000	6,660.00	6,660.00	支付深圳宏发公前欠货款
合计												6,660.00	6,660.00	

图 6-31 “收付款单列表”窗口

(4) 单击“审核”按钮,系统弹出提示“本次审核成功单据[1]张”,单击“确定”按钮。

(5) 以“W02 张伟”身份在应付款管理系统中执行“核销处理”→“手工核销”命令,打开“核销条件”对话框;在“供应商”栏选择“03-深圳宏发公司”,如图 6-32 所示。

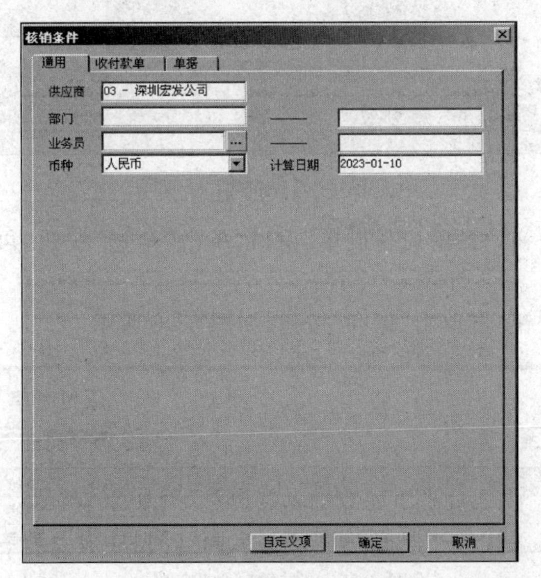

图 6-32 “核销条件”对话框

(6) 单击“确定”按钮，打开“单据核销”窗口。在上部分的“本次结算”栏录入“6 660”，在下部分的“本次折扣”栏录入“120”，在“本次结算”栏录入“6 660”，如图 6-33 所示，单击“保存”按钮。

单据日期	单据类型	单据编号	供应商	款项...	结算方式	币种	汇率	原币金额	原币余额	本次结算	订单号
2023-01-10	付款单	0000000003	深圳宏发公司	应付款	转账支票	人民币	1.00000000	6,660.00	6,660.00	6,660.00	
合计								6,660.00	6,660.00	6,660.00	

单据日期	单据类型	单据编号	到期日	供应商	币种	原币金额	原币余额	可享受折扣	本次折扣	本次结算	订单号	凭证号
2023-01-05	采购专用发票	5231234566	2023-02-04	深圳宏发公司	人民币	6,780.00	6,780.00	135.60	120.00	6,660.00		记-0030
合计						6,780.00	6,780.00	135.60	120.00	6,660.00		

图 6-33 “单据核销”窗口

(7) 以“W02 张伟”身份在应付款管理系统中执行“制单处理”命令，打开“制单查询”对话框，选择“收付款单制单”和“核销制单”复选框，如图 6-34 所示。

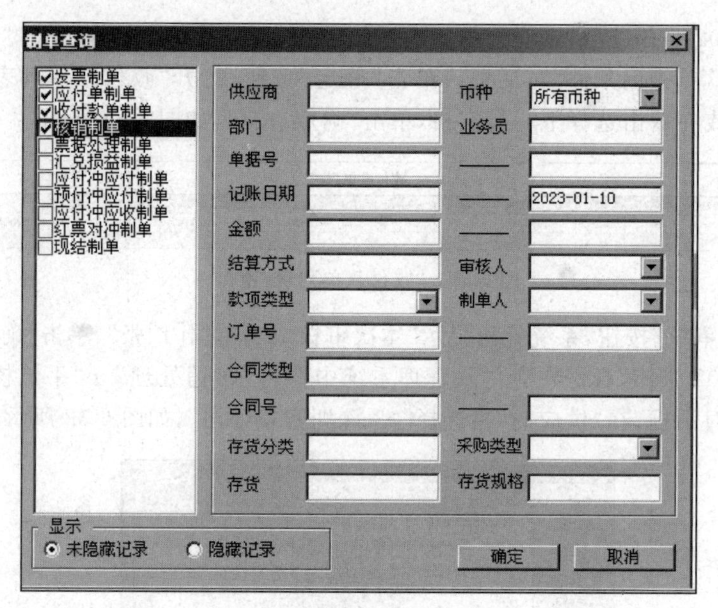

图 6-34 “制单查询”对话框

(8) 单击“确定”按钮，打开“应付制单”窗口，单击“全选”按钮，再单击“合并”按钮，如图 6-35 所示。

(9) 单击“制单”按钮，再单击“保存”按钮，如图 6-36 所示。

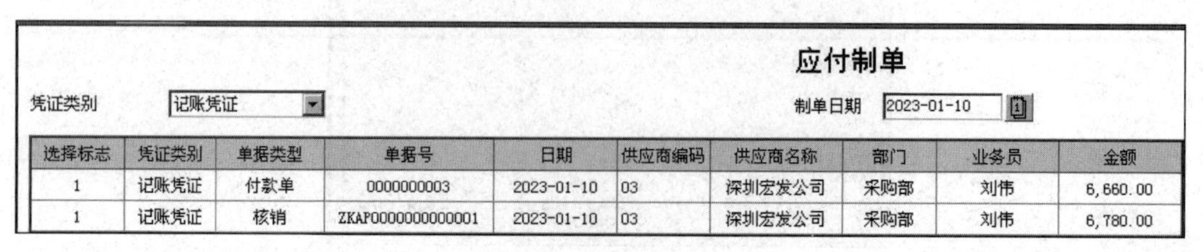

应付制单

凭证类别 记账凭证　　制单日期 2023-01-10

选择标志	凭证类别	单据类型	单据号	日期	供应商编码	供应商名称	部门	业务员	金额
1	记账凭证	付款单	0000000003	2023-01-10	03	深圳宏发公司	采购部	刘伟	6,660.00
1	记账凭证	核销	ZKAP0000000000001	2023-01-10	03	深圳宏发公司	采购部	刘伟	6,780.00

图 6-35 “应付制单”窗口

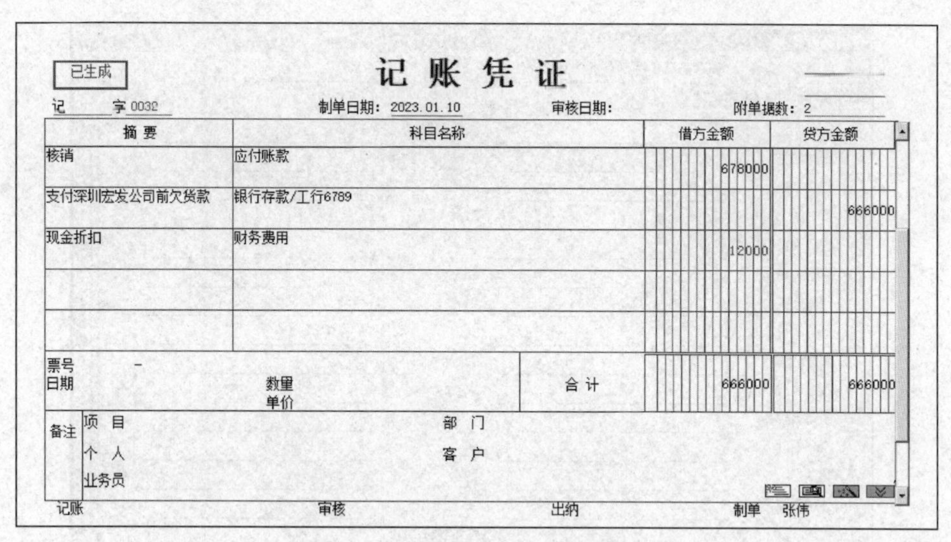

已生成

记 账 凭 证

记 字 0032 制单日期：2023.01.10 审核日期： 附单据数：2

摘要	科目名称	借方金额	贷方金额
核销	应付账款	678000	
支付深圳宏发公司前欠货款	银行存款/工行6789		666000
现金折扣	财务费用	12000	
票号 - 日期 数量 单价	合计	666000	666000

备注 项目 部门

个人 客户

业务员

记账 审核 出纳 制单 张伟

图 6-36 已生成的记 0032 号凭证

工作提示

(1) 通过核销功能可将付款单与发票或应付单相关联，冲减本期应付，减少企业债务。

(2) 未审核过的或者原币余额为零的单据记录均不显示在收付款单、被核销单据列表中。

(3) 红字单据整条记录金额、余额均正数显示，单据类型为收款单。

(4) 收付款单原币余额＝原币金额－本次结算。

(5) 发票、应付单在自动计算现金折扣的情况下，原币余额＝原币金额－本次结算－本次折扣；无现金折扣的情况下，原币余额＝原币金额－本次结算。

(6) 款项类型为应付款或预付款的付款单均可进行核销。

(7) 若付款单数额等于原有单据数额，付款单与原有单据完全核销。

(8) 若付款单数额大于原有单据数额，部分核销原有单据，部分形成预付款。

(9) 若付款单数额小于原有单据数额，原有单据仅得到部分核销。

(三) 票据管理

票据管理

业务一：2023 年 1 月 11 日，开出银行承兑汇票一张，金额为 23 900 元，票据编号为 784512361，票面利率为 5%，付款银行为中国工商银行高新区支行，用于抵消 1 月 4 日向苏州华美公司采购原材料而产生的应付账款，到期日为 4 月 11 日。

(1) 以“W03 王慧”身份在应付款管理系统中执行“票据处理”→“查询条件选择”命令，如图 6-37 所示，单击“确定”按钮，打开“票据管理”窗口，单击“增加”按钮，打开“商业汇票”窗口。

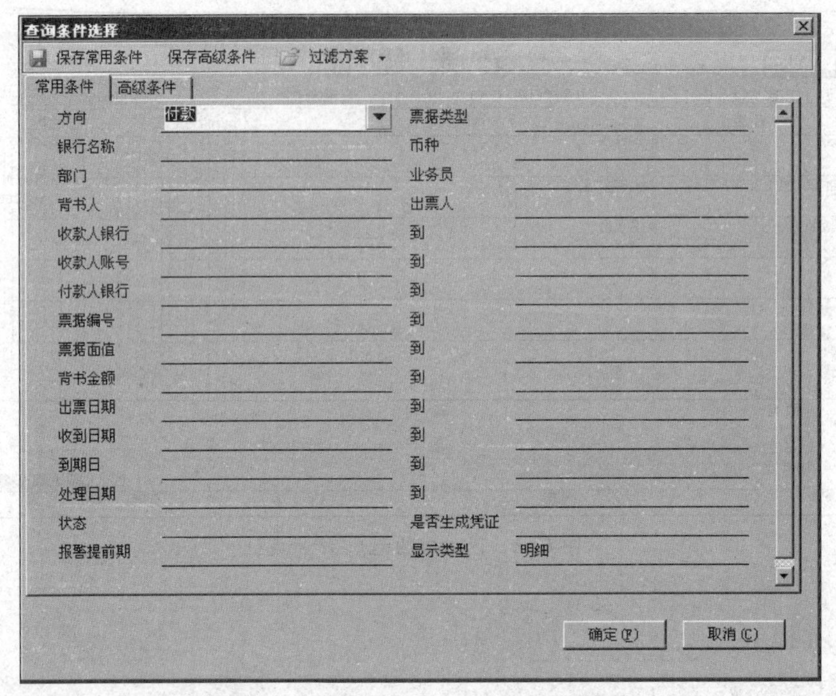

图 6-37 “票据管理-查询条件选择”对话框

(2) 在“银行名称”栏选择“中国工商银行”，在“票据类型”和“结算方式”栏选择“银行承兑汇票”，在“票据编号”栏输入“784512361”，在“收到日期”栏输入“2023-01-11”，在“出票日期”栏输入“2023-01-11”，在“到期日”栏输入“2023-04-11”，在“付款人银行”栏选择“中国工商银行高新区支行”，在“收款人”栏选择“苏州华美公司”，在“金额”栏输入“23 900”，票面利率输入“5”，如图 6-38 所示，单击“保存”按钮。

打印模版组 30657 商业汇票打印模版

商业汇票

银行名称 中国工商银行　　票据类型 银行承兑汇票

方向 付款　　票据编号 784512361　　结算方式 银行承兑汇票

收到日期 2023-01-11　　出票日期 2023-01-11　　到期日 2023-04-11

出票人 合肥腾飞科技有限公司　　出票人账号 1300123409123456789　　付款人银行 中国工商银行高新区支行

收款人 苏州华美公司　　收款人账号 0333432134876512　　收款人开户银行 中国建设银行苏州长城支行

币种 人民币　　金额 23900.00　　票面利率 5.00000000

汇率 1.000000　　付款行行号　　付款行地址

背书人　　背书金额　　备注

业务员 刘伟　　部门 采购部　　票据摘要

交易合同号码　　制单人 王慧

	处理方式	处理日期	贴现银行	被背书人	贴现率	利息	费用	处理金额
1								
2								
3								
4								
5								
6								
7								
8								
合计								

图 6-38 “商业汇票”窗口

（3）以“W02 张伟”身份在应付款管理系统中执行“付款单据处理”→“付款单据审核”命令，打开“付款单查询条件”对话框，单击“确定”按钮，打开“收付款单列表”窗口，单击“全选”按钮，如图 6 39 所示。单击“审核”按钮，系统弹出提示“本次审核成功单据[1]张”单击“确定”按钮，如图 6-40 所示。

收付款单列表

记录总数：1

选择	审核人	单据日期	单据类型	单据编号	供应商	部门	业务员	结算方式	票据号	币种	汇率	原币金额	本币金额	备注
	张伟	2023-01-11	付款单	0000000004	苏州华美公司	采购部	刘伟	银行承...	784512361	人民币	1.00000000	23,900.00	23,900.00	
合计												23,900.00	23,900.00	

图 6-39 “收付款单列表”窗口

（4）在应付款管理系统中执行“核销处理”→“手工核销”命令，打开“核销条件”对话框；在“供应商”栏选择“苏州华美公司”，单击“确定”按钮，打开“单据核销”窗口。在上部分的“单据日期”栏录入“2023-01-11”，在“本次结算”栏录入“23 900”，在下部分的“本次结算”栏录入“23 900”，如图 6-41 所示。单击“保存”按钮。

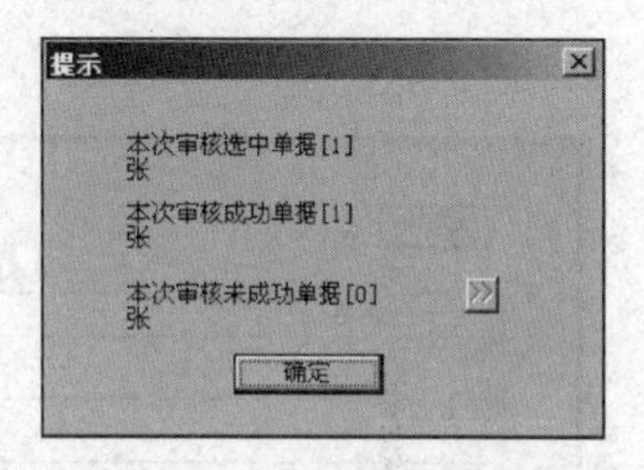

图 6-40 审核成功提示框

（5）以“W02 张伟”身份在应付款管理系统中执行“制单处理”命令，打开“制单查询”对话框，选择“发票制单”“收付款单制单”“核销制单”“票据处理制单”复选框，如图 6-42 所示。

单据日期	单据类型	单据编号	供应商	款项...	结算方式	币种	汇率	原币金额	原币余额	本次结算	订单号
2022-12-22	付款单	0000000001	苏州华美公司	预付款	转账支票	人民币	1.00000000	10,000.00	10,000.00		
2023-01-11	付款单	0000000004	苏州华美公司	应付款	银行承...	人民币	1.00000000	23,900.00	23,900.00	23,900.00	
合计								33,900.00	33,900.00	23,900.00	

单据日期	单据类型	单据编号	到期日	供应商	币种	原币金额	原币余额	可享受折扣	本次折扣	本次结算	订单号	凭证号
2023-01-04	采购专用发票	215678362	2023-01-04	苏州华美公司	人民币	33,900.00	33,900.00	0.00	0.00	23,900.00		记-0029
合计						33,900.00	33,900.00	0.00		23,900.00		

图 6-41 “单据核销”窗口

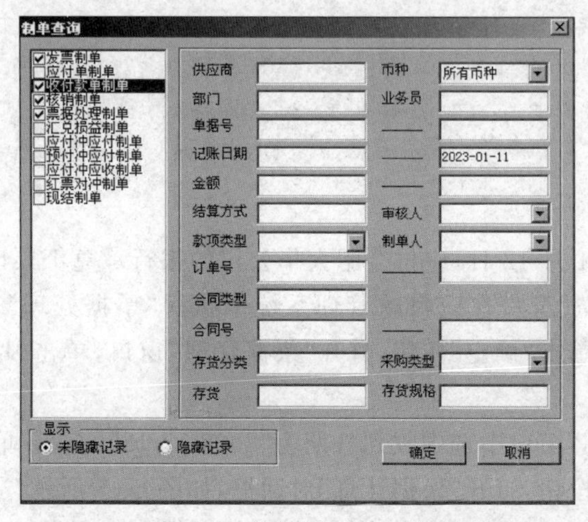

图 6-42 “制单查询”对话框

（6）单击“确定”按钮，打开“应付制单”窗口，单击“全选”按钮，再单击“合并”按钮，如图 6-43 所示。

应付制单

凭证类别 记账凭证　　制单日期 2023-01-11

选择标志	凭证类别	单据类型	单据号	日期	供应商编码	供应商名称	部门	业务员	金额
1	记账凭证	付款单	0000000004	2023-01-11	01	苏州华美公司	采购部	刘伟	23,900.00
1	记账凭证	核销	0000000004	2023-01-11	01	苏州华美公司	采购部	刘伟	23,900.00

图 6-43　“应付制单”窗口

（7）单击“制单”按钮，再单击“保存”按钮，如图 6-44 所示。

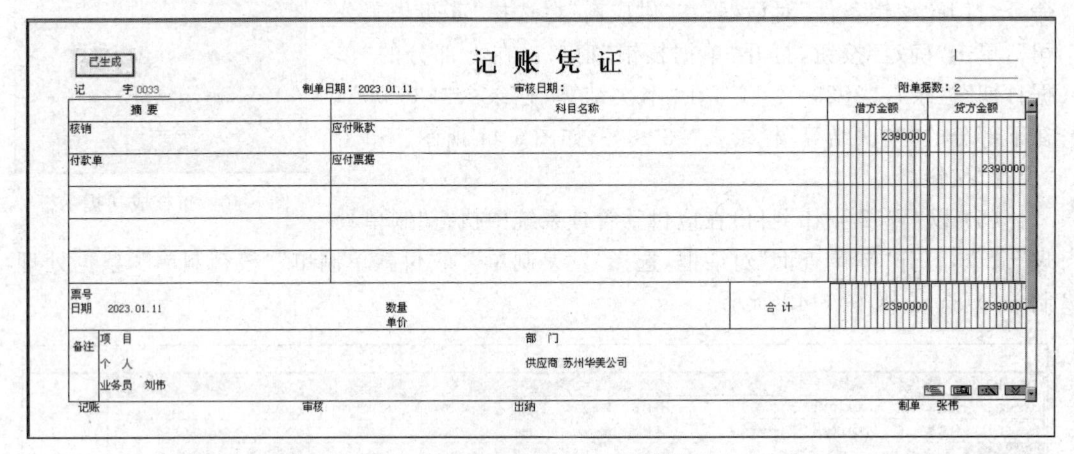

已生成

记账凭证

记　字 0033　　制单日期：2023.01.11　　审核日期：　　附单据数：2

摘要	科目名称	借方金额	贷方金额
核销	应付账款	2390000	
付款单	应付票据		2390000
票号 日期 2023.01.11	数量 单价	合计 2390000	2390000

备注　项目　　部门

个人　　供应商 苏州华美公司

业务员 刘伟

记账　　审核　　出纳　　制单 张伟

图 6-44　已生成的记 0033 号凭证

工作提示

在票据列表界面或票据填制界面，单击“删除”或“修改”按钮，可对商业汇票进行修改或删除，但以下几种情况不能修改或删除。

（1）票据自动生成的付款单已经进行核销、转账等后续处理的不能被修改或删除。

（2）出票日期所在月份已经结账的票据不能被修改或删除。

（3）已经进行计息、结算、转出等处理的票据到期不能被修改或删除。

业务二：2023 年 1 月 12 日，应付合肥大华公司的银行承兑汇票计息及结算。

（1）以“W03 王慧”身份在应付款管理系统中执行“票据处理”→“查询条件选择”命令，如图 6-45 所示。单击“确定”按钮，打开“票据管理”窗口，单击“增加”按钮，打开“商业汇票”窗口。

（2）在“票据管理”窗口中选中收到日期为“2022-12-12”的业务单据，如图 6-46 所示。

（3）单击“计息”按钮，打开“票据计息”对话框，如图 6-47 所示。

（4）单击“确定”按钮，系统弹出提示“是否立即制单”信息提示框，单击“否”按钮。

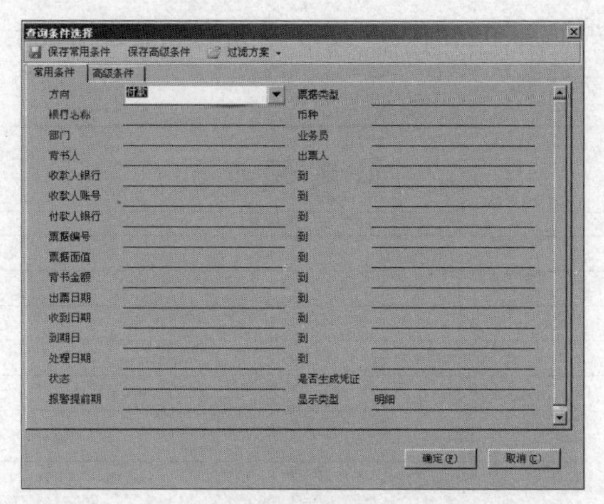

图 6-45 “票据处理-查询条件选择”对话框

票据总数：2

记录总数：2

票据管理

选择	序号	方向	票据类型	收到日期	票据编号	银行名称	票据摘要	币种	出票日期	结算方式	背书人	背书金额	金额	汇率	票面利率	票面余额	出票人
Y	1	付款	银行承兑汇票	2022-12-12	784561207		采购显卡100盒	人民币	2022-12-12			0.00	56,500.00		5	56,500.00	
	2	付款	银行承兑汇票	2023-01-11	784512361	中国工…		人民币	2023-01-11	银行承…			23,900.00	1.000…	5	23,900.00	合肥腾飞…
合计												0.00	80,400.00			80,400.00	

图 6-46 “票据管理”窗口

(5) 以“W03 王慧”身份在“票据管理”窗口中选中收到日期为“2022-12-12”的业务单据，单击“结算”按钮，打开“票据结算”对话框，在“结算日期”栏选择“2022-01-12”，在“结算科目”栏选择“100201”，如图 6-48 所示。

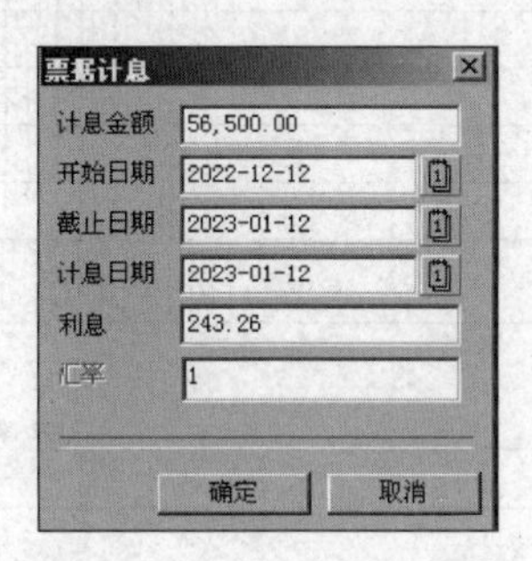

图 6-47 “票据计息”对话框

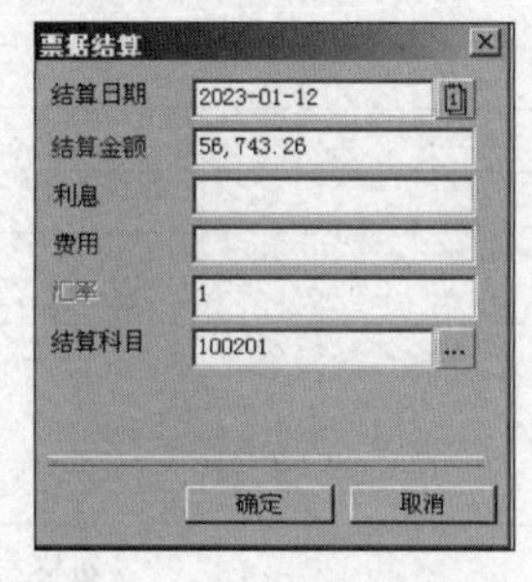

图 6-48 “票据结算”对话框

(6) 单击“确定”按钮，弹出提示“是否立即制单？”，选择“否”按钮。

(7) 以“W02 张伟”身份在应付款管理系统中执行“制单处理”命令，打开“制单查询”对话框，选择“票据处理制单”，单击“确定”按钮，打开“票据处理制单”窗口。

(8) 单击“全选”按钮，如图 6-49 所示。

票据处理制单

凭证类别 记账凭证　　制单日期 2023-01-12

选择标志	凭证类别	单据类型	单据号	日期	供应商编码	供应商名称	部门	业务员	金额
1	记账凭证	票据计息	784561207	2023-01-12	04	合肥大华公司	采购部	刘伟	243.26
2	记账凭证	票据结算	784561207	2023-01-12	04	合肥大华公司	采购部	刘伟	56,743.26

图 6-49 “票据处理制单”窗口

(9) 单击“制单”按钮，再单击“保存”按钮，在应付款管理系统生成第一张“付票据计息”凭证，如图 6-50 所示。

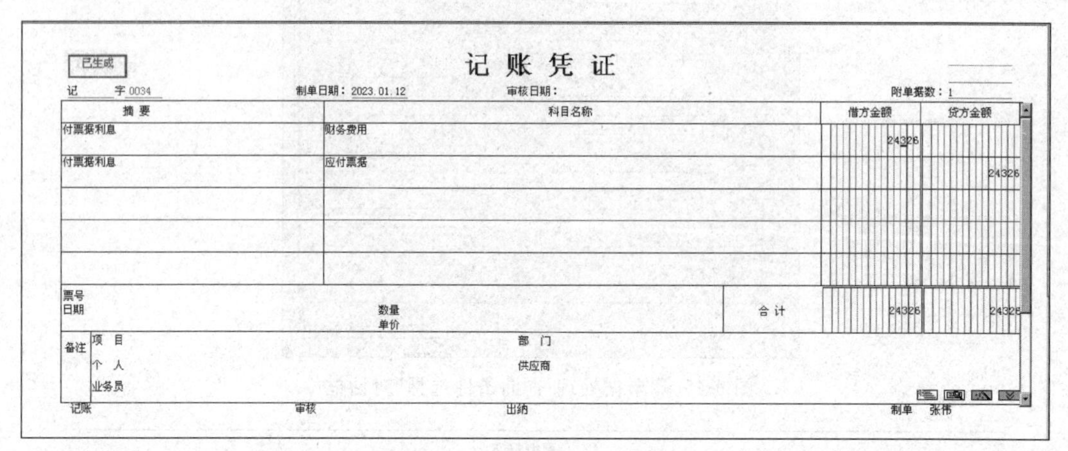
已生成

记账凭证

记 字 0034 制单日期：2023.01.12 审核日期： 附单据数：1

摘要	科目名称	借方金额	贷方金额
付票据利息	财务费用	24326	
付票据利息	应付票据		24326
票号 日期	数量 单价 合计	24326	24326

备注 项目 部门
个人 供应商
业务员

记账 审核 出纳 制单 张伟

图 6-50　已生成的记 0034 号凭证

(10) 单击“下张凭证”按钮，再单击“保存”按钮，在应付款管理系统生成第二张“票据结算”凭证，如图 6-51 所示。

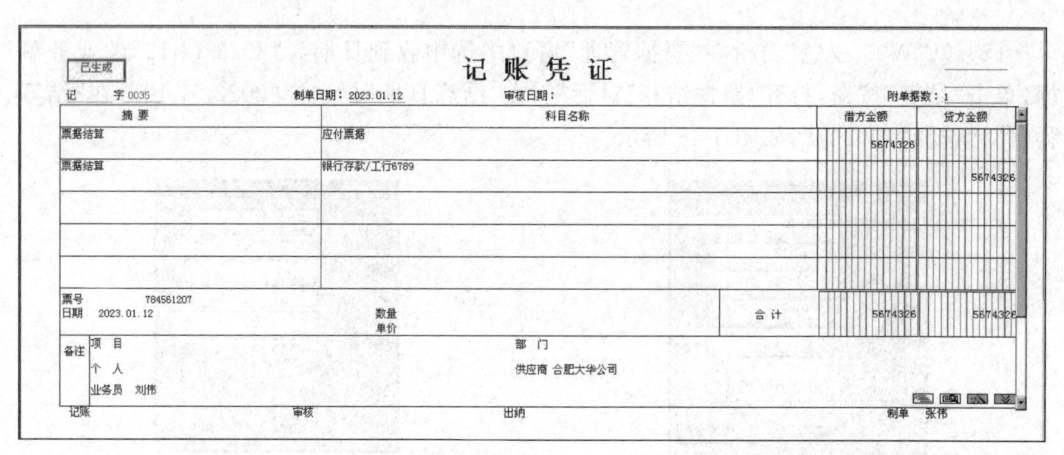
已生成

记账凭证

记 字 0035 制单日期：2023.01.12 审核日期： 附单据数：1

摘要	科目名称	借方金额	贷方金额
票据结算	应付票据	5674326	
票据结算	银行存款/工行6789		5674326
票号 784561207 日期 2023.01.12	数量 单价 合计	5674326	5674326

备注 项目 部门
个人 供应商 合肥大华公司
业务员 刘伟

记账 审核 出纳 制单 张伟

图 6-51　已生成的记 0035 号凭证

转账处理

(四) 转账处理

业务：2023 年 1 月 12 日，将预付苏州华美公司 10 000 元冲应付款。

(1) 以“W02 张伟”身份在应付款管理系统中执行“转账”→“预付冲应付”命令，打开“预付冲应付”窗口。

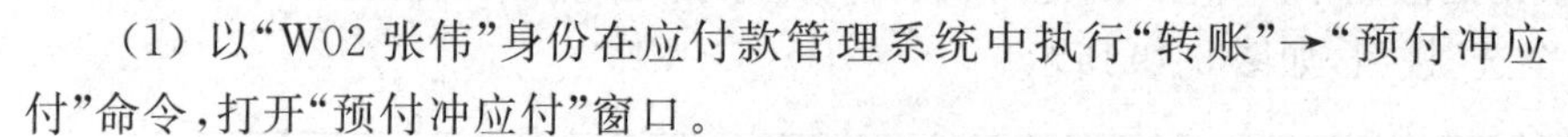

(2) 在“预付款”选项卡的“供应商”栏选择“01-苏州华美公司”，单击“过滤”按钮，在所过滤付款单的“转账金额”输入“10 000”，如图 6-52 所示。

(3) 在“应付款”选项卡的“供应商”栏选择“01-苏州华美公司”，单击“过滤”按钮，在所过滤采购发票的“转账金额”输入“10 000”，如图 6-53 所示。

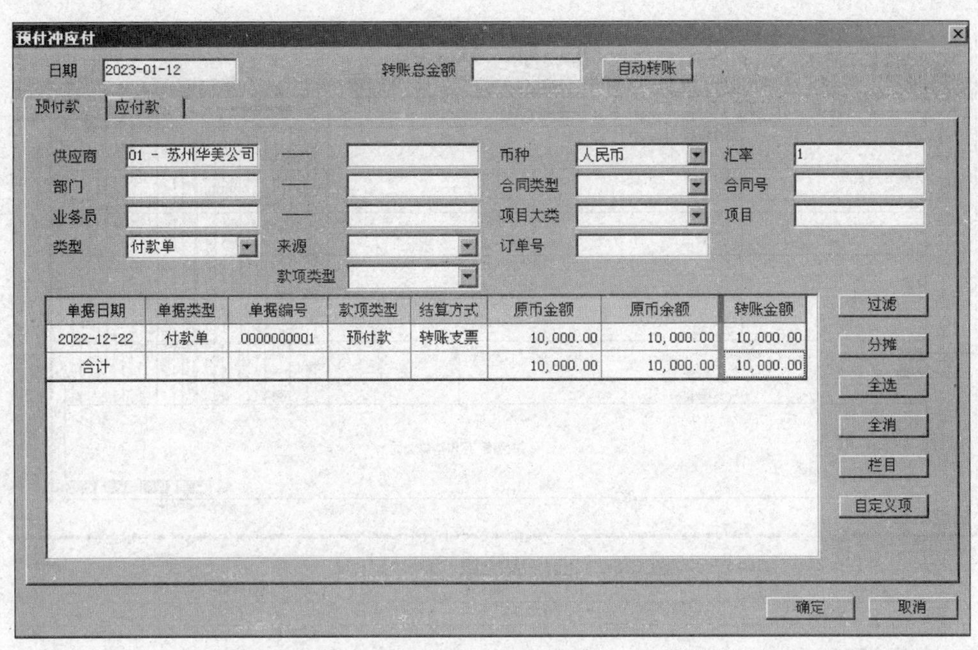

图 6-52 “预付冲应付-预付款”选项卡

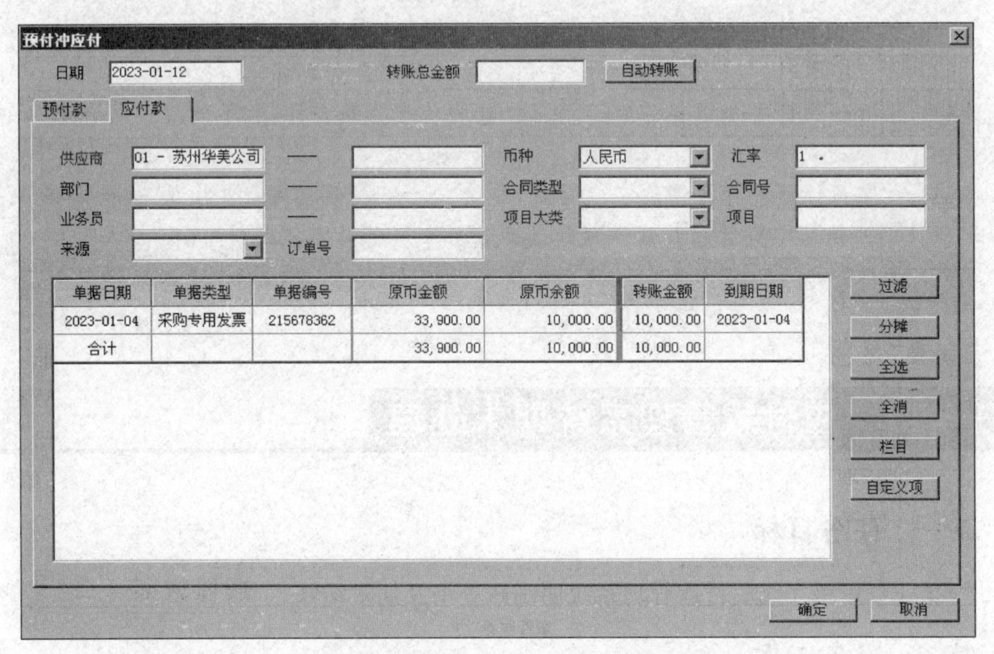

图 6-53 “预付冲应付-应付款”选项卡

(4) 单击“确定”按钮，系统弹出提示“是否立即制单”。

(5) 单击“是”按钮，系统弹出“生成凭证窗口”提示框，单击“确定”按钮，在单击“保存”按钮，系统提示“已生成”，如图 6-54 所示。

(6) 将账套输出至“D:\888 账套\6-2”文件夹。

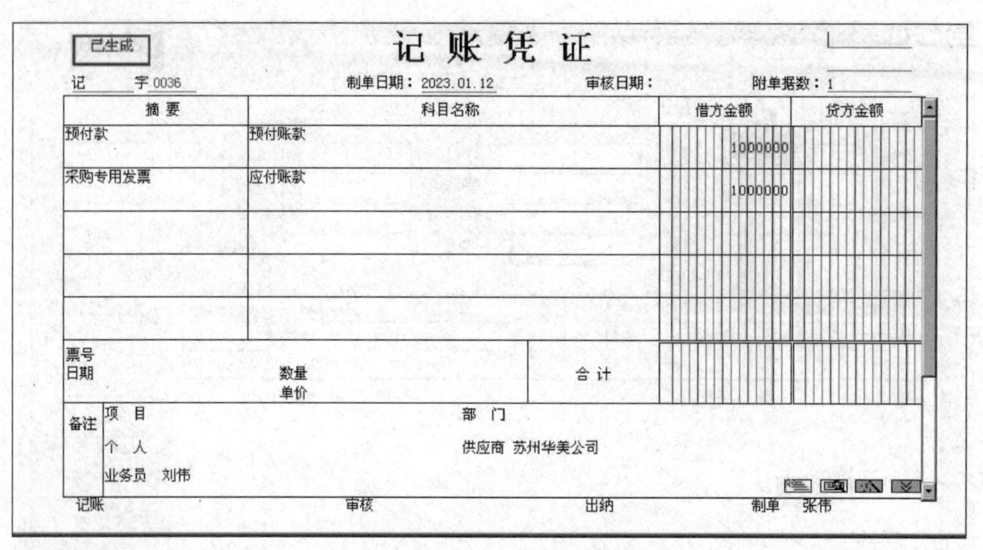

图 6-54 已生成的记 0036 号凭证

工作提示

(1) 预付冲应付就是将预付款与应付款进行对冲。

(2) 每一笔预付款、应付款的转账金额不能大于其自身余额。

(3) 预付款的转账金额合计应等于应付款的转账金额合计，且不能超过两者金额的较小者。

(4) 红字预付款也可冲销红字应付款，此时“预付款”页签中的“类型”应为收款单。蓝字预付款冲销蓝字应付款与红字预付款冲销红字应付款不能同时进行。

(5) 预付款与应付款之间也可通过核销进行对冲。

任务四 应付款管理系统期末处理

一、任务目标

根据业务资料完成应付款管理系统明细账查询及期末结账。

二、准备工作

从“D:\888 账套\6-2”文件夹引入[888]账套。

三、任务清单

2023 年 1 月 31 日，以“W02 张伟”身份登录企业应用平台，完成应付款管理系统明细账查询及期末结账。

1. 单据、凭证查询

(1) 查询 2023 年 1 月填制的全部采购专用发票。

(2) 查询 2023 年 1 月填制的全部付收款单。

(3) 查询 2023 年 1 月业务总账。

(4) 查询 2023 年 1 月应付账款科目余额表。

(5) 查询 2023 年 1 月应付款管理系统中的记账凭证。

2. 期末处理

(1) 应付款管理系统月末结账。

(2) 取消应付款管理系统月末结账。

四、操作指导

(一) 单据、凭证查询

应付款管理系统期末处理

1. 查询 2023 年 1 月填制的全部采购专用发票

2023 年 1 月 31 日，以“W02 张伟”身份登录企业应用平台，在应付款管理系统中执行“单据查询”→“发票查询”命令，打开“查询条件选择-发票查询”对话框，在“单据类型”栏选择“采购专用发票”，“包含余额＝0”选择“是”，单击“确定”按钮，打开“发票查询”窗口，如图 6-55 所示。

发票查询

记录总数：2

单据日期	单据类型	单据编号	供应商	币种	汇率	原币金额	原币余额	本币金额	本币余额	打印次数
2023-01-04	采购专用发票	215678362	苏州华美公司	人民币	1.00000000	33,900.00	0.00	33,900.00	0.00	0
2023-01-05	采购专用发票	5231234566	深圳宏发公司	人民币	1.00000000	6,780.00	0.00	6,780.00	0.00	0
合计						40,680.00		40,680.00		

图 6-55 “发票查询”窗口

2. 查询 2023 年 1 月填制的全部付款单

2023 年 1 月 31 日，继续以“W02 张伟”身份在应付款管理系统中，执行“单据查询”→“收付款单查询”命令，打开“查询条件选择-收付款单查询”对话框，在“单据类型”栏选择“付款单”，“包含余额＝0”选择“是”，单击“确定”按钮，打开“收付款单查询”窗口，如图 6-56 所示。

收付款单查询

打印模版 AP49应付付款单打

记录总数：3

选择打印	单据日期	单据类型	单据编号	供应商	币种	汇率	原币金额	原币余额	本币金额	本币余额	打印次数
	2023-01-09	付款单	0000000002	北京盛唐公司	人民币	1.00000000	67,800.00	0.00	67,800.00	0.00	0
	2023-01-10	付款单	0000000003	深圳宏发公司	人民币	1.00000000	6,660.00	0.00	6,660.00	0.00	0
	2023-01-11	付款单	0000000004	苏州华美公司	人民币	1.00000000	23,900.00	0.00	23,900.00	0.00	0
合计							98,360.00		98,360.00		

图 6-56 “收付款单查询”窗口

3. 查询 2023 年 1 月业务总账

2023 年 1 月 31 日，继续以“W02 张伟”身份在应付款管理系统中，执行“账表查询”→“业务账表”→“业务总账”命令，打开“查询条件选择-应付总账表”对话框，单击“确定”按钮，打开“应付总账表”窗口，如图 6-57 所示。

应付总账表

币种:

期间: 2023 . 1 — 2023 . 1

期间	本期应付	本期付款	余额	月回收率%	年回收率%
	本币	本币	本币		
期初余额			57,800.00		
202301	40,680.00	98,480.00	0.00	242.08	242.08
总计	40,680.00	98,480.00	0.00		

图 6-57 “应付总账表”窗口

4. 查询 2023 年 1 月应付账款科目余额表

2023 年 1 月 31 日，继续以“W02 张伟”身份在应付款管理系统中，执行“账表管理”→“科目账查询”→“科目明细”命令，打开“供应商往来科目余额表”对话框，打开查询条件，在“科目”栏选择“2202 应付账款”，单击“确定”按钮，打开“科目余额表”窗口，如图 6-58 所示。

科目余额表

科目 2202 应付账款　　金额式

期间: 2023.01-2023.01

科目		供应商		方向	期初余额	借　方	贷　方	方向	期末余额
编　号	名　称	编　号	名　称		本币	本币	本币		本币
2202	应付账款	01	苏州华美公司	平		33,900.00	33,900.00	平	
2202	应付账款	02	北京盛唐公司	贷	67,800.00	67,800.00		平	
2202	应付账款	03	深圳宏发公司	平		6,780.00	6,780.00	平	
小计:				贷	67,800.00	108,480.00	40,680.00	平	
合计:				贷	67,800.00	108,480.00	40,680.00	平	

图 6-58 “科目余额表”窗口

5. 查询 2023 年 1 月应付款管理系统中的记账凭证

2023 年 1 月 31 日，继续以“W02 张伟”身份在应付款管理系统中，执行“单据查询”→“凭证查询”命令，打开“凭证查询条件”对话框，单击“确定”按钮，打开“凭证查询”窗口，如图 6-59 所示。

凭证查询

凭证总数：8 张

业务日期	业务类型	业务号	制单人	凭证日期	凭证号	标志
2023-01-04	采购专用发票	215678362	张伟	2023-01-04	记-0029	
2023-01-05	采购专用发票	5231234566	张伟	2023-01-05	记-0030	
2023-01-09	核销	0000000002	张伟	2023-01-09	记-0031	
2023-01-10	核销	ZKAP0000000000001	张伟	2023-01-10	记-0032	
2023-01-11	核销	0000000004	张伟	2023-01-11	记-0033	
2023-01-12	票据计息	784561207	张伟	2023-01-12	记-0034	
2023-01-12	票据结算	784561207	张伟	2023-01-12	记-0035	
2023-01-12	预付冲应付	215678362	张伟	2023-01-12	记-0036	

图 6-59 “凭证查询”窗口

（二）期末处理

1. 应付款管理系统月末结账

(1) 2023 年 1 月 31 日，以“W02 张伟”身份登录企业应用平台，在应付款管理系统中执行“期末处理”→“月末结账”命令，打开“月末处理”对话框，双击1月的“结账标志”栏，使其出现“Y”字样，单击“下一步”按钮，如图6-60和图6-61所示。

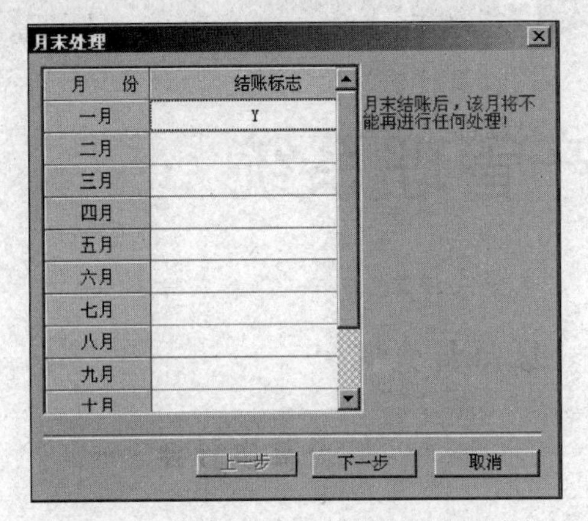

图6-60 “月末处理”对话框(结账标志)

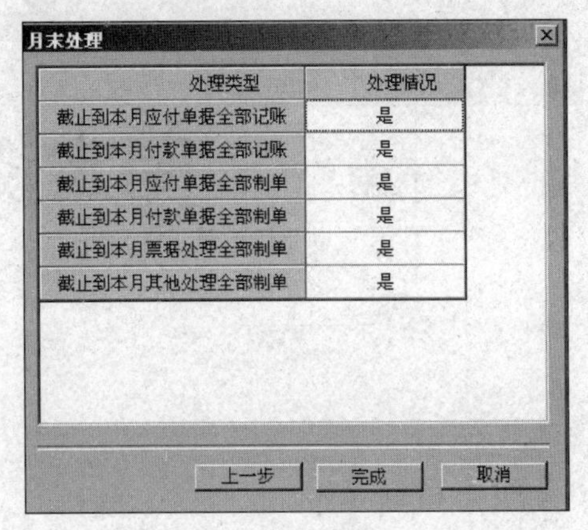

处理类型	处理情况
截止到本月应付单据全部记账	是
截止到本月付款单据全部记账	是
截止到本月应付单据全部制单	是
截止到本月付款单据全部制单	是
截止到本月票据处理全部制单	是
截止到本月其他处理全部制单	是

图6-61 “月末处理”对话框(处理情况)

(2) 单击“完成”按钮，系统提示“1月份结账成功”，如图6-62所示，单击“确定”按钮。

(3) 将账套输出至“D:\888账套\6-3”文件夹。

2. 取消应付款管理系统月末结账

2023年1月31日，以“W02张伟”身份登录企业应用平台，在应付款管理系统中执行“期末处理”→“取消月结”命令，打开“取消结账”对话框，单击“确定”按钮，系统提示“取消结账成功”，如图6-63所示。

图6-62 “结账成功”提示框

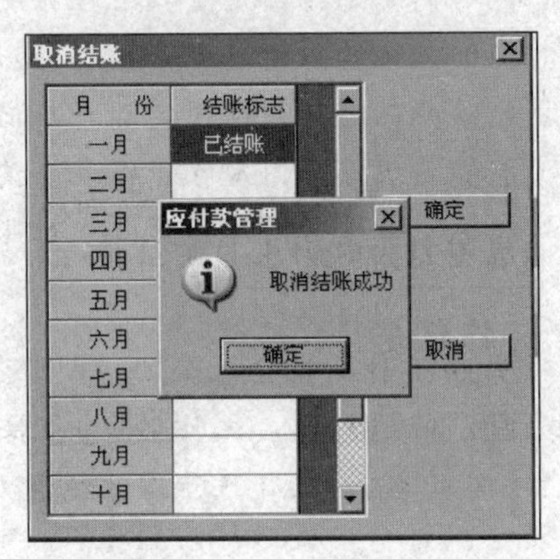

图6-63 “取消结账成功”提示框

项目七

固定资产管理系统

知识目标

1. 了解固定资产管理系统的主要功能。
2. 了解固定资产管理系统的相关概念。
3. 掌握固定资产管理系统的工作流程。
4. 了解固定资产管理系统与其他子系统的关系。

能力目标

1. 能够熟练进行固定资产管理系统的初始化设置。
2. 能够熟练进行固定资产增加、变动、减少的处理。
3. 能够熟练进行计提固定资产折旧。
4. 能够熟练进行固定资产报表查询。
5. 能够熟练进行固定资产月末对账、结账处理。

工作任务

根据业务资料,完成工作任务,包括固定资产管理系统初始化设置、固定资产管理系统日常业务处理、固定资产管理系统期末处理。

思政元素

通过对固定资产录入、保管、折旧及处置的法律法规的学习,培养对法律、法规的尊重,形成自觉而强烈的法律意识和职业责任意识。在实训中,通过固定资产处理,让学生理解如何盘存资产,提高设备利用率,最大限度地为企业创造价值。在教学过程中将思政元素融入知识点讲解中,使学生明白一分耕耘、一分收获,没有平日的辛勤的劳动,没有充分的准备和积累,就不能获得成功。

任务一 认识固定资产管理系统

▶一、固定资产管理系统的基本功能

用友 ERP-U8 V10.1 管理软件中的固定资产管理系统主要用于企事业单位管理固定资产和固定资产核算。固定资产管理系统的功能主要包括以下五个方面。

（一）初始设置

初始设置是系统使用者必须首先完成的工作。通过初始设置，系统将按照用户的实际情况定义核算与管理。初始设置具有非常重要的意义，这是使用系统核算和管理的基础，主要包括建立固定资产账套、基础信息设置和原始卡片录入。

（二）卡片管理

卡片管理是指固定资产卡片台账管理。系统提供了卡片管理的功能，主要从制作卡片、变动单及评估单三个方面来实现。卡片管理功能主要包括卡片录入、卡片修改、卡片删除、卡片打印及资产变动管理。

（三）日常处理

日常处理主要是指当固定资产发生增加、减少、原值变动、部门转移、使用状况变动、使用年限调整和折旧方法调整时，更新固定资产卡片。

（四）期末处理

期末处理主要包括计提固定资产减值准备和固定资产折旧、固定资产相关凭证处理、进行对账与结账。

（五）账表管理

固定资产管理系统提供固定资产总账、固定资产登记簿、固定资产明细账，以及固定资产分析表、固定资产统计表、固定资产折旧表、固定资产减值准备表等账表。资产管理部门可随时查询各种账表，提高资产管理效率。

▶二、固定资产管理系统与用友 ERP-U8 V10.1 其他子系统的关系

固定资产管理系统中资产的变动、计提折旧等数据变动都要生成凭证，将数据通过记账凭证传递到总账系统中，并可通过对账功能检查固定资产账簿与总账之间是否平衡，还可对凭证进行修改、作废、删除及查询。固定资产管理系统可以为成本核算系统提供计提折旧相关的数据依据。报表管理系统可通过固定资产模块取数函数提取分析

数据。

固定资产管理系统与其他子系统的关系如图 7-1 所示。

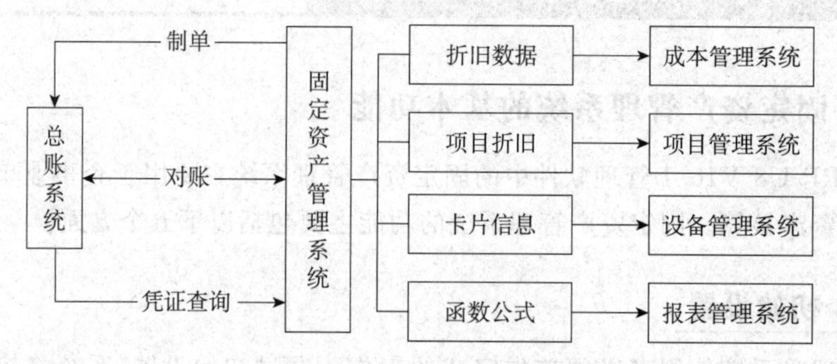

图 7-1　固定资产管理系统与其他子系统的关系

任务二　固定资产管理系统初始化设置

一、任务目标

根据业务资料完成建立固定资产账套、设置固定资产管理系统参数、设置基础信息和录入原始卡片等操作。

二、准备工作

从“D:\888 账套\6-3”文件夹中引入[888]账套。

三、任务清单

2023 年 1 月 1 日,以“W01 王东”身份登录企业应用平台,完成下列任务。

(1) 设置固定资产管理系统参数,如表 7-1 所示。

表 7-1　固定资产管理系统参数

选　项	参 数 内 容
约定与说明	我同意
启用月份	2023 年 1 月
折旧信息	折旧方法:平均年限法(一) 折旧汇总分配周期:1 个月
编码方式	资产类别编码方式:2-1-1-2 固定资产编码方式:按“类别编号+序号”自动编码 卡片序号长度:3
财务接口	固定资产对账科目:1601 固定资产 累计折旧对账科目:1602 累计折旧

续表

选 项	参数内容
与账务系统接口	选中“在对账不平情况下允许固定资产月末结账” 选中“业务发生后立即制单” 固定资产缺省入账科目:1601 固定资产 累计折旧缺省入账科目:1602 累计折旧 固定资产减值准备缺省入账科目:1603 固定资产减值准备 增值税进项税额缺省入账科目:22210101 进项税额 固定资产清理缺省入账科目:1606 固定资产清理

(2) 设置固定资产部门对应折旧科目,如表 7-2 所示。

表 7-2 固定资产部门对应折旧科目

部 门	对应折旧科目
综合部、财务部、采购部	660203 管理费用/折旧费
销售部	660103 销售费用/折旧费
一车间、二车间	510102 制造费用/折旧费

(3) 设置固定资产类别,如表 7-3 所示。

表 7-3 固定资产类别

编码	类别名称	使用年限	净残值率	计提属性	折旧方法	卡片样式
01	交通运输设备	10	5%	正常计提	平均年限法(一)	含税卡片
011	交通设备	10	5%	正常计提	平均年限法(一)	含税卡片
012	运输设备	10	5%	正常计提	平均年限法(一)	含税卡片
02	办公设备	5	5%	正常计提	平均年限法(一)	含税卡片
021	计算机	5	5%	正常计提	平均年限法(一)	含税卡片
022	其他办公设备	5	5%	正常计提	平均年限法(一)	含税卡片
03	生产设备	10	5%	正常计提	平均年限法(一)	含税卡片
031	生产线	10	5%	正常计提	平均年限法(一)	含税卡片
032	其他生产设备	10	5%	正常计提	平均年限法(一)	含税卡片

(4) 设置固定资产增减方式对应入账科目,如表 7-4 所示。

表 7-4 固定资产增减方式对应入账科目

增加变动方式	对应入账科目
直接购入	100201 工行存款
在建工程转入	1604 在建工程
减少变动方式	对应入账科目
出售	1606 固定资产清理
报废	1606 固定资产清理
盘亏	1901 待处理财产损益

(5) 录入固定资产原始卡片，相关信息如表 7-5 所示。

表 7-5　2023 年 1 月固定资产使用及折旧情况

固定资产名称	类别编号	所在部门	增加方式	可使用年限	开始使用日期	原　值	累计折旧	对应折旧科目
江淮商务车	011	综合部	直接购入	10	2021-12-10	200 000	19 000	管理费用/折旧费
A 生产线	031	一车间	直接购入	10	2021-12-19	100 000	9 500	制造费用
B 生产线	031	二车间	直接购入	10	2021-12-19	100 000	9 500	制造费用
联想笔记本	021	综合部	直接购入	5	2021-12-21	7 000	1 330	管理费用/折旧费
打印机	021	综合部	直接购入	5	2021-12-21	1 000	190	管理费用/折旧费
联想计算机	021	财务部	直接购入	5	2021-12-21	4 000	760	管理费用/折旧费
联想计算机	021	销售部	直接购入	5	2021-12-21	4 000	760	销售费用/折旧费
联想计算机	021	采购部	直接购入	5	2021-12-21	4 000	760	管理费用/折旧费
合　计						420 000	41 800	

四、操作指导

固定资产管理系统初始化设置

（一）设置固定资产管理系统参数

(1) 在企业应用平台执行“业务工作”→“财务会计”→“固定资产”命令，系统提示“这是第一次打开此账套，还未进行过初始化，是否进行初始化?”，如图 7-2 所示。

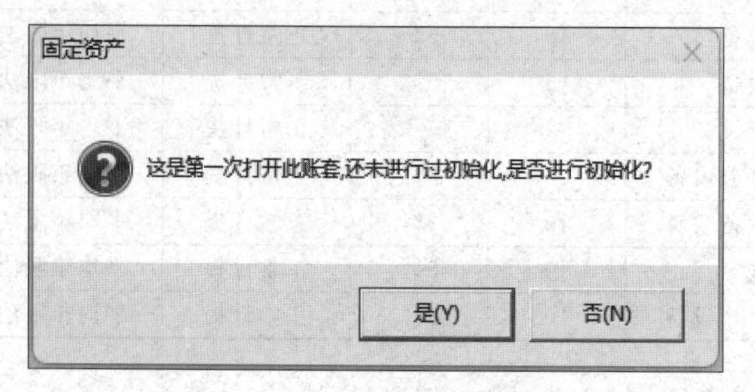

图 7-2　“固定资产初始化”提示框

(2) 单击“是”按钮，打开固定资产“初始化账套向导-约定及说明”对话框，如图 7-3 所示。

(3) 选中“我同意”按钮，单击“下一步”按钮，打开固定资产“初始化账套向导-启用月份”对话框，系统默认账套启用月份“2023.01”，如图 7-4 所示。

(4) 单击“下一步”按钮，打开固定资产“初始化账套向导-折旧信息”对话框，选择主要折旧方法为“平均年限法(一)”，选中“当(月初已计提月份＝可使用月份－1)时将剩余折旧全部提足(工作量法除外)”，如图 7-5 所示。

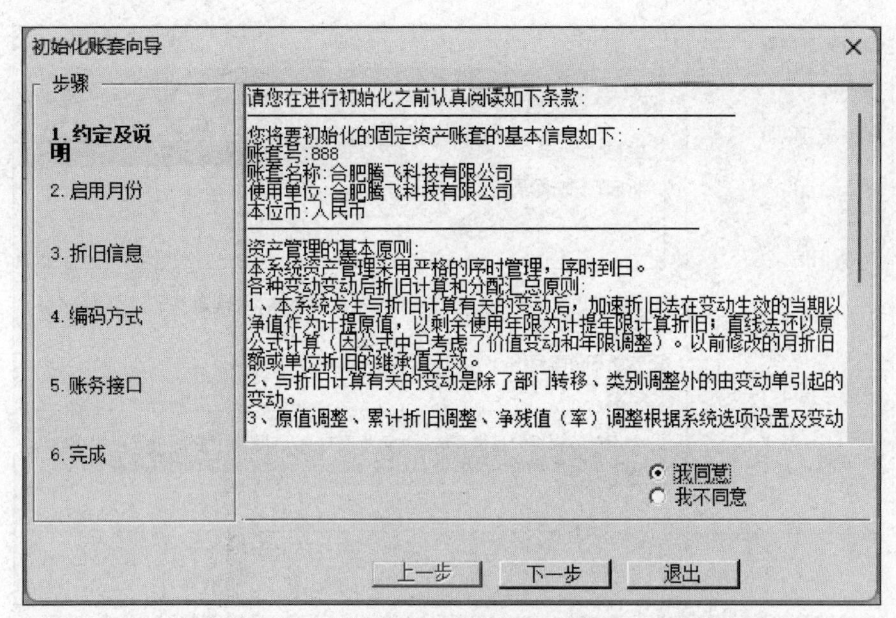

图 7-3 “初始化账套向导-约定及说明”对话框

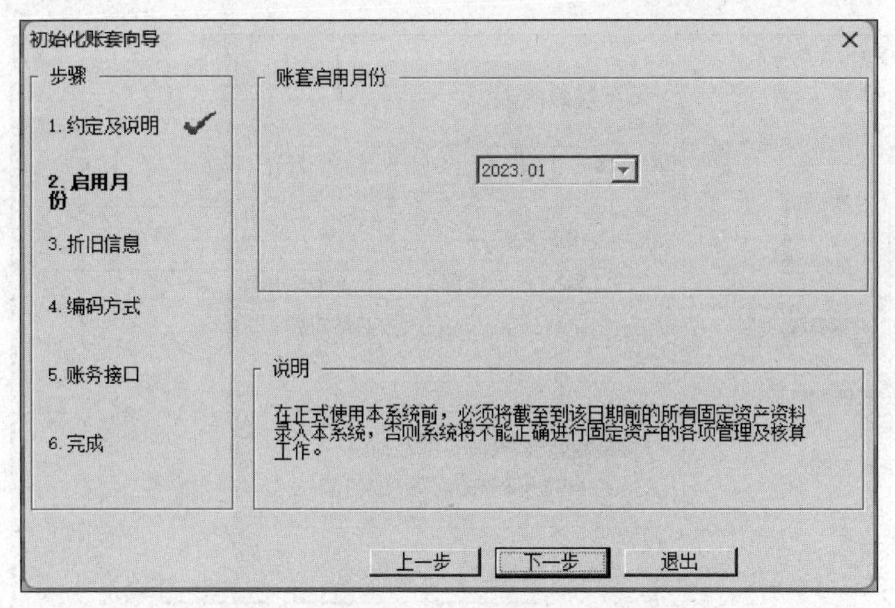

图 7-4 “初始话账套向导-启用月份”对话框

(5) 单击“下一步”按钮,打开固定资产“初始化账套向导-编码方式”对话框。编码长度默认,选择固定资产编码方式为“自动编码”及“类别编码+序号”,序号长度为“3”,如图 7-6 所示。

(6) 单击“下一步”按钮,打开固定资产“初始化账套向导-账务接口”对话框。在“固定资产对账科目”栏录入“1601,固定资产”,在“累计折旧对账科目”栏录入“1602,累计折旧”,选中“在对账不平的情况下允许固定资产月末结账”复选框,如图 7-7 所示。

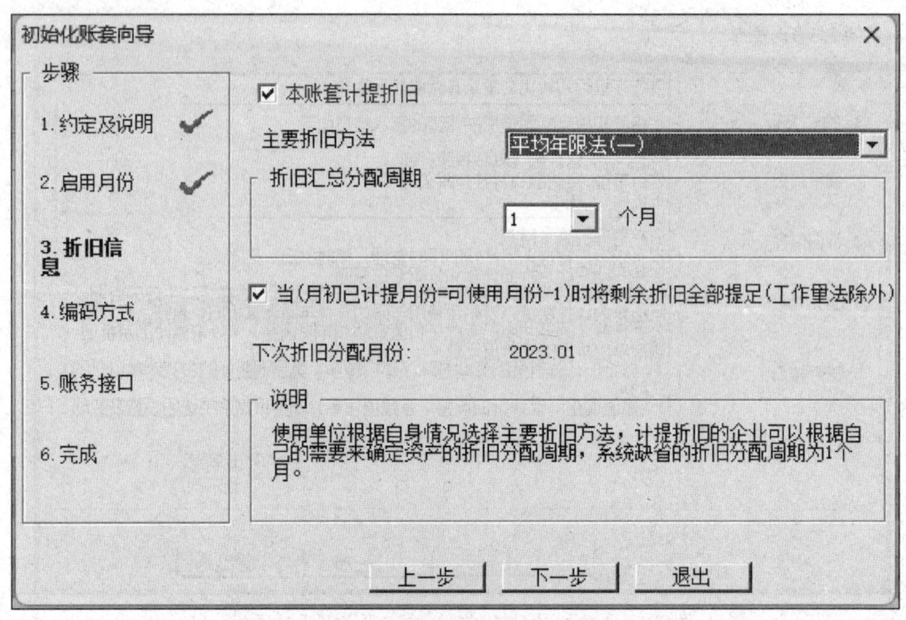

图 7-5 “初始化账套向导-折旧信息”对话框

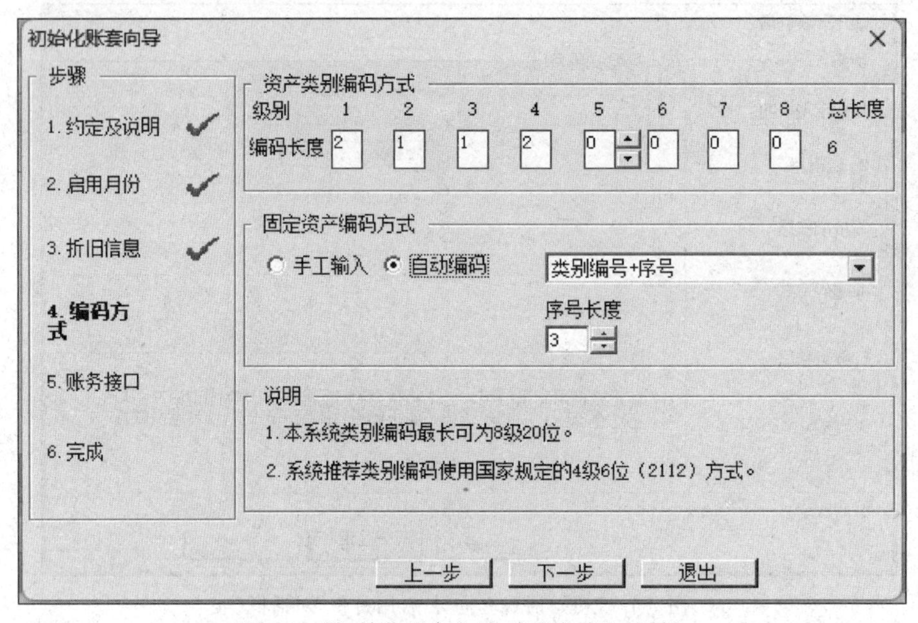

图 7-6 “初始化账套向导-编码方式”对话框

(7) 单击“下一步”按钮，打开固定资产“初始化账套向导-完成”对话框，如图 7-8 所示。

(8) 单击“完成”按钮，系统弹出“已完成了新账套的所有设置工作，是否确定所设置的信息完全正确并保存对新账套的所有设置?”提示框，如图 7-9 所示。

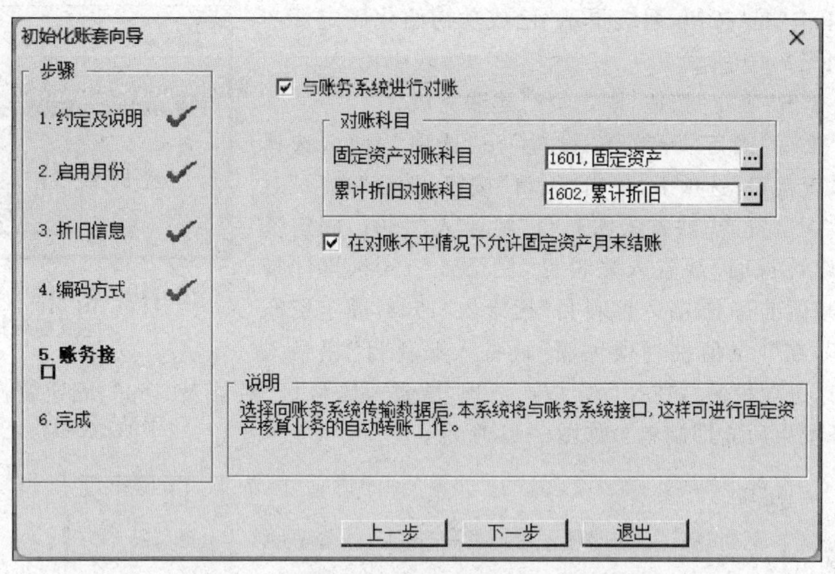

图 7-7 “初始化账套向导-账务接口”对话框

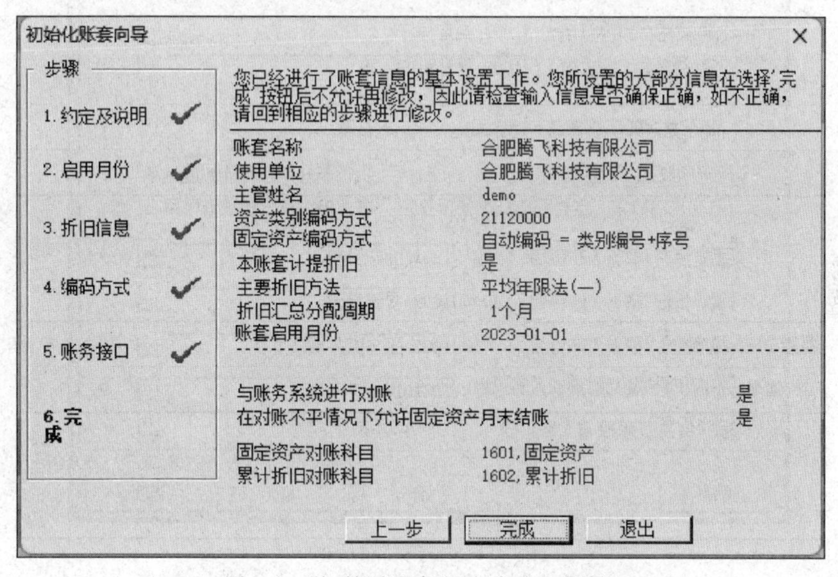

图 7-8 “初始话账套向导-完成”对话框

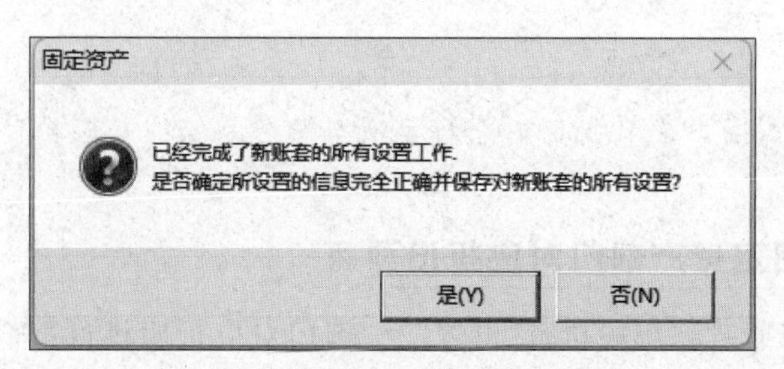

图 7-9 固定资产保存设置提示框

(9) 单击“是”按钮，系统提示“已成功初始化固定资产账套!”，如图 7-10 所示。

(10) 单击“确定”按钮，固定资产建账完成。

(11) 执行“固定资产”→“设置”→“选项”命令，选择“与财务系统接口”选项卡，单击“编辑”按钮，激活“选项”对话框，在“[固定资产]缺省入账科目”栏录入“1601，固定资产”，在“[累计折旧]缺省入账科目”栏录入“1602，累计折旧”，在“[减值准备]缺省入账科目”栏录入“1603，固定资产减值准备”，在“[增值税进项税额]缺省入账科目”栏录入“22210101，进项税额”，在“[固定资产清理]缺省入账科目”栏录入“1606，固定资产清理”；选中“业务发生后立即制单”，如图 7-11 所示。

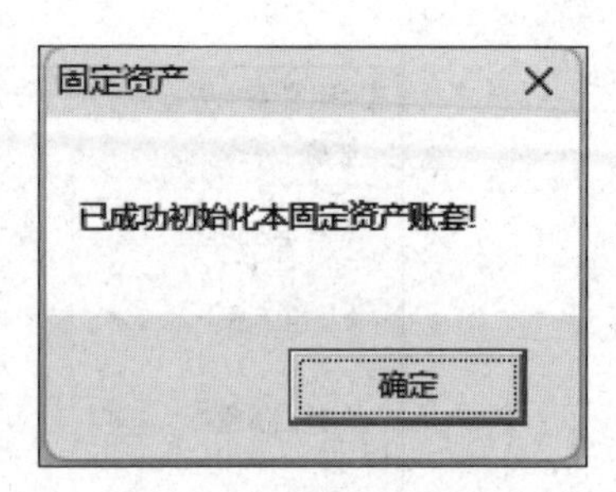

图 7-10 固定资产初始化完成提示框

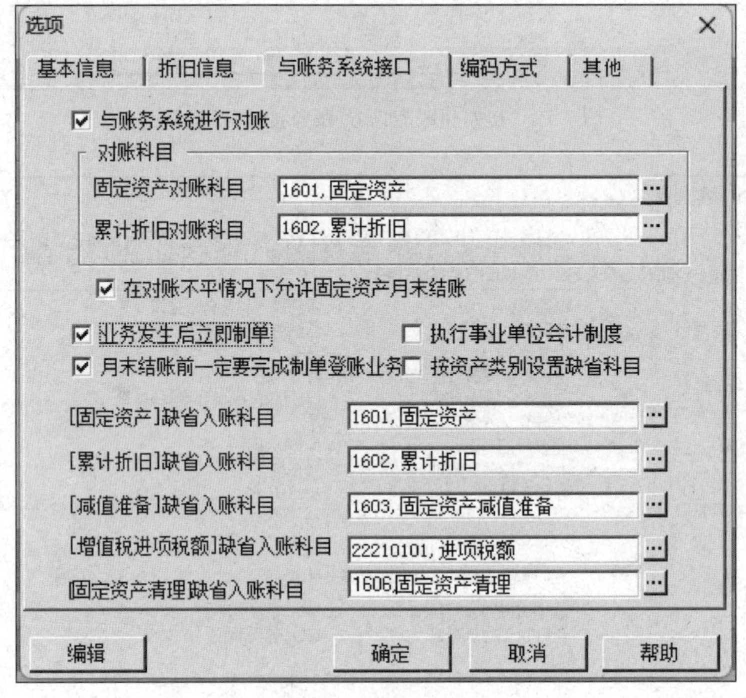

图 7-11 “选项”对话框

工作提示

固定资产对账科目和累计折旧对账科目应与账务系统的对应科目保持一致。

(二) 设置固定资产部门对应折旧科目

(1) 在固定资产管理系统中执行“设置”→“部门对应折旧科目”命令，进入“部门对应折旧科目-列表视图”窗口，如图 7-12 所示。

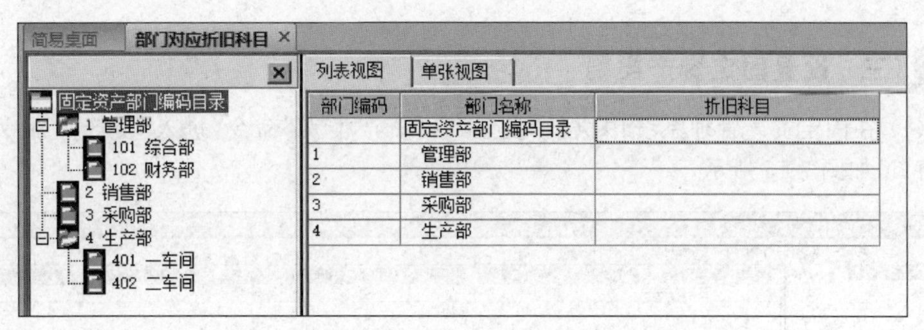

图 7-12 “部门对应折旧科目-列表视图”窗口

(2) 选择“管理部”所在行，单击“修改”按钮，打开“单张视图”窗口，在“折旧科目”栏录入或选择“660203，折旧”，如图 7-13 所示。

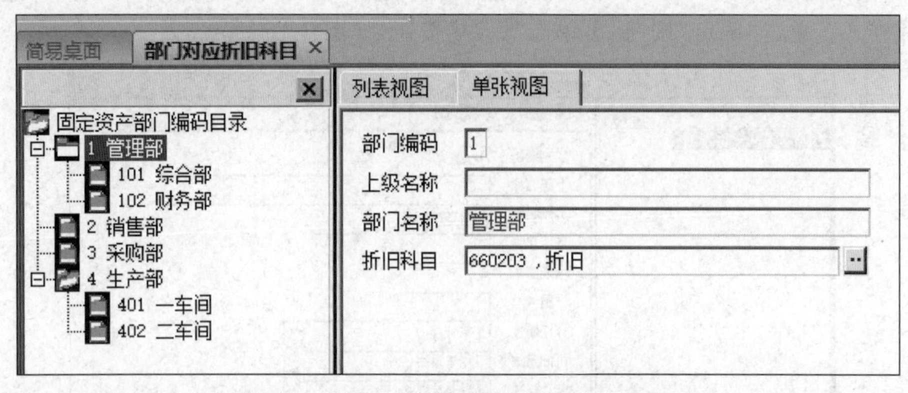

图 7-13 “部门对应折旧科目-单张视图”窗口

(3) 单击“保存”按钮。以此方法继续录入其他部门对应折旧科目，结果如图 7-14 所示。

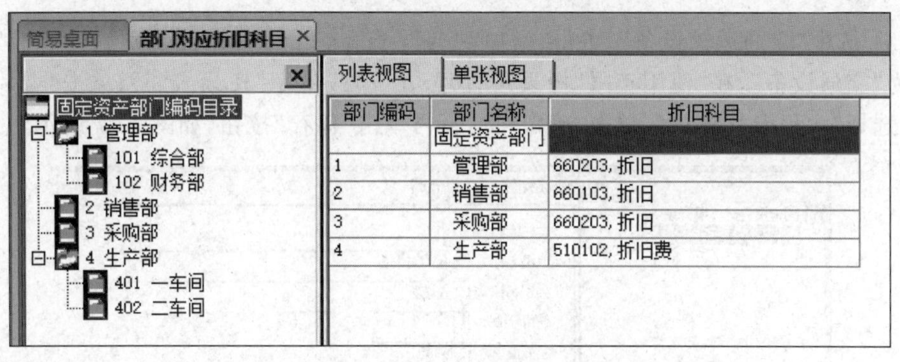

图 7-14 “部门对应折旧科目-列表视图”窗口(录入完成)

工作提示

根据明细部门设置对应折旧科目，如设置生产部门对应折旧科目为“510102 制造费用/折旧费”，必须选择末级科目，才能完成后续的固定资产期末处理的折旧分配。

（三）设置固定资产类别

（1）在固定资产管理系统中执行“设置”→“资产类别”命令，进入“资产类别-列表视图”窗口，如图 7-15 所示。

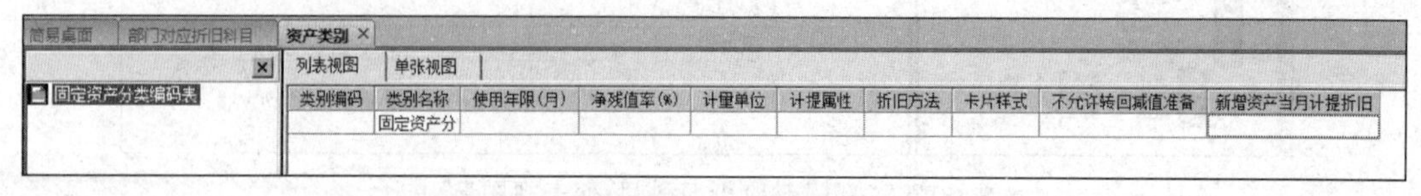

图 7-15 “资产类别-列表视图”窗口

（2）单击“增加”按钮，打开“资产类别-单张视图”，在“类别名称”栏录入“交通运输设备”，在“使用年限”栏录入“10”，在“净残值率”栏录入“5”，单击“卡片样式”选项，选择“含税卡片样式”，单击“确定”按钮，再单击“保存”按钮，如图 7-16 所示。

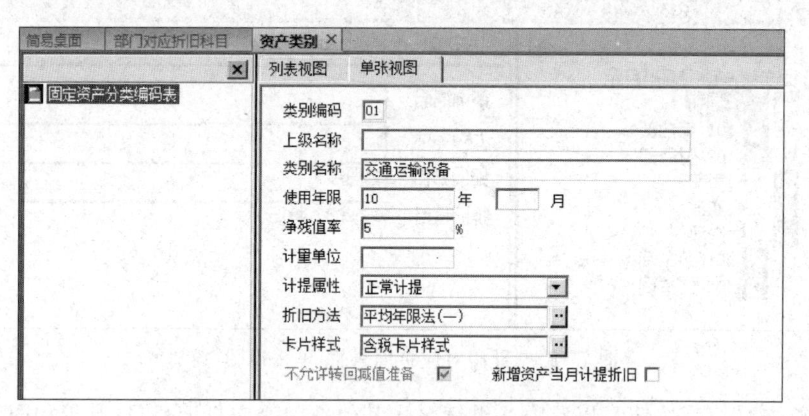

图 7-16 “资产类别-单张视图”窗口(1)

（3）选中“交通运输设备”，单击“增加”按钮，录入 011 号资产的类别编码为“1”，类别名称为“交通设备”，在“使用年限”栏录入“10”，在“净残值率”栏录入“5”，单击“卡片样式”选项，选择“含税卡片样式”，单击“确定”按钮，再单击“保存”按钮，如图 7-17 所示。

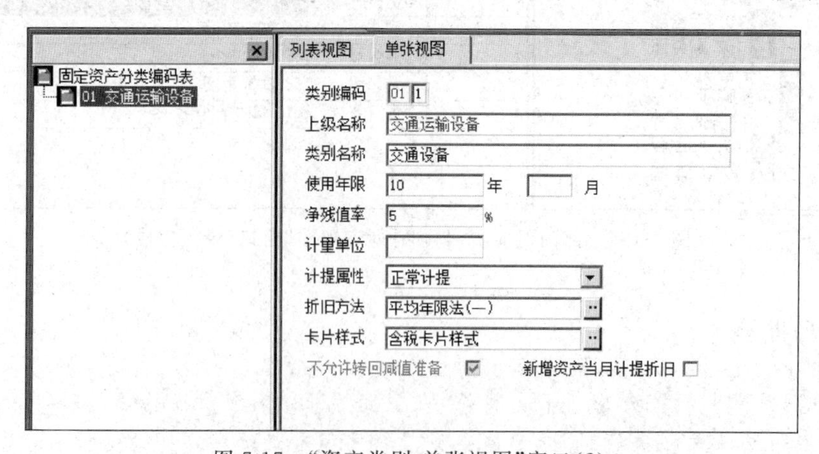

图 7-17 “资产类别-单张视图”窗口(2)

(4) 继续录入 012、02、021、022、03、031、032 资产相关信息，单击“保存”按钮。

(5) 单击“放弃”按钮，系统提示“是否取消本次操作”，单击“是”按钮，返回“资产类别-列表视图”窗口，如图 7-18 所示。

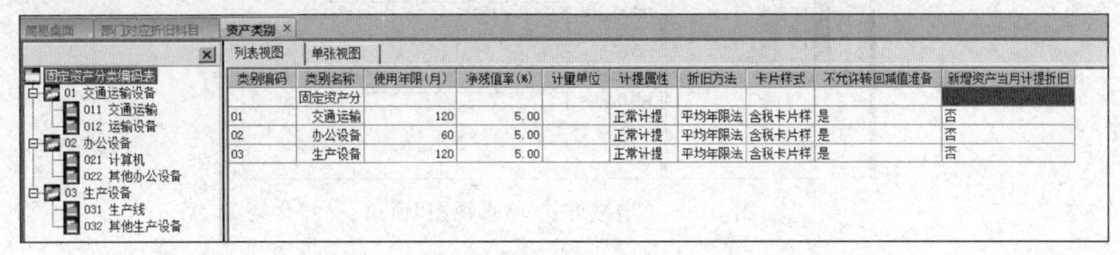

类别编码	类别名称	使用年限(月)	净残值率(%)	计量单位	计提属性	折旧方法	卡片样式	不允许转回减值准备	新增资产当月计提折旧
	固定资产分								
01	交通运输	120	5.00		正常计提	平均年限法	含税卡片样	是	否
02	办公设备	60	5.00		正常计提	平均年限法	含税卡片样	是	否
03	生产设备	120	5.00		正常计提	平均年限法	含税卡片样	是	否

图 7-18 “资产类别-列表视图”窗口(录入完成)

工作提示

(1) 只有建立固定资产类别，才能增加固定资产。建立固定资产类别会相应设置使用年限、净残值率、卡片样式等，根据类别增加的固定资产，可自动继承上级相关信息。

(2) 固定资产系统中已经使用的类别不允许删除或增加下级。

(四) 设置固定资产增减方式对应入账科目

(1) 在固定资产管理系统中执行“设置”→“增减方式”命令，打开“增减方式”窗口，如图 7-19 所示。

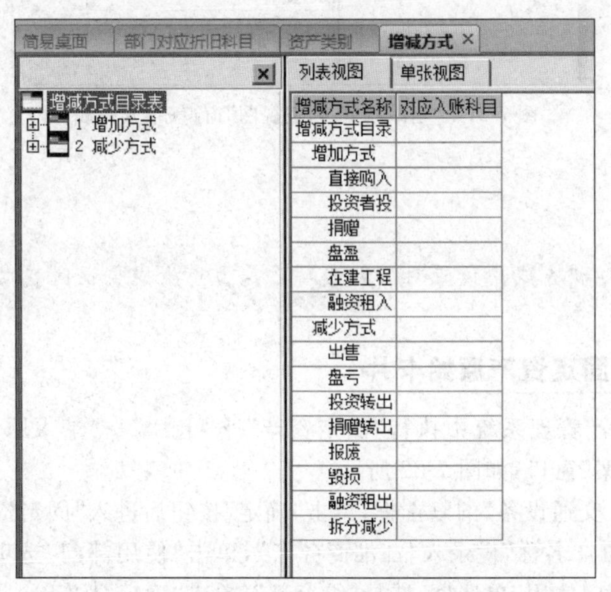

增减方式名称	对应入账科目
增减方式目录	
增加方式	
直接购入	
投资者投	
捐赠	
盘盈	
在建工程	
融资租入	
减少方式	
出售	
盘亏	
投资转出	
捐赠转出	
报废	
毁损	
融资租出	
拆分减少	

图 7-19 “增减方式”窗口

(2) 选中“直接购入”，单击“修改”按钮，打开“增减方式-单张视图”窗口，在“对应入账科目”栏录入“100201，工行 6789”，如图 7-20 所示，单击“保存”按钮。

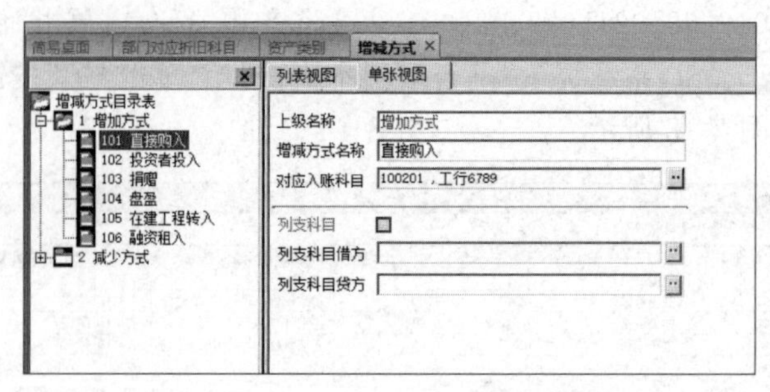

图 7-20 “增减方式-单张视图”窗口

(3) 以此方法继续设置其他增减方式对应入账科目，录入结果如图 7-21 所示。

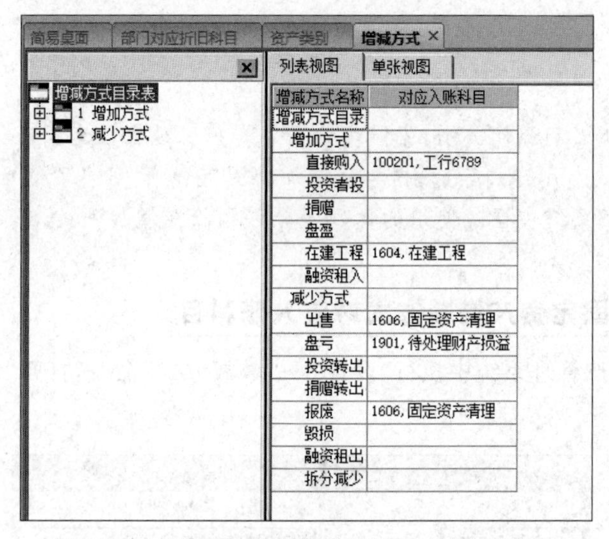

图 7-21 “增减方式-列表视图”窗口（录入完成）

工作提示

在固定资产增减方式中设置对应入账科目是为了生成凭证时自动生成会计科目。

（五）录入固定资产原始卡片

(1) 在固定资产管理系统中执行“固定资产”→“卡片”→“录入原始卡片”命令，打开“固定资产类别档案”窗口，如图 7-22 所示。

(2) 选择“011 交通设备”的复选框，单击“确定”按钮后进入“固定资产卡片”窗口。

(3) 在“固定资产名称”栏录入“江淮商务车”，单击“使用部门”选项，打开“使用部门”对话框，选择“单部门使用”单选框，选择“综合部”，单击“确定”按钮。

(4) 单击“增加方式”栏，打开“固定资产增加方式”对话框，选择“直接购入”，单击“确定”按钮。

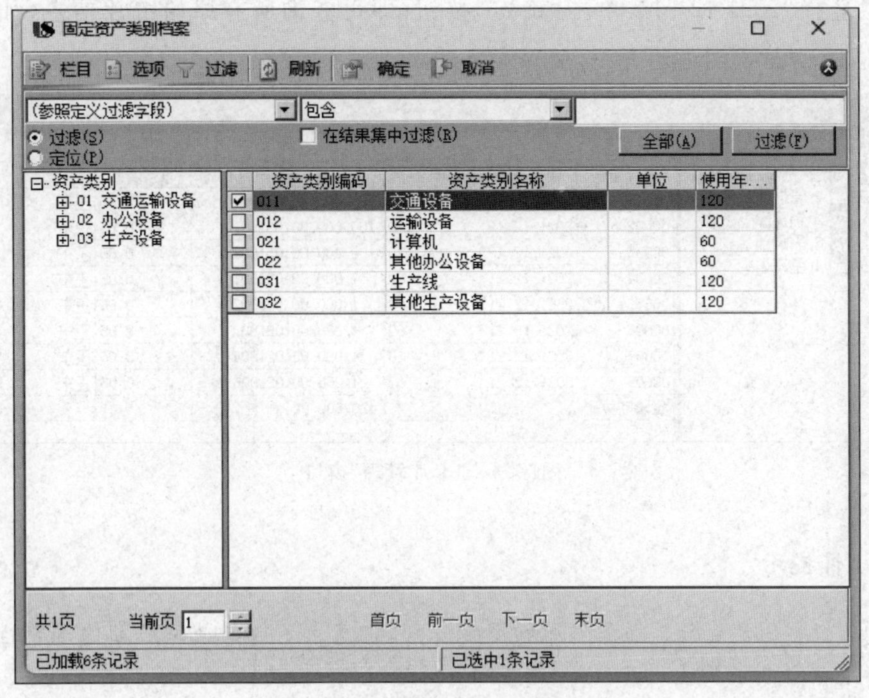

图 7-22 “固定资产类别档案”窗口

(5) 单击“使用状况”栏，打开“使用状况参照”对话框，选择“在用”，单击“确认”按钮。

(6) 在“开始使用日期”栏录入“2021-12-10”，在“原值”栏录入“200 000”，在“累计折旧”栏录入“19 000”，其他保持默认，结果如图 7-23 所示。

固定资产卡片

卡片编号	00001			日期	2023-01-01
固定资产编号	011001	固定资产名称	江淮商务车		
类别编号	011	类别名称	交通设备	资产组名称	
规格型号		使用部门	综合部		
增加方式	直接购入	存放地点			
使用状况	在用	使用年限(月)	120	折旧方法	平均年限法(一)
开始使用日期	2021-12-10	已计提月份	12	币种	人民币
原值	200000.00	净残值率	5%	净残值	10000.00
累计折旧	19000.00	月折旧率	0.0079	本月计提折旧额	1580.00
净值	181000.00	对应折旧科目	660203,折旧	项目	
增值税	0.00	价税合计	200000.00		
录入人	王东			录入日期	2023-01-01

图 7-23 “固定资产卡片”窗口

(7) 单击“保存”按钮，系统提示“数据成功保存!”。

(8) 单击“确认”按钮，以此方法继续录入其他固定资产卡片。

(9) 执行“固定资产”→“卡片”→“卡片管理”命令，打开“卡片管理”窗口，在“开始使用日期"栏选择"2021-12-10",单击"确定"按钮,即可查询所有原始卡片信息,如图 7-24 所示。

卡片编号	开始使用日期	使用年限(月)	原值	固定资产编号	净残值率	录入人
00001	2021.12.10	120	200,000.00	011001	0.05	王东
00002	2021.12.19	120	100,000.00	031001	0.05	王东
00003	2021.12.19	120	100,000.00	031002	0.05	王东
00004	2021.12.21	60	7,000.00	021001	0.05	王东
00005	2021.12.21	60	1,000.00	021002	0.05	王东
00006	2021.12.21	60	4,000.00	021003	0.05	王东
00007	2021.12.21	60	4,000.00	021004	0.05	王东
00008	2021.12.21	60	4,000.00	021005	0.05	王东
合计:(共计			420,000.00			

图 7-24 "卡片管理"窗口

工作提示

(1) 根据固定资产类别录入原始固定资产,注意录入开始使用日期的准确性,这会直接影响累计折旧的生成。

(2) 录入原始卡片或新增固定资产,可以为一个资产选中多个部门,按照使用比例设置分摊累计折旧。

(六) 固定资产期初对账

(1) 在固定资产管理系统中执行"固定资产"→"对账"命令。打开"与账务对账结果"提示框,提示"结果:平衡",如图 7-25 所示。

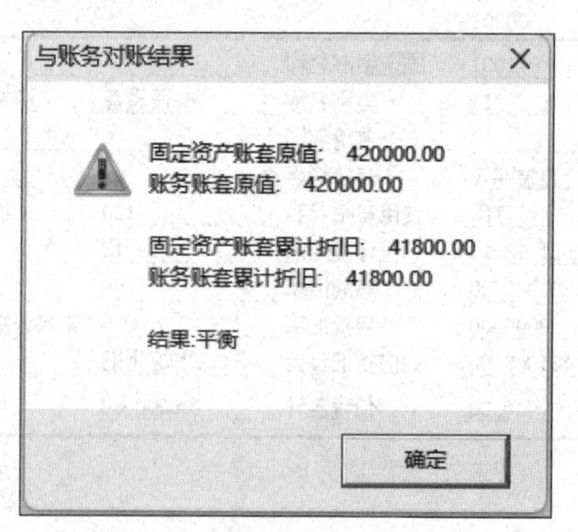

图 7-25 "与账务对账结果"提示框

(2) 单击"确定"按钮,退出"与账务对账结果"提示框。

(3) 将账套输出至"D:\888 账套备份\7-1"文件夹。

工作提示

进行固定资产期初对账时，若发现不一致，需检查录入的总账固定资产期初余额与原始卡片原值和累计折旧是否发生录入错误，保证固定资产系统里的固定资产原值和累计折旧原值与总账中固定资产和累计折旧期初余额一致。

任务三 固定资产管理系统日常业务处理

一、任务目标

根据业务资料完成固定资产增加、固定资产变动、计提固定资产折旧、固定资产毁损减少、固定资产盘点等处理。

二、准备工作

从"D:\888账套备份\7-1"文件夹中引入[888]账套。

三、任务清单

1. 固定资产增加

2023年1月13日，购入2台格力空调，含税单价6 780元/台(增值税专用发票)，款项以工行存款支付，转账支票号077111367。固定资产卡片相关信息：022其他办公设备，使用部门为一车间、二车间各一台。

2. 固定资产变动

2023年1月16日，综合部的江淮商务车添加新配件，增值税普通发票金额为2 000元，款项以工行存款支付，转账支票号077111368。

2023年1月17日，综合部的联想笔记本转移到财务部，原因为内部调拨。

3. 计提固定资产折旧

2023年1月31日，计提固定资产折旧。

4. 固定资产毁损处理

2023年1月31日，采购部的联想计算机毁损，残值变现收入200元，以现金方式收讫。

5. 固定资产盘点

2023年1月31日，对办公设备进行盘点，发现综合部的打印机丢失。经查，损失由部门负责人刘红赔偿，尚未收到赔偿款。

四、操作指导

(一) 固定资产增加

固定资产增加

2023年1月13日，以"W02 张伟"身份登录企业应用平台。

(1) 在固定资产管理系统中执行“固定资产”→“卡片”→“资产增加”命令，打开“固定资产类别参照档案”对话框。

(2) 双击“022 其他办公设备”，进入“固定资产卡片”窗口。

(3) 根据“固定资产卡片”录入相应信息，如图 7-26 所示。

固定资产卡片

卡片编号	00009			日期	2023-01-13
固定资产编号	022001	固定资产名称	格力空调		
类别编号	022	类别名称	其他办公设备	资产组名称	
规格型号		使用部门	一车间		
增加方式	直接购入	存放地点			
使用状况	在用	使用年限(月)	60	折旧方法	平均年限法(一)
开始使用日期	2023-01-13	已计提月份	0	币种	人民币
原值	6000.00	净残值率	5%	净残值	300.00
累计折旧	0.00	月折旧率	0	本月计提折旧额	0.00
净值	6000.00	对应折旧科目	510102,折旧费	项目	
增值税	780.00	价税合计	6780.00		
录入人	张伟			录入日期	2023-01-13

图 7-26 “固定资产卡片”窗口

(4) 单击“保存”按钮，系统提示“数据成功保存！”。

(5) 单击“确定”按钮，系统弹出一张记账凭证，单击“退出”按钮，打开“凭证”对话框，单击“确定”按钮，提示“还有没有保存的凭证，是否退出？”，单击“是”按钮，退出凭证。

(6) 单击“复制”按钮，打开“固定资产”对话框，在“起始资产编号”栏录入“022002”，在“终止资产编号”栏录入“022002”，“卡片复制数量”选择“1”，如图 7-27 所示。单击“确定”按钮，提示“卡片批量复制完成”，单击“确定”按钮，在“固定资产卡片”窗口，将使用部门改为“二车间”，单击“保存”按钮。

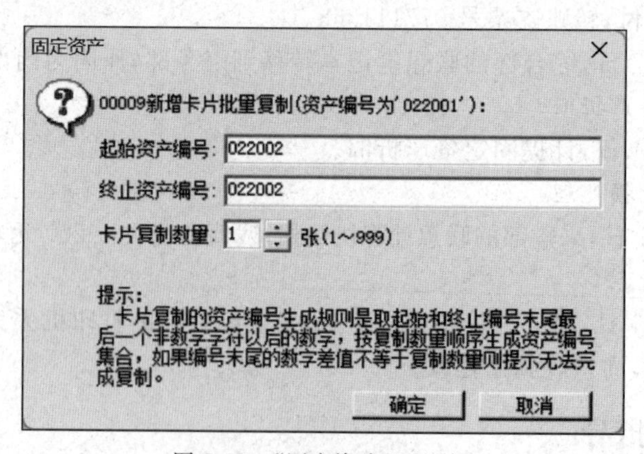

图 7-27 “固定资产”对话框

(7) 执行“固定资产”→“处理”→“批量制单”命令，打开“查询条件选择-批量制单”窗口，“常用条件”全部保持默认，单击“确定”按钮，打开“批量制单”窗口，双击需要进行凭证制单业务相应的"选择"栏，出现"Y"字样，单击"合并"按钮，如图 7-28 所示。

制单选择　制单设置　　凭证类别 记 记账凭证　合并号

已用合并号

序号	业务日期	业务类型	业务描述	业务号	发生额	合并号	选择
1	2023-01-13	卡片	新增资产	00009	6,000.00	1	Y
2	2023-01-13	卡片	新增资产	00010	6,000.00	1	Y

图 7-28　"批量制单"窗口

（8）单击"制单设置"选项卡，单击"凭证"按钮，弹出会计凭证列表，如图 7-29 所示。

制单选择　制单设置　　凭证类别 记 记账凭证　合并号 1

☑ 方向相同时合并分录　☑ 借方合并　☑ 贷方合并　☑ 方向相反时合并分录

序号	业务日期	业务类型	业务描述	业务号	方向	发生额	科目
1	2023-01-13	卡片	新增资产	00009	借	6,000.00	1601　固定资产
2	2023-01-13	卡片	新增资产	00009	借	780.00	22210101　进项税额
3	2023-01-13	卡片	新增资产	00009	贷	6,780.00	100201　工行6789
4	2023-01-13	卡片	新增资产	00010	借	6,000.00	1601　固定资产
5	2023-01-13	卡片	新增资产	00010	借	780.00	22210101　进项税额
6	2023-01-13	卡片	新增资产	00010	贷	6,780.00	100201　工行6789

图 7-29　"制单设置"窗口

（9）单击"凭证"按钮，系统弹出一张记账凭证，根据转账支票，修改"1002 银行存款"的辅助项，单击"保存"按钮，凭证保存成功，如图 7-30 所示。

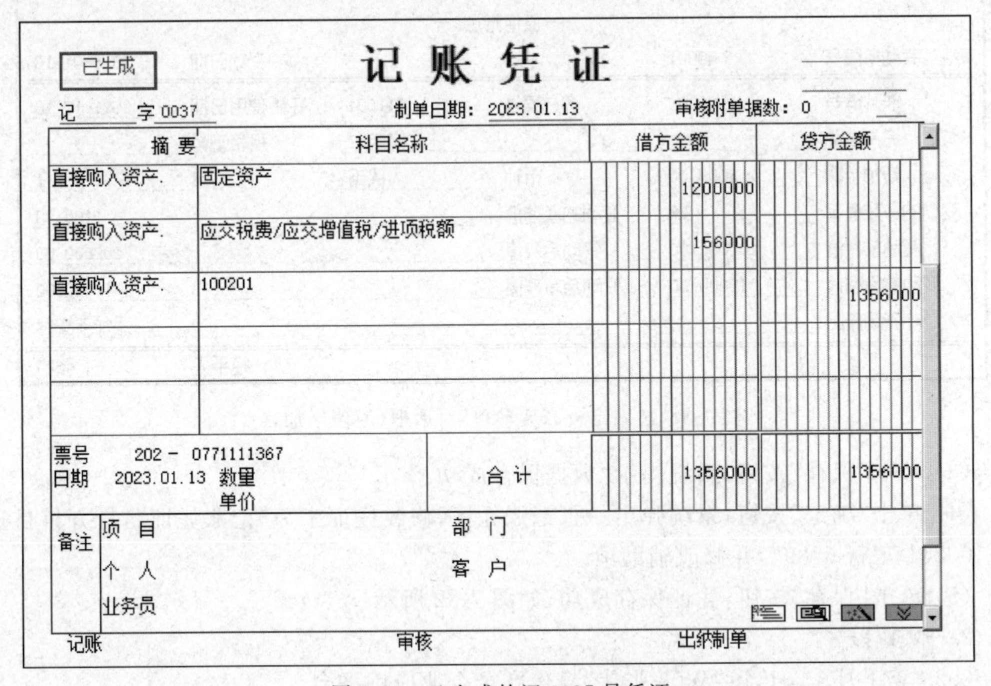

已生成

记账凭证

记　字 0037　制单日期：2023.01.13　审核附单据数：0

摘要	科目名称	借方金额	贷方金额
直接购入资产.	固定资产	1200000	
直接购入资产.	应交税费/应交增值税/进项税额	156000	
直接购入资产.	100201		1356000
票号　202 - 0771111367 日期　2023.01.13　数量 单价	合计	1356000	1356000

备注　项目　　部门

个人　　客户

业务员

记账　审核　出纳制单

图 7-30　已生成的记 0037 号凭证

工作提示

(1) 注意“资产增加”和“原始卡片录入”两种资产增加方式的不同,“资产增加”录入的是新增加的固定资产,开始使用时间等于录入时间。当月不计提折旧,下月开始折旧。

(2) 生成的凭证发生错误,通过检查是由于录入的卡片导致的,需要先删除凭证,对卡片进行修改,再重新生成凭证。

(3) 发现凭证错误,在固定资产系统里通过查询凭证窗口编辑修改,不在总账系统中修改。

(二) 固定资产变动

固定资产变动

1. 原值变动

2023 年 1 月 16 日,以“W02 张伟”身份登录企业应用平台。

(1) 在固定资产管理系统中执行“固定资产”→“卡片”→“变动单”→“原值增加”命令,打开“固定资产变动单”对话框。

(2) 在“卡片编号”栏选择“00001”,在“增加金额”栏录入“2 000”,在“变动原因”栏录入“添加新配件”,如图 7-31 所示。

固定资产变动单

— 原值增加 —

变动单编号	00001			变动日期	2023-01-16
卡片编号	00001	资产编号	011001	开始使用日期	2021-12-10
资产名称			江淮商务车	规格型号	
增加金额	2000.00	币种	人民币	汇率	1
变动的净残值率	5%	变动的净残值			100.00
变动前原值	200000.00	变动后原值			202000.00
变动前净残值	10000.00	变动后净残值			10100.00
变动原因					添加新配件
				经手人	张伟

图 7-31 “固定资产变动单”对话框(原值增加)

(3) 单击“保存”按钮,系统提示“数据保存成功!”。

(4) 单击“确定”按钮,系统弹出一张记账凭证,修改凭证字为“记账凭证”,贷方科目选择“100201-工行 6789”,并修改辅助项。

(5) 单击“保存”按钮,凭证保存成功,如图 7-32 所示。

2. 部门转移

2023 年 1 月 13 日,以“W02 张伟”身份登录企业应用平台。

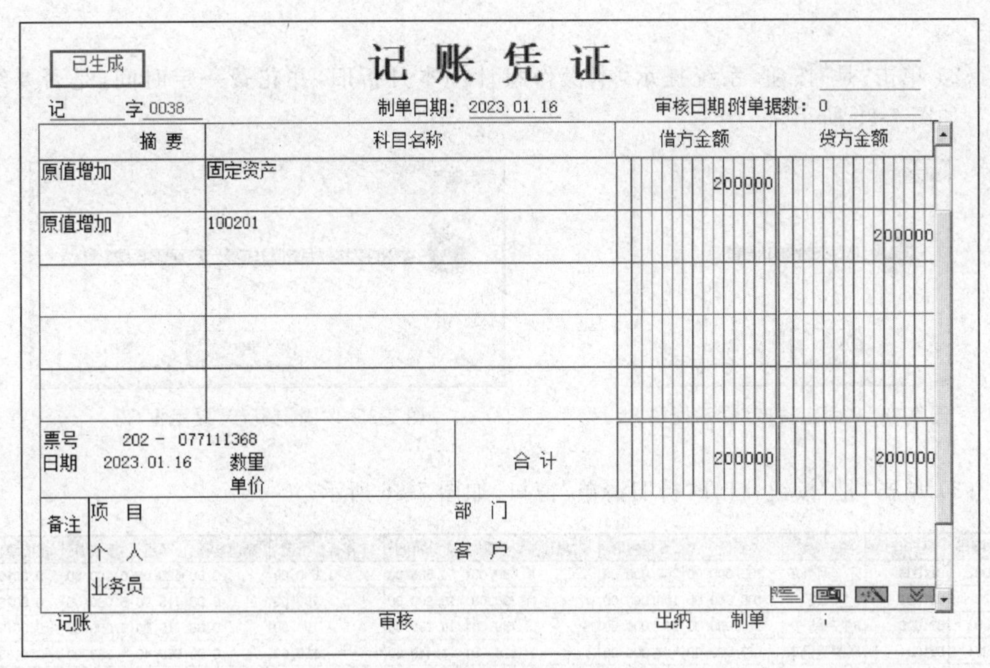

已生成

记账凭证

记　字 0038　　制单日期：2023.01.16　　审核日期　附单据数：0

摘要	科目名称	借方金额	贷方金额
原值增加	固定资产	200000	
原值增加	100201		200000
票号 202 - 077111368 日期 2023.01.16　数量 单价	合计	200000	200000

备注　项目　　部门

个人　　客户

业务员

记账　　审核　　出纳　　制单

图 7-32　已生成的记 0038 号凭证

(1) 在固定资产管理系统中执行“固定资产”→“卡片”→“变动单”→“部门转移”命令，打开“固定资产变动单”对话框。

(2) 在“卡片编号”栏选择“00004”，在“变动后部门”栏选择“财务部”，在“变动原因”栏录入“内部调拨”，单击“保存”按钮，如图 7-33 所示。

固定资产变动单

— 部门转移 —

变动单编号　00002　　变动日期　2023-01-17

卡片编号　00004　　资产编号　021001　　开始使用日期　2021-12-21

资产名称　联想笔记本　　规格型号

变动前部门　综合部　　变动后部门　财务部

存放地点　　新存放地点

变动原因　内部调拨

经手人　张伟

图 7-33　“固定资产变动单”对话框(部门转移)

(三) 计提固定资产折旧

计提固定资产折旧

2023 年 1 月 31 日，以“W02 张伟”身份登录企业应用平台。

(1) 在固定资产管理系统中执行“固定资产”→“处理”→“计提本月折旧”命令，打开“固定资产”对话框，提示“是否要查看折旧清单?”，如图 7-34

所示。

(2) 单击“是”按钮，系统提示“本操作将计提本月折旧，并花费一定时间，是否要继续?”，如图 7-35 所示。

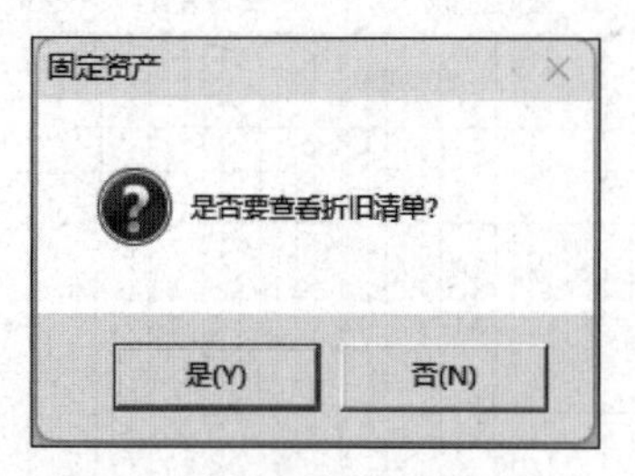

图 7-34 “固定资产”提示框(1)

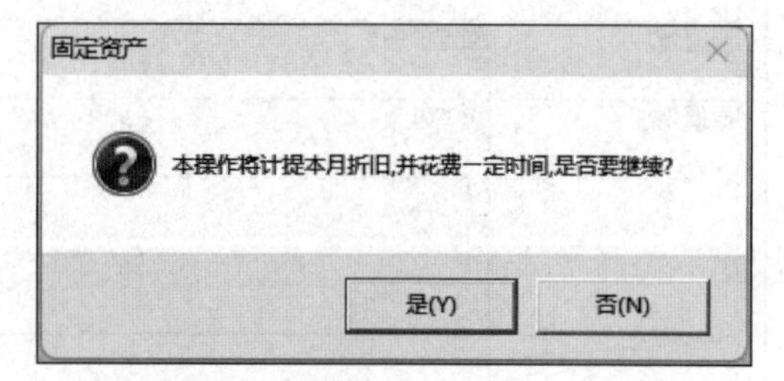

图 7-35 “固定资产”提示框(2)

(3) 单击“是”按钮，打开“折旧清单”窗口，如图 7-36 所示。

卡片编号	资产编号	资产名称	原值	计提原值	本月计提折旧额	累计折旧	本年计提折旧	减值准备	净值	净残值	折旧率
00001	011001	江淮商务车	202,000.00	200,000.00	1,580.00	20,580.00	1,580.00	0.00	420.00	0,100.00	0.0079
00002	031001	A生产线	100,000.00	100,000.00	790.00	10,290.00	790.00	0.00	710.00	5,000.00	0.0079
00003	031002	B生产线	100,000.00	100,000.00	790.00	10,290.00	790.00	0.00	710.00	5,000.00	0.0079
00004	021001	联想笔记本	7,000.00	7,000.00	110.60	1,440.60	110.60	0.00	559.40	350.00	0.0158
00005	021002	打印机	1,000.00	1,000.00	15.80	205.80	15.80	0.00	794.20	50.00	0.0158
00006	021003	联想计算机	4,000.00	4,000.00	63.20	823.20	63.20	0.00	176.80	200.00	0.0158
00007	021004	联想计算机	4,000.00	4,000.00	63.20	823.20	63.20	0.00	176.80	200.00	0.0158
00008	021005	联想计算机	4,000.00	4,000.00	63.20	823.20	63.20	0.00	176.80	200.00	0.0158
合计			422,000.00	420,000.00	3,476.00	45,276.00	3,476.00	0.00	724.00	1,100.00	

图 7-36 “折旧清单”窗口

(4) 单击“退出”按钮，系统提示“计提折旧完成!”。

(5) 单击“确定”按钮，打开“折旧分配表”窗口，如图 7-37 所示。

简易桌面 折旧分配表

按部门分配　按类别分配　部门分配条件...

01(2023.01—>2023.01)

部门编号	部门名称	项目编号	项目名称	科目编号	科目名称	折 旧 额
101	综合部			660203	折旧	1,595.80
102	财务部			660203	折旧	173.80
2	销售部			660103	折旧	63.20
3	采购部			660203	折旧	63.20
401	一车间			510102	折旧费	790.00
402	二车间			510102	折旧费	790.00
合计						3,476.00

图 7-37 “折旧分配表”窗口

(6) 单击“凭证”按钮，生成一张记账凭证。

(7) 修改凭证类型为“记账凭证”，单击“保存”按钮，凭证保存成功，如图 7-38 所示。

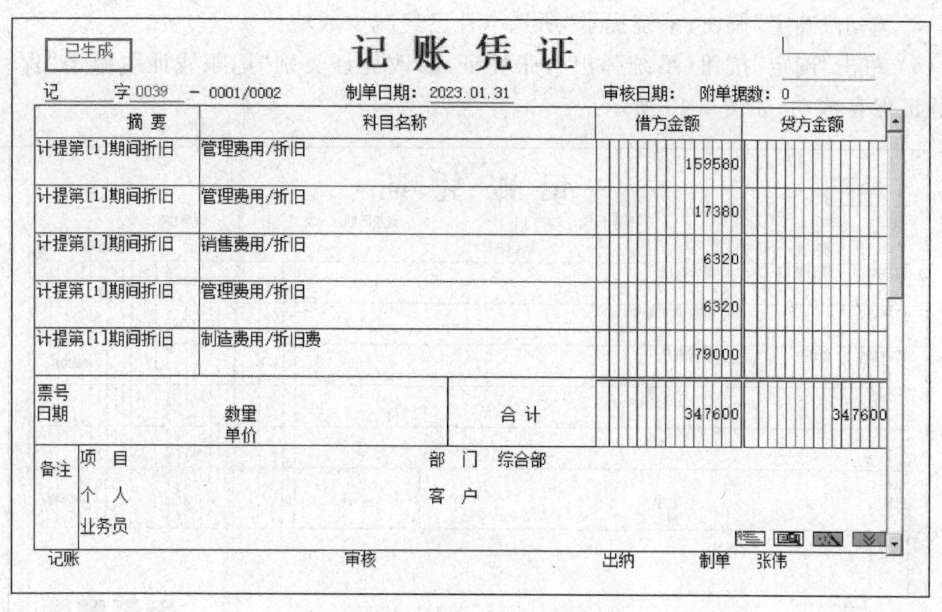

已生成

记账凭证

记 字 0039 - 0001/0002 制单日期：2023.01.31 审核日期： 附单据数：0

摘要	科目名称	借方金额	贷方金额
计提第[1]期间折旧	管理费用/折旧	159580	
计提第[1]期间折旧	管理费用/折旧	17380	
计提第[1]期间折旧	销售费用/折旧	6320	
计提第[1]期间折旧	管理费用/折旧	6320	
计提第[1]期间折旧	制造费用/折旧费	79000	
票号 日期	数量 单价 合计	347600	347600

备注 项目 部门 综合部

个人 客户

业务员

记账 审核 出纳 制单 张伟

图 7-38 已生成的记 0039 号凭证

工作提示

（1）计提折旧将自动生成折旧分配表，并自动生成凭证。

（2）如果已经计提折旧并生成凭证，又对账套进行影响折旧的计算和分配的操作，需删除凭证重新计提折旧，并生成凭证。

（四）固定资产毁损处理

固定资产毁损处理

2023 年 1 月 31 日，以“W02 张伟”身份登录企业应用平台。在固定资产管理系统中减少固定资产，生成固定资产减少的记账凭证；在总账系统中填制残值收入、结转固定资产清理的记账凭证。

（1）在固定资产管理系统中执行“固定资产”→“卡片”→“资产减少”命令，打开“资产减少”对话框。

（2）在“卡片编号”栏选择“00008”，“资产编号”栏自动弹出“021005”，单击“增加”按钮，在“减少方式”栏选择“毁损”，在“清理原因”栏录入“毁损”，如图 7-39 所示。

简易桌面 资产减少

卡片编号 00008 条件 增加 确定

资产编号 021005 删除 取消

卡片编号	资产编号	资产名称	原值	净值	减少日期	减少方式	清理收入	增值税	清理费用	清理原因
00008	021005	联想计算机	4000.00	3176.80	2023-01-31	毁损				毁损

图 7-39 “资产减少”对话框

(3) 单击“确定”按钮,系统提示“所选卡片已经减少成功!”。

(4) 单击“确定”按钮,系统弹出一张凭证,修改凭证类别“记账凭证”,单击“保存”按钮,凭证保存成功,如图 7-40 所示。

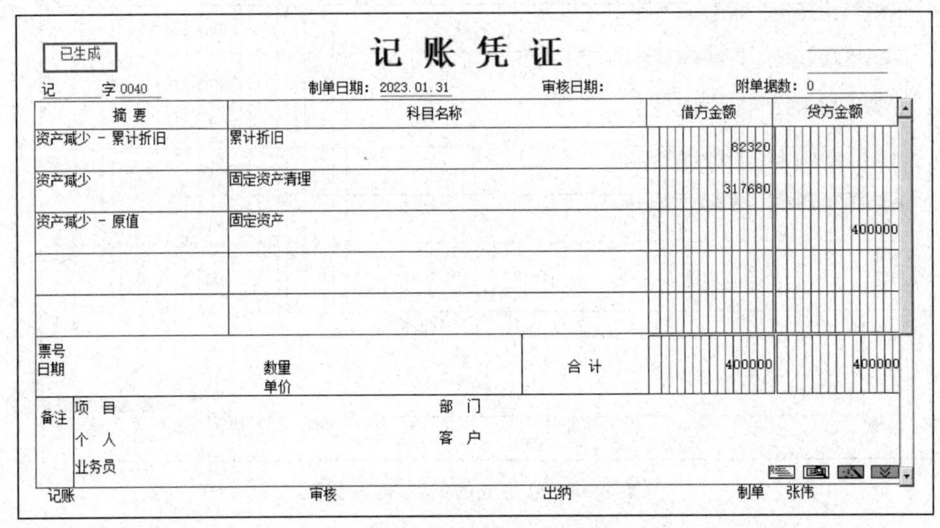

已生成

记 账 凭 证

记 字 0040　　制单日期:2023.01.31　　审核日期:　　附单据数:0

摘要	科目名称	借方金额	贷方金额
资产减少 - 累计折旧	累计折旧	82320	
资产减少	固定资产清理	317680	
资产减少 - 原值	固定资产		400000
票号 日期　数量 单价	合 计	400000	400000

备注　项 目　部 门　个 人　客 户　业务员

记账　审核　出纳　制单 张伟

图 7-40　已生成的记 0040 号凭证

(5) 在总账系统中执行“总账”→“凭证”→“填制凭证”命令,打开“凭证”对话框,单击“增加”按钮,修改凭证类别为“记账凭证”,录入固定资产清理收入的会计凭证,在借方栏选择科目“库存现金”,如图 7-41 所示。

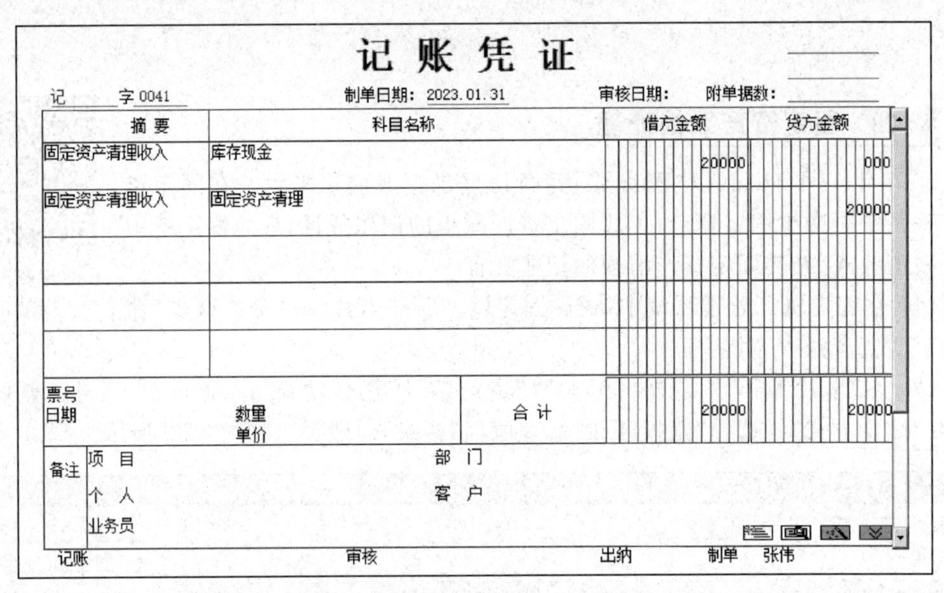

记 账 凭 证

记 字 0041　　制单日期:2023.01.31　　审核日期:　　附单据数:

摘要	科目名称	借方金额	贷方金额
固定资产清理收入	库存现金	20000	000
固定资产清理收入	固定资产清理		20000
票号 日期　数量 单价	合 计	20000	20000

备注　项 目　部 门　个 人　客 户　业务员

记账　审核　出纳　制单 张伟

图 7-41　已生成的记 0041 号凭证

(6) 继续单击“增加”按钮,录入结转固定资产清理损益的会计凭证,单击“保存”按钮,凭证保存成功,如图 7-42 所示。

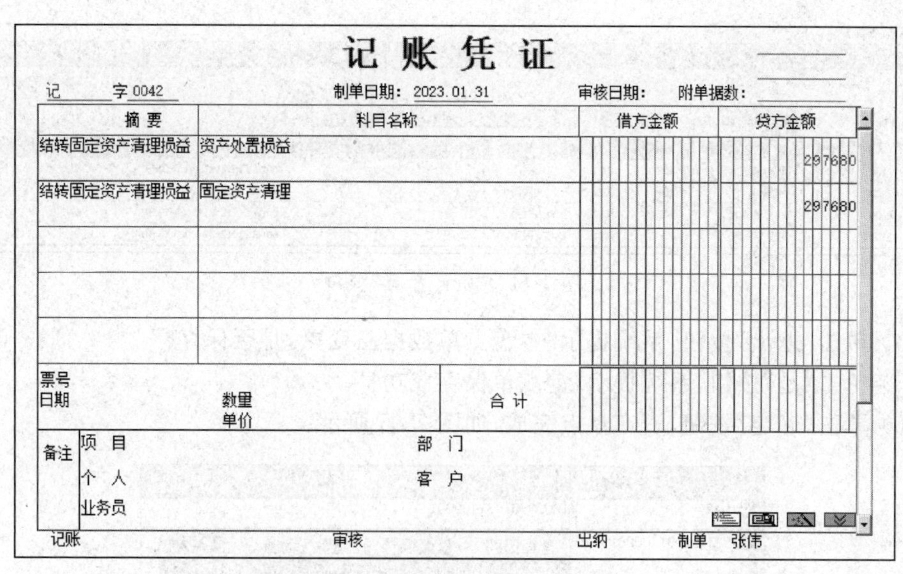

图 7-42 已生成的记 0042 号凭证

工作提示

(1) 固定资产由于毁损减少时，先要从固定资产卡片中将该资产卡片删除，原因录入毁损，再进行凭证处理。固定资产减少当月仍需要计提折旧，因此固定资产减少核算需要在计提当月固定资产折旧之后进行。

(2) 因固定资产毁损导致的固定资产清理收入和处置损益需要在总账系统中填制凭证。

（五）固定资产盘点

固定资产盘点

2023 年 1 月 31 日，以“W02 张伟”身份登录企业应用平台。在固定资产管理系统中盘点固定资产，处理盘亏的固定资产，生成固定资产盘亏的记账凭证；在总账系统录入结转固定资产清理的记账凭证。

(1) 执行“固定资产”→“卡片”→“资产盘点”命令，打开“资产盘点”命令，打开“资产盘点”对话框。

(2) 单击“增加”按钮，打开“资产盘点单-数据录入”对话框，单击“范围”按钮，打开“盘点范围设置”对话框，选择“按资产类别盘点”，在“资产类别”栏选择“计算机[021]”，如图 7-43 所示。

(3) 单击“确定”按钮，系统列出全部计算机类固定资产。双击选中“021002”，单击“删行”按钮，删除“021002”固定资产，如图 7-44 所示。

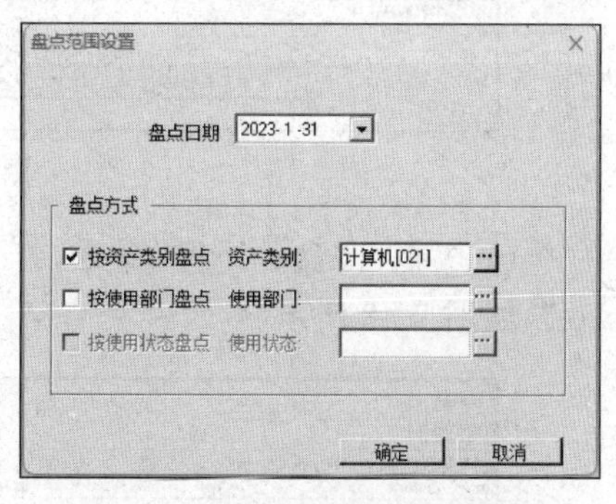

图 7-43 “盘点范围设置”对话框

图 7-44 “资产盘点”窗口

(4) 单击“退出”按钮,系统提示“本盘点单数据已变更,是否保存?”。

(5) 单击“是”按钮,系统提示“盘点单保存成功!”。

(6) 单击“确定”按钮,资产盘点完成,如图 7-45 所示。

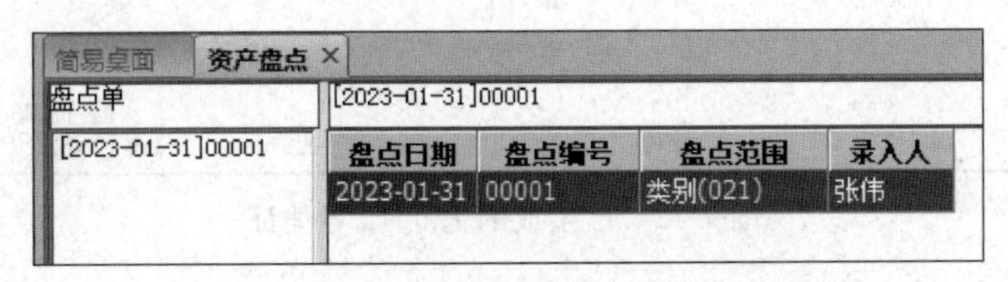

图 7-45 “资产盘点”窗口(操作完成)

(7) 关闭“资产盘点”对话框,执行“盘盈盘亏确认”命令,双击“021002”,在“审核”栏选择“同意”,在“处理意见”栏录入“由部门负责人照价赔偿”,如图 7-46 所示。

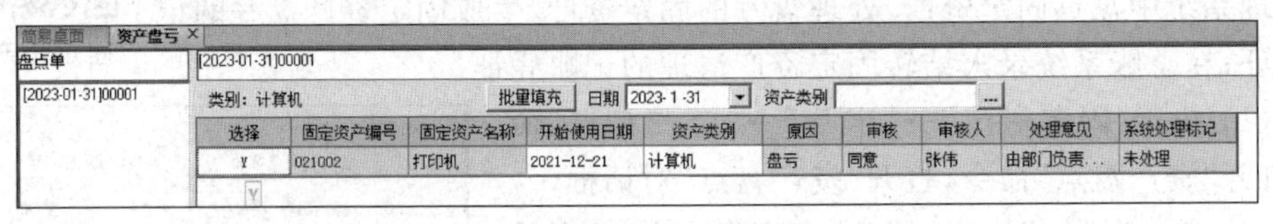

图 7-46 “盘盈盘亏确认”窗口

(8) 单击“保存”按钮,系统提示“保存成功!”。

(9) 单击“确定”按钮,退出“盘亏盘盈确认”对话框。

(10) 单击“资产盘亏”选项卡,双击“021002”,如图 7-47 所示。

图 7-47 “资产盘亏”窗口

(11) 执行“盘亏处理”命令,打开“资产减少”对话框,在“清理原因”栏录入“资产盘亏”,如图 7-48 所示。

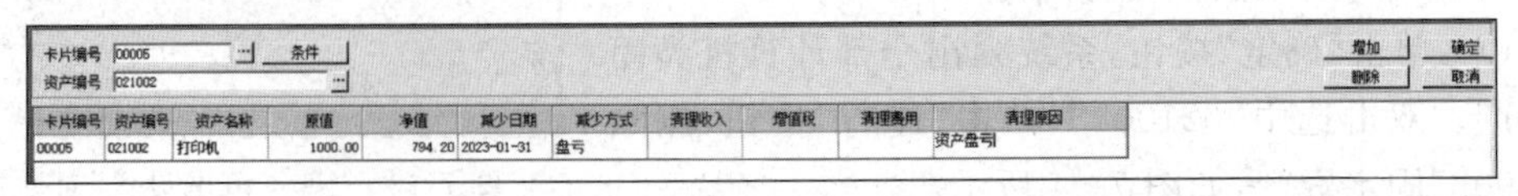

图 7-48 “资产减少”窗口

(12) 单击“确定”按钮，系统提示“所选卡片已经减少成功！”。

(13) 单击“确定”按钮，弹出一张记账凭证。修改凭证类型为“记账凭证”，将“1606 固定资产清理”科目修改为“1901 待处理财产损溢”，单击“保存”按钮，凭证保存成功，如图 7-49 所示。

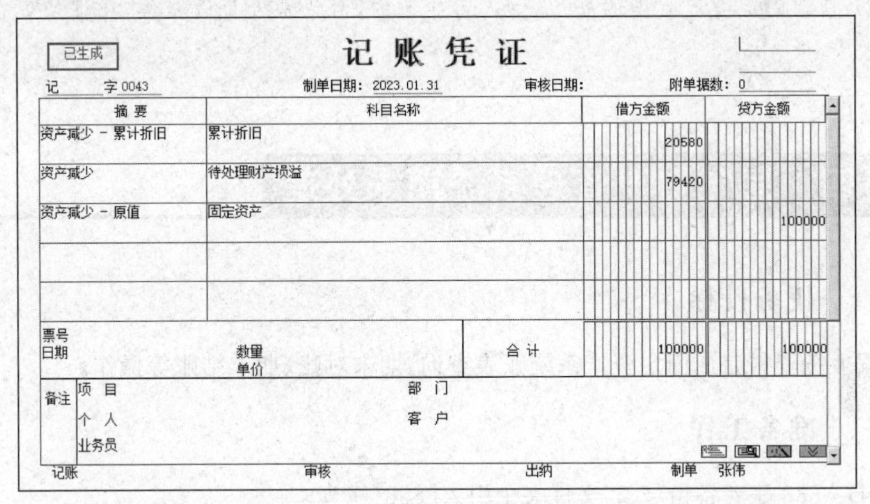

已生成

记账凭证

记 字 0043　　制单日期：2023.01.31　　审核日期：　　附单据数：0

摘要	科目名称	借方金额	贷方金额
资产减少 - 累计折旧	累计折旧	20580	
资产减少	待处理财产损溢	79420	
资产减少 - 原值	固定资产		100000
票号 日期	数量 单价 合计	100000	100000

备注　项目　　部门
　　　个人　　客户
　　　业务员

记账　　审核　　出纳　　制单 张伟

图 7-49　已生成的记 0043 号凭证

(14) 在总账系统中执行“总账”→“凭证”→“填制凭证”命令，打开“凭证”对话框，单击“增加”按钮。

(15) 录入处理盘亏固定资产的记账凭证，修改其他应收款的辅助项，单击“保存”按钮，凭证保存成功，如图 7-50 所示。

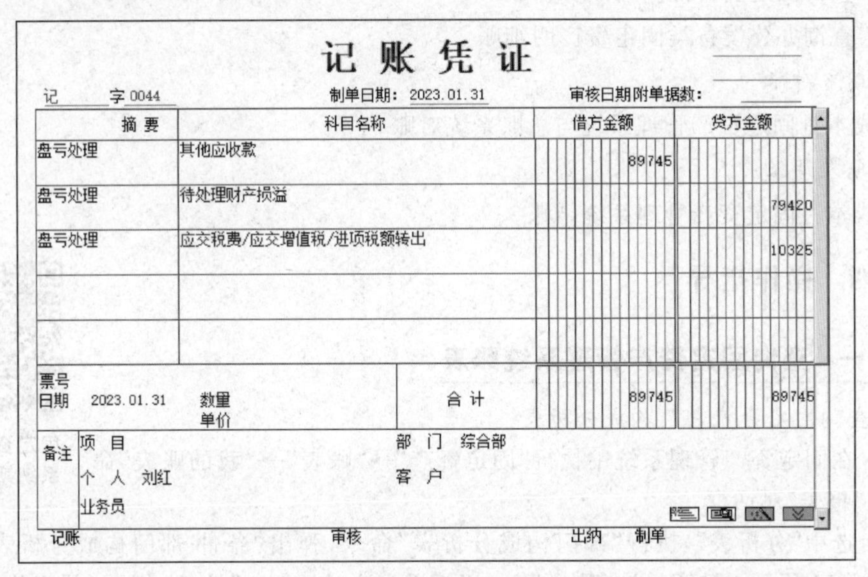

记账凭证

记 字 0044　　制单日期：2023.01.31　　审核日期附单据数：

摘要	科目名称	借方金额	贷方金额
盘亏处理	其他应收款	89745	
盘亏处理	待处理财产损溢		79420
盘亏处理	应交税费/应交增值税/进项税额转出		10325
票号 日期 2023.01.31	数量 单价 合计	89745	89745

备注　项目　　部门 综合部
　　　个人 刘红　　客户
　　　业务员

记账　　审核　　出纳　　制单

图 7-50　已生成的记 0044 号凭证

(16) 将账套输出至“D:\888 账套备份\7-2”文件夹。

工作提示

(1) 盘亏固定资产,先进行资产减少操作,再生成凭证,如果想恢复资产减少的操作,必须删除凭证才能进行。

(2) 查询固定资产减少的原因,如人为导致的,由负责人负责赔偿,凭证处理在总账中新增。

任务四 固定资产管理系统期末处理

一、任务目标

根据业务资料完成固定资产系统账表查询、期末对账、期末结账等操作。

二、准备工作

从"D:\888 账套备份\7-2"文件夹中引入[888]账套。

三、任务清单

2023 年 1 月 31 日,以"W02 张伟"身份登录企业应用平台,完成下列工作任务。

1. 查询固定资产管理系统账表

(1) 查询固定资产部门构成分析表。

(2) 查询办公设备类固定资产明细账。

2. 期末对账

完成本月固定资产管理系统与总账系统对账。

3. 期末结账

完成本月固定资产管理系统结账。

四、操作指导

固定资产管理系统期末处理

(一) 查询固定资产管理系统账表

1. 查询固定资产部门构成分析表

(1) 在固定资产管理系统中执行"固定资产"→"账表"→"我的账表"命令,打开"报表"对话框。

(2) 选中"分析表",执行"部门构成分析表"命令,弹出"条件-部门构成分析表"对话框,如图 7-51 所示。选中"按类别的第一级汇总",单击"确定"按钮,打开"部门构成分析表"窗口,如图 7-52 所示。

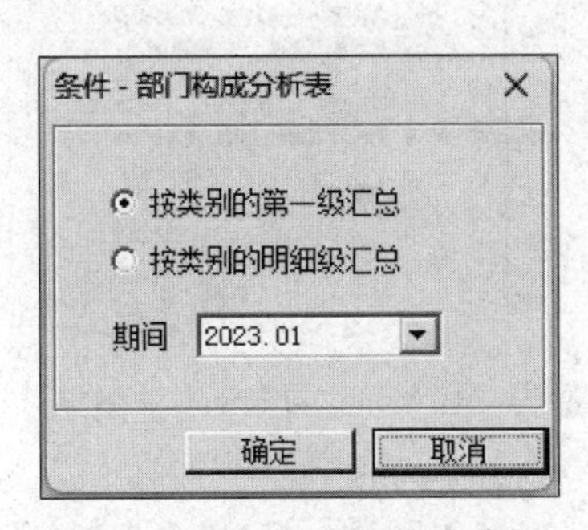

图 7-51　“条件-部门构成分析表”对话框

使用单位:合肥鼬飞科技有限公司　　期间: 2023.01
类别级次第 1 级

使用部门	资产类别	数量	计量单位	期末原值	占部门百分比%	占总值百分比%
管理部(1)		3.00		213,000.00	100.000	49.65
综合部(101)		1.00		202,000.00	94.836	47.09
	交通运输设备(01)	1.00		202,000.00	94.836	47.09
财务部(102)		2.00		11,000.00	5.164	2.56
	办公设备(02)	2.00		11,000.00	5.164	2.56
销售部(2)		1.00		4,000.00	100.000	0.93
	办公设备(02)	1.00		4,000.00	100.000	0.93
生产(4)		4.00		212,000.00	100.000	49.42
一车间(401)		2.00		106,000.00	50.000	24.71
	办公设备(02)	1.00		6,000.00	2.830	1.40
	生产设备(03)	1.00		100,000.00	47.170	23.31
二车间(402)		2.00		106,000.00	50.000	24.71
	办公设备(02)	1.00		6,000.00	2.830	1.40
	生产设备(03)	1.00		100,000.00	47.170	23.31
合计		8.00		429,000.00	100.000	100.00

图 7-52　“部门构成分析表”窗口

2. 查询办公设备类固定资产明细账

(1) 在固定资产管理系统中执行“固定资产”→“账表”→“我的账表”命令，打开“报表”对话框。

(2) 单击“账簿”，双击“(部门、类别)明细账”，打开“条件-(部门、类别)明细账”对话框，在“类别名称”栏选择“02-办公设备”，“部门名称”保持默认，选中“显示使用状况和部门”复选框，如图 7-53 所示。

图 7-53　“条件-(部门、类别)明细账”对话框

(3) 单击“确定”按钮，打开“(部门、类别)明细账”窗口，如图 7-54 所示。

恢复缺省格式　保存格式　锁定格式　格式锁定状态:未锁定

(部门、类别)明细账

使用单位:合肥鼬飞科技有限公司　　期间:2023.01--2023.01
资产类别:办公设备(02)..　　使用部门:

日期	资产编号	业务单号	凭证号	摘要	资产名称	原值		累计折旧			减值准备			余额	
						贷方	余额	借方	贷方	余额	借方	贷方	余额	数量	净值
2023-01-01	021001	00004		录入原始卡片	联想笔记本		7,000.00		1,330.00	1,330.00				1.00	5,670.00
2023-01-01	021002	00005		录入原始卡片	打印机		8,000.00		190.00	1,520.00				2.00	6,480.00
2023-01-01	021003	00006		录入原始卡片	联想计算机		12,000.00		760.00	2,280.00				3.00	9,720.00
2023-01-01	021004	00007		录入原始卡片	联想计算机		16,000.00		760.00	3,040.00				4.00	12,960.00
2023-01-01	021005	00008		录入原始卡片	联想计算机		20,000.00		760.00	3,800.00				5.00	16,200.00
2023-01-13	022001	00009	记—36	新增固定资产	格力空调		26,000.00			3,800.00				6.00	22,200.00
2023-01-13	022002	00010	记—36	新增固定资产	格力空调		32,000.00			3,800.00				7.00	28,200.00
2023-01-31	021005	00008	记—39	资产减少	联想计算机	4,000.00	28,000.00	823.20		2,976.80				6.00	25,023.20
2023-01-31	021002	00005	记—42	资产减少	打印机	1,000.00	27,000.00	205.80		2,771.00				5.00	24,229.00
2023-01-31		01	记—38	计提折旧			27,000.00		316.00	3,087.00				5.00	23,913.00
				本期合计		5,000.00	27,000.00	1,029.00	4,116.00	3,087.00				5.00	23,913.00

图 7-54　“(部门、类别)明细账”窗口

(二) 期末对账

(1) 在总账系统中，以“W03 王慧”身份执行“总账”→“凭证”→“出纳签字”命令，对所有凭证进行出纳签字。

(2) 在总账系统中，以“W01 王东”身份执行“总账”→“凭证”→“审核凭证”命令，审核所有凭证。

(3) 在总账系统中，以“W01 王东”身份执行“总账”→“凭证”→“记账”命令，完成凭证记账。

(4) 在固定资产管理系统中,以“W02 张伟”身份执行“固定资产”→“处理”→“对账”命令,打开“与账务对账结果”提示框,系统提示“结果:平衡”,如图 7-55 所示。

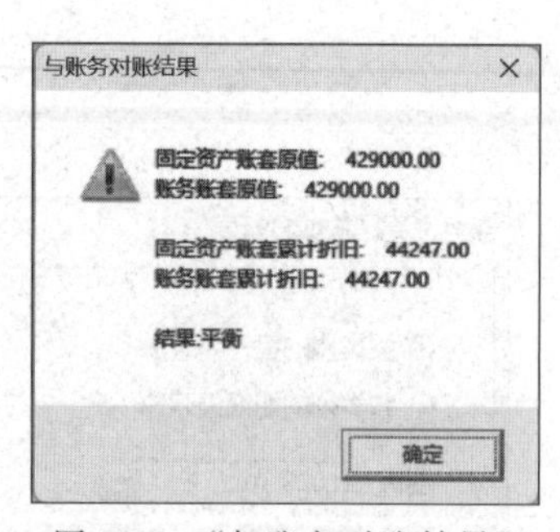

图 7-55 “与账务对账结果”提示框

(三) 期末结账

(1) 以“W02 张伟”身份执行“固定资产”→“处理”→“月末结账”命令,打开“月末结账”提示框,如图 7-56 所示。

(2) 单击“开始结账”按钮,打开“与账务对账结果”提示框。

(3) 单击“确定”按钮,系统提示“月末结账成功完成!”,如图 7-57 所示。单击“确定”按钮,系统提示“本账套最新可修改日期已经更改为 2023-02-01…”,如图 7-58 所示。

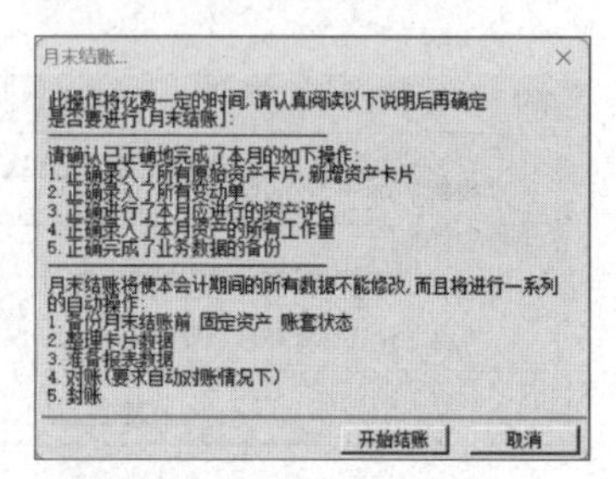

图 7-56 “月末结账”提示框

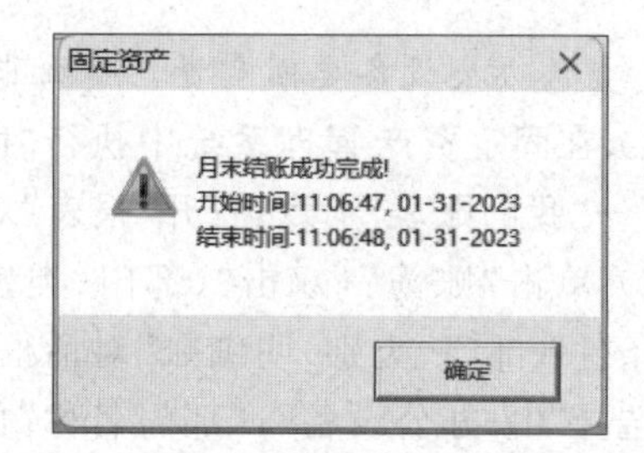

图 7-57 “月末结账成功完成!”提示框

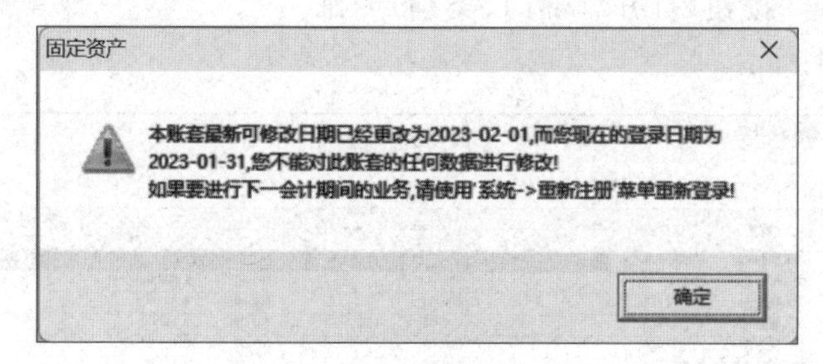

图 7-58 “固定资产”提示框

(4) 将账套输出至“D:\888 账套备份\7-3”文件夹。

工作提示

(1) 固定资产管理系统中的凭证首先要审核、记账,再与总账进行对账,否则对账不成功。

(2) 固定资产管理系统与总账系统不平,应检查是否有未生成凭证的业务。调整一致进行月末结账,如果结账后有错误操作,可以对固定资产管理系统进行“反结账”操作。

(3) 总账系统已经结账,则固定资产管理系统不能进行“反结账”操作。

项目八

薪资管理系统

知识目标

1. 了解薪资管理系统的主要功能。
2. 了解薪资管理系统与其他子系统的关系。
3. 熟悉薪资管理系统的主要业务流程。
4. 掌握薪资管理业务处理的内容和基本方法。

能力目标

1. 能够熟练进行薪资管理系统的初始化设置。
2. 能够熟练进行薪资管理系统的日常业务处理。
3. 能够熟练进行薪资管理系统的期末处理。

工作任务

根据业务资料完成工作任务，包括新建薪资管理系统、人员档案和工资项目设置、工资变动、工资分摊和计提、代扣代缴个人所得税、薪资管理系统期末处理。

思政元素

在会计信息系统实训中，通过对专业知识的学习，培养学生作为会计从业人员的业务素质：保持客观公正和独立性，不受外界影响；恪守职业良心，不贪私利，真实反映会计工作的现状。通过对薪资管理系统的学习，可以使学生具备信息收集和处理能力，具备分析和解决问题的能力。

任务一 认识薪资管理系统

一、薪资管理系统功能

薪资管理系统适用于各类企事业单位，主要提供了简单、方便的薪资核算和发放功能，以及强大的薪资分析和管理功能，并为企业的多种薪资类型提供了解决方案。薪资管理系统的功能主要包括以下三个方面。

（一）初始设置

尽管各个单位的薪资核算过程有很多共性，但也存在一些差异。通过薪资管理系统初始设置，可以根据企业需要建立薪资管理账套数据，设置薪资管理系统运行所需要的各项基础信息，为日常业务处理建立应用环境。

（二）薪资业务处理

通过薪资管理系统可以管理企业所有人员的薪资数据，对人员增减、薪资变动进行处理；自动计算个人所得税、结合薪资发放形式进行找零设置或向代发薪资的银行传输薪资数据；自动计算、汇总薪资数据；支持计件工资核算模式；自动完成工资分摊和相关费用计提，并可以直接生成凭证将其传递到总账系统；对不同工资类别数据进行汇总。

（三）薪资报表管理及统计分析

薪资核算的结果最终通过报表和凭证体现。薪资管理系统提供了各种薪资表、汇总表、明细表、统计表、分析表等，并且提供了凭证查询和自定义报表查询功能。齐全的薪资报表形式、简便的薪资资料查询方式，满足了企业多层次、多角度查询的需要。

二、薪资管理系统与用友 ERP-U8 V10.1 其他子系统的关系

薪资管理系统与系统管理共享基础数据，薪资管理系统将工资分摊的结果生成转账凭证，传递到总账系统。薪资管理系统可以向成本管理系统传送人员的人工费用，成本管理系统向薪资管理系统提供计件工资的计算标准。报表管理系统可以从薪资管理系统取得相关数据，并对其进行加工分析。

薪资管理系统与其他子系统的关系如图 8-1 所示。

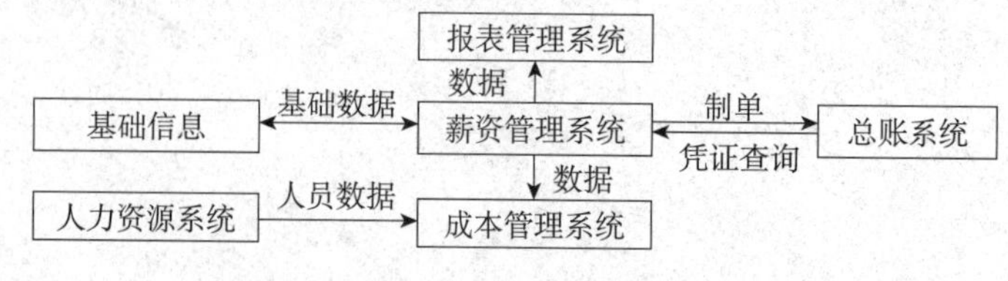

图 8-1 薪资管理系统与其他子系统的关系

任务二 薪资管理系统初始化设置

▶一、任务目标

根据业务资料完成薪资管理系统初始化设置。

▶二、准备工作

从“D:\888账套备份\7-3”文件夹中引入[888]账套

▶三、任务清单

(1) 新建薪资账套,薪资管理系统参数如表8-1所示。

表8-1 薪资管理系统参数

控制参数	参数内容
参数设置	单个工资类别
扣税设置	从工资中扣税
扣零设置	不扣零
人员编码	与公共平台的编码保持一致

(2) 设置银行档案“01 中国工商银行”;个人账号长度为19,自动带出账号长度为15。

(3) 设置人员档案,如表8-2所示。

表8-2 人员档案

人员编码	人员姓名	性别	行政部门	人员类别	银行账号	中方人员	是否计税
101	杨文	男	综合部	企业管理人员	6217000130030011001	是	是
102	刘红	女	综合部	企业管理人员	6217000130030011002	是	是
103	杨明	男	综合部	企业管理人员	6217000130030011003	是	是
104	王东	男	财务部	企业管理人员	6217000130030011004	是	是
105	张伟	男	财务部	企业管理人员	6217000130030011005	是	是
106	王慧	女	财务部	企业管理人员	6217000130030011006	是	是
201	韩乐乐	男	销售部	销售人员	6217000130030011007	是	是
301	刘伟	男	采购部	采购人员	6217000130030011008	是	是
401	齐天宇	男	一车间	车间管理人员	6217000130030011009	是	是
402	王力	男	一车间	生产人员	6217000130030011010	是	是
403	罗贝	男	一车间	生产人员	6217000130030011011	是	是
404	范兵	男	二车间	车间管理人员	6217000130030011012	是	是

续表

人员编码	人员姓名	性别	行政部门	人员类别	银行账号	中方人员	是否计税
405	刘青	男	二车间	生产人员	6217000130030011013	是	是
406	邓磊	男	二车间	生产人员	6217000130030011014	是	是

(4) 设置工资项目,如表 8-3 所示。

表 8-3 工资项目

项目名称	类型	长度	小数	增减项
基本工资	数字	8	2	增项
岗位工资	数字	8	2	增项
奖金	数字	8	2	增项
交通补贴	数字	8	2	增项
医疗保险	数字	8	2	减项
养老保险	数字	8	2	减项
失业保险	数字	8	2	减项
住房公积金	数字	8	2	减项
缺勤扣款	数字	8	2	减项
缺勤天数	数字	8	2	其他
社保计提基数	数字	8	2	其他
工资分配基数	数字	8	2	其他
计税工资	数字	8	2	其他

(5) 设置工资项目计算公式,如表 8-4 所示。

表 8-4 工资项目计算公式

项 目	计 算 公 式
交通补贴	企业管理人员每月 600 元,采购人员、销售人员每月 800 元,车间管理人员、生产工人每月 500 元
缺勤扣款	如果缺勤天数≤2 天,基本工资÷22×缺勤天数×50%,基本工资÷22×缺勤天数
计税工资	基本工资+岗位工资+奖金+交通补贴−医疗保险−养老保险−失业保险−住房公积金−缺勤扣款
社保计提基数	基本工资+岗位工资
工资分配基数	基本工资+岗位工资+奖金+交通补贴−缺勤扣款
养老保险	社保计提基数×8%
医疗保险	社保计提基数×2%

续表

项目	计算公式
失业保险	社保计提基数×0.2%
住房公积金	社保计提基数×6%

(6) 根据表 8-5 设置代扣个人所得税，将基数修改为 5 000，附加费用修改为 0。

表 8-5 个人所得税税率表

级数	全月应纳所得税额	税率/%	速算扣除数/元
1	不超过 3 000 元的部分	3	0
2	超过 3 000 元至 12 000 元的部分	10	210
3	超过 12 000 元至 25 000 元的部分	20	1 410
4	超过 25 000 元至 35 000 元的部分	25	2 660
5	超过 35 000 元至 55 000 元的部分	30	4 410
6	超过 55 000 元至 80 000 元的部分	35	7 160
7	超过 80 000 元的部分	45	15 160

四、操作指导

薪资管理系统初始化设置

2023 年 1 月 1 日，以“W01 王东”身份登录企业应用平台。

(一) 新建薪资账套

(1) 在企业应用平台中执行“业务工作”→“人力资源”→“薪资管理”命令，打开“建立工资套-参数设置”对话框。

(2) 选择本账套所需处理的工资类别个数为“单个”，币别默认为“人民币 RMB”，如图 8-2 所示。

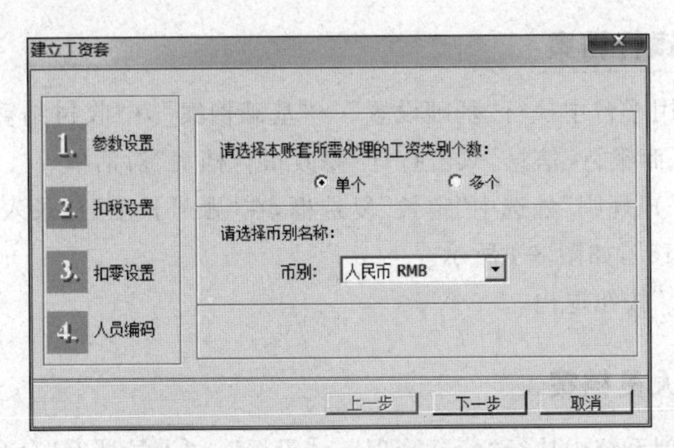

图 8-2 “建立工资套-参数设置”对话框

(3) 单击“下一步”按钮，打开“建立工资套-扣税设置”对话框，选中“是否从工资中代扣个人所得税”复选框，单击“下一步”按钮，打开“建立工资套-扣零设置”对话框。

(4) 取消“扣零”复选框。单击“下一步”按钮，打开“建立工资套-人员编码”对话框，系统默认“本系统要求您对员工进行统一编号，人员编码同公共平台的人员编码保持一致。”，如图 8-3 所示。单击“完成”按钮，完成建立工资套的过程。

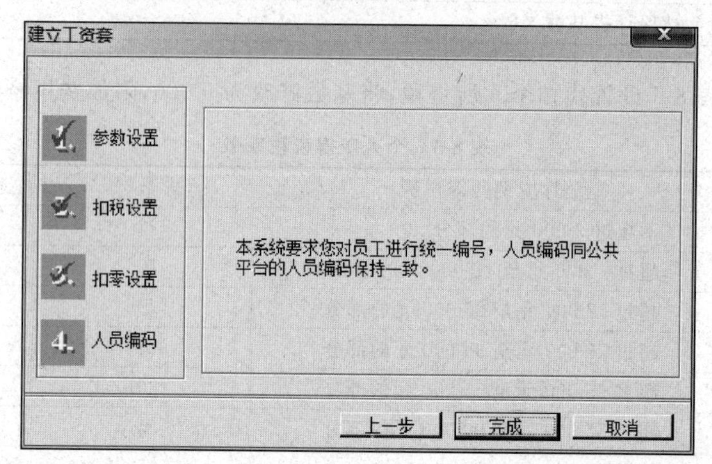

图 8-3 “建立工资套-人员编码”对话框

工作提示

(1) 如果单位所有人员工资按照统一标准进行管理，且人员工资项目、工资计算公式相同，则选择“单个”工资类别。

(2) 选择代扣个人所得税，系统会自动生成工资项目“代扣税”，并且自动进行代扣税金的计算。

(3) 扣零处理是发放工资时将零头扣下，积累取整并下次发放工资时补上。如果勾选扣零处理，系统会增加扣零计算。

（二）设置银行档案

(1) 在企业应用平台中执行“基础设置”→“基础档案”→“收付结算”→“银行档案”命令，选中“01 中国工商银行”信息，双击打开“修改银行档案”对话框。

(2) 在“个人账户规则”处选中“定长”复选框，在“账号长度”栏录入“19”，在“自动带出账号长度”栏录入“15”，如图 8-4 所示。

(3) 单击“保存”按钮退出。

（三）设置人员档案

(1) 在薪资管理系统中执行“薪资管理”→“设置”→“人员档案”命令，打开“人员档案”对话框。

(2) 单击“批增”按钮，打开“人员批量增加”对话框。在窗口左侧分别单击选中所有部门，单击“查询”按钮，弹出人员列表，如图 8-5 所示。

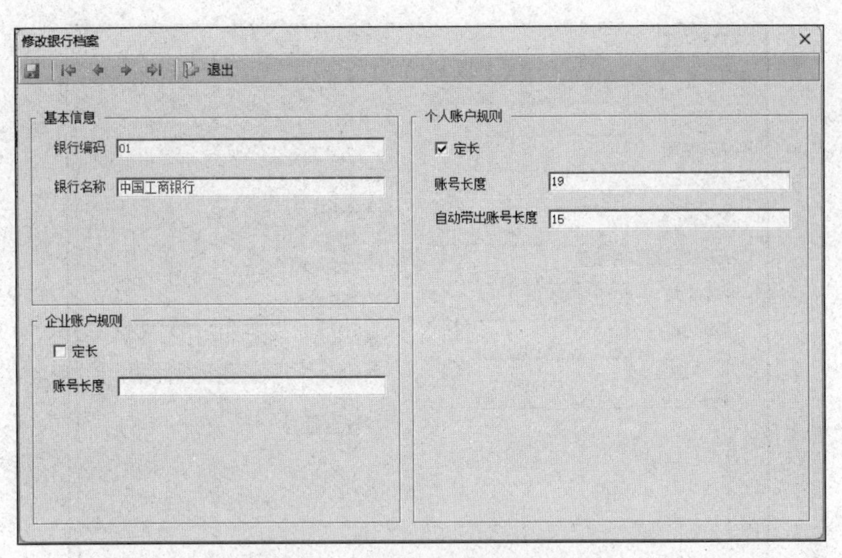

图 8-4　“修改银行档案”对话框

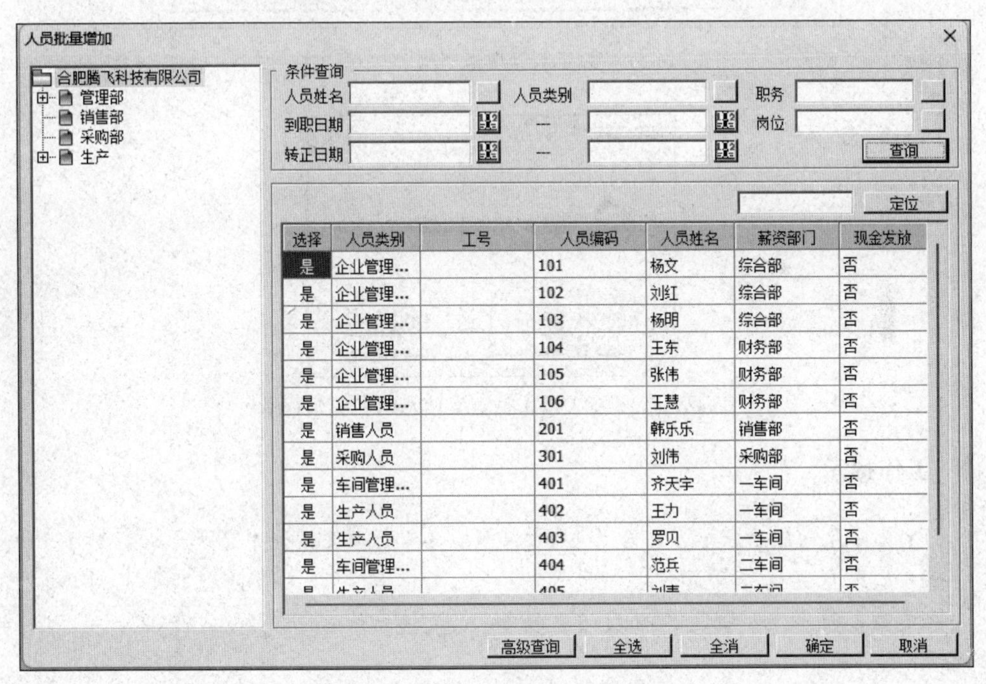

图 8-5　“人员批量增加”对话框

(3) 单击“确定”按钮,返回“人员档案”窗口。

(4) 选中“101 杨文”,双击打开“人员档案明细”对话框。在“基本信息”选项卡中,根据表 8-2 补充录入银行名称、银行账号等信息,如图 8-6 所示。

(5) 单击“确定”按钮,系统提示“写入该人员档案信息吗?”,如图 8-7 所示。

(6) 单击“确定”按钮,重复(4)和(5),继续录入其他人员的信息。

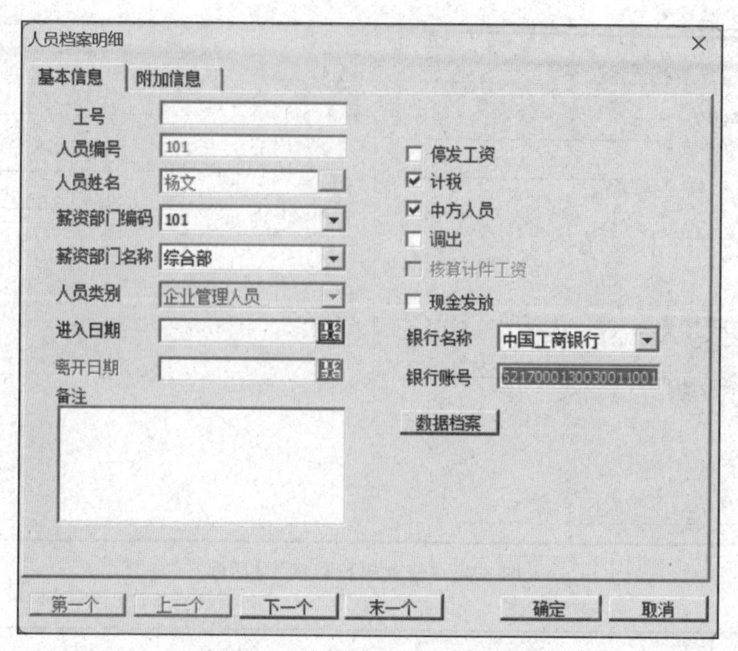

图 8-6 “人员档案明细”对话框

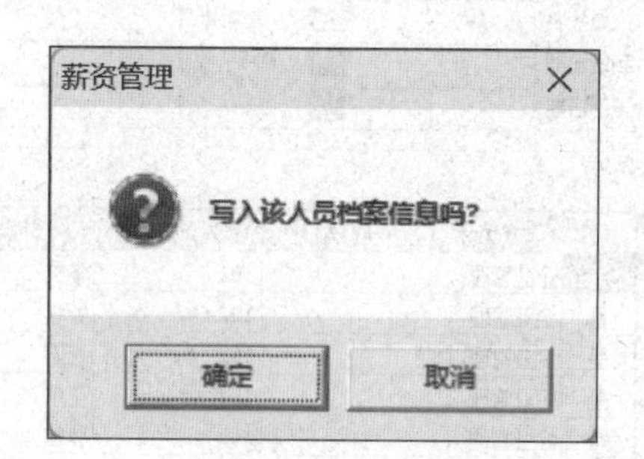

图 8-7 “写入该人员档案信息吗?”提示框

 **工作提示**

(1) 如果录入银行账号不符合长度要求,需要在银行档案设置中将账号长度改为“19”。

(2) 如果在银行档案设置中勾选了“定长”,输入第一个人员的银行账号后,输入其他人员的银行账号时,系统会自动设置银行账号定长的账号,只需要输入后面的数字即可。

(四) 设置工资项目

(1) 在薪资管理系统中执行“薪资管理”→“设置”→“工资项目设置”命令,打开“工资项目设置”对话框。

(2) 单击“增加”按钮,在“工资项目名称”下拉列表中选择“基本工资”,默认类型为“数字”,小数位为“2”,增减项为“增项”。以此方法继续增加其他工资项目,如图 8-8 所示。

(3) 单击“确定”按钮,退出“工资项目设置”对话框。

工资项目设置

工资项目设置 | 公式设置

工资项目

工资项目名称	类型	长度	小数	增减项	停用
基本工资	数字	8	2	增项	否
岗位工资	数字	8	2	增项	否
奖金	数字	8	2	增项	否
交通补贴	数字	8	2	增项	否
应发合计	数字	10	2	增项	否
医疗保险	数字	8	2	减项	否
养老保险	数字	8	2	减项	否
失业保险	数字	8	2	减项	否
住房公积金	数字	8	2	减项	否
缺勤扣款	数字	8	2	减项	否
扣款合计	数字	10	2	减项	否
实发合计	数字	10	2	增项	否
代扣税	数字	10	2	减项	否
缺勤天数	数字	8	2	其他	否

名称参照 上移 下移 置顶 置底

增加 删除 重命名 停用/启用

确定 取消

图 8-8 “工资项目设置”对话框

工作提示

(1) 设置工资项目时,从右侧“名称参照”下拉列表中选择,如“名称参照”中无此工资项目,直接录入工资项目名称。

(2) 设置工资项目一定要注意其“增减项”属性。若为“增项”,则系统自动将其列为“应发合计”项目的组成部分;若为“减项”,则系统自动将其列为“扣款合计”项目的组成部分;若为“其他”,则既不构成应发合计项目,也不构成扣款合计项目,仅为其中某个工资项目的计算使用。

(五) 设置工资项目计算公式

1. “交通补贴”公式设置

(1) 在薪资管理系统中执行“薪资管理”→“设置”→“工资项目设置”命令,打开“工资项目设置”对话框,选择“公式设置”选项卡。单击“增加”按钮,从下拉列表框中选择“交通补贴”。

(2) 单击“函数公式向导输入 ...”按钮,打开“函数向导——步骤之 1”对话框。

(3) 单击选中“函数名”列表中的“iff”函数,如图 8-9 所示。

(4) 单击“下一步”按钮,打开“函数向导——步骤之 2”对话框。

(5) 单击“逻辑表达式”栏右侧的“参照”按钮,打开“参照”窗口。

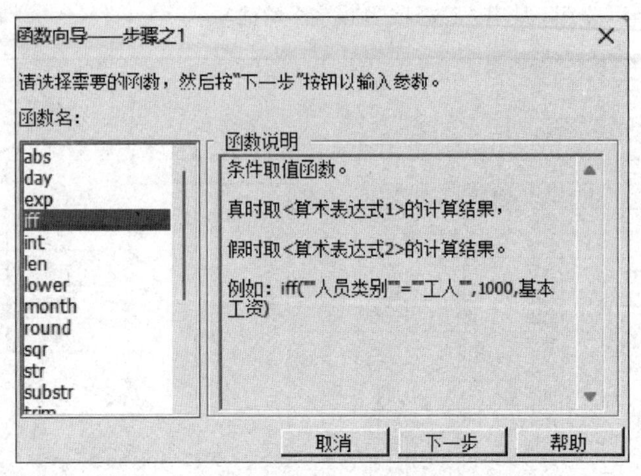

图 8-9 “函数向导——步骤之 1”对话框

(6) 单击“参照列表”栏的下拉三角按钮，选择“人员类别”，再单击选中“企业管理人员”，如图 8-10 所示。

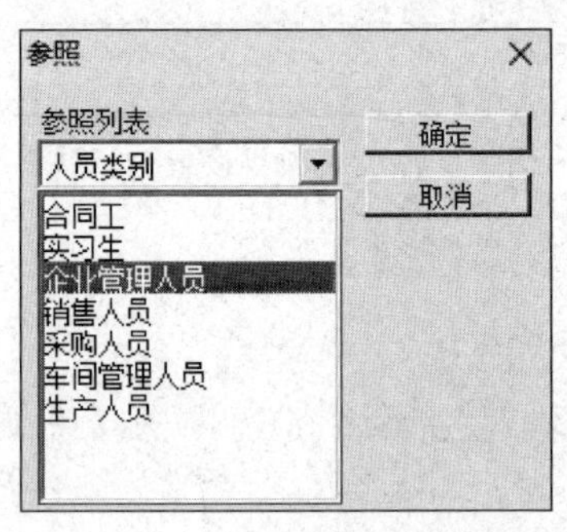

图 8-10 “参照”对话框

(7) 单击“确定”按钮，返回“函数向导——步骤之 2”对话框。在“算术表达式 1”文本框中录入“600”，如图 8-11 所示。

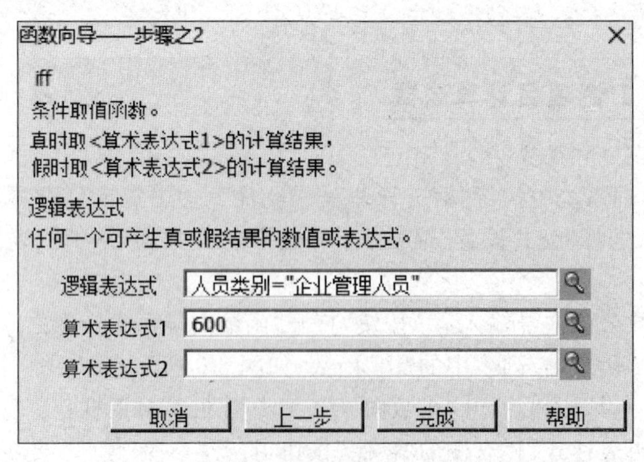

图 8-11 “函数向导——步骤之 2”对话框(1)

(8) 单击“完成”按钮，返回“工资项目设置-公式设置”对话框。将光标移至“iff”函数的第三个参数位置，继续单击“函数公式向导输入 ...”。

(9) 选中“函数名”列表中的“iff”函数，单击“下一步”按钮，打开“函数向导——步骤之2”对话框。单击“逻辑表达式”栏右侧的“参照”按钮，打开“参照”对话框。

(10) 单击“参照列表”栏的下拉三角按钮，选择“人员类别”，再单击选中“采购人员”，在生成的逻辑表达式后输入“or”，注意前后必须空格。

(11) 继续单击“参照”按钮，选择“人员类别”，选中“销售人员”。在“算术表达式 1”文本框中录入“800”，在“算术表达式 2”文本框中输入“500”，如图 8-12 所示。

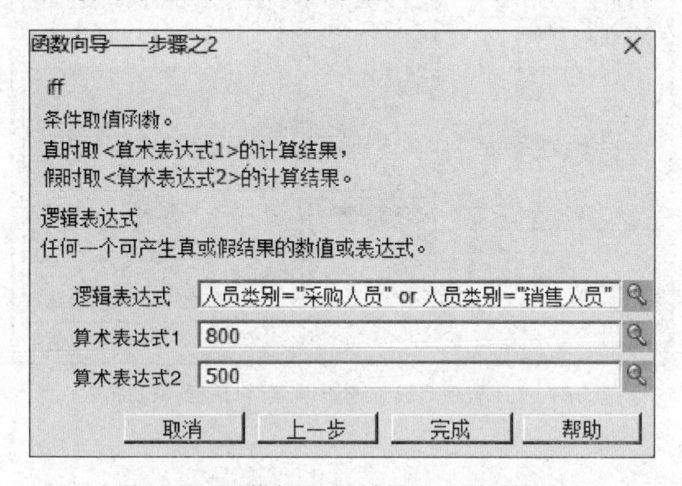

图 8-12 “函数向导——步骤之 2”对话框(2)

(12) 单击“完成”按钮，返回“工资项目设置-公式设置”界面，单击“公式确认”按钮，如图 8-13 所示。

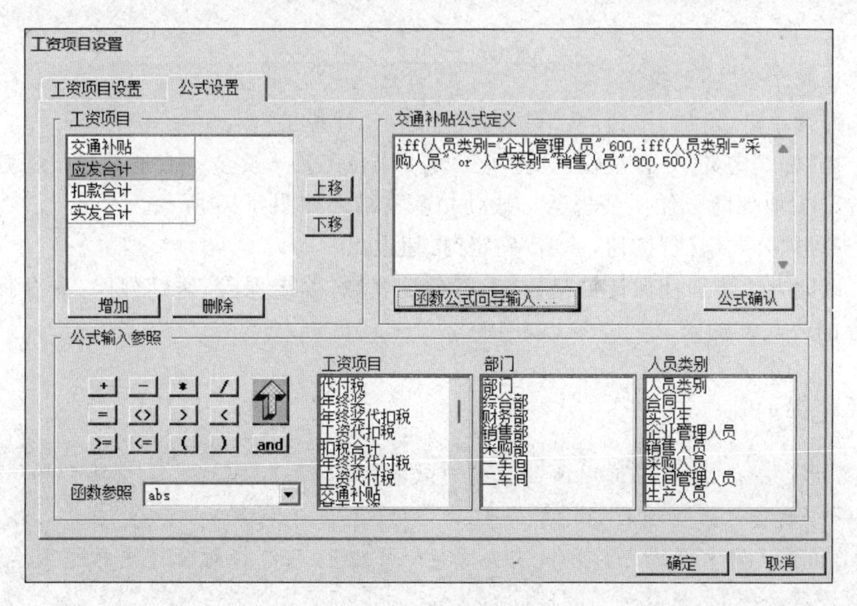

图 8-13 “工资项目设置-公式设置”对话框(交通补贴)

2. “缺勤扣款”公式设置

(1) 继续单击“增加”按钮,从下拉列表框中选择“缺勤扣款”。

(2) 在左下方“函数参照”栏选中“iff”函数,将“iff”函数的第一个参数设置为“缺勤天数＜＝2”,第二个参数设置为“(基本工资/22) * 缺勤天数 * 0.5”,第三个参数设置为“(基本工资/22) * 缺勤天数”,结果如图 8-14 所示。

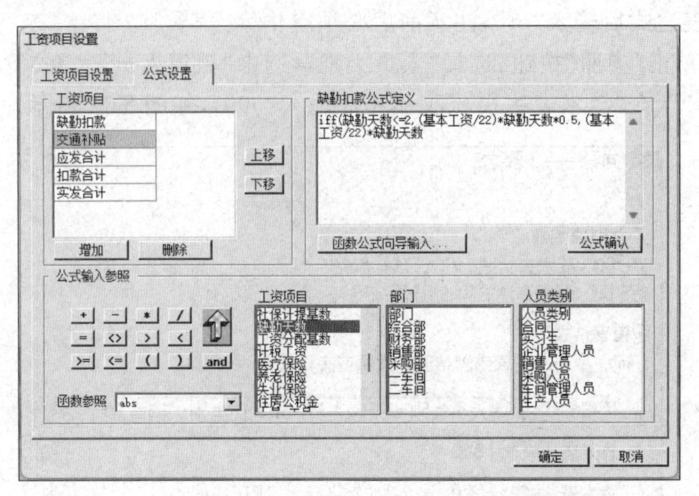

图 8-14 “工资项目设置-公式设置”对话框(缺勤扣款)

工作提示

定义此公式时,可以手工直接录入,也可以在“工资项目”中“公式输入参照”直接选择。

3. “计税工资”公式设置

(1) 继续单击“增加”按钮,从下拉列表中选择“计税工资”。

(2) 在“公式定义”处直接输入“基本工资＋岗位工资＋奖金＋交通补贴－医疗保险－养老保险－失业保险－住房公积金－缺勤扣款”,结果如图 8-15 所示。

(3) 单击“公式确认”按钮,单击“确定”按钮退出。

(4) 以此方法增加社保计提基数、工资分配基数、养老保险、医疗保险、失业保险及住房公积金的公式设置。

工作提示

(1) 定义公式时,可以使用函数公式向导输入、函数参数输入、工资项目参照和人员类别参照编辑输入工资项目的计算公式。

(2) 在公式定义完成之后,单击“公式确认”按钮,系统将对公式进行逻辑合法性检查,如果不符合逻辑,系统会给出提示。

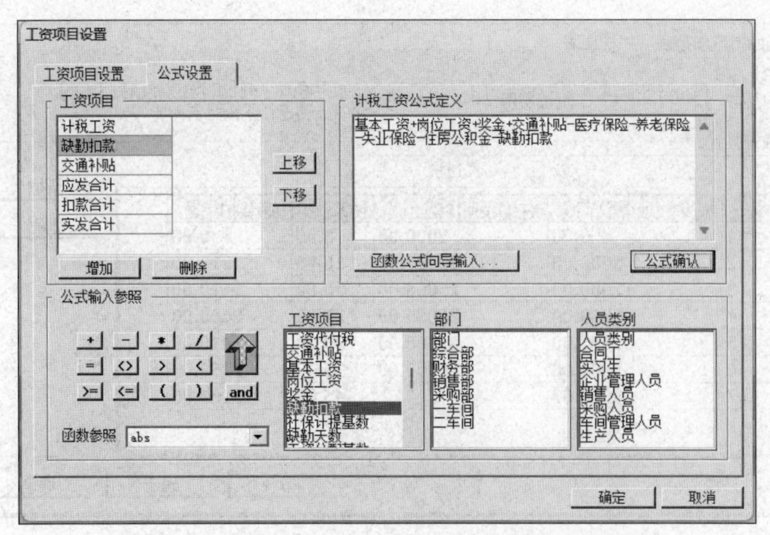

图 8-15 “工资项目设置-公式设置”对话框(计税工资)

(六)设置代扣个人所得税

(1)在薪资管理系统中执行“薪资管理”→“设置”→“选项”命令,打开“选项”对话框。

(2)选择“扣税设置”选项卡,单击“编辑”按钮,个人所得税申报表中“收入额合计”项所对应的工资项目默认是“实发工资”,将其修改为“计税工资”,如图 8-16 所示。

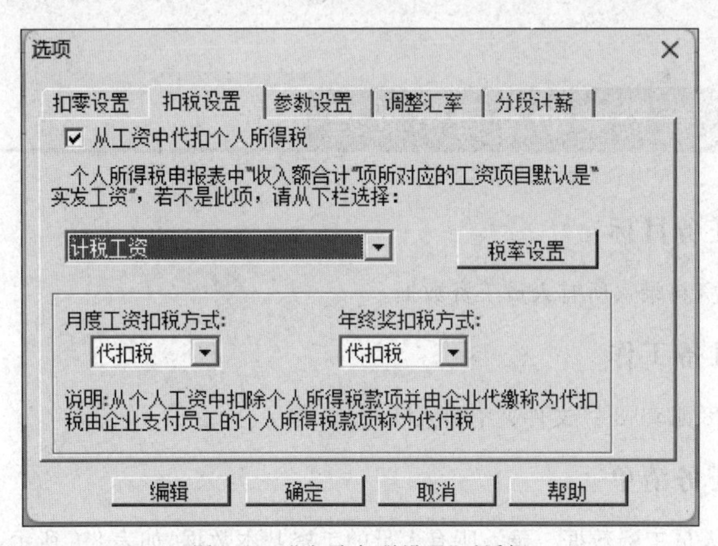

图 8-16 “选项-扣税设置”对话框

(3)单击“税率设置”按钮,打开“个人所得税申报表——税率表”对话框,将基数修改为“5 000”,附加费用修改为“0”,根据表 8-5 修改个人所得税税率表,如图 8-17 所示。

(4)单击“确定”按钮,退出“个人所得税申报表——税率表”对话框。单击“确定”按钮,退出“选项”对话框。

图 8-17 “个人所得税申报表——税率表”对话框

(5) 将账套输出至“D:\888 账套\8-1”文件夹。

工作提示

个人所得税的扣缴在工资变动前进行，如果进行工资变动处理后，发现需要修改个人所得税的计提基数，则修改后需要到工资变动处理中重新计算。

任务三 薪资变动及日常处理

一、任务目标

根据业务资料录入所有人员工资数据。

二、准备工作

从“D:\888 账套\8-1”文件夹中引入[888]账套。

三、任务清单

(1) 录入人员工资数据。录入所有人员的工资基本数据，如表 8-6 所示。

表 8-6 工资基本数据

人员编码	人员姓名	性别	行政部门	人员类别	基本工资	岗位工资	奖金
101	杨文	男	综合部	企业管理人员	6 000	3 000	800
102	刘红	女	综合部	企业管理人员	4 500	2 250	800

续表

人员编码	人员姓名	性别	行政部门	人员类别	基本工资	岗位工资	奖金
103	杨明	男	综合部	企业管理人员	4 000	2 000	800
104	王东	男	财务部	企业管理人员	4 000	2 000	800
105	张伟	男	财务部	企业管理人员	3 600	1 800	800
106	王慧	女	财务部	企业管理人员	3 600	1 800	800
201	韩乐乐	男	销售部	销售人员	5 000	2 500	800
301	刘伟	男	采购部	采购人员	4 000	2 000	800
401	齐天宇	男	一车间	车间管理人员	4 500	2 250	600
402	王力	男	一车间	生产人员	3 500	1 750	600
403	罗贝	男	一车间	生产人员	3 500	1 750	600
404	范兵	男	二车间	车间管理人员	4 500	2 250	600
405	刘青	男	二车间	生产人员	3 500	1 750	600
406	邓磊	男	二车间	生产人员	3 500	1 750	600

(2) 录入本月工资变动数据。

因生产部门本月超额完成任务，决定对生产人员增加发放奖金 500 元。

本月财务部张伟病假 2 天，二车间刘青事假 1 天。

(3) 查询本月扣缴个人所得税报表。

(4) 银行代发，设置并利用系统生成银行代发文件，基本内容如表 8-7 所示。

表 8-7　银行代发基本内容

单位编号	人员编号	姓名	账号	金额

▶四、操作指导

薪资变动及日常处理

2023 年 1 月 31 日，以“W02 张伟”身份登录企业应用平台。

(一) 录入人员工资数据

(1) 在薪资管理系统中执行“薪资管理”→“业务处理”→“工资变动”命令，打开“工资变动”窗口。

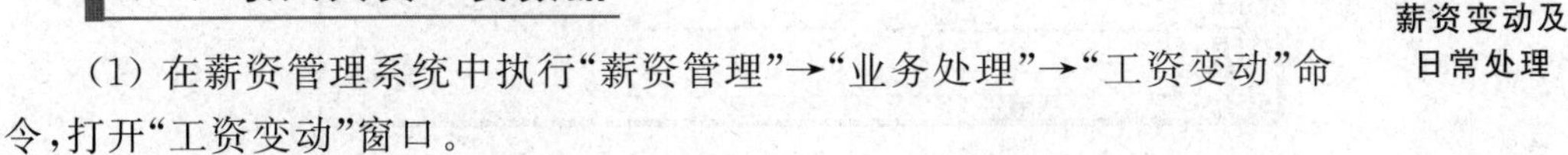

(2) 选中“杨文”，右击选择“页编辑”，根据表 8-6 分别录入基本工资、岗位工资、奖金工资基本数据，其他工资项目根据公式自动生成数据，如图 8-18 所示。

(二) 录入本月工资变动数据

因生产部门本月超额完成任务，决定对生产人员增加发放奖金 500 元。

(1) 在薪资管理系统中执行“薪资管理”→“业务处理”→“工资变动”命令，打开“工资

图 8-18 “工资数据录入-页编辑”对话框

变动”窗口。

(2) 单击“全选”按钮，选中所有人员，单击“替换”按钮，打开“工资项数据替换”对话框，选择“奖金”，替换成“奖金＋500”，替换条件设置为“人员类别＝生产人员”，单击“确定”按钮，如图 8-19 所示。完成生产人员奖金额修改。

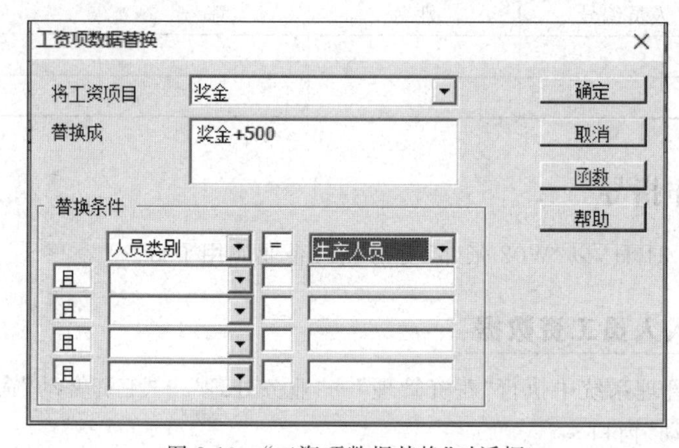

图 8-19 “工资项数据替换”对话框

本月财务部张伟病假 2 天，二车间刘青事假 1 天。

(1) 在薪资管理系统中执行“薪资管理”→“业务处理”→“工资变动”命令，打开“工资变动”窗口。

(2) 分别选中生产人员“张伟”和“刘青”，在“缺勤天数”框内分别输入数据“2”和“1”，单击“保存”按钮。

(3) 单击“计算”按钮，再单击“汇总”按钮，计算全部工资项目内容，计算结果如图 8-20 所示。

工资变动

所有项目 定位器

人员编号	姓名	基本工资	岗位工资	奖金	交通补贴	应发合计	医疗保险	养老保险	失业保险	住房公积金	缺勤扣款	扣款合计	实发合计
101	杨文	6,000.00	3,000.00	800.00	600.00	10,400.00	180.00	720.00	18.00	540.00		1,642.20	8,757.80
102	刘红	4,500.00	2,250.00	800.00	600.00	8,150.00	135.00	540.00	13.50	405.00		1,155.20	6,994.80
103	杨明	4,000.00	2,000.00	800.00	600.00	7,400.00	120.00	480.00	12.00	360.00		1,014.84	6,385.16
104	王东	4,000.00	2,000.00	800.00	600.00	7,400.00	120.00	480.00	12.00	360.00		1,014.84	6,385.16
105	张伟	3,600.00	1,800.00	800.00	600.00	6,800.00	108.00	432.00	10.80	324.00	163.64	1,061.29	5,738.71
106	王慧	3,600.00	1,800.00	800.00	600.00	6,800.00	108.00	432.00	10.80	324.00		902.56	5,897.44
201	韩乐乐	5,000.00	2,500.00	800.00	800.00	9,100.00	150.00	600.00	15.00	450.00		1,301.55	7,798.45
301	刘伟	4,000.00	2,000.00	800.00	800.00	7,600.00	120.00	480.00	12.00	360.00		1,020.84	6,579.16
401	齐天乐	4,500.00	2,250.00	600.00	500.00	7,850.00	135.00	540.00	13.50	405.00		1,146.20	6,703.80
402	王力	3,500.00	1,750.00	1,100.00	500.00	6,850.00	105.00	420.00	10.50	315.00		880.49	5,969.51
403	罗贝	3,500.00	1,750.00	1,100.00	500.00	6,850.00	105.00	420.00	10.50	315.00		880.49	5,969.51
404	范兵	4,500.00	2,250.00	600.00	500.00	7,850.00	135.00	540.00	13.50	405.00		1,146.20	6,703.80
405	刘青	3,500.00	1,750.00	1,100.00	500.00	6,850.00	105.00	420.00	10.50	315.00	79.55	957.65	5,892.35
406	邓磊	3,500.00	1,750.00	1,100.00	500.00	6,850.00	105.00	420.00	10.50	315.00		880.49	5,969.51
		57,700.00	28,850.00	12,000.00	8,200.00	106,750.00	1,731.00	6,924.00	173.10	5,193.00	243.19	15,004.84	91,745.16

图 8-20 “工资变动”窗口

工作提示

(1) 首先将所有员工的工资基本数据录入系统，可以在录入人员档案时直接录入，所有员工的工资数据通过这个功能进行计算。

(2) 如果员工工资数据呈现规律性变化，可以使用“替换”功能进行数据替换。

(3) 修改某些员工工资数据，需要重新进行计算和汇总，保证数据正确性。

（三）查询本月扣缴个人所得税报表

(1) 在薪资管理系统中执行“薪资管理”→“业务处理”→“扣缴所得税”命令，打开“个人所得税申报模板”窗口，如图 8-21 所示。

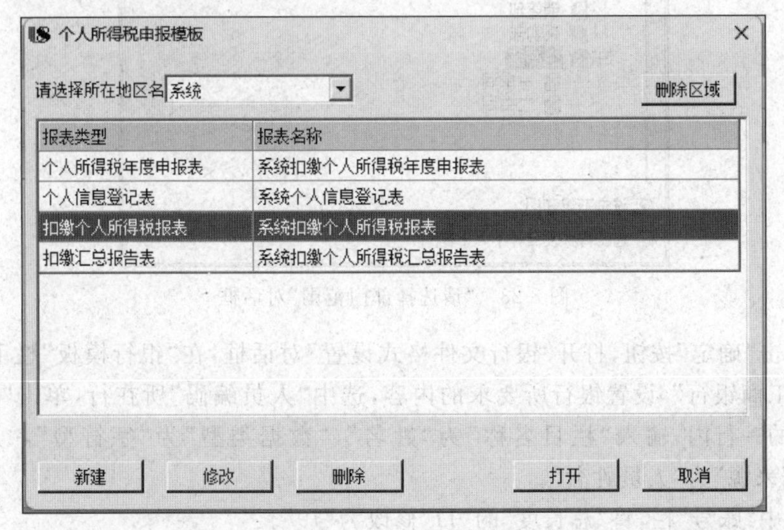

图 8-21 “个人所得税申报模板”窗口

(2) 选中“扣缴个人所得税报表”，双击打开“系统扣缴个人所得税报表”进行查询，如图 8-22 所示。

系统扣缴个人所得税报表

2023 年 1 月

序号	纳税义务...	身份证照...	身份证号码	所得期间	收入额	免税收入额	允许扣除...	费用扣除...	准予扣除...	应纳税所...	税率	应扣税额	已扣税额	备注
1	杨文	身份证		1	10400.00			5000.00		3942.00	10	184.20	184.20	
2	刘红	身份证		1	8150.00			5000.00		2056.50	3	61.70	61.70	
3	杨明	身份证		1	7400.00			5000.00		1428.00	3	42.84	42.84	
4	王东	身份证		1	7400.00			5000.00		1428.00	3	42.84	42.84	
5	张伟	身份证		1	6800.00			5000.00		761.56	3	22.85	22.85	
6	王慧	身份证		1	6800.00			5000.00		925.20	3	27.76	27.76	
7	韩乐乐	身份证		1	9100.00			5000.00		2885.00	3	86.55	86.55	
8	刘伟	身份证		1	7600.00			5000.00		1628.00	3	48.84	48.84	
9	齐天乐	身份证		1	7850.00			5000.00		1756.50	3	52.70	52.70	
10	王力	身份证		1	6850.00			5000.00		999.50	3	29.99	29.99	
11	罗贝	身份证		1	6850.00			5000.00		999.50	3	29.99	29.99	
12	范兵	身份证		1	7850.00			5000.00		1756.50	3	52.70	52.70	
13	刘青	身份证		1	6850.00			5000.00		919.95	3	27.60	27.60	
14	邓磊	身份证		1	6850.00			5000.00		999.50	3	29.99	29.99	
合计					106750.00			70000.00		22485.71		740.55	740.55	

图 8-22 “系统扣缴个人所得税报表”窗口

(四) 银行代发

(1) 在薪资管理系统中执行“薪资管理”→“业务处理”→“银行代发”命令，打开“请选择部门范围”对话框，选中所有部门，如图 8-23 所示。

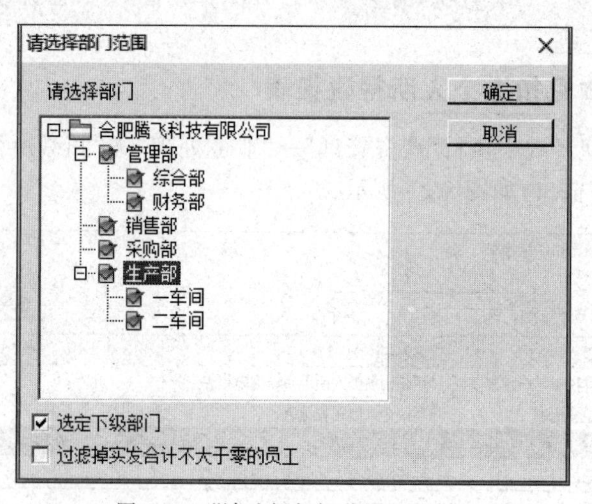

图 8-23 “请选择部门范围”对话框

(2) 单击“确定”按钮，打开“银行文件格式设置”对话框，在“银行模板”栏下拉列表中选择“中国工商银行”，设置银行所要求的内容，选中“人员编码”所在行，单击“插入行”按钮，在增加的一行内，输入“栏目名称”为“姓名”，“数据类型”为“字符型”，“总长度”为“10”，“数据来源”为“人员姓名”。

(3) 选中“账号”栏，将“总长度”的“11”修改为“19”。

(4) 选中“录入日期”所在行,单击“删除行”按钮,将其删除,并单击“确定”按钮,格式设置完成,生成“银行代发一览表”,如图 8-24 和图 8-25 所示。

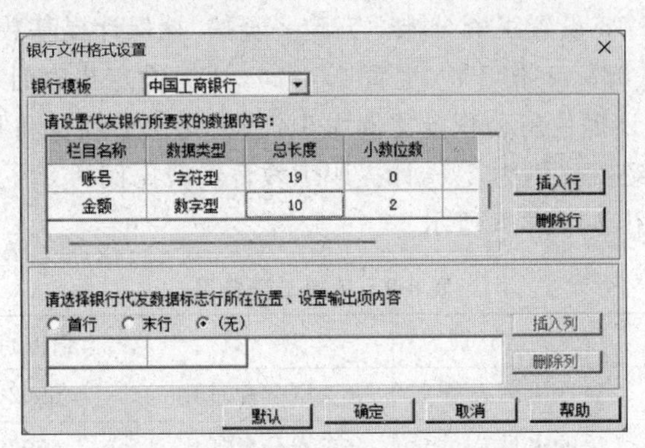

图 8-24 “银行文件格式设置”对话框

名称:中国工商银行

单位编号	人员编号	姓名	账号	金额
1234934325	101	杨文	6217000130030011001	8757.80
1234934325	102	刘红	6217000130030011002	6994.80
1234934325	103	杨明	6217000130030011003	6385.16
1234934325	104	王东	6217000130030011004	6385.16
1234934325	105	张伟	6217000130030011005	5738.71
1234934325	106	王慧	6217000130030011006	5897.44
1234934325	201	韩乐乐	6217000130030011007	7798.45
1234934325	301	刘伟	6217000130030011008	6579.16
1234934325	401	齐天乐	6217000130030011009	6703.80
1234934325	402	王力	6217000130030011010	5969.51
1234934325	403	罗贝	6217000130030011011	5969.51
1234934325	404	范兵	6217000130030011012	6703.80
1234934325	405	刘青	6217000130030011013	5892.35
1234934325	406	邓磊	6217000130030011014	5969.51
合计				91,745.16

图 8-25 “银行代发一览表”窗口

(5) 将账套输出至“D:\888 账套\8-2”文件夹。

任务四 工资分摊设置

▶一、任务目标

根据业务资料完成工资分摊设置。

▶二、准备工作

从“D:\888 账套\8-2”文件夹中引入[888]账套。

三、任务清单

根据表 8-8～表 8-13 设置工资分摊。五险一金按“社保计提基数”计提，计提社会保险费比例为 7.4%(医保 6%、工伤 1%、生育 0.4%)，计提设定提存计划比例为 18%(养老 16%、失业保险 2%)，计提住房公积金比例为 6%。公司工会经费和职工教育经费按“应发合计”计提，计提工会经费比例为 2%，计提职工教育经费比例为 8%。

(1) 计提工资费用，如表 8-8 所示。

表 8-8　计提工资费用

部门名称	人员类别	项目	借方科目	贷方科目
综合部、财务部	企业管理人员	工资分配基数	660201	221101
采购部	采购人员	工资分配基数	660201	221101
销售部	销售人员	工资分配基数	660101	221101
一车间、二车间	车间管理人员	工资分配基数	510101	221101
一车间	生产人员	工资分配基数	500102	221101
二车间	生产人员	工资分配基数	500102	221101

(2) 计提社会保险费，如表 8-9 所示

表 8-9　计提社会保险费

部门名称	人员类别	项目	借方科目	贷方科目
综合部、财务部	企业管理人员	社保计提基数	660204	221104
采购部	采购人员	社保计提基数	660204	221104
销售部	销售人员	社保计提基数	660104	221104
一车间、二车间	车间管理人员	社保计提基数	510101	221104
一车间	生产人员	社保计提基数	500102	221104
二车间	生产人员	社保计提基数	500102	221104

(3) 计提设定提存计划，如表 8-10 所示。

表 8-10　计提设定提存计划

部门名称	人员类别	项目	借方科目	贷方科目
综合部、财务部	企业管理人员	社保计提基数	660204	221105
采购部	采购人员	社保计提基数	660204	221105
销售部	销售人员	社保计提基数	660104	221105
一车间、二车间	车间管理人员	社保计提基数	510101	221105
一车间	生产人员	社保计提基数	500102	221105
二车间	生产人员	社保计提基数	500102	221105

(4) 计提住房公积金,如表 8-11 所示。

表 8-11 计提住房公积金

部 门 名 称	人 员 类 别	项 目	借方科目	贷方科目
综合部、财务部	企业管理人员	社保计提基数	660201	221106
采购部	采购人员	社保计提基数	660201	221106
销售部	销售人员	社保计提基数	660101	221106
一车间、二车间	车间管理人员	社保计提基数	510101	221106
一车间	生产人员	社保计提基数	500102	221106
二车间	生产人员	社保计提基数	500102	221106

(5) 计提工会经费,如表 8-12 所示。

表 8-12 计提工会经费

部 门 名 称	人 员 类 别	项 目	借方科目	贷方科目
综合部、财务部	企业管理人员	应发合计	660201	221107
采购部	采购人员	应发合计	660201	221107
销售部	销售人员	应发合计	660101	221107
一车间、二车间	车间管理人员	应发合计	510101	221107
一车间	生产人员	应发合计	500102	221107
二车间	生产人员	应发合计	500102	221107

(6) 计提职工教育经费,如表 8-13 所示。

表 8-13 计提职工教育经费

部 门 名 称	人 员 类 别	项 目	借方科目	贷方科目
综合部、财务部	企业管理人员	应发合计	660201	221108
采购部	采购人员	应发合计	660201	221108
销售部	销售人员	应发合计	660101	221108
一车间、二车间	车间管理人员	应发合计	510101	221108
一车间	生产人员	应发合计	500102	221108
二车间	生产人员	应发合计	500102	221108

四、操作指导

工资分摊设置

2023 年 1 月 1 日,以“W02 张伟”身份登录企业应用平台。

(1) 在薪资管理系统中执行“薪资管理”→“业务处理”→“工资分摊”命令,打开“工资分摊”对话框。

(2) 单击“工资分摊设置 ...”按钮,打开“分摊类型设置”对话框。

(3) 单击“增加”按钮,打开“分摊计提比例设置”对话框。

(4) 在“计提类型名称”栏录入“计提工资”,“分摊计提比例”默认为“100%”,如图 8-26 所示。

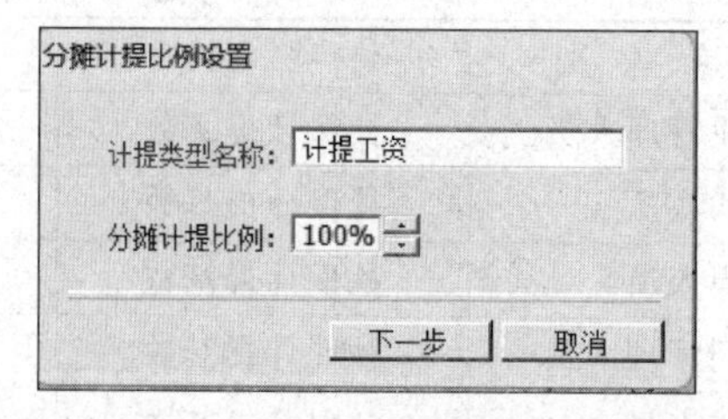

图 8-26 “分摊计提比例设置”对话框

(5) 单击“下一步”按钮,打开“分摊构成设置”窗口。分别选择“人员类别”、所属“部门名称”,输入或选择不同人员类别的工资项目、借方科目代码、贷方科目代码、借方项目大类及借方项目名称,如图 8-27 所示。

分摊构成设置

部门名称	人员类别	工资项目	借方科目	借方项目大类	借方项目	贷方科目	贷方项目大类
综合部,财务部	企业管理人员	工资分配基数	660201			221101	
销售部	销售人员	工资分配基数	660101			221101	
采购部	采购人员	工资分配基数	660201			221101	
一车间,二车间	车间管理人员	工资分配基数	510101			221101	
一车间	生产人员	工资分配基数	500102	生产成本	商用计算机	221101	
二车间	生产人员	工资分配基数	500102	生产成本	家用计算机	221101	

上一步 完成 取消

图 8-27 “分摊构成设置-计提工资”窗口

(6) 单击“完成”按钮,返回“分摊类型设置”对话框。

(7) 继续增加设定提存计划、社会保险费、住房公积金、工会经费、职工教育经费转账分录,增加结果如图 8-28 和图 8-29 所示。

分摊构成设置

部门名称	人员类别	工资项目	借方科目	借方项目大类	借方项目	贷方科目	贷方项目大类
综合部,财务部	企业管理人员	社保计提基数	660204			221104	
销售部	销售人员	社保计提基数	660104			221104	
采购部	采购人员	社保计提基数	660204			221104	
一车间,二车间	车间管理人员	社保计提基数	510101			221104	
一车间	生产人员	社保计提基数	500102	生产成本	商用计算机	221104	
二车间	生产人员	社保计提基数	500102	生产成本	家用计算机	221104	

上一步 完成 取消

图 8-28 “分摊构成设置-社会保险费”窗口

(8) 单击“完成”按钮,返回“分摊类型设置”对话框,如图 8-30 所示。

(9) 单击“返回”按钮,显示“工资分摊”对话框,如图 8-31 所示。

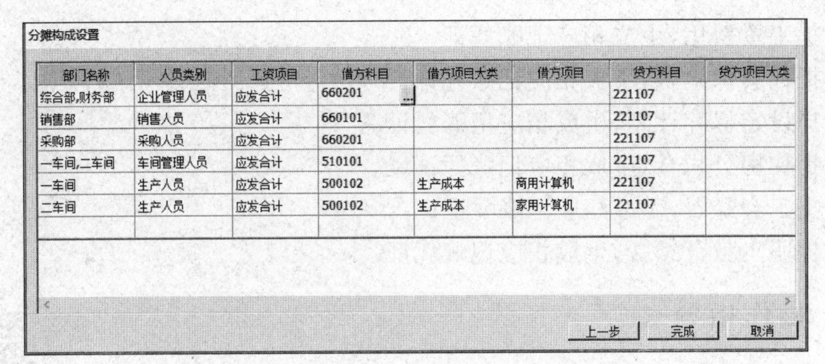

图 8-29 “分摊构成设置-工会经费”窗口

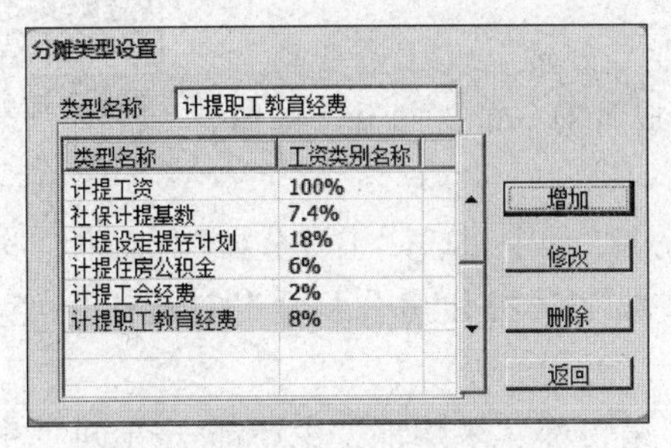

图 8-30 “分摊类型设置”对话框

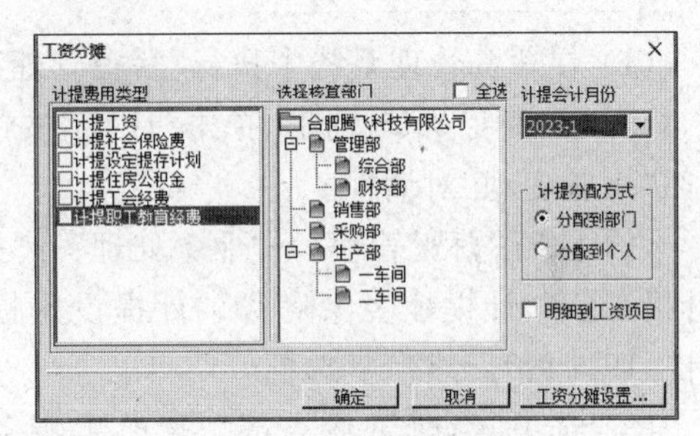

图 8-31 “工资分摊”对话框

(10) 将账套输出至“D:\888 账套\8-3”文件夹。

工作提示

(1) 所有与工资相关的费用均建立相应的分摊类型名称和比例。
(2) 根据部门名称和人员类别的不同设置不同的分摊科目。

任务五 工资分摊处理

▶一、任务目标

根据业务资料进行工资分摊并制单处理。

▶二、准备工作

从“D:\888 账套\8-3”文件夹引入[888]账套。

▶三、任务清单

2023 年 1 月 31 日，以“W02 张伟”身份登录企业应用平台，进行工资分摊设置生成工资转账凭证。

(1) 计提工资费用,生成相应记账凭证。

(2) 计提社会保险费,生成相应记账凭证。

(3) 计提设定提存计划,生成相应记账凭证。

(4) 计提住房公积金,生成相应记账凭证。

(5) 计提工会经费,生成相应记账凭证。

(6) 计提职工教育经费,生成相应记账凭证。

四、操作指导

工资分摊处理

(一) 计提工资费用

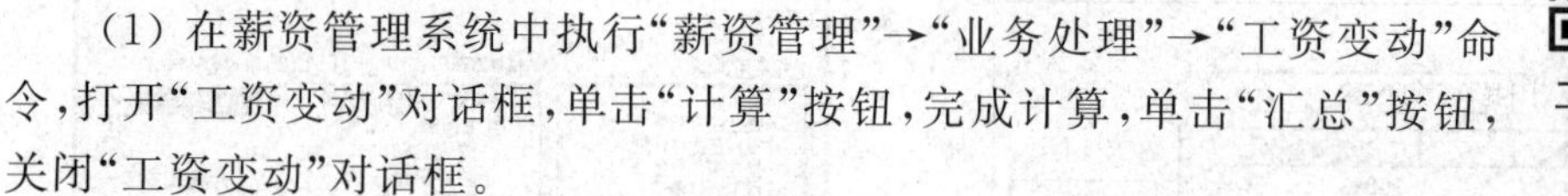

(1) 在薪资管理系统中执行“薪资管理”→“业务处理”→“工资变动”命令,打开“工资变动”对话框,单击“计算”按钮,完成计算,单击“汇总”按钮,关闭“工资变动”对话框。

(2) 执行“薪资管理”→“业务处理”→“工资分摊”命令,打开“工资分摊”对话框。选中“计提工资”“计提社会保险费”“计提设定提存基数”“计提住房公积金”“计提工会经费”“计提职工教育经费”复选框。

(3) 选中“管理部-综合部”“管理部-财务部”“销售部”“采购部”“生产部-一车间”“生产部-二车间”复选框,如图 8-32 所示。

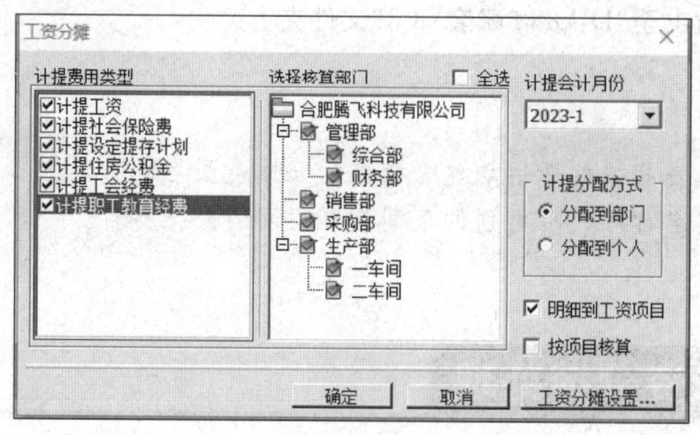

图 8-32 “工资分摊”对话框

(4) 单击“确定”按钮,打开“工资分摊明细”对话框。在“类型”栏中选中“计提工资”,打开“计提工资一览表”窗口,选中“合并科目相同、辅助项相同的分录”复选框,如图 8-33 所示。

(5) 单击“制单”按钮,生成工资费用分摊凭证,修改凭证字为“记账凭证”,修改“500102”的辅助项分别为“1”“2”。单击“保存”按钮,凭证保存成功,如图 8-34 所示。

(二) 计提社会保险费

(1) 退出上一张凭证,在“类型”栏中选中“计提社会保险费”,选中“合并科目相同、辅助项相同的分录”复选框。

☑ 合并科目相同、辅助项相同的分录

类型 计提工资

部门名称	人员类别	工资分配基数		
		分配金额	借方科目	贷方科目
综合部	企业管理人员	25950.00	660201	221101
财务部		20836.36	660201	221101
销售部	销售人员	9100.00	660101	221101
采购部	采购人员	7600.00	660201	221101
一车间	车间管理人员	7850.00	510101	221101
	生产人员	13708.00	500102	221101
二车间	车间管理人员	7850.00	510101	221101
	生产人员	13620.45	500102	221101

图 8-33　“计提工资一览表”窗口

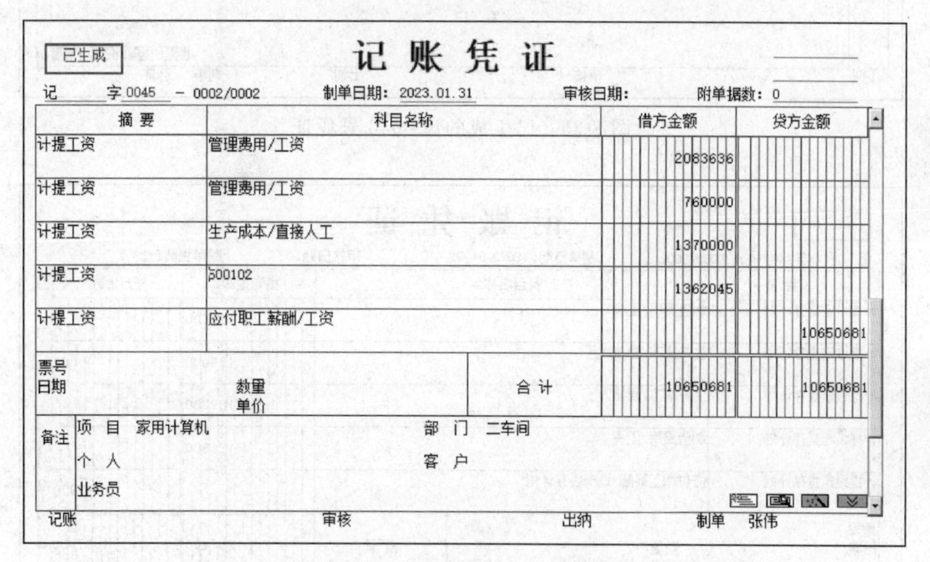

已生成

记账凭证

记　字 0045 － 0002/0002　制单日期：2023.01.31　审核日期：　附单据数：0

摘要	科目名称	借方金额	贷方金额
计提工资	管理费用/工资	2083636	
计提工资	管理费用/工资	760000	
计提工资	生产成本/直接人工	1370000	
计提工资	500102	1362045	
计提工资	应付职工薪酬/工资		10650681
票号 日期	数量 单价 合计	10650681	10650681

备注　项　目　家用计算机　部　门　二车间

个　人　客　户

业务员

记账　审核　出纳　制单　张伟

图 8-34　已生成的记 0045 号凭证

(2) 单击“制单”按钮，生成社会保险费分摊凭证，修改凭证字为“记账凭证”，修改“500102”的辅助项分别为“1”“2”。单击“保存”按钮，凭证保存成功，如图 8-35 所示。

（三）计提设定提存计划

(1) 退出上一张凭证，在“类型”栏中选中“计提设定提存计划”，选中“合并科目相同、辅助项相同的分录”复选框。

(2) 单击“制单”按钮，生成设定提存计划分摊凭证，修改凭证字为“记账凭证”，修改“500102”的辅助项分别为“1”“2”。单击“保存”按钮，凭证保存成功，如图 8-36 所示。

（四）计提住房公积金

(1) 退出上一张凭证，在“类型”栏中选中“计提住房公积金”，选中“合并科目相同、辅助项相同的分录”复选框。

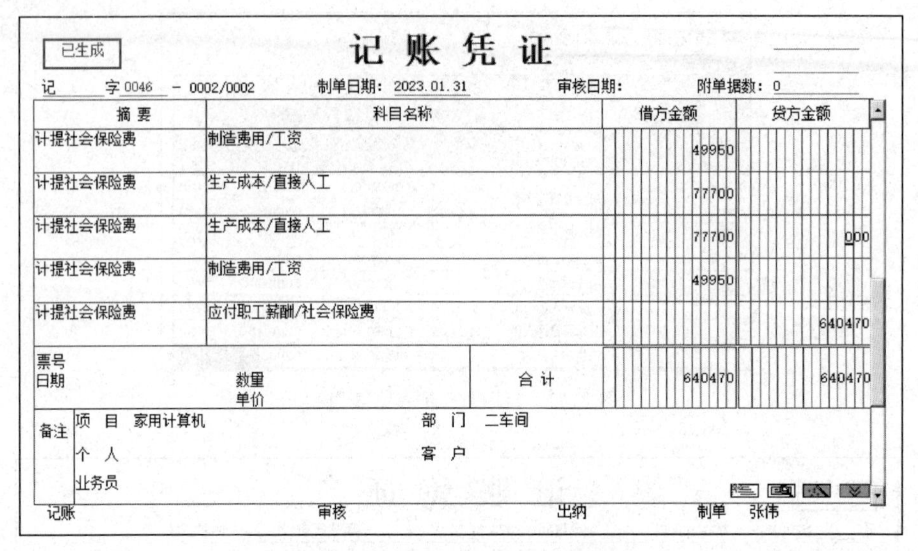

已生成

记账凭证

记 字 0046 － 0002/0002　制单日期：2023.01.31　审核日期：　附单据数：0

摘要	科目名称	借方金额	贷方金额
计提社会保险费	制造费用/工资	49950	
计提社会保险费	生产成本/直接人工	77700	
计提社会保险费	生产成本/直接人工	77700	000
计提社会保险费	制造费用/工资	49950	
计提社会保险费	应付职工薪酬/社会保险费		640470
票号 日期　数量 单价	合计	640470	640470

备注　项目　家用计算机　部门　二车间
个人　客户
业务员

记账　审核　出纳　制单　张伟

图 8-35　已生成的记 0046 号凭证

已生成

记账凭证

记 字 0047 － 0002/0002　制单日期：2023.01.31　审核日期：　附单据数：0

摘要	科目名称	借方金额	贷方金额
计提设定提存计划	制造费用/工资	121500	
计提设定提存计划	生产成本/直接人工	189000	000
计提设定提存计划	生产成本/直接人工	189000	
计提设定提存计划	制造费用/工资	121500	
计提设定提存计划	应付职工薪酬/设定提存计划		1557900
票号 日期　数量 单价	合计	1557900	1557900

备注　项目　商用计算机　部门　一车间
个人　客户
业务员

记账　审核　出纳　制单　张伟

图 8-36　已生成的记 0047 号凭证

（2）单击“制单”按钮，生成住房公积金分摊凭证，修改凭证字为“记账凭证”，修改“500102”的辅助项分别为“1”“2”。单击“保存”按钮，凭证保存成功，如图 8-37 所示。

（五）计提工会经费

（1）退出上一张凭证，在“类型”栏中选中“计提工会经费”，选中“合并科目相同、辅助项相同的分录”复选框。

（2）单击“制单”按钮，生成工会经费分摊凭证，修改凭证字为“记账凭证”，修改“500102”的辅助项分别为“1”“2”。单击“保存”按钮，凭证保存成功，如图 8-38 所示。

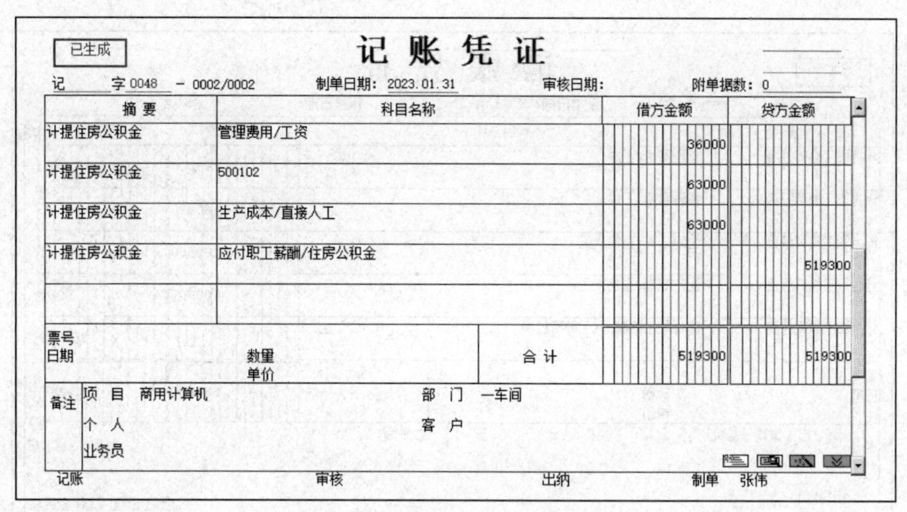

已生成

记账凭证

记 字 0048 － 0002/0002 制单日期：2023.01.31 审核日期： 附单据数：0

摘要	科目名称	借方金额	贷方金额
计提住房公积金	管理费用/工资	36000	
计提住房公积金	500102	63000	
计提住房公积金	生产成本/直接人工	63000	
计提住房公积金	应付职工薪酬/住房公积金		519300
票号 日期	数量 单价 合计	519300	519300

备注 项　目 商用计算机 部　门 一车间

个　人 客　户

业务员

记账 审核 出纳 制单 张伟

图 8-37 已生成的记 0048 号凭证

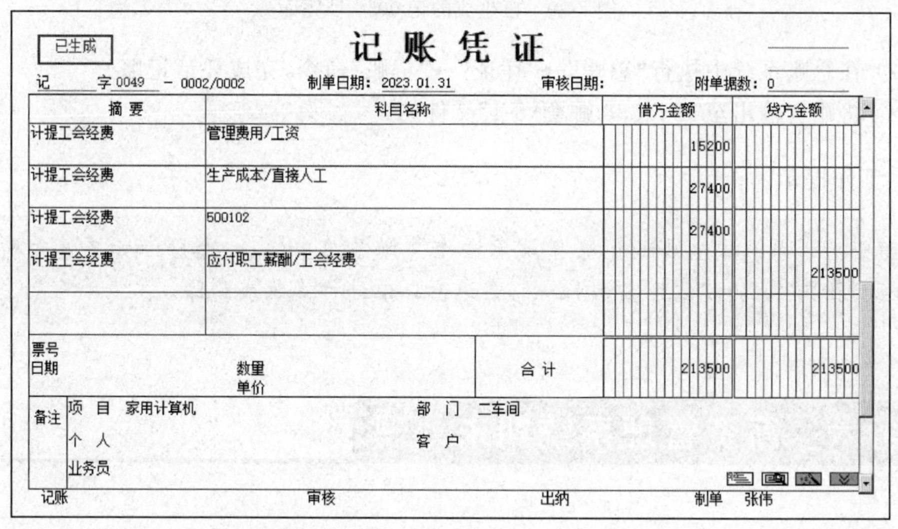

已生成

记账凭证

记 字 0049 － 0002/0002 制单日期：2023.01.31 审核日期： 附单据数：0

摘要	科目名称	借方金额	贷方金额
计提工会经费	管理费用/工资	15200	
计提工会经费	生产成本/直接人工	27400	
计提工会经费	500102	27400	
计提工会经费	应付职工薪酬/工会经费		213500
票号 日期	数量 单价 合计	213500	213500

备注 项　目 家用计算机 部　门 二车间

个　人 客　户

业务员

记账 审核 出纳 制单 张伟

图 8-38 已生成的记 0049 号凭证

（六）计提职工教育经费

（1）退出上一张凭证，在“类型”栏中选中“计提职工教育经费”，选中“合并科目相同、辅助项相同的分录”复选框。

（2）单击“制单”按钮，生成职工教育经费分摊凭证，修改凭证字为“记账凭证”，修改“500102”的辅助项分别为“1”“2”。单击“保存”按钮，凭证保存成功，如图 8-39 所示。

（七）审核凭证和记账

2023 年 1 月 31 日，以“W01 王东”身份登录企业应用平台。

（1）在总账系统中执行“总账”→“凭证”→“审核凭证”命令，审核所有凭证。

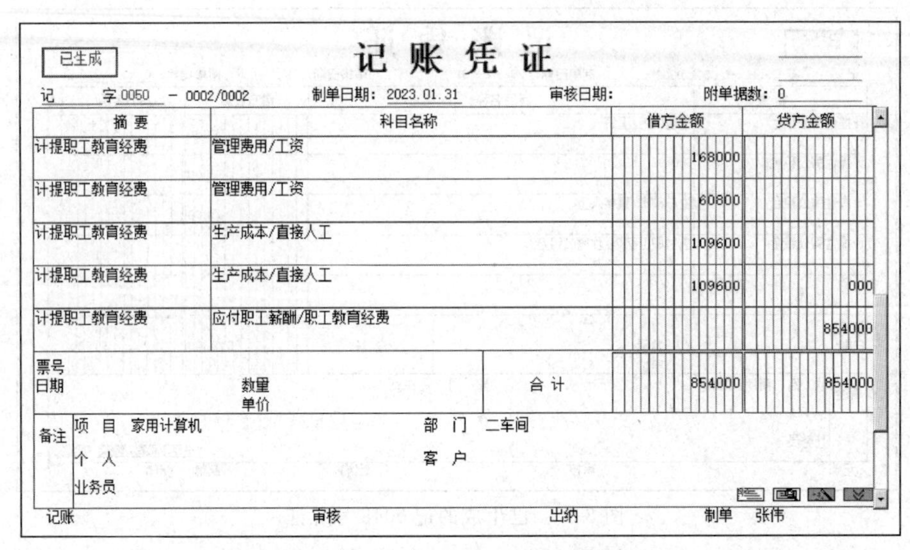

已生成

记账凭证

记 字0050 - 0002/0002 制单日期：2023.01.31 审核日期： 附单据数：0

摘要	科目名称	借方金额	贷方金额
计提职工教育经费	管理费用/工资	168000	
计提职工教育经费	管理费用/工资	60800	
计提职工教育经费	生产成本/直接人工	109600	
计提职工教育经费	生产成本/直接人工	109600	000
计提职工教育经费	应付职工薪酬/职工教育经费		854000
票号 日期	数量 单价 合计	854000	854000

备注 项目 家用计算机 部门 二车间
个人 客户
业务员

记账 审核 出纳 制单 张伟

图 8-39 已生成的记 0050 号凭证

（2）在总账系统中执行“总账”→“凭证”→“记账”命令，完成凭证记账。

（3）将账套输出至“D:\888 账套\8-4”文件夹。

工作提示

薪资管理系统中生成的记账凭证无法在总账系统中修改、删除。如要修改需要在薪资管理系统中执行“凭证查询”命令，在该窗口中进行修改或删除。

任务六 薪资管理系统期末处理

▶一、任务目标

根据业务资料完成薪资管理系统期末结账、工资项目清零、工资发放查询。

▶二、准备工作

从“D:\888 账套\8-4”文件夹中引入[888]账套。

▶三、任务清单

2023 年 1 月 31 日，以“W02 张伟”身份登录企业应用平台，完成下列工作任务。

1. 查询工资报表

（1）查询工资发放签名表。

（2）查询部门工资汇总表。

2. 月末结账

(1) 对 1 月工资数据进行期末结账处理，将“缺勤天数”“缺勤扣款”“代扣税”项目进行清零处理。

(2) 反结账。

四、操作指导

薪资管理系统期末处理

(一) 查询工资报表

1. 查询工资发放签名表

(1) 在薪资管理系统中执行“统计分析”→“账表”→“工资表”命令，打开“工资表”对话框，选中“工资发放签名表”，如图 8-40 所示。

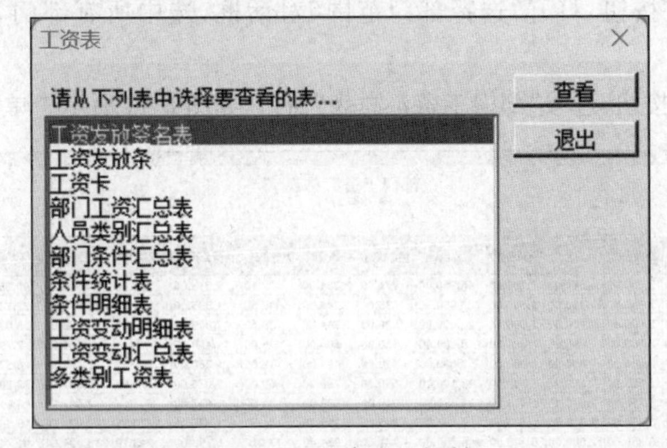

图 8-40 “工资表”对话框

(2) 单击“查看”按钮，打开“工资发放签名表”对话框。单击选中所有部门，并单击“选定下级部门”复选框，如图 8-41 所示。

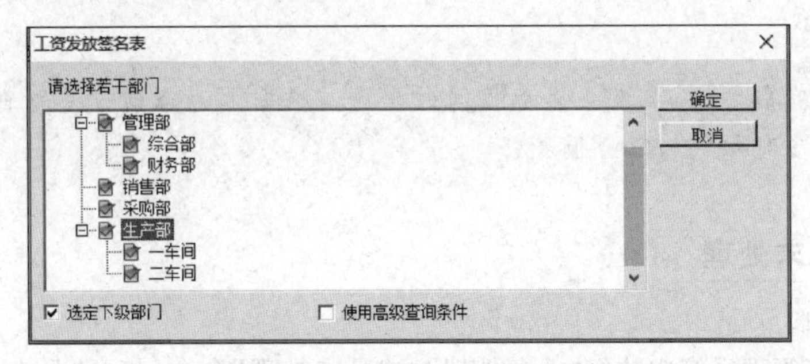

图 8-41 “工资发放签名表”对话框

(3) 单击“确定”按钮，进入“工资发放签名表”窗口，如图 8-42 所示。单击“退出”按钮退出。

2. 查询部门工资汇总表

(1) 在薪资管理系统中执行“统计分析”→“账表”→“工资表”命令，打开“工资表”对话框，选中“部门工资汇总表”。

工资发放签名表

2023 年 1 月

部门：全部　　会计月份 一月

人员编号	姓名	基本工资	岗位工资	奖金	交通补贴	应发合计	医疗保险	养老保险	失业保险	住房公积金	缺勤扣款	扣款合计	实发合计
101	杨文	6,000.00	3,000.00	800.00	600.00	10,400.00	180.00	720.00	18.00	540.00		1,642.20	8,757.80
102	刘红	4,500.00	2,250.00	800.00	600.00	8,150.00	135.00	540.00	13.50	405.00		1,155.20	6,994.80
103	杨明	4,000.00	2,000.00	800.00	600.00	7,400.00	120.00	480.00	12.00	360.00		1,014.84	6,385.16
104	王东	4,000.00	2,000.00	800.00	600.00	7,400.00	120.00	480.00	12.00	360.00		1,014.84	6,385.16
105	张伟	3,600.00	1,800.00	800.00	600.00	6,800.00	108.00	432.00	10.80	324.00	163.64	1,061.29	5,738.71
106	王慧	3,600.00	1,800.00	800.00	600.00	6,800.00	108.00	432.00	10.80	324.00		902.56	5,897.44
201	韩乐乐	5,000.00	2,500.00	800.00	800.00	9,100.00	150.00	600.00	15.00	450.00		1,301.55	7,798.45
301	刘伟	4,000.00	2,000.00	800.00	800.00	7,600.00	120.00	480.00	12.00	360.00		1,020.84	6,579.16
401	齐天乐	4,500.00	2,250.00	600.00	500.00	7,850.00	135.00	540.00	13.50	405.00		1,146.20	6,703.80
402	王力	3,500.00	1,750.00	1,100.00	500.00	6,850.00	105.00	420.00	10.50	315.00		880.49	5,969.51
403	罗贝	3,500.00	1,750.00	1,100.00	500.00	6,850.00	105.00	420.00	10.50	315.00		880.49	5,969.51
404	范兵	4,500.00	2,250.00	600.00	500.00	7,850.00	135.00	540.00	13.50	405.00		1,146.20	6,703.80
405	刘青	3,500.00	1,750.00	1,100.00	500.00	6,850.00	105.00	420.00	10.50	315.00	79.55	957.65	5,892.35
406	邓磊	3,500.00	1,750.00	1,100.00	500.00	6,850.00	105.00	420.00	10.50	315.00		880.49	5,969.51
合计		57,700.00	28,850.00	12,000.00	8,200.00	106,750.00	1,731.00	6,924.00	173.10	5,193.00	243.19	15,004.84	91,745.16

图 8-42 “工资发放签名表”窗口

(2) 单击“查看”按钮，打开“选择部门范围”对话框，选中所有部门，并单击“选定下级部门”复选框。

(3) 单击“确定”按钮，进入“部门工资汇总表”窗口，如图 8-43 所示。单击“退出”按钮退出。

部门工资汇总表

2023 年 1 月

会计月份 一月

部门	人数	基本工资	岗位工资	奖金	交通补贴	应发合计	医疗保险	养老保险	失业保险	住房公积金	缺勤扣款	扣款合计	实发合计	代扣税	代付税
管理部	6	25,700.00	12,850.00	4,800.00	3,600.00	46,950.00	771.00	3,084.00	77.10	2,313.00	163.64	6,790.93	40,159.07	382.19	
综合部	3	14,500.00	7,250.00	2,400.00	1,800.00	25,950.00	435.00	1,740.00	43.50	1,305.00		3,812.24	22,137.76	288.74	
财务部	3	11,200.00	5,600.00	2,400.00	1,800.00	21,000.00	336.00	1,344.00	33.60	1,008.00	163.64	2,978.69	18,021.31	93.45	
销售部	1	5,000.00	2,500.00	800.00	800.00	9,100.00	150.00	600.00	15.00	450.00		1,301.55	7,798.45	86.55	
采购部	1	4,000.00	2,000.00	800.00	800.00	7,600.00	120.00	480.00	12.00	360.00		1,020.84	6,579.16	48.84	
生产部	6	23,000.00	11,500.00	5,600.00	3,000.00	43,100.00	690.00	2,760.00	69.00	2,070.00	79.55	5,891.52	37,208.48	222.97	
一车间	3	11,500.00	5,750.00	2,800.00	1,500.00	21,550.00	345.00	1,380.00	34.50	1,035.00		2,907.18	18,642.82	112.68	
二车间	3	11,500.00	5,750.00	2,800.00	1,500.00	21,550.00	345.00	1,380.00	34.50	1,035.00	79.55	2,984.34	18,565.66	110.29	
合计	14	57,700.00	28,850.00	12,000.00	8,200.00	106,750.00	1,731.00	6,924.00	173.10	5,193.00	243.19	15,004.84	91,745.16	740.55	

图 8-43 “部门工资汇总表”窗口

工作提示

工资业务完成之后，工资报表数据同时生成。根据上述查询方法可查询薪资管理系统中提供的多种形式的工资报表。

（二）期末处理

1. 月末结账

(1) 在薪资管理系统中执行“业务处理”→“月末处理”命令，打开“月末处理”对话框，如图 8-44 所示。

(2) 单击“确定”按钮，系统提示“月末处理之后，本月工资将不许变动！继续月末处理吗?”，单击“是”按钮。系统继续提示“是否选择清零?”，单击“是”按钮，打开“选择清零项目”对话框。选择需要清零的项目，包括“缺勤扣款”“缺勤天数”“代扣税”，如图 8-45 所示。

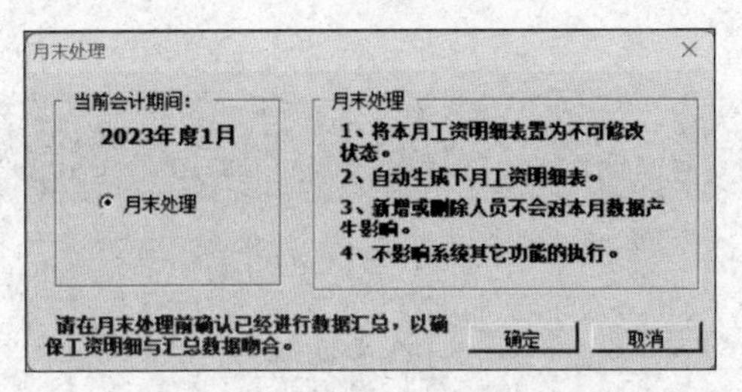

图 8-44 “月末处理”对话框

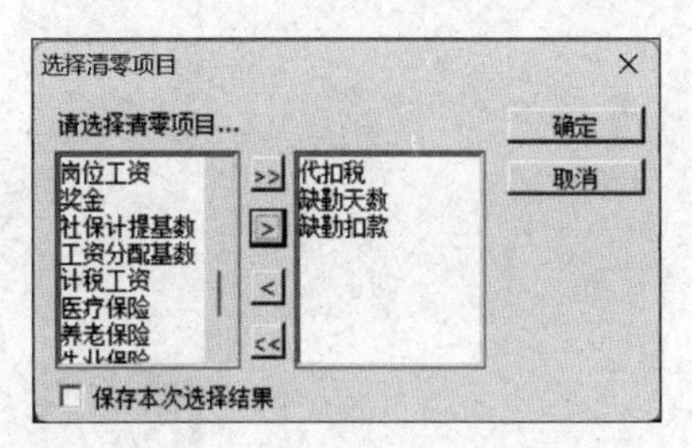

图 8-45 “选择清零项目”对话框

(3) 单击“确定”按钮,系统提示“月末处理完毕!”,如图 8-46 所示。

2. 反结账

(1) 在薪资管理系统中执行“业务处理”→“反结账”命令,打开“反结账”对话框,如图 8-47 所示。

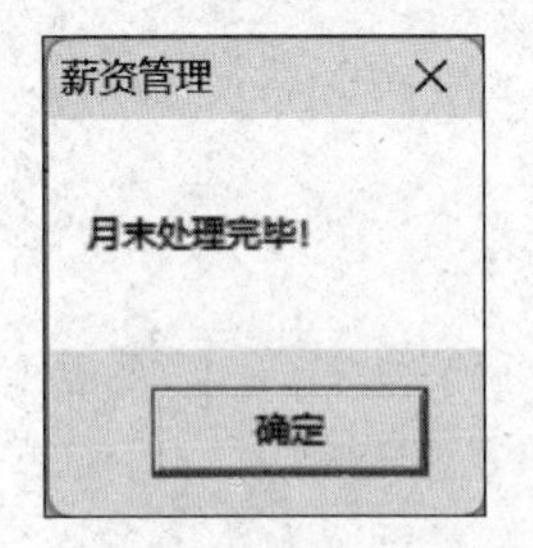

图 8-46 “月末处理完毕!”提示框

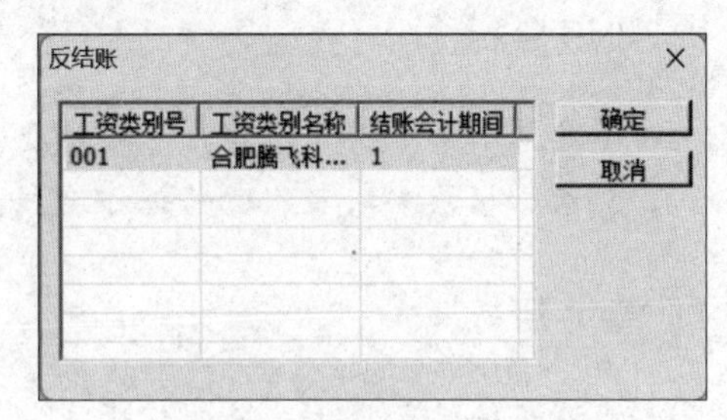

图 8-47 “反结账”对话框

(2) 单击“确定”按钮,出现“执行本功能,系统将自动清空该月已完成的工资变动数据!”的对话框,如图 8-48 所示,单击“确定”按钮。系统提示“反结账已成功完成”,如图 8-49 所示。

图 8-48 反结账清空对话框

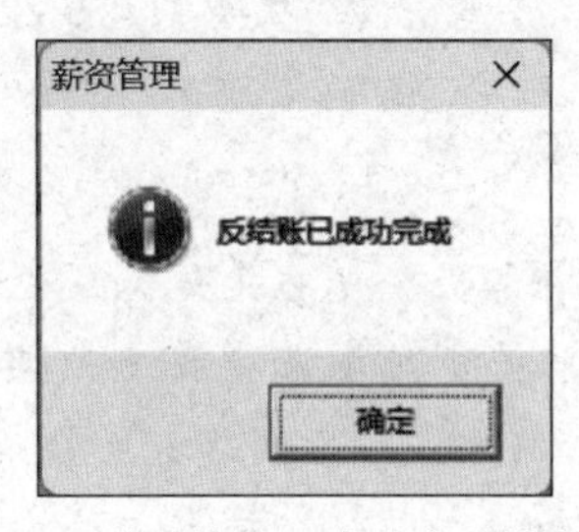

图 8-49 “反结账已成功完成”提示框

将账套输出至“D:\888 账套\8-5”文件夹。

工作提示

(1) 选择清零的项目包括“缺勤天数”“缺勤扣款”“代扣税”,在下月需要重新输入数据再计算。

(2) 完成薪资管理系统结账操作,如果需要恢复结账前的状态,进行“反结账”操作。

项目九

总账系统期末处理

知识目标

1. 了解总账系统期末处理的主要功能。
2. 掌握总账系统期末处理的工作流程。

能力目标

1. 能够熟练进行总账系统的转账定义、转账生成。
2. 能够熟练进行总账系统的期末对账、结账。

工作任务

根据业务材料完成工作任务,包括总账系统的转账定义、转账生成,对账、结账。

课程思政

利用中华优秀传统文化开展立德树人教育,不断提升个人道德水平,积极为社会作贡献。会计职业道德要求从业者诚实守信,不做假账,学生既要具备诚实守信的品格,又要细致严谨,熟练完成各项转账、对账、结账任务。

任务一 转账定义、转账生成

一、任务目标

根据业务资料进行转账定义、转账生成。

二、准备工作

从“D:\账套备份\8-5”文件引入账套。

1 月经济业务已完成制单、出纳签字、审核和记账。

三、任务清单

1. 转账定义

2023 年 1 月 1 日，以“W02 张伟”身份登录企业应用平台，完成下列总账定义。

(1) 自定义转账，结转制造费用，相关信息如表 9-1 和表 9-2 所示。

表 9-1 结转一车间制造费用

摘 要	科目编码	部 门	项 目	方向	金额公式
分配一车间制造费用	500103	一车间	商用计算机	借	JG()
	510101	一车间		贷	FS(510101,月,借)
	510102	一车间		贷	FS(510102,月,借)
	510103	一车间		贷	FS(510103,月,借)

表 9-2 结转二车间制造费用

摘 要	科目编码	部 门	项 目	方向	金额公式
分配二车间制造费用	500103	二车间	家用计算机	借	JG()
	510101	二车间		贷	FS(510101,月,借)
	510102	二车间		贷	FS(510102,月,借)
	510103	二车间		贷	FS(510103,月,借)

(2) 自定义转账，分配结转完工产品生产成本，相关信息如表 9-3 和表 9-4 所示。

表 9-3 结转商用计算机生产成本

摘 要	科目编码	部 门	项 目	方向	金额公式
结转完工商用计算机生产成本	1405	一车间	商用计算机	借	JG()
	500101	一车间	商用计算机	贷	QM(500101,月,,401,1)
	500102	一车间	商用计算机	贷	QM(500102,月,,401,1)
	500103	一车间	商用计算机	贷	QM(500103,月,,401,1)

表 9-4 结转家用计算机生产成本

摘 要	科目编码	部 门	项 目	方向	金额公式
结转完工家用计算机生产成本	1405	二车间	家用计算机	借	JG()
	500101	二车间	家用计算机	贷	QM(500101,月,,402,2)
	500102	二车间	家用计算机	贷	QM(500102,月,,402,2)
	500103	二车间	家用计算机	贷	QM(500103,月,,402,2)

(3) 自定义转账,计提短期借款利息,借款利率为 3.65%,相关信息如表 9-5 所示。

表 9-5 计提短期借款利息

摘 要	科目编码	方向	金额公式
计提短期借款利息	6603	借	JG()
	2231	贷	QM(2001,月)*0.0365/12

(4) 设置结转销售成本。

(5) 设置汇兑损益。

(6) 设置结转本期损益。

2. 转账生成

2023 年 1 月 31 日,以"W02 张伟"身份登录企业应用平台,完成下列经济业务处理。

(1) 分配结转 1 月一车间和二车间的制造费用。

(2) 结转完工入库产品的生产成本。1 月商用计算机、家用计算机均完工入库 20 台。

(3) 计提本月短期借款利息。

(4) 结转本月销售成本。

(5) 计算结转汇兑损益。2023 年 1 月 31 日,美元汇率为 1∶6.7604。

(6) 结转本期损益,收入和支出分别结转。

四、操作指导

转账定义

(一) 转账定义

2023 年 1 月 1 日,以"W02 张伟"身份登录企业应用平台,执行"业务工作"→"财务会计"→"总账"命令,打开总账系统。

1. 定义结转制造费用

(1) 在总账系统中执行"总账"→"期末"→"转账定义"→"自定义转账"命令,打开"自定义转账"对话框。

(2) 单击"增加"按钮,打开"转账目录"对话框,输入转账序号"0001",输入转账说明"结转一车间制造费用",凭证类别默认"记账凭证",如图 9-1 所示。

(3) 单击"确定"按钮,返回"自定义转账设置"对话框。

(4) 单击"增行"按钮,输入第一条分录的科目编码"500103 生产成本/制造费用",在

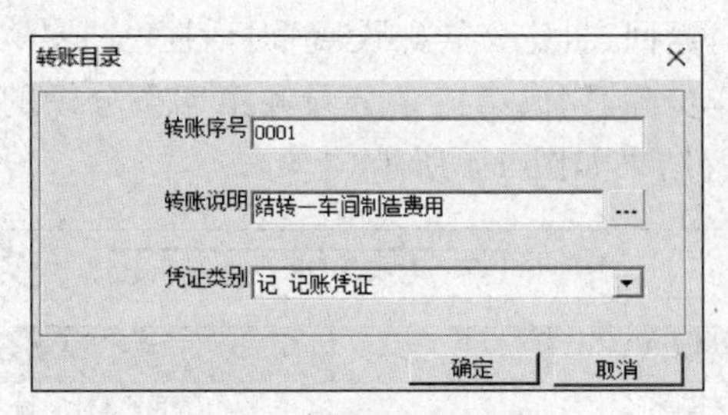

图 9-1　“转账目录”对话框

“部门”栏选择“401 一车间”，“项目”栏选择“1 商用计算机”，“金额公式”选择“JG()”。

(5) 继续单击“增行”按钮，输入第二条分录的科目编码“510101 制造费用/工资”，在“部门”栏选择“一车间”，双击“方向”栏，选择方向为“贷”，双击“金额公式”栏，单击“参照”按钮，选择“借方发生额”，如图 9-2 所示。

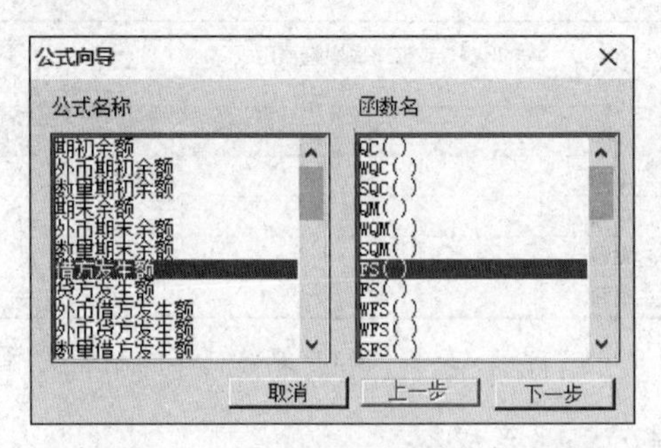

图 9-2　“公式向导”对话框(公式名称)

(6) 单击“下一步”按钮，打开“公式向导”对话框。系统默认取数会计科目为“510101 制造费用/工资”，期间为“月”，部门为“一车间”，如图 9-3 所示。

图 9-3　“公式向导”对话框(会计科目)

(7) 单击“完成”按钮，返回“自定义转账设置”对话框，完成第二条分录设置。

(8) 重复(5)、(6)操作步骤，完成第三条分录和第四条分录的定义，全部设置完毕，单击“保存”按钮后退出，设置结果如图 9-4 所示。

转账序号 0001　转账说明 结转一车间制造费用　凭证类别 记账凭证

摘要	科目编码	部门	个人	客户	供应商	项目	方向	金额公式
结转一车间制造费用	500103	一车间				商用计算机	借	JG()
结转一车间制造费用	510101	一车间					贷	FS(510101,月,借,401)
结转一车间制造费用	510102	一车间					贷	FS(510102,月,借,401)
结转一车间制造费用	510103	一车间					贷	FS(510103,月,借,401)

图 9-4　“自定义转账”窗口(结转一车间制造费用)

(9) 重复上述步骤，完成“结转二车间制造费用”自定义转账分录，如图 9-5 所示。

转账序号 0002　转账说明 结转二车间制造费用　凭证类别 记账凭证

摘要	科目编码	部门	个人	客户	供应商	项目	方向	金额公式
结转二车间制造费用	500103	二车间				家用计算机	借	JG()
结转二车间制造费用	510101	二车间					贷	FS(510101,月,借,402)
结转二车间制造费用	510102	二车间					贷	FS(510102,月,借,402)
结转二车间制造费用	510103	二车间					贷	FS(510103,月,借,402)

图 9-5　“自定义转账”窗口(结转二车间制造费用)

2. 定义结转完工入库产品生产成本

(1) 继续在“自定义转账”对话框中单击“增加”按钮，打开“转账目录”对话框，输入账序号“0003”，输入转账说明“结转商用计算机完工成本”，凭证类别默认为“记账凭证”。

(2) 单击“确定”按钮，返回“自定义转账设置”对话框。

(3) 单击“增行”按钮，输入第一条分录的科目编码“1405 库存商品”，在“项目”栏选择“1 商用计算机”，“金额公式”栏选择“JG()”。

(4) 继续单击“增行”按钮，输入第二条分录的科目编码“500101 生产成本/直接材料”，在“部门”栏选择“401 一车间”，在“项目”栏选择“1 商用计算机”，双击“方向”栏，选择方向为“贷”，双击“金额公式”栏，单击“参照”按钮，选择“期末余额”，单击“下一步”按钮，打开“公式向导”对话框。

(5) 系统默认取数会计科目为“500101 生产成本/直接材料”，期间为“月”，单击“项目”栏的“参照”按钮，选择“商用计算机”项目，如图 9-6 所示。

(6) 单击“完成”按钮，返回“自定义转账设置”对话框。

(7) 重复(5)、(6)操作步骤，完成第三条分录和第四条分录的定义，全部设置完毕，单击“保存”按钮后退出，完成“结转商用计算机完工成本”自定义转账分录，如图 9-7 所示。

(8) 重复上述步骤，完成“结转家用计算机完工成本”自定义转账分录，如图 9-8 所示。

3. 定义计提短期借款利息

(1) 同理，打开“自定义转账”对话框，单击“增加”按钮，打开“转账目录”对话框，输入转账序号“0005”，输入转账说明“计提短期借款利息”，凭证类别默认为“记账凭证”。

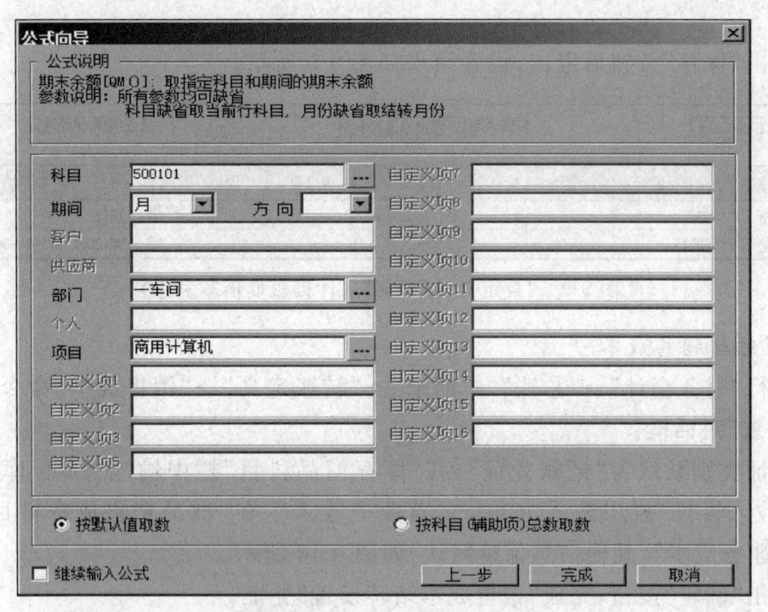

图 9-6 “公式向导”对话框

转账序号 0003　转账说明 结转商用计算机完工成本　凭证类别 记账凭证

摘要	科目编码	部门	个人	客户	供应商	项目	方向	金额公式
结转商用计算机完工...	1405					商用计算机	借	JG()
结转商用计算机完工...	500101	一车间				商用计算机	贷	QM(500101,月,,401,1)
结转商用计算机完工...	500102	一车间				商用计算机	贷	QM(500102,月,,401,1)
结转商用计算机完工...	500103	一车间				商用计算机	贷	QM(500103,月,,401,1)

图 9-7 “自定义转账”窗口(结转商用计算机完工成本)

转账序号 0004　转账说明 结转家用计算机完工成本　凭证类别 记账凭证

摘要	科目编码	部门	个人	客户	供应商	项目	方向	金额公式
结转家用计算机完工...	1405					家用计算机	借	JG()
结转家用计算机完工...	500101	二车间				家用计算机	贷	QM(500101,月,,402,2)
结转家用计算机完工...	500102	二车间				家用计算机	贷	QM(500102,月,,402,2)
结转家用计算机完工...	500103	二车间				家用计算机	贷	QM(500103,月,,402,2)

图 9-8 “自定义转账”窗口(结转家用计算机完工成本)

(2) 单击“确定”按钮,返回“自定义转账设置”对话框。

(3) 单击“增行”按钮,输入第一条分录的科目编码“6603 财务费用”,双击“方向”栏,选择方向为“借”,双击“金额公式”栏,单击“参照”按钮,选择“金额公式”为“JG()”。

(4) 继续单击“增行”按钮,输入第二条分录的科目编码“2231 应付利息”,双击“方向”栏,选择方向为“贷”,双击“金额公式”栏,单击“参照”按钮,选择“期末余额”,单击“下一步”按钮,打开“公式向导”对话框。

(5) 单击“完成”按钮,返回“自定义转账设置”对话框,修改金额公式“QM(2001,月)*

0.0365/12”。

(6) 单击“保存”按钮后退出，设置结果如图 9-9 所示。

转账序号 0005　　转账说明 计提短期借款利息　　凭证类别 记账凭证

摘要	科目编码	部门	个人	客户	供应商	项目	方向	金额公式
计提短期借款利息	6603						借	JG()
计提短期借款利息	2231						贷	QM(2001,月)*0.0365/12

图 9-9　“自定义转账”窗口(计提短期借款利息)

4. 设置结转销售成本

(1) 执行“财务会计”→“总账”→“期末”→“转账定义”→“销售成本”命令，打开“销售成本结转设置”对话框。

(2) 凭证类别默认为“记账凭证”，在“库存商品科目”栏中输入“1405 库存商品”，在“商品销售收入科目”栏中输入“6001 主营业务收入”，在“商品销售成本科目”栏中输入“6401 主营业务成本”，其他信息保持默认，如图 9-10 所示。

(3) 单击“确定”按钮，完成“销售成本结转设置”凭证。

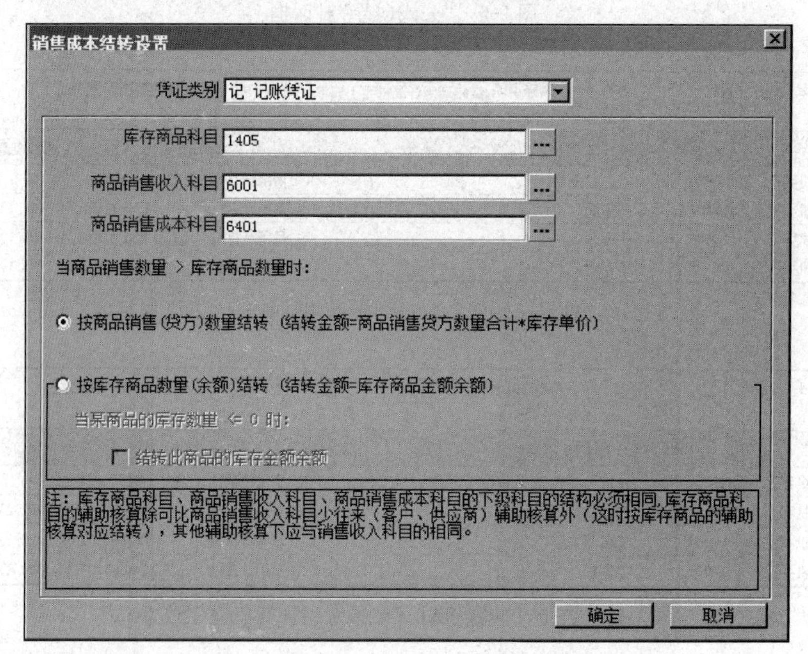

图 9-10　“销售成本结转设置”对话框

5. 设置汇兑损益

(1) 执行“总账”→“期末”→“转账定义”→“汇兑损益”命令，打开“汇兑损益结转设置”对话框。

(2) 凭证类别默认为“记账凭证”，在“汇兑损益入账科目”栏中输入“6603 财务费用”，选中“是否计算汇兑损益”为“Y”，如图 9-11 所示。

(3) 单击“确定”按钮，完成汇兑损益结转设置。

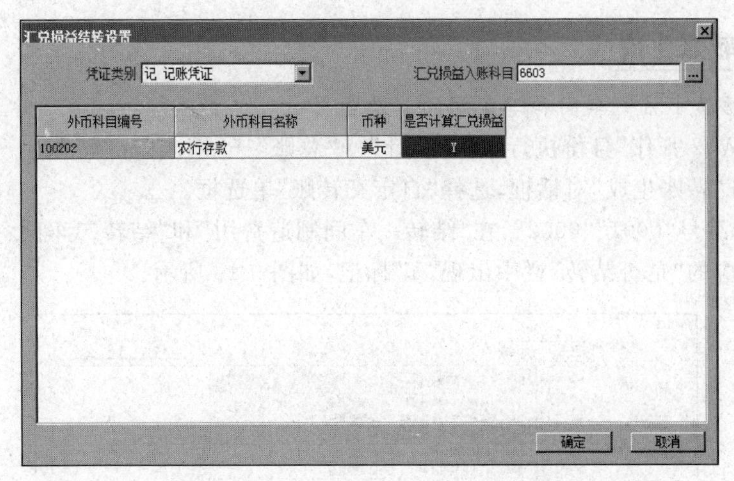

图 9-11 “汇兑损益结转设置”对话框

6. 设置结转本期损益

(1) 执行“总账”→“期末”→“转账定义”→“期间损益”命令，打开“期间损益结转设置”对话框。

(2) 凭证类别默认为“记账凭证”，在“本年利润科目”栏中输入“4103”，如图 9-12 所示。

(3) 单击“确定”按钮，完成期间损益结转设置。

图 9-12 “期间损益结转设置”对话框

（二）转账生成

转账生成

1. 分配结转 1 月一车间和二车间的制造费用

(1) 以“W02 张伟”身份执行“财务会计”→“总账”→“期末”→“转账生成”命令，打开“转账生成”对话框，选择“自定义转账”单选框。

(2) 选择编号“0001”“0002”，在“结转一车间制造费用”和“结转二车间制造费用”对应的“是否结转”栏中出现“Y”标记，如图 9-13 所示。

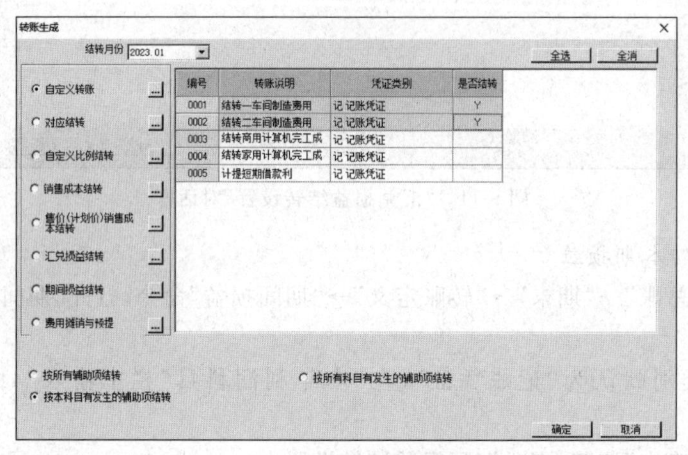

图 9-13 “转账生成”对话框

(3) 单击“确定”按钮，系统自动生成“结转一车间制造费用”和“结转一车间制造费用”对应的转账凭证。单击“保存”按钮，生成结转一车间制造费用的凭证，如图 9-14 所示。单击“下张凭证”按钮，再单击“保存”按钮，生成结转二车间制造费用的凭证，如图 9-15 所示。

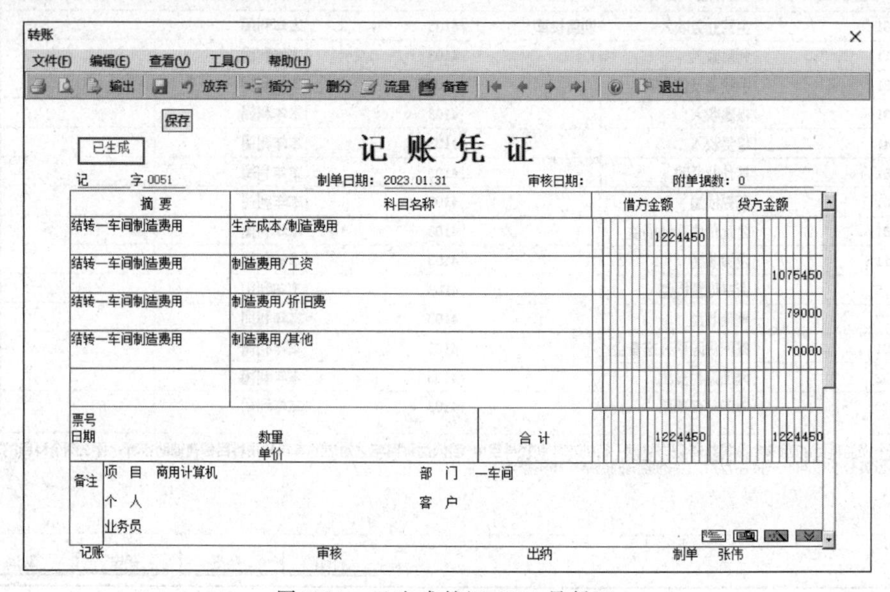

图 9-14 已生成的记 0051 号凭证

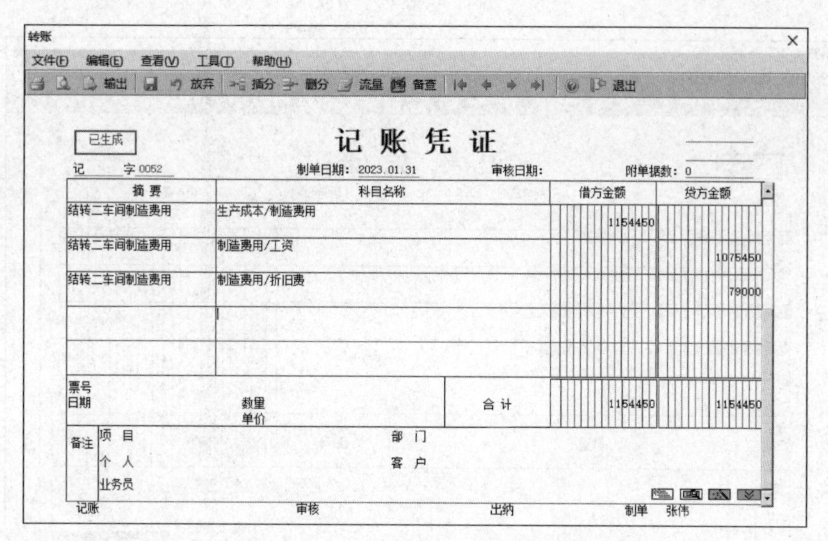

图 9-15 已生成的记 0052 号凭证

(4) 以“W01 王东”身份审核 0051 号、0052 号凭证，并对凭证记账。

2. 结转完工入库产品的生产成本

(1) 以“W02 张伟”身份执行“财务会计”→“总账”→“期末”→“转账生成”命令，打开“转账生成”对话框，选择“自定义转账”单选框。

(2) 选择编号“0003”“0004”，在“结转商用计算机完工成本”和“结转家用计算机完工成本”对应的“是否结转”栏中出现“Y”标记。

(3) 单击“确定”按钮，系统自动生成“结转商用计算机完工成本”和“结转家用计算机完工成本”对应的转账凭证。单击“保存”按钮，生成结转商用计算机完工成本的凭证，如图 9-16 所示。单击“下张凭证”按钮，再单击“保存”按钮，生成结转家用计算机完工成本的凭证，如图 9-17 所示。

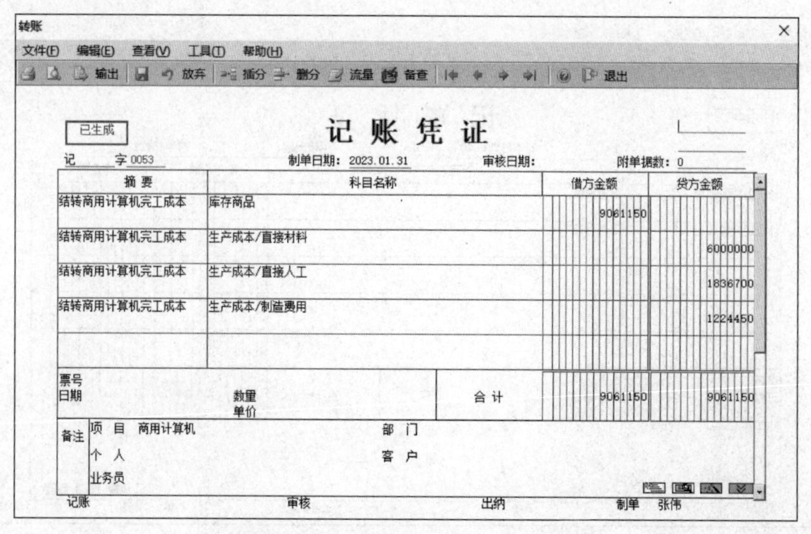

图 9-16 已生成的记 0053 号凭证

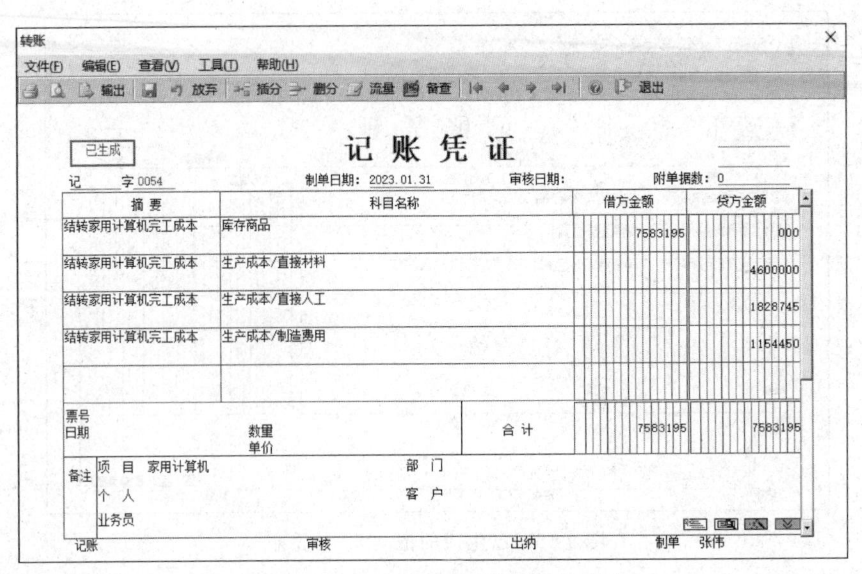
转账
文件(F) 编辑(E) 查看(V) 工具(T) 帮助(H)
输出 放弃 插分 删分 流量 备查 退出

已生成

记账凭证

记 字 0054 制单日期：2023.01.31 审核日期： 附单据数：0

摘要	科目名称	借方金额	贷方金额
结转家用计算机完工成本	库存商品	7583195	000
结转家用计算机完工成本	生产成本/直接材料		4600000
结转家用计算机完工成本	生产成本/直接人工		1828745
结转家用计算机完工成本	生产成本/制造费用		1154450
票号 日期	数量 单价 合计	7583195	7583195

备注 项目 家用计算机 部门
个人 客户
业务员

记账 审核 出纳 制单 张伟

图 9-17　已生成的记 0054 号凭证

(4) 以“W01 王东”身份审核 0053 号、0054 号凭证，并记账。

3. 计提本月短期借款利息

(1) 以“W02 张伟”身份执行“财务会计”→“总账”→“期末”→“转账生成”命令，打开“转账生成”对话框，选择“自定义转账”单选框。

(2) 选择编号“0005”，在“计提短期借款利息”对应的“是否结转”栏中出现“Y”标记。

(3) 单击“确定”按钮，系统自动生成“计提短期借款利息”对应的转账凭证。单击“保存”按钮，生成计提短期借款利息的凭证，如图 9-18 所示。

(4) 以“W01 王东”身份审核 0055 号凭证，并记账。

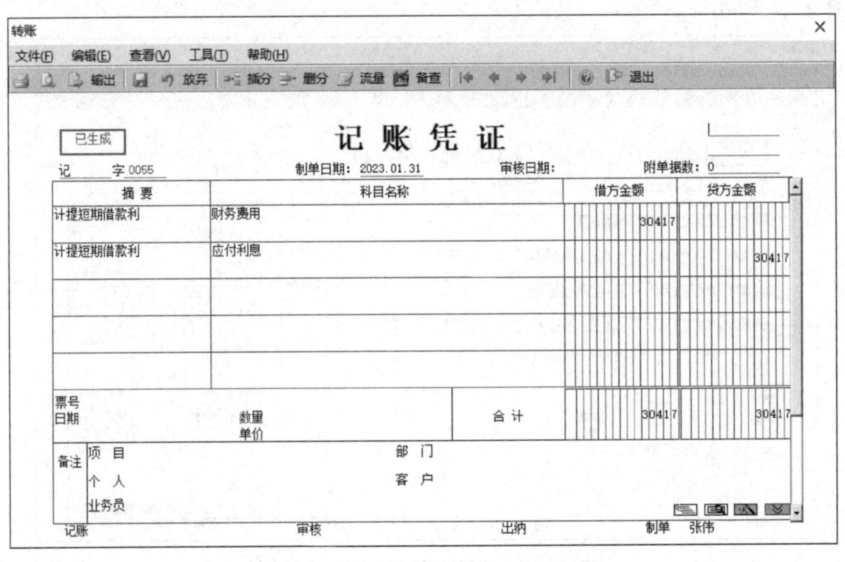
转账
文件(F) 编辑(E) 查看(V) 工具(T) 帮助(H)
输出 放弃 插分 删分 流量 备查 退出

已生成

记账凭证

记 字 0055 制单日期：2023.01.31 审核日期： 附单据数：0

摘要	科目名称	借方金额	贷方金额
计提短期借款利	财务费用	30417	
计提短期借款利	应付利息		30417
票号 日期	数量 单价 合计	30417	30417

备注 项目 部门
个人 客户
业务员

记账 审核 出纳 制单 张伟

图 9-18　已生成的记 0055 号凭证

4. 结转本月销售成本

(1) 以“W02 张伟”身份执行“财务会计”→“总账”→“期末”→“转账生成”命令，打开“转账生成”对话框，选择“销售成本结转”单选框。

(2) 单击“确定”按钮，弹出“销售成本结转一览表”对话框。单击“确定”按钮，生成“结转销售成本”对应的会计凭证。单击“保存”按钮，生成结转销售成本的凭证，如图 9-19 所示。

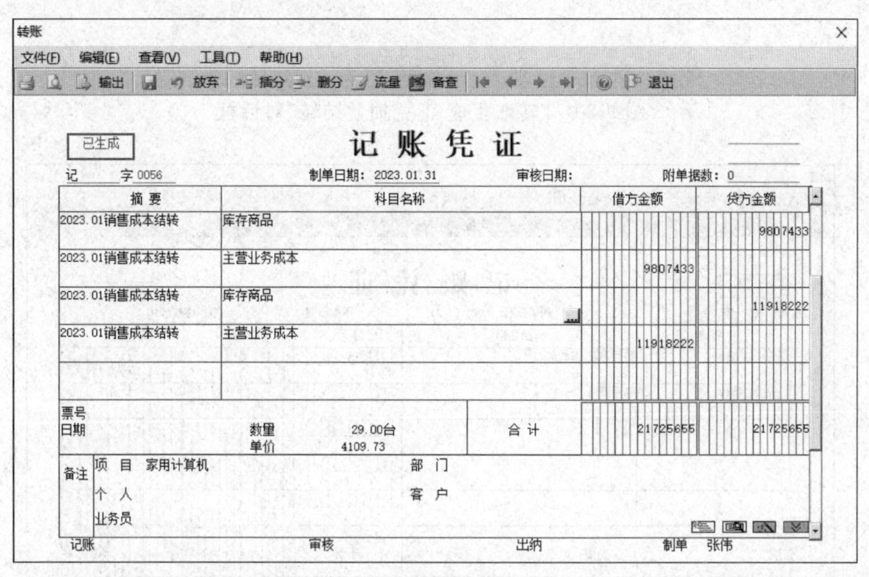
转账

文件(F)　编辑(E)　查看(V)　工具(T)　帮助(H)

输出　放弃　插分　删分　流量　备查　退出

已生成

记账凭证

记　字 0056　制单日期：2023.01.31　审核日期：　附单据数：0

摘要	科目名称	借方金额	贷方金额
2023.01销售成本结转	库存商品		9807433
2023.01销售成本结转	主营业务成本	9807433	
2023.01销售成本结转	库存商品		11918222
2023.01销售成本结转	主营业务成本	11918222	
票号 日期	数量 29.00台 单价 4109.73	合计 21725655	21725655

备注　项　目　家用计算机　部　门

个　人　客　户

业务员

记账　审核　出纳　制单　张伟

图 9-19　已生成的记 0056 号凭证

(3) 以“W01 王东”身份审核 0056 号凭证，并记账。

5. 计算结转汇兑损益

(1) 以“W01 王东”身份执行“基础设置”→“基础档案”→“财务”→“外币设置”命令，在“2023.01-调整汇率”栏录入“6.7604”。

(2) 以“W02 张伟”身份执行“财务会计”→“总账”→“期末”→“转账生成”命令，打开“转账生成”对话框，选择“汇兑损益结转”单选框。

(3) 单击“确定”按钮，弹出“转账生成-汇兑损益结转”对话框。“外币币种”下拉列表中选择“美元 USD”，双击“是否结转”栏出现“Y”字样，如图 9-20 所示。

(4) 单击“确定”按钮，生成“结转汇兑损益”对应的会计凭证。单击“保存”按钮，生成结转汇兑损益的凭证，如图 9-21 所示。

(5) 以“W03 王慧”身份出纳签字 0057 号凭证，以“W01 王东”身份审核 0057 号凭证，并记账。

6. 结转本期损益，收入和支出分别结转

(1) 以“W02 张伟”身份执行“财务会计”→“总账”→“期末”→“转账生成”命令，打开“转账生成”对话框，选择“期间损益结转”单选框。在“类型”栏选择“收入”，单击“全选”按钮，单击“确定”按钮，生成结转损益收入的凭证，如图 9-22 所示，关闭“凭证”窗口。

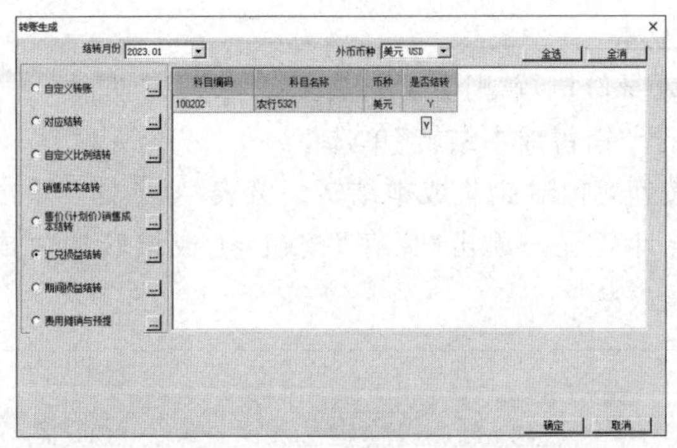

图 9-20 “转账生成-汇兑损益结转”对话框

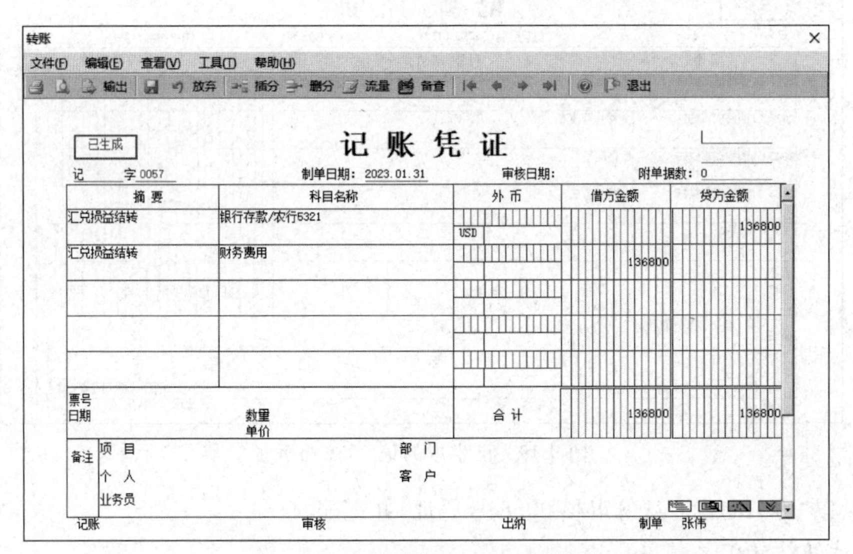

图 9-21 已生成的记 0057 号凭证

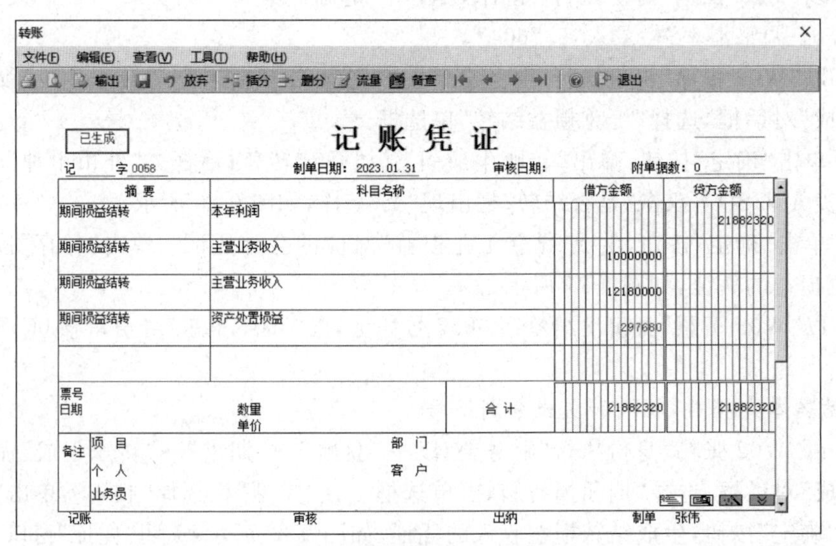

图 9-22 已生成的记 0058 号凭证

(2) 在“类型”栏选择“支出”，单击“全选”按钮，系统提示“2023.01 或之前有未记账的凭证，是否继续结转？”单击“是”按钮，生成结转损益支出的凭证，如图 9-23 所示。

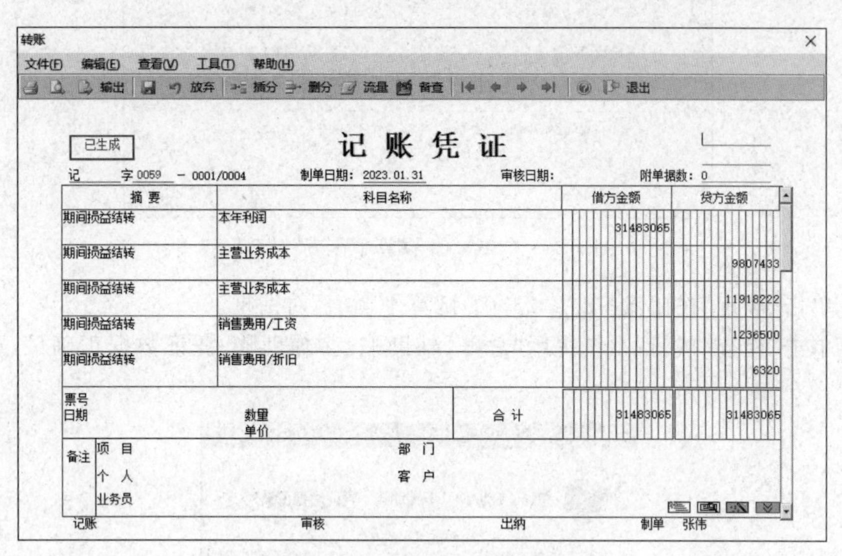

图 9-23 已生成的记 0059 号凭证

(3) 以“W01 王东”身份审核尚未审核的凭证，并记账。

(4) 将账套输出至“D:\账套备份\9-1”文件夹。

任务二 总账系统期末对账与结账

一、任务目标

根据业务资料完成总账系统期末对账与结账。

二、准备工作

从“D:\账套备份\9-1”引入[888]账套。

三、任务清单

1 月 31 日，以“W02 张伟”身份完成总账的对账与结账。

四、操作指导

（一）总账对账

总账系统期末对账与结账

(1) 在总账系统中执行“总账”→“期末”→“对账”命令，打开“对账”对话框。

(2) 单击“试算”按钮，系统显示“试算结果平衡”，如图 9-24 所示。

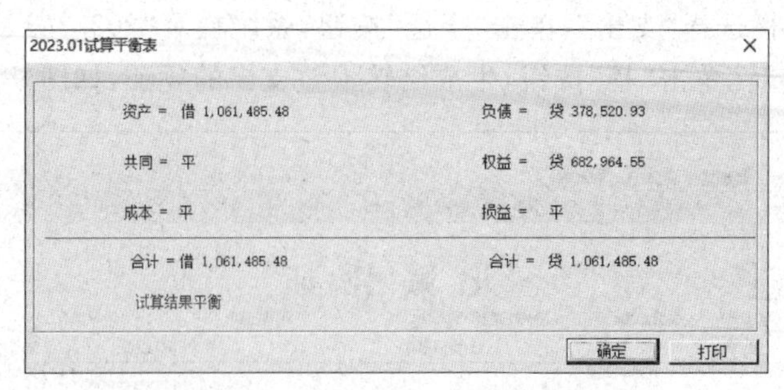

图 9-24 “2023.01 试算平衡表”对话框

(3) 单击“确定”按钮，退出“2023.01 试算平衡表”对话框。

(4) 单击“检查”按钮，系统提示“总账、辅助账、多辅助账、凭证数据正确!”，如图 9-25 所示。

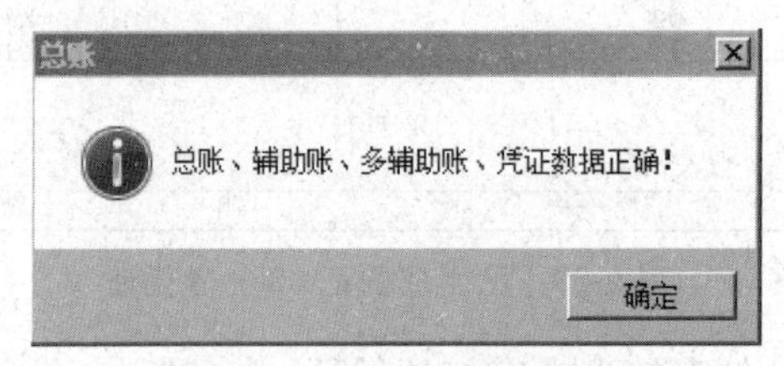

图 9-25 总账对账结果提示框

(5) 单击“确定”按钮，选中“检查科目档案辅助项与账务数据的一致性”“总账与明细账”“总账与辅助账”及“辅助账与明细账”复选框。

(6) 单击“选择”按钮，激活“对账”菜单。

(7) 单击“对账”按钮，系统完成对账，对账结果如图 9-26 所示。

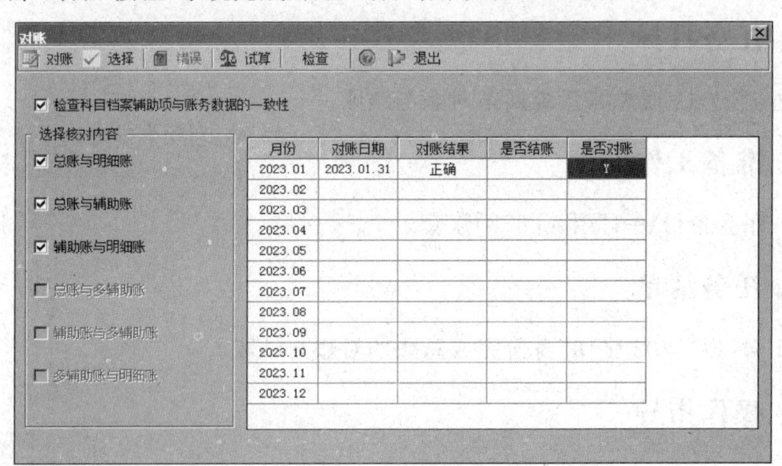

图 9-26 “对账”窗口

(二) 总账结账

(1) 在总账系统中执行“总账”→“期末”→“结账”命令，打开“结账”对话框。系统默认

“2023.01”，如图 9-27 所示。

（2）单击“下一步”按钮，打开“结账-核对账簿”对话框，单击“对账”按钮，选择核对 2023 年 01 月账簿，结果如图 9-28 所示。

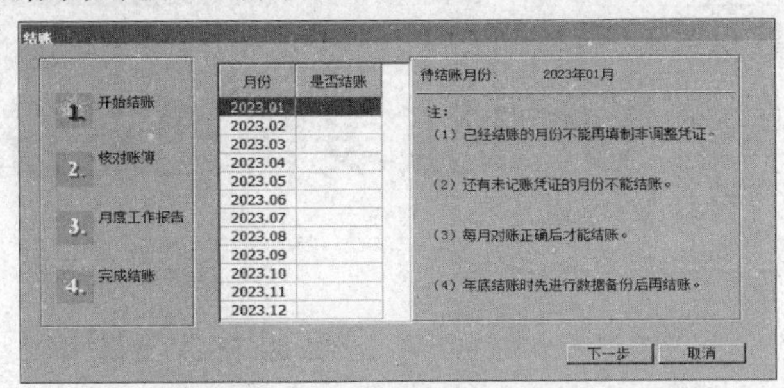

图 9-27　“结账-开始结账”对话框

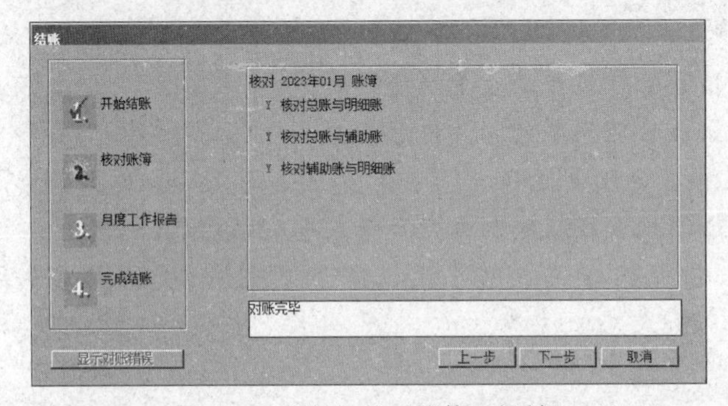

图 9-28　“结账-核对账簿”对话框

（3）单击“下一步”按钮，打开“结账-月度工作报告”对话框，显示“2023 年 01 月工作报告”，如图 9-29 所示。

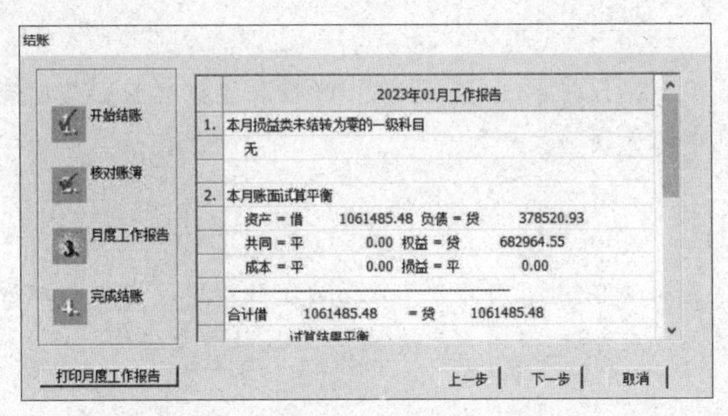

图 9-29　“结账-月度工作报告”对话框

（4）单击“下一步”按钮，系统提示“2023 年 01 月工作检查完成，可以结账”。

（5）单击“结账”按钮，总账结账完成。

（6）将账套输出至“D:\账套备份\9-2”文件夹。

项目十

UFO报表管理系统

知识目标

1. 了解UFO报表管理系统的主要功能。
2. 了解UFO报表管理系统的相关概念。
3. 掌握自定义报表的编制流程。
4. 掌握利用UFO报表模板编制资产负债表和利润表的流程。

能力目标

1. 能够编制自定义报表。
2. 能够利用UFO报表模板编制资产负债表和利润表。
3. 能够根据会计报表进行财务指标的计算与分析。

工作任务

根据业务资料完成工作任务，包括利用UFO报表模板编制资产负债表和利润表，编制管理费用明细表和财务指标分析表。

课程思政

通过对财务报表的学习，教育引导学生在学习工作中遵守国家各项财经法规、会计准则，要信守承诺，绝不弄虚作假，坚守正直的信念，形成社会责任感。

任务一　认识 UFO 报表系统

UFO 报表系统是用友 ERP-U8 的报表管理系统，主要实现文件管理、格式管理、数据处理、二次开发等功能，该系统可以从总账、应收款管理、应付款管理、固定资产管理、薪资管理以及供应链等系统取数，生成各种报表。

一、UFO 报表系统的主要功能

1. 提供各行业报表模板

UFO 报表系统提供 33 个行业的标准财务报表模板，可轻松生成复杂的报表。提供自定义模板的功能，可以根据本单位的实际需要定制模板。

2. 文件管理功能

UFO 报表系统提供各类文件管理功能，并且能够进行不同文件格式的转换，包括文本文件、*.MDB 文件、EXCEL 文件、LOTUS 1-2-3 文件等；支持多个窗口同时显示和处理，可同时打开的文件和图形窗口多达 40 个；提供了标准财务数据的“导入”和“导出”功能，可以和其他财务软件交换数据。

3. 格式管理功能

UFO 报表系统提供丰富的格式设计功能，如设组合单元、画表格线(包括斜线)、调整行高列宽、设置字体和颜色、设置显示比例等，可以制作各种要求的报表。

4. 数据处理功能

UFO 报表系统以固定的格式管理大量不同的表页，能将多达 99 999 张具有相同格式的报表资料统一在一个报表文件中管理，并且在每张表页之间建立有机联系。提供了排序、审核、舍位平衡、汇总功能；提供了绝对单元公式和相对单元公式，可以方便、迅速地定义计算公式；提供了种类丰富的函数，可以从总账等系统中提取数据，生成财务报表。

UFO 报表系统还提供打印功能、二次开发功能等。

二、UFO 报表系统的相关术语

1. 表页

表页是 UFO 报表系统存储数据的基本单位，是由若干行和若干列组成的二维表。一个报表中的所有表页具有相同的格式，但其中的数据不同。表页在报表中的序号在表页的下方以标签的形式出现，称为页标。页标用“第 1 页”到“第 99 999 页”表示。表达式中，表页以“@＜表页号＞”标识

2. 格式状态和数据状态

在格式状态下，可以设计报表的格式，如表尺寸、行高、列宽、单元属性、单元风格、组合单元、关键字、可变区等，定义报表的单元公式、审核公式、舍位平衡公式。在格式状态下不能进行数据的录入、计算等操作。在格式状态下，报表的数据全部被隐藏。

在数据状态下，可以管理报表的数据，如输入数据、增加或删除表页、计算数据、进行审核和舍位平衡等。在数据状态下不能修改报表的格式，但看到的是报表的全部内容，包括格式和数据。

3. 关键字

关键字是游离于单元之外的特殊数据单元，可以唯一标识一个表页，用于在大量表页中快速选择表页。关键字的显示位置在格式状态下设置，关键字的值则在数据状态下录入，每个报表可以定义多个关键字。系统提供的默认关键字有单位名称、单位编号、年、季、月和日。为了满足需要，系统还提供了自定义关键字。

4. 单元和区域

单元是组成报表的最小单位。单元名称由所在行、列标识。列标用字母 A～IU 表示，行号用数字 1～9 999 表示，如 B4 表示第 2 列、第 4 行的单元。

区域由一张表页上的一组单元组成，自起点单元至终点单元是一个完整的长方形矩阵。在 UFO 报表中，区域是二维的，最大的区域是一个二维表的所有单元（整个表页），最小的区域是一个单元。

任务二　利用报表模板生成报表

一、任务目标

编制和生成 2023 年 1 月的资产负债表、利润表。

二、准备工作

(1) 启用了总账、应收款管理、应付款管理、固定资产管理、薪资管理等系统，总账系统接收其他系统的凭证后，需要更换操作员进行出纳签字、审核和记账等操作，涉及损益类会计科目，还需进行期间损益结转凭证的生成、审核和记账等操作。

(2) 将“2018 年新准则资产负债表 . rep”“2018 年新准则利润表 . rep”文件拷入“D:\888 账套\10”。

(3) 引入“D:\888 账套\9-2”备份的账套文件。

三、任务清单

2023 年 1 月 31 日，以“W01 王东”身份登录企业应用平台，打开 UFO 报表系统，利用报表模板编制和生成 2023 年 1 月 31 日的资产负债表、利润表。

四、操作指导

利用报表模板生成报表

（一）编制资产负债表

(1) 以“W01 王东”身份登录企业应用平台，打开“总账”→“账表”→“科目账”→“余额表”，检查期末还有没有尚未处理的转账处理，如图 10-1 所示。

科目编码	科目名称	期初余额		本期发生		期末余额	
		借方	贷方	借方	贷方	借方	贷方
6001	主营业务收入			221,800.00	221,800.00		
6115	资产处置损益			-2,976.80	-2,976.80		
6401	主营业务成本			231,543.45	231,543.45		
660101	工资			12,365.00	12,365.00		
660103	折旧			63.20	63.20		
660106	广告费			2,000.00	2,000.00		
660107	差旅费			3,200.00	3,200.00		
660201	工资			73,830.06	73,830.06		
660203	折旧			1,832.80	1,832.80		
660205	办公费			500.00	500.00		
660206	业务招待费			800.00	800.00		
6603	财务费用			2,957.17	2,957.17		
6702	信用减值损失			25.87	25.87		
损益小计				547,940.75	547,940.75		
合计				547,940.75	547,940.75		

图 10-1 损益类账户“发生额及余额表”窗口

工作提示

生成报表前，如果损益类账户、制造费用账户有余额，会出现资产负债表不平衡等错误。如有上述余额，应处理完毕再生成报表。

（2）双击“UFO 报表”，打开 UFO 报表窗口。

（3）单击“新建”按钮，创建一张空表，如图 10-2 所示

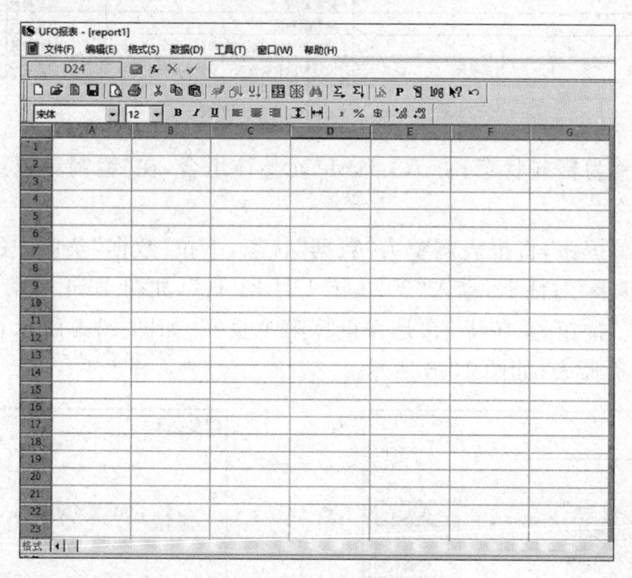

图 10-2 空白 UFO 报表

（4）单击“打开”按钮，打开“D:\888 账套\10\2018 年新准则资产负债表 . rep”，生成空白资产负债表，如图 10-3 所示。

	A	B	C	D	E	F
1	资产负债表					
3	编制单位：		xxxx 年	xx 月	xx 日	单位：元
4	资产	期末余额	年初余额	负债和所有者权益（或股东权益）		年初余额
5	流动资产：			流动负债：		
6	货币资金	公式单元	公式单元	短期借款	公式单元	公式单元
7	交易性金融资产			交易金融负债		
8	衍生金融资产			衍生金融负债		
9	应收票据及应收账款	公式单元	公式单元	应付票据及应付账款	公式单元	公式单元
10	预付账款	公式单元	公式单元	预收账款	公式单元	公式单元
11	其他应收款	公式单元	公式单元	合同负债		
12	存货	公式单元	公式单元	应付职工薪酬	公式单元	公式单元
13	合同资产			应交税费	公式单元	公式单元
14	持有待售资产			其他应付款	公式单元	
15	一年内到期的非流动资产			持有待售负债		
16	其他流动资产			一年内到期的流动负债		
17	流动资产合计	公式单元	公式单元	其他流动负债		
18	非流动资产：			流动负债合计	公式单元	公式单元
19	债权投资			非流动负债：		
20	其他债权投资			长期借款		
21	长期应收款			应付债券		
22	长期股权投资			其中：优先股		
23	其他权益工具投资			永续债		
24	其他非流动金融资产			长期应付款		
25	投资性房地产			预计负债		
26	固定资产	公式单元	公式单元	递延收益		
27	在建工程			递延所得税负债		
28	生产性生物资产			其他非流动负债		
29	油气资产			非流动负债合计	公式单元	公式单元
30	无形资产			负债合计	公式单元	公式单元
31	研发支出			所有者权益（或股东权益）：		
32	商誉			实收资本（或股本）	公式单元	公式单元
33	长期待摊费用			其他权益工具		
34	递延所得税资产			其中：优先股		
35	其他非流动资产			永续债		
36	非流动资产合计	公式单元	公式单元	资本公积	公式单元	公式单元
37				减：库存股		
38				其他综合收益		
39	演示数据			盈余公积	公式单元	公式单元
40				未分配利润	公式单元	公式单元
41				所有者权益（或股东权益）合计	公式单元	公式单元
42	总产总计	公式单元	公式单元	负债和所有者权益（或股东权益）总计	公式单元	公式单元

图 10-3　空白资产负债表

（5）将报表调整为格式状态，将 A3∶B3 单元整体组合，在“编制单位：”单元录入“合肥腾飞科技有限公司”。

（6）单击“格式”按钮，将报表调整为“数据”状态，下拉“数据”菜单中的“关键字”→“录入”，打开“录入关键字”对话框，录入“2023 年 1 月 31 日”，如图 10-4 所示。

（7）单击“确认”按钮，系统提示“是否重算第 1 页？”，如图 10-5 所示。单击“是”按钮，系统自动生成资产负债表，如图 10-6 所示。

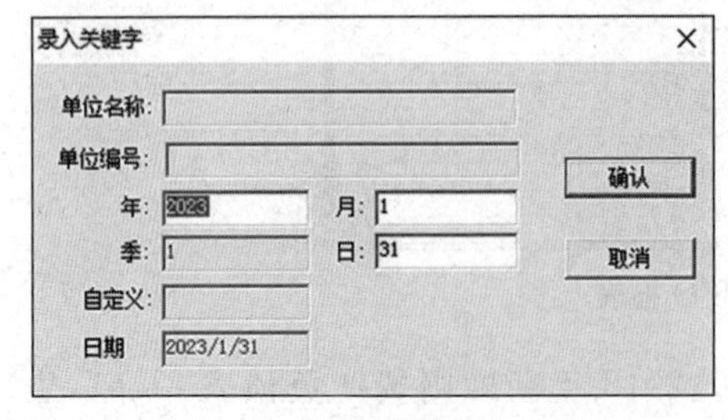

图 10-4　“录入关键字”对话框

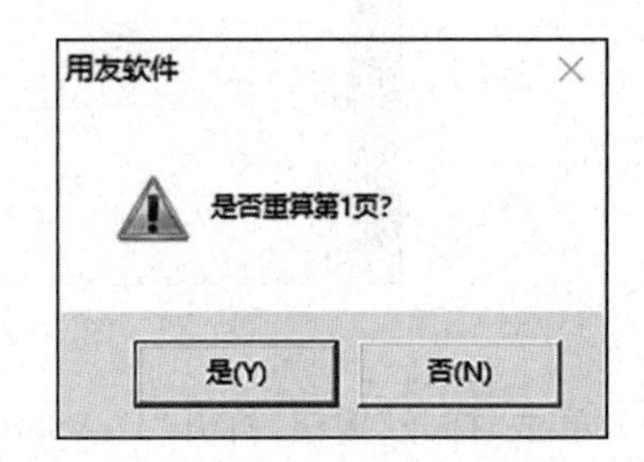

图 10-5　“是否重算第 1 页？”提示框

	A	B	C	D	E	F
1	资产负债表					
2						会企01表
3	编制单位：合肥鵬飞科技有限公司		2023 年	1 月	31 日	单位：元
4	资产	期末余额	年初余额	负债和所有者权益（或股东权益）		年初余额
5	流动资产：			流动负债：		
6	货币资金	449937.30	297437.30	短期借款	100000.00	100000.00
7	交易性金融资产			交易金融负债		
8	衍生金融资产			衍生金融负债		
9	应收票据及应收账款	117370.83	103722.70	应付票据及应付账款	23900.00	124300.00
10	预付账款		10000.00	预收账款	65000.00	65000.00
11	其他应收款	897.45	3000.00	合同负债		
12	存货	108526.90	229340.00	应付职工薪酬	144358.51	
13	合同资产			应交税费	44958.25	22400.00
14	持有待售资产			其他应付款	304.17	
15	一年内到期的非流动资产			持有待售负债		
16	其他流动资产			一年内到期的流动负债		
17	流动资产合计	676732.48	643500.00	其他流动负债		
18	非流动资产：			流动负债合计	378520.93	311700.00
19	债权投资			非流动负债：		
20	其他债权投资			长期借款		
21	长期应收款			应付债券		
22	长期股权投资			其中：优先股		
23	其他权益工具投资			永续债		
24	其他非流动金融资产			长期应付款		
25	投资性房地产			预计负债		
26	固定资产	384753.00	378200.00	递延收益		
27	在建工程			递延所得税负债		
28	生产性生物资产			其他非流动负债		
29	油气资产			非流动负债合计		
30	无形资产			负债合计	378520.93	311700.00
31	研发支出			所有者权益（或股东权益）：		
32	商誉			实收资本（或股本）	678972.00	610000.00
33	长期待摊费用			其他权益工具		
34	递延所得税资产			其中：优先股		
35	其他非流动资产			永续债		
36	非流动资产合计	384753.00	378200.00	资本公积		
37				减：库存股		
38				其他综合收益		
39				盈余公积	15000.00	15000.00
40				未分配利润	-11007.45	85000.00
41				所有者权益（或股东权益）合计	682964.55	710000.00
42	总产总计	1061485.48	1021700.00	负债和所有者权益（或股东权益）总计	1061485.48	1021700.00

数据　第1页

图 10-6　系统自动生成资产负债表

(8) 单击“文件”→“另存为”按钮，保存资产负债表，如图 10-7 所示。

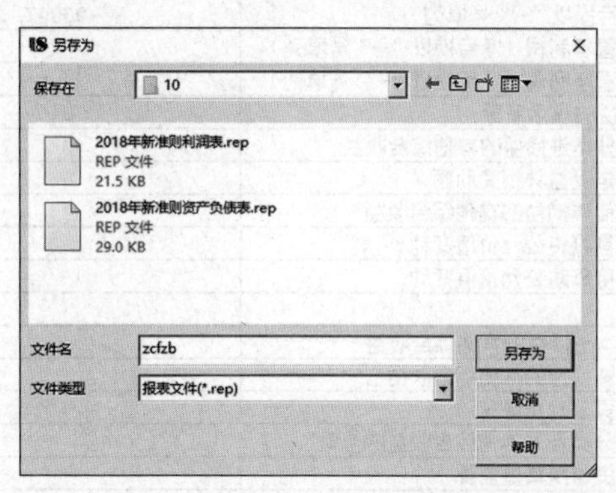

图 10-7　“另存为”对话框

(9) 单击“另存为”按钮，将资产负债表命名为“zcfzb. rep”，保存到“D:\888 账套\10”。

（二）编制利润表

(1) 以“W01 王东”身份登录企业应用平台，双击“UFO 报表”，打开 UFO 报表窗口，单击“新建”按钮，创建一张空表。

(2) 单击“打开”按钮，打开“D:\888 账套\10\2018 年新准则利润表.rep”。

(3) 单击“格式”按钮，将报表调整为“数据”状态，下拉“数据”菜单中的“关键字”→“录入”，打开“录入关键字”窗口，录入“2023 年 1 月”，单击“确认”按钮，系统提示“是否重算第 1 页?”，单击“是”按钮，系统自动生成利润表，如图 10-8 所示。

(4) 单击“另存为”按钮，将利润表命名为“lrb.rep”，保存到“D:\888 账套\10”。

	A	B	C
1	利润表		
2			会企02表
3	编制单位：合肥腾飞科技有限公司	2023 年 1 月	单位：元
4	项目	本期金额	上期金额
5	一、营业收入	221800.00	
6	减：营业成本	217256.55	
7	税金及附加		
8	销售费用	17628.20	
9	管理费用	76962.86	
10	研发费用		
11	财务费用	2957.17	
12	其中：利息费用		
13	利息收入		
14	资产减值损失		
15	信用减值损失	25.87	
16	加：其他收益		
17	投资收益（损失以“-”号填列）		
18	其中：对联营企业和合营企业的投资收益		
19	净敞口套期收益（损失以“-”号填列）		
20	公允价值变动收益（损失以“-”号填列）		
21	资产处置收益（损失以“-”号填列）	-2976.80	
22	二、营业利润（亏损以“-”号填列）	-96007.45	
23	加：营业外收入		
24	减：营业外支出		
25	三、利润总额（亏损总额以“-”号填列）	-96007.45	
26	减：所得税费用		
27	四、净利润（净亏损以“-”号填列）	-96007.45	
28	（一）持续经营净利润（净亏损以“-”号填列）		
29	（二）终止经营净利润（净亏损以“-”号填列）		
30	五、其他综合收益的税后净额		
31	（一）不能重分类进损益的其他综合收益		
32	1.重新计量设定受益计划变动额		
33	2.权益法下不能转损益的其他综合收益		
34	3.其他权益工具投资公允价值变动		
35	4.企业自身信用风险公允价值变动		
36	......		
37	（二）将重分类进损益的其他综合收益		
38	1.权益法下可转损益的其他综合收益		
39	2.其他债权投资公允价值变动		
40	3.金融资产重分类计入其他综合收益的金额		
41	4.其他债权投资信用减值准备		
42	5.现金流量套期储备		
43	6.外币财务报表折算差额		
44	......		
45	六、综合收益总额		
46	七、每股净收益：		
47	（一）基本每股收益		
48	（二）稀释每股收益		

图 10-8　系统自动生成利润表

工作提示

(1) 将保存的资产负债表和利润表备份在"D:\888 账套"文件夹中。同时,再次进行账套输出,也保存在"D:\888 账套"文件夹中。

(2) 保存后的报表不能直接打开,必须先引入对应账套数据后,打开"UFO 报表",选择资产负债表或利润表才能打开。

任务三 自定义报表设计与生成

一、任务目标

编制 2023 年 1 月的管理费用明细表和财务指标分析表。

二、准备工作

2023 年 1 月的资产负债表和利润表已编制生成。

三、任务清单

2023 年 1 月 31 日,以"W01 王东"身份登录企业应用平台,打开 UFO 报表系统,完成下列任务。

(1) 设计管理费用明细账,如表 10-1 所示。

表 10-1 管理费用明细表

编制单位:合肥腾飞科技有限公司　　　　年　月　　　　单位:元

部　门	工资	折旧	社会保险费	办公费	业务招待费	差旅费	其他	合计
综合部								
财务部								
销售部								
采购部								
一车间								
二车间								
合　计								

(2) 生成管理费用明细表。

(3) 设计财务指标分析表,如表 10-2 所示。

表 10-2　财务指标分析表

编制单位:合肥腾飞科技有限公司　　　　　年　月

评价指标	指标公式	评价结果
成本费用利润率	利润总额/(营业成本+税金及附加+销售费用+管理费用+财务费用)	
净资产收益率	净利润/平均净资产(所有者权益)	
产权比率	负债总额/所有者权益	

(4) 生成财务指标分析表。

四、操作指导

设计与生成管理费用明细账

(一) 设计管理费用明细账

1. 创建新表

(1) 以"W01 王东"身份登录企业应用平台,双击"UFO 报表",打开 UFO 报表窗口。

(2) 单击"新建"按钮,创建一张空表。

2. 设置表尺寸

(1) 单击"格式"菜单,选择"表尺寸"对话框。

(2) 输入行数为"10",列数为"9",如图 10-9 所示。单击"确认"按钮,系统自动设定一个 10 行、9 列的空白表格。

工作提示

(1) 表尺寸是指报表的行数和列数。

(2) 报表行数包括报表表头、表体和表尾所占的行数。

3. 定义行高和列宽

(1) 选中 A1:I10 单元,执行"格式"→"行高"命令,打开"行高"对话框,输入行高为"10",单击"确认"按钮,如图 10-10 所示。

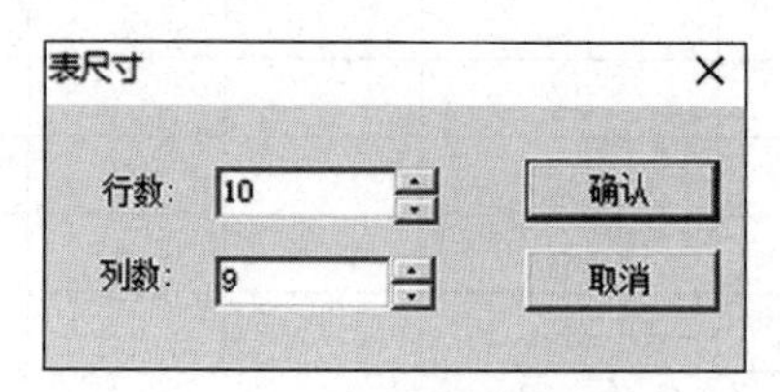

图 10-9　"表尺寸"对话框

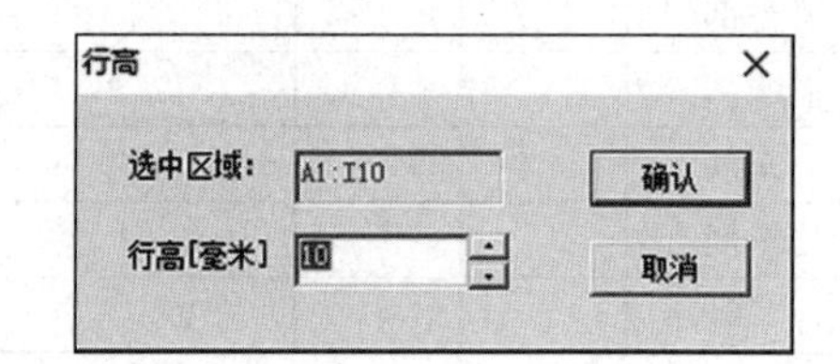

图 10-10　"行高"对话框

(2) 选中 A1:I10 单元,执行"格式"→"列宽"命令,打开"列宽"对话框,输入列宽为"30",单击"确认"按钮,如图 10-11 所示。

工作提示

设置行高、列宽，可以先选中单元，右击选择“行高”或“列宽”进行设置，也可以直接用鼠标拖动行线或列线，设置或修改行高、列宽。

4. 画表格线

(1) 选中 A1:I10 单元，执行“格式”→“区域划线”命令，打开“区域画线”对话框，如图 10-12 所示。

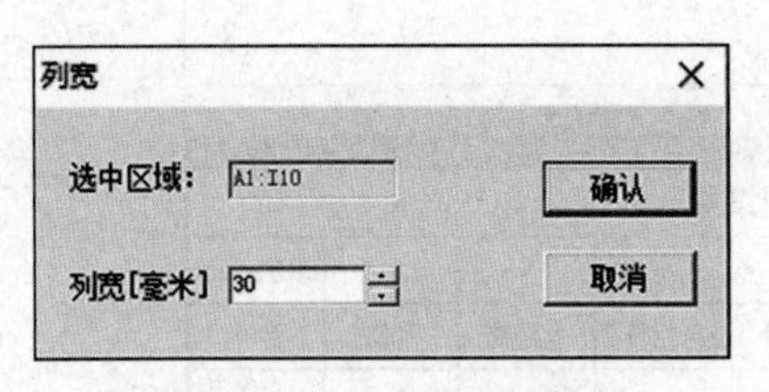

图 10-11 “列宽”对话框

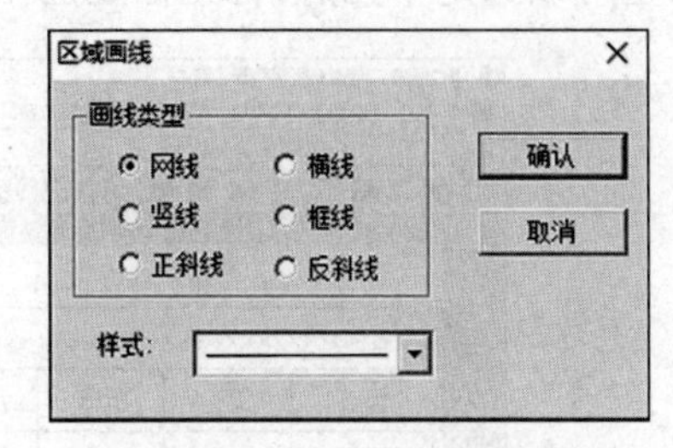

图 10-12 “区域画线”对话框

(2) 选中“网线”画线类型，单击“确认”按钮，完成画表格线。

5. 定义组合单元

(1) 选中 A1:I1 单元，执行“格式”→“组合单元”命令，打开“组合单元”对话框，如图 10-13 所示。

(2) 单击“整体组合”按钮，将第一行组合为一个单元。

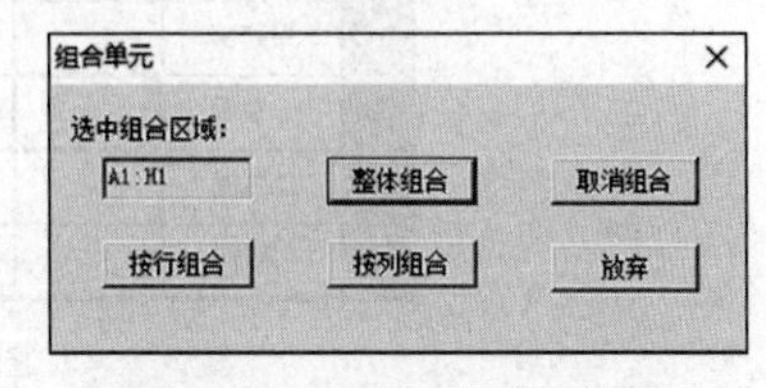

图 10-13 “组合单元”对话框

6. 设置关键字

(1) 组合 A2:D2 单元。

(2) 选中组合后的单元，执行“数据”→“关键字”→“设置”命令，打开“设置关键字”对话框，选中“单位名称”，如图 10-14 所示，单击“确定”按钮。

(3) 重复上一操作步骤，分别选择 E2、F2、G2 单元，依次设置“年”“月”“日”等关键字。

(4) 执行“数据”→“关键字”→“偏移”命令，打开“定义关键字偏移”对话框，输入“年”偏移量“15”、“月”偏移量“15”、“日”偏移量“15”，如图 10-15 所示，单击“确定”按钮。

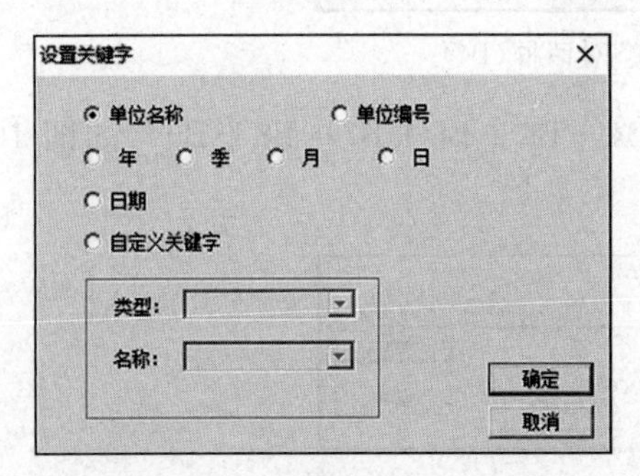

图 10-14 “设置关键字”对话框

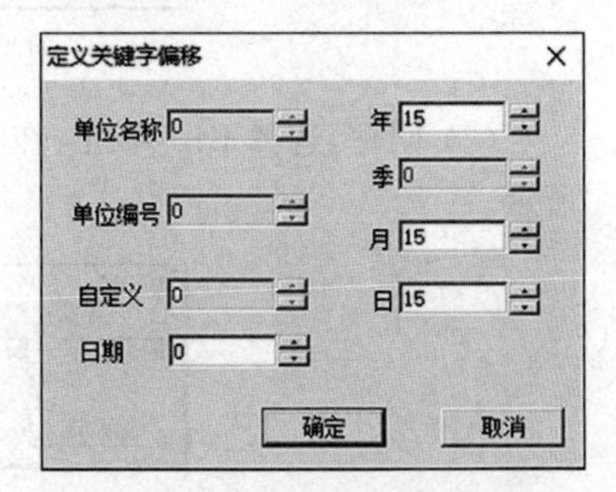

图 10-15 “定义关键字偏移”对话框

工作提示

关键字设置错误或不合理，可以执行“数据”→“关键字”→“取消”命令，选择需要取消的关键字，单击“确定”按钮，即可取消相应的关键字。

7. 录入报表名称、项目

在“管理费用明细账”窗口，双击选定单元，将光标定位在单元中，直接在单元中录入内容；也可以选定单元后，将光标定位在窗口上方中的编辑栏中录入，如图 10-16 所示。

UFO报表 - [管理费用明细账 - 副本]

文件(F) 编辑(E) 格式(S) 数据(D) 工具(T) 窗口(W) 帮助(H)

B8

	A	B	C	D	E	F	G	H	I
1				管理费用明细账					
2	单位名称：××××××××××××××××××××××××				×××× 年	×× 月	×× 日		单位：元
3	部门	工资	折旧	社会保险费	办公费	业务招待费	差旅费	其他	合计
4	综合部								
5	财务部								
6	销售部								
7	采购部								
8	一车间								
9	二车间								
10	合计								

图 10-16 “管理费用明细账”窗口

8. 录入单元取数公式

(1) 选择 B4 单元，执行“数据”→“编辑公式”→“单元公式”命令，打开“定义公式”对话框，输入“FS("660201",月,"借",,,"101",,)”，如图 10-17 所示。

图 10-17 “定义公式”对话框(B4)

(2) 同理，选择 B10 单元，在单元中输入“B4＋B5＋B6＋B7＋B8＋B9”，如图 10-18 所示。

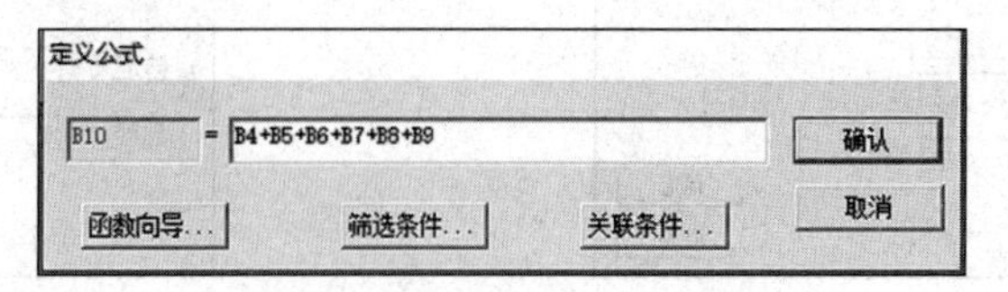

图 10-18 “定义公式”对话框(B10)

(3) 同理，录入其他单元的取数公式，结果如图 10-19 所示。

管理费用明细账								
单位名称：××××××××××××××××××××××××				××××年		××月	××日	单位：元
部门	工资	折旧	社会保险费	办公费	业务招待费	差旅费	其他	合计
综合部	公式单元	公式单元	公式单元	公式单元	公式单元	公式单元	公式单元	公式单元
财务部	公式单元	公式单元	公式单元	公式单元	公式单元	公式单元	公式单元	公式单元
销售部	公式单元	公式单元	公式单元	公式单元	公式单元	公式单元	公式单元	公式单元
采购部	公式单元	公式单元	公式单元	公式单元	公式单元	公式单元	公式单元	公式单元
一车间	公式单元	公式单元					公式单元	公式单元
二车间	公式单元	公式单元					公式单元	公式单元
合计	公式单元	公式单元	公式单元	公式单元	公式单元	公式单元	公式单元	公式单元

图 10-19 “管理费用明细账”窗口（取数公式）

9. 保存报表

(1) 执行“文件”→“保存”命令，打开“另存为”对话框。

(2) 选择保存路径“D:\888 账套\10”，输入文件名为“管理费用明细表”，单击“另存为”按钮，报表保存成功。

（二）生成管理费用明细账

(1) 录入关键字。单击左下角“格式”状态，切换为“数据”状态，执行“数据”→“关键字”→“录入关键字”命令，在“单位名称”“年”“月”“日”栏分别录入“合肥腾飞科技有限公司”“2023”“1”“31”，如图 10-20 所示。

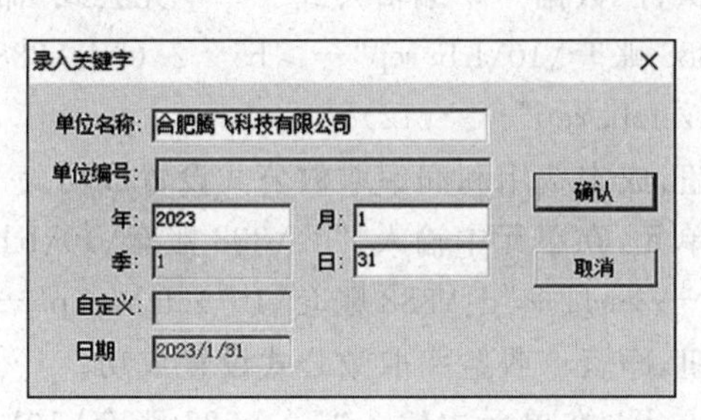

图 10-20 “录入关键字”对话框

(2) 单击“确认”按钮，系统提示“是否重算第一页?”。

(3) 单击“是”按钮，系统生成 2023 年 1 月管理费用明细账，如图 10-21 所示。

（三）设计财务指标分析表

1. 制作财务指标分析表

参照“管理费用明细账”的操作步骤，制作财务指标分析表，结果如图 10-22 所示。

设计与生成财务指标分析表

管理费用明细账

单位名称：合肥腾飞科技有限公司				2023 年	1 月	31 日		单位：元
部门	工资	折旧	社会保险费	办公费	业务招待费	差旅费	其他	合计
综合部	29850.00	1595.80	5524.50	500.00	800.00			38270.30
财务部	23944.36	173.80	4267.20			演示数据		28385.36
销售部	10460.00	63.20	1905.00		2000.00	3200.00		17628.20
采购部	8720.00	63.20	1524.00					10307.20
一车间	10754.50	790.00					700.00	12244.50
二车间	10754.50	790.00						11544.50
合计	94483.36	3476.00	13220.70	500.00	2800.00	3200.00	700.00	118380.06

图 10-21 “管理费用明细账”窗口(系统生成)

UFO报表 - [财务指标分析]

文件(F) 编辑(E) 格式(S) 数据(D) 工具(T) 窗口(W) 帮助(H)

C6 ="d:\报表\zcfzb.rep"->G29/"d:\报表\zcfzb.rep"->G36

	A	B	C
1	财务指标分析表		
2	演示数据	××××年 ××月	
3	评价指标	指标公式	评价结果
4	存货周转率	销售收入/平均存货	公式单元
5	净资产收益率	净利润/平均净资产（所有者权益）	公式单元
6	产权比率	负债总额/所有者权益	公式单元

图 10-22 “财务指标分析表”窗口(空表)

2. 录入评价结果单元取数公式

(1) 选择 C4 单元,执行“数据”→“编辑公式”→“单元公式”命令,打开“定义公式”对话框,在单元中输入“"d:\888 账套\10\lrb. rep"－＞b5 * 2/("d:\888 账套\10\zcfzb. rep"－＞b12＋"d:\888 账套\10\zcfzb. rep"－＞c12)”。

(2) 单击“确认”按钮,成本费用利润率取数公式设置成功。

(3) 同理,选择 C5 单元,在单元中输入“"d:\888 账套\10\lrb. rep"－＞B27 * 2/("d:\888 账套\10\zcfzb. rep"－＞e41＋"d:\888 账套\10\zcfzb. rep"－＞f41)”。

(4) 单击“确认”按钮,净资产收益率取数公式设置成功。

(5) 同理,选择 C6 单元,在单元中输入“"d:\888 账套\10\zcfzb. rep"－＞e30/"d:\888 账套\10\zcfzb. rep"－＞e41”。

(6) 单击“确认”按钮,产权比率取数公式设置成功。

(7) 单击“保存”按钮,选择保存路径“D:\ 888 账套\10”,文件名修改为“财务指标分析表”,单击“另存为”按钮,报表保存成功。

(四) 生成财务指标分析表

(1) 打开“财务指标分析表”,单击“数据”按钮,进入数据状态,执行“数据”→“关键字”→“录入”命令,打开“录入关键字”窗口。

（2）在“单位名称”“年”“月”栏中依次录入“合肥腾飞科技有限公司”“2023”“1”。

（3）单击“确认”按钮，系统提示“是否重算第一页?”，单击“是”按钮，系统自动计算生成财务指标分析表，如图 10-23 所示。

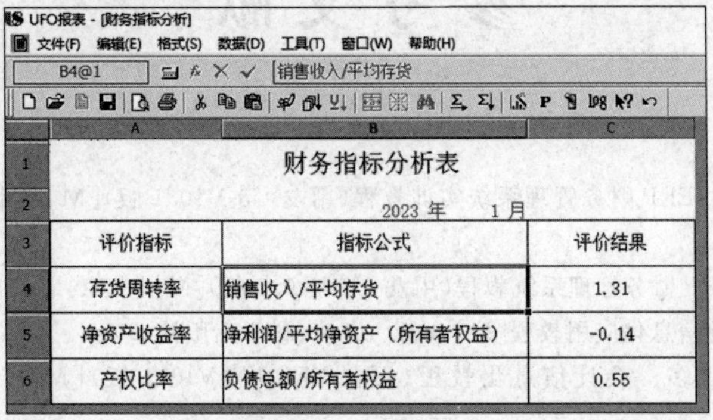

UFO报表 - [财务指标分析]

文件(F)　编辑(E)　格式(S)　数据(D)　工具(T)　窗口(W)　帮助(H)

B4@1　销售收入/平均存货

财务指标分析表

2023 年　1 月

评价指标	指标公式	评价结果
存货周转率	销售收入/平均存货	1.31
净资产收益率	净利润/平均净资产（所有者权益）	-0.14
产权比率	负债总额/所有者权益	0.55

图 10-23　“财务指标分析表”窗口(系统生成)

（4）单击“保存”按钮。

参 考 文 献

[1] 牛永芹,杨琴,喻竹. ERP 财务管理系统实训教程(用友 U8 V10.1 版)[M]. 3 版. 北京:高等教育出版社,2019.

[2] 陆培中,胡宗标. ERP 财务管理系统教程(用友 U8 V10.1 版)[M]. 北京:北京出版社,2018.

[3] 钟爱军,刘慧. 会计信息化应用教程[M]. 4 版. 北京:科学出版社,2021.

[4] 张华英,徐庆林,许多. 会计信息化教程(用友 ERP-U8 V10.1 版)[M]. 长沙:湖南大学出版社,2022.

[5] 任洁,张小云,李双双. 会计信息系统(用友 ERP-U8 V10.1 微课版)[M]. 北京:人民邮电出版社,2022.